Klaus Arlt

Unkraut vergeht nicht

Ein ungewöhnliches Leben
aus der Sicht eines einfachen Menschen

Hauschild

© 2007 beim Autor und beim
Verlag H. M. Hauschild GmbH, Bremen
Gesamtherstellung: H. M. Hauschild GmbH, Bremen

ISBN 978-389757-357-4

Inhaltsverzeichnis

Vorwort	6
Einleitung	7
Lange vor meiner Geburt	9
Fragmente	11
Das Kleine Walsertal 1942 bis 1949	14
Wangerooge 1950 bis 1953	22
Eine menschlich harte Erfahrung 1953 bis 1956	26
„Segelschulschiff Deutschland"	30
Die letzten zwei Fahrten der „Passat"	34
Unterwegs nach Westafrika	53
Vom Fisch zur Landratte	59
William James Shipping Ltd., London	64
Der Ernst des Lebens beginnt	70
Was nun?	72
Ich hatte sie gefunden	80
Erbschaften	84
Wir wollten gewinnen	87
Politische Aktivitäten	89
Z.b.V. – Zur besonderen Verwendung	93
Safari in Westafrika	95
Es ist nicht alles Gold, was glänzt	117
Lloyd's of London Press	119
Heftiger Kontakt mit der Stasi	125
Acht Tage USA	134
Meine Tage sind gezählt	140
Reisen für die Übersee-Rundschau	144
Der Zusammenbruch des Kommunismus	149
Eismeergrenze im nördlichen Rußland	156
Von der Schiffahrt zum Handel	161
Selbst ist der Mann	172
Wasser sparen, aber richtig	173
New York – New York	180
Karibik-Kreuzfahrt – ein Traum?	184
Der Helfer in der Not	191
Das Arbeitsleben klingt langsam aus	196
Geld, Geldentwertung, Euro – und was kommt dann?	202
Was das Leben leichter macht	205
Nachwort	206

Vorwort

Was hat mich anfänglich überhaupt dazu bewogen, meine Lebenserinnerungen zu Papier zu bringen? Der ursprüngliche Grund mag gewesen sein, daß meine Mutter mir kurz vor ihrem Tode einen Brief aus der Vergangenheit gab. Dieser war spannend zu lesen und machte mich neugierig zugleich. Ich wollte mehr über die familiäre Vergangenheit und meine Vorfahren erfahren.
Dann kamen die Bitten unserer vier Söhne mit der Aufforderung, die vielen erzählten Erlebnisse, die mich mein Leben lang begleitet haben, zur Erinnerung für sie selbst, deren Kinder, aber auch für andere Interessierte aufzuschreiben.
Ein älterer Bekannter, wie auch ich ein kritischer Zeitgeist, las meine Texte und fragte: „Warum hast du denn nun wirklich diese gewaltige Arbeit, ein ganzes Leben aufzuschreiben, überhaupt auf dich genommen?" Eingestehen muß ich, diese Frage irritierte mich für einen Moment. Die Antwort kam dann aber schnell und klar: „Mir liegen die ethischen Werte am Herzen, nach denen ich immer gelebt habe und heute noch lebe."
Das Schlüsselerlebnis war ein Versprechen, welches ich Gott gegeben hatte. Es war 1957, in einem vier Tage andauernden Orkan auf dem Segelschiff „Passat". Dort hätte uns beinahe das gleiche Schicksal ereilt wie das Schwesterschiff „Pamir". Es sank am 21. September 1957.
Mit dieser Autobiographie ist eine Art Dokumentation über die vergangenen 60 Jahre Deutschlands entstanden. Ein aus vielen Steinchen zusammengetragenes Mosaikbild aus schönen, lustigen, ungewöhnlichen, aber auch ernsten Erlebnissen. **Sie sind gewürzt mit meinen Ansichten, die verständlicherweise nicht allgemeingültig sein können, sollen oder müssen.**
Ein ganz besonderer Dank gilt meiner Frau, die mit viel Verständnis und Toleranz so manche Stunde, während ich schrieb, allein verbrachte. Ein beachtlicher Nebeneffekt liegt zugleich darin, daß in dieser Zeit die schönsten, nach alten Vorlagen gestickten Kunstwerke entstanden.
Alexander Arlt, unser Drittgeborener, hat mir als gelernter Schauspieler beim Revidieren der Texte sehr geholfen. Es war seine Idee, den angedachten Titel: „Ein ungewöhnliches Leben aus der Sicht eines einfachen Menschen" zu ändern. Er meinte nur: „Vaddern, so geht das gar nicht, der Titel kann nur lauten: ‚Unkraut vergeht nicht', denn du bist in allen Bereichen des Lebens immer wiedergekommen." Auch bei ihm möchte ich mich herzlich bedanken.

Einleitung

1975 habe ich begonnen, meine Erinnerungen zu schreiben. Ich habe keine Hektik an den Tag gelegt, und nun ist es geschafft.
Diese Zeilen des Buches können zum Schmunzeln für ältere, aber auch möglicherweise ein Leitfaden für jüngere Menschen sein, bewußt ihr Leben zu leben.
Ich möchte zeigen, welche Entwicklungsmöglichkeiten ein Mensch haben kann, wenn er seine Augen und Ohren für die Natur öffnet und seine Fähigkeiten mit Verstand, Gefühl und Engagement zielstrebig einsetzt. Ein jeder hat die gute Chance, zu einem erfolgreichen und erfüllten Leben zu kommen. Mein Leben hat mich geprägt durch meine ungewöhnlichen Erlebnisse und den daraus resultierenden Lebenserfahrungen. Es darf nicht das Ziel sein, nur nach Kapital zu streben. Denn zu viele Menschen tanzen mehr und mehr um das Goldene Kalb und werden dabei so fürchterlich arm in der Seele und im Herzen.
Die Empfehlung, die ich Menschen geben möchte, um mehr für das eigene Leben zu gewinnen, sind einfach und kosten nichts. Es sind die ethischen Werte. Das Wort Ethik kommt aus dem Griechischen und bedeutet Sittenverhalten. Immanuel Kant (1724–1804), einer der großen deutschen Philosophen, lebte in Königsberg/Ostpreußen und dozierte als Professor an der Albertina-Universität zum Thema Ethik. Sein Kernsatz lautet:
Der Mensch solle Gutes tun um des guten Willens und nicht um der Vorteile willen.
Viele Begriffe, die für mich auch zur Ethik gehören, sind:
Freundlichkeit, Hilfsbereitschaft, Ehrlichkeit, Zuverlässigkeit, Pflichtbewußtsein, gutes Benehmen, Toleranz, Selbstverantwortung, Liebe und Zuneigung. Sie haben ihre Wertigkeit in den vergangenen Jahrzehnten verloren.
Auch bin ich davon überzeugt, daß die Zehn Gebote eine ehrenwerte Basis sind. Nicht umsonst sind sie die Grundlage einer jeden christlichen Demokratie. Sogar in anderen Religionen findet man diese Kernsätze wieder. Wie sieht es bei Ihnen aus?
Je mehr man mit diesen Attributen sein Leben versieht, desto mehr fließt einem Sympathie, Anerkennung und Freundschaft entgegen.
Es ist zweifelsfrei, je offener und ehrlicher man sich verhält, desto leichter kann man von negativen Menschen betrogen, getäuscht oder mißbraucht werden.
Es ist wichtig, sich durch ein gesundes allgemeines Wissen eine Basis zu schaffen, um gesellschaftliche, politische und wirtschaftliche Zusammenhänge zu erkennen und kritisch für sich selbst zu bewerten.
Nichts ist schlimmer, als der einseitigen Beeinflussung von Lehrern, Gewerkschaften, Funk, Fernsehen, Parteien, Sekten oder selbst dem Elternhaus zu lauschen und blind das Vorgebetete zu akzeptieren.
Eine freiheitliche, ehrliche Demokratie ist eine Lebensform mit vielen Schwächen. Zu viele Menschen mit ihren Fehlern sind dabei, aber dennoch ist es die beste Regierungsform, dem Individualismus eines Menschen den größten Freiraum zu geben.
Das Leben wird einem durch die Mutter geschenkt. Auf die Erziehung bis zur Volljährigkeit kann man als junger Mensch nur wenig Einfluß nehmen. Es ist daher so wichtig, sich soviel Wissen wie möglich anzueignen, um dann den Schritt für ein erfülltes Leben bewußt selbst zu entscheiden.
Die Zeiten haben sich in den vergangenen 60 Jahren extrem verändert. 1945 der Zusammenbruch des Deutschen Reiches. Dann ab 1948 Aufbau der Bundesrepublik Deutschland mit der neuen

Währung Deutsche Mark. Dann in den 60er Jahren Aufschwung zum Wirtschaftswunderland. Da Arbeitskräfte fehlen, werden Gastarbeiter, erst Italiener, dann Spanier, Jugoslawen, Griechen und später in verstärkter Form Türken nach Deutschland geholt. In den 70er Jahren begannen am Wirtschaftshorizont die ersten Wetterleuchten. Diese wurden von Wirtschaftsexperten erkannt, nicht jedoch von Politikern und schon lange nicht von den zu der Zeit immer mächtiger werdenden Gewerkschaften. In den 70er und 80er Jahren entstanden auch die überhöhten Lohnnebenkosten. In den 90er Jahren begann der wirtschaftliche Abschwung. In der DDR fing es an zu rumoren, was dann 1989 zur Wiedervereinigung führte. Im Jahre 2002 wurde der Euro eingeführt. So wie ich neutral mit Distanz die Fakten in Deutschland heute, 2007, betrachte, entwickelt es sich nicht zum Wohle der Menschen.

Mit meinem Buch möchte ich versuchen, Menschen wieder wachzurütteln, um den zu stark ausgeprägten Egoismus zurückzufahren. Menschen sollten wieder mehr miteinander sprechen und füreinander dasein. Das macht jeden reicher in der Seele und im Herzen.

Lange vor meiner Geburt

Von meinem Vater weiß ich sehr wenig. Geboren ist er am 11. Januar 1884, gestorben 1946.
Von einem Hamburger Import-/Exportkaufmann und Reeder, Herrn Brandt, eine lebenserfahrene Persönlichkeit, die ich noch selbst kennenlernen durfte, weiß ich nur folgende Geschichte:
Mein Vater hatte sich von der Schule geschlichen und 14jährig als blinder Passagier auf einem Frachtschiff in Hamburg versteckt. Er wurde noch im Hafen entdeckt und von Herrn Brandt, dem Charterer des Schiffes, zur Rede gestellt. Er überzeugte meinen Vater soweit, daß dieser seine Schule noch beenden solle, um sich dann wieder bei ihm, Herrn Brandt, zu melden. Das hat dann Max Arlt getan und sich wie verabredet in Hamburg zurückgemeldet. Herr Brandt hat dann meinem Vater eine harte Lehre als Import- und Export-, aber auch als Schiffahrtskaufmann angedeihen lassen und ihn anschließend in die Welt hinausgeschickt. Mein Vater beherrschte acht Sprachen. In Indonesien, Indien, Ostasien, Rußland, Amerika und in vielen anderen Ländern verweilte er für seinen Lehrherrn.

Mein Vater hat in Königsberg/Ostpreußen eine Firma mit einem Schiffsmakler Ivers gegründet. Die Fa. Ivers & Arlt hat den 2. Weltkrieg überstanden. Nach der Flucht ließ sich die Firma in Bremen als Hauptsitz nieder. Später folgten Filialen in Lübeck und Colombo, damals Ceylon, heute heißt dieser Staat Sri Lanka.
Meine kuriose Geschichte beginnt schon 150 Jahre vor meiner Geburt. Das ungewöhnliche Leben muß schon bei meinen Vorfahren mütterlicherseits begonnen haben. Einen Brief, geschrieben 1936 von der Schwester meiner Großmutter in nicht perfektem Deutsch, übernehme ich vom Original. Den Brief hatte meine Mutter mir kurz vor ihrem Tode übergeben. Der Rassenwahn von Adolf Hitler forderte von jeder Familie einen Nachweis, ob die Familie rein arisch sei oder nicht. Die Schwester der Großmutter sollte helfen, Licht in die Vergangenheit zu bringen. Den Hitlerbehörden ist diese Information nie zugeleitet worden aus verständlichen Gründen, aber lesen Sie selbst.

Kadikoy, 20. März 1936
(Türkei)

Meine liebe Priscilla!
Was wirst Du von mir denken, daß ich Dich vergessen habe und mich nicht mit Dir beschäftigen wollte, dies ist jedoch nicht der Fall. Deine in Deinem Brief erwähnten Unannehmlichkeiten in Deutschland sind keineswegs zu knapp, aber auch ich habe mehrfache Unannehmlichkeiten, alleine weil wir auch mehr Menschen sind.
Deine zwei Briefe habe ich vor längerer Zeit erhalten und wollte Dir die zufriedenstellenden Antworten geben auf alle Deine Fragen die Du hattest. Die Gelegenheit, mich damit zu beschäftigen, hat mir nach dem extremen Schneesturm, den wir am 12./13. Februar 1936 gehabt haben, gefehlt. Meine Liebe Priscilla, auch mit meinem ganzen guten Willen konnte ich nicht die Papiere beibringen, die von Deiner Behörde verlangt werden. Durch die Vermittlung unseres Pfarrers, der sich an den Pfarrer von St. Marie wandte, konnte ich die Todesurkunde unserer verstorbenen Mutter haben. Sie ist gestorben und begraben auf der Insel Prinzipo oder wird auch genannt Iles des Princes. Ich bin dort auch geboren, weil wir unsere Sommervilla dort hatten. Über unsere verstorbene Großmutter kann ich Dir nur folgendes erzählen:
Ihr Vater war der jüngste der Familie Biondi, diese Familie kam ursprünglich aus Syrien und hatte

früher den Namen Xanthaki und waren griechisch. Xanthaki heißt Biondi in italienisch. Die Mutter von unserer Großmutter hieß Anastasia und war eine hübsche Griechin. Ihr Vater hieß Giovanni und hat sie entführt aus Phanaar. Den Namen unserer Ur-Großmutter werden wir herausfinden nach Erhalt der Urkunde unserer Großmutter.

Der Vater, Giovanni, war Angestellter bei dem alten Stampa, reicher „Armateur" (?) und der junge Sohn von Stampa wurde im Alter von 10 Jahren der Pate von Catharine Biondi, unserer Großmutter. Dieser Sohn hat das Geschäft von dem Vater später übernommen. Die Firma Stampa hat noch Anfang des großen Krieges 14–18 existiert. Der Pate unserer Großmutter ist im Alter von 85 Jahren gestorben, ein paar Jahre vor unserer Großmutter. Der Vater unserer Großmutter hat sich das Trinken angewöhnt und stirbt. Anastasia, mit den vielen Kindern muß hart um das Überleben kämpfen. Unsere Großmutter, das 3. Kind und 16 Jahre alt, war sehr hübsch und wurde auch wieder die schöne Griechin genannt. In Konstantinopel gab es eine alte und sehr reiche Familie (franz./kathl.) Thankini. Der Sohn dieser Familie verliebte sich in unsere Ur-Großmutter und aus dieser Liebe entstand unsere Großmutter. Die Eltern des jungen Mannes verbot die Heirat, die Beiden mußten sich trennen, das Kind, unserer Großmutter, wurde nicht anerkannt. Dadurch hieß unsere Großmutter Biondi und nicht Thankini. Die Eltern Thankini zahlten für die Dummheit ihres Sohnes als Abfindung eine große Summe Geldes. Mit diesem Geld kaufte unsere Großmutter Grund und Boden und baute sich ein hübsches Haus. Von dem restlichen Geld kaufte sie sich Aktien und konnte so mit Kind, unserer Mutter, leben und wollte auch nicht mehr heiraten.

Mehr als diese Erklärungen kann ich Dir nicht geben. Um an die Urkunde dieser Thankinis zu kommen, müßte ich mich an alle Kirchen in Konstantinopel und Frankreich wenden.

Der Name und die Familie Thankini ist sehr bekannt und berühmt auch in der französischen Geschichte. Sie hatten in der Türkei und einem Ort in Frankreich ein Schloss.

Ich bete für Dich und uns.

Deine liebende Schwester v. Haydoux

Fragmente

Als Abkömmling eines englischen Mastenbauers, verheiratet mit einer Französin, wurde meine Großmutter Priscilla in Konstantinopel, heute Istanbul, als türkische Staatsangehörige geboren. Als junge Frau unterrichtete sie am zaristischen Hof in St. Petersburg Deutsch, Französisch, Englisch und „Weißnähen". Durch Vermittlung von seiner Exzellenz Graf von Sokolsky lernte Priscilla Max Liche kennen, einen wohlhabenden Hotelbesitzer in Bad Reinerz in Schlesien.

Aus dieser Verbindung ging meine Mutter Alice hervor. Max Arlt, Kaufmann, wurde als angeheiratetes Familienmitglied gebeten, die Patenschaft für Alice zu übernehmen. Als 27jähriger hielt er das kleine, zierliche Mädchen in seinen großen Händen über dem Taufbecken. Alice, meine Mutter, wuchs als bildschönes Mädchen heran, und in ihr schlummerte eine innige, heimliche Liebe zu ihrem Patenonkel Max.

Die Verlobung unserer Pflegetochter Priscilla Rowell mit Herrn Georg Liche zeigen wir hiermit ergebenst an.

z. Z. Reinerz Bad, im November 1907.

Exzellenz Wladimir u. Marie von Sokolsky.

Priscilla Rowell
Georg Liche
Verlobte.

Petersburg,
z. Z. Reinerz Bad.

Reinerz,
Hotel Schwarzer Bär.

Verlobungsanzeige Priscilla Rowell – Georg Eiche, 1907

Max Arlt war verheiratet mit der wohlhabenden Tochter einer Kaufmannsfamilie aus Hamburg. Er baute sein kleines Wirtschaftsimperium in Königsberg/Ostpreußen auf.
Später war er Konsul für Litauen sowie Präsident und Mitglied der Handelskammer in Königsberg.
Alice Weyher, meine Mutter, war verheiratet mit einem Offizier der Deutschen Wehrmacht und wohnte in Erfurt/Thüringen. Bis zum fünften Lebensjahr lebte ich in dieser Stadt unter dem Namen Weyher als Sohn dieses Offiziers.
Die ehelichen Söhne meines Vaters waren zu dieser Zeit schon im Kriege gefallen. Die Tochter war nach kurzer, schwerer Krankheit einige Wochen nach der Geburt gestorben.
Während der Vater meiner Brüder im Krieg in Frankreich das „Vaterland verteidigte", so wurde uns damals gesagt, erblickte ich als unehelicher, aber als gewünschter Sohn der Liebe von Max und Alice, das Licht der Welt. Gezeugt wurde ich in Davos, in einem Winterurlaub in der Schweiz. Vielleicht habe ich deswegen auch eine besondere Zuneigung zur Bergwelt und dem Skilaufen?
Zu einem späteren Zeitpunkt habe ich meine Mutter gefragt, wie denn ihr Mann damit klarkam, daß sie schwanger war, obwohl er ja überhaupt nicht der Vater sein konnte. Die Antwort war sehr deutlich: „Eine deutsche Frau ist treu, und das Kind ist von mir, basta."
So einfach war das. Der Vater meiner Brüder ist letztlich in Frankreich gefallen. Mein leiblicher Vater hat mich dann sofort adoptiert. Für seine gesamten Besitzungen, ob Reederei, Lagerhäuser, Binnenschiffahrt, Kohlenhandel usw., wurde ich in Königsberg/Ostpreußen und Schlesien als Universalerbe eingesetzt.
Zwei Erlebnisse sind mir mit meinem Vater in Erinnerung geblieben. Es war 1942, damals war ich fünf Jahre alt.

Jagd eines Wildschweins

Besuch in unserem Jagdhaus in Schlesien. Freudige Bekanntschaft wird gemacht mit dem Jagdhund „Schnell", er war es wirklich, wenn es um das Apportieren von geschossenen Enten und Fasanen ging. Teckel Bully war spezialisiert auf Fuchs- und Dachsbauten. Am Jagdhaus hatten wir einen größeren Teich. Mich begeisterte die Mutter Ente, wie diese mit ihren Jungen fürsorglich umging und darauf aufpaßte, daß keines ihrer Kleinen durch Elstern oder andere Räuber von der Bildfläche verschwand. Um uns war eine herrliche, friedliche Landschaft. Mein Vater, passionierter Jäger, ging oft mit mir durch sein Jagdrevier. Stolz zeigte er mir viele Dinge, die er veranlaßt hatte, egal, ob es um Anpflanzungen von Bäumen ging oder ob es sich um Futterkrippen für das Rotwild handelte, damit dieses auch in den damals noch harten Wintern versorgt werden konnte. Am Rande einer Lichtung kletterten wir auf einen Hochsitz. Ein Hirsch trat aus dem Wald auf eine Lichtung, ich war aufgeregt und fasziniert zugleich und rief laut: „Oh, schau mal", und mit diesem Ausruf hatte ich natürlich den Hirsch verjagt, bekam eine schallende Ohrfeige, die natürlich bewirkte, daß man durch mein lautes Geheul alle jagdlichen Möglichkeiten an diesem Tag hätte vergessen können. Aber was passierte nun, ein großer grunzender, nach Nahrung suchender Keiler wurde am Rande der Lichtung sichtbar. Erschreckt war ich als 5jähriger, wie durch einen gezielten Schuß das Tier zusammenbrach. Das Aufbrechen des Wildes, wie es wohl in der Jägersprache heißt, ist heute noch für mich in lebendiger Erinnerung. Die Erklärungen meines Vaters, was der Magen, das Herz, die Lunge usw. waren, habe ich mir als kleiner Junge angehört. Fremd war für mich auch, daß ich einen Laubzweig nehmen mußte, um ihn in das Blut des Wildschweins zu tauchen, um dann diesen anschließend an den Hut meines Vaters zu stecken. Es war jagdliche Tradition.

Es war einmal ...

Besuch des Hafens in Königsberg

Spannend war für mich, daß wir mit einem Schlepper zu einigen unserer eigenen Schiffe fuhren, aber auch zu solchen, die wir als Schiffsmakleragenten betreuten, um die Beladung und Löschung zu kontrollieren. Als wir wieder im Kontor angekommen waren, stimmte mich eine Situation sehr traurig. Ich blickte auf die Straße und sah, wie drei Soldaten in Uniform ca. 20 Menschen mit ihren Gewehren unter Kontrolle hielten. Alle Personen hatten einen aufgenähten gelben Stern an ihrer Bekleidung. Warum, verstand ich damals nicht.
Meine Mutter erzählte mir viel später, daß sie in meinem Vater einen sehr lebensbejahenden, ungewöhnlichen Mann kennengelernt hatte, und sie schwärmte auch im hohen Alter noch immer von ihm. Eine Geschichte ist mir noch haften geblieben. Wenn irgendwo in einem Lokal gute Stimmung herrschte, passierte es, daß er seine russischen Reitstiefel aus dem Wagen holte. Er instruierte die Kapelle, ein typisch russisches Lied zu spielen, und mit einem Schlußsprung landete er auf einem Tisch. Mit seinen Stiefeln räumte er alle Gläser ab und tanzte dann einen echten Krakowiak, den er mit seiner lauten, aber sonoren Stimme begleitete.

Die bitteren Erfahrungen des Krieges, die mein Vater mit seinen eigenen Söhnen hatte hinnehmen müssen, ließen ihn zu der Entscheidung kommen, daß ich, sein jetzt noch einziger leiblicher Sohn, durch die Kriegswirren nicht gefährdet werden dürfte. Er schickte mich an einen Ort, wo Straßen so schmal waren, daß dort keine Panzer fahren konnten und das Gebirge so hoch war, daß keine Flugzeuge Manöver fliegen konnten. Außerdem war der Ort strategisch so unwichtig, daß es sich nicht lohnte, militärisch zu intervenieren. Meinen Vater habe ich nie wiedergesehen.

Das Kleine Walsertal 1942 bis 1949

1942, nachdem mein Vater die Entscheidung getroffen hatte, wurde ich fünfjährig von meiner Mutter in das Kinderheim Hägele nach Hirschegg gebracht. Stark beeindruckt war ich von den gewaltigen Bergen, den mächtigen Tannenwäldern und dem reißenden Fluß, der Breitach. Später, nach 30 Jahren, besuchte ich mit meiner Frau das Kleine Walsertal, und mir wurde klar, daß die Eindrücke so gewaltig für mich gewesen waren, weil ich damals noch so klein war.
Meine Mutter gab mir zu verstehen, daß ich nun in diesem Heim bleiben müßte, bis der böse Krieg zu Ende sei. Als sie abreiste, war ich nur noch mit fremden Erwachsenen und Kindern zusammen.
Der Tagesablauf wurde nach nationalsozialistischer Weise ausgeübt. Jeden Morgen vor dem Frühstück „Frühsport" = Gymnastik, Atemübungen, Laufübungen usw. Ich war nur noch ein winziges Zahnrad in einem funktionierenden Getriebe.
Jeden Tag mußten wir uns im Rundfunk die großen Kriegserfolge des Deutschen Reiches und der dazugehörenden Armeen anhören, egal, an welcher Front Hitler, der von der Heimleitung angehimmelte Führer, auch kämpfte.
An eine Veranstaltung kann ich mich noch sehr gut erinnern. Auf dem Marktplatz vor der Kirche in Hirschegg wurde die Bevölkerung zusammengerufen und Männer, mit Hakenkreuzbinden an den Armen, erzählten uns von Wunderwaffen, die den Krieg siegreich beenden würden. Bis dahin habe aber jeder seine Pflicht für das Vaterland zu erfüllen.
Danach wurden Lieder gesungen, alle standen da mit dem zum Hitlergruß ausgestreckten rechten Arm. Ich selbst konnte meinen Arm nicht so lange hochhalten und wurde sehr traurig durch das Lied **„Ich hatt' einen Kameraden"**.
Aufregend war es für uns, als auf einem großen steilen Vorfeld unseres Heimes Gebirgsjäger eine Übung abhielten. Sie sollten Skilaufen lernen, ja, Schnee gab es zu dieser Zeit unbegrenzt. Iglus wurden gebaut, auch darin wurde sogar gekocht, und wir als Kinder freuten uns natürlich, wenn wir irgend etwas Eßbares geschenkt bekamen.
Unsere Brennmaterialien erschöpften sich allmählich, und unsere Heimleitung mußte sich etwas einfallen lassen. Es wurde mit den benachbarten Bauern gesprochen, und auf dem Heimgrundstück wurden drei große Tannen gefällt. Es ist heute rückblickend erstaunlich, was Kinder in der Lage sind, gezwungen aus der Not heraus, zu leisten. Wir jedenfalls haben die Äste von den Bäumen mit viel Mühe abgetrennt, die Stämme auf Meterlänge zugesägt, diese dann mit Keilen gespalten, um dann Holzblöcke von ca. 20 cm zu sägen. Es war sehr anstrengend.
Die Blöcke mußten dann noch zerhackt werden, damit die Scheite auch in die Öfen paßten. Die Wärme, die uns der Ofen spendete, ließ unsere nassen Sachen trocknen und unsere Füße und Hände wieder erwärmen, das war die äußerliche Wärme. Die Seelenwärme, nach der wir uns alle sehnten, bekamen wir zu dieser Zeit von niemandem.
Es kam der Tag, da mußte ich auch mit anderen Heimkindern zur Schule gehen. Der Schulweg war sehr lang und beschwerlich. Die Schneemassen mußten wir durchkämpfen. Es gab natürlich keinen Wegeräumdienst. Eines ist gewiß, wir Kinder haben damals viel Kraft aus der Natur, der frischen Luft und dem Zwang geschöpft.
In Hirschegg gab es nur eine Schule, eine Klasse und einen Lehrer. Dieser unterrichtete ca. 60 Schülerinnen und Schüler im Alter von sechs bis 14 Jahren. Wer zu laut, vorlaut oder frech war,

mußte, egal, ob Junge oder Mädchen, die Hose herunterziehen, und dann bekam der Sünder mit einem glänzenden, ca. 2 cm dicken und 40 cm langen Stock bis zu fünf Hiebe auf den nackten Hintern vor der gesamten Klasse – leider gehörte ich auch einige Male dazu.

Gelegentlich bekam ich von meinem Vater einen Brief, aber regelmäßig von meiner Mutter ein kleines Päckchen mit Süßigkeiten und Belanglosigkeiten, über die ich mich damals maßlos freute. Nicht zuletzt auch selbstgestrickte Nachtsocken und eine Nachtmütze, ausgerechnet für mich in Rosa, eine Farbe, die mich später auch bei der Unterwäsche meiner Freundinnen störte. Aber diese Utensilien halfen, daß man nachts nicht kalt schlief. Es gab keine Heizung in den Schlafzimmern, aber wir wachten morgens mit Eisblumen an den Fenstern zufrieden auf.

Die Tage und Monate gingen ins Land. Je siegreicher im Radio die deutschen Armeen waren, um so mehr Flüchtlinge mußten bei den Bauern und anderen Einwohnern untergebracht werden. Bei uns im Heim wurden auch ältere Jungen und Mädchen einquartiert, die alle aus Berlin kamen. Als 8jähriger erlebte ich zum ersten Mal, wie sich zwei Menschen unterschiedlichen Geschlechtes zusammenfanden. Eine faszinierende Situation und dennoch irritierend. Wer hat uns denn zu dieser Zeit auch schon aufgeklärt? Mehr und mehr war von den Flüchtlingen zu hören, daß der Krieg nun nicht mehr allzulange dauern würde.

Es war an einem Wochenende. Bei einbrechender Dunkelheit standen fünf deutsche Soldaten in voller Bewaffnung auf dem Heimgrundstück und baten um Unterkunft. Die Heimleitung, die zwei Schwestern, ca. 50 Jahre alt, erlaubten den Soldaten, sich im Keller für einige Zeit einzurichten. Was für eine Aufregung für uns Kinder. Echte Soldaten, echte Gewehre, Pistolen, Messer, Handgranaten und sogar ein großes Maschinengewehr.
Besonders aufregend waren für uns Fleisch und Milchpulver in Dosen. Delikatessen, die wir überhaupt nicht kannten. Fliegerschokolade in runden Blechdosen und vieles mehr, von denen wir gar nichts wußten und plötzlich davon probieren durften. Totale Bewunderung.
Die Rundfunkmeldungen wurden mehr und mehr weniger siegreich. Das mußte auch unsere „Untermieter" bewogen haben, sich zivile Bekleidung von den umliegenden Bauern zu organisieren, um sich vom militärischen Bereich zu verabschieden. Die Waffen wurden gleich hinter unserem Haus in eine unerreichbare Schlucht geworfen, und einen Tag später waren die Soldaten nicht mehr da. Fast die gesamte Verpflegung hatten sie im Keller zurückgelassen, zur großen Freude von uns allen.
Der Krieg schien nun wirklich bald dem Ende entgegenzugehen, und es hieß, daß Franzosen und Amerikaner auf dem Marsch ins Kleine Walsertal wären. Die Franzosen würden mit Elitetruppen, den Marokkanern, kommen, die Menschen quälen und Häuser niederbrennen. Die Heimleitung bereitete eine Flucht vor, denn Barbaren wollten und sollten wir nicht in die Hände fallen. Rucksäcke wurden gepackt, Verpflegung für einige Tage, stabiles Schuhwerk, kältefeste Bekleidung, soweit diese überhaupt noch vorhanden war.
Wo sollte aber die Flucht hingehen? Es kam nur Österreich in Frage. Nachts futterten wir die Reserve aus den Rucksäcken leer, weil wir gewaltigen Hunger hatten. Am nächsten Morgen, was war das? Überall hingen weiße Fahnen, meistens Bettücher an allen Häusern, und uns jungen Menschen wurde klar, der Krieg mußte aus sein. Deutschland hatte sich vor dem Feind, nun dem Sieger, Anfang Mai 1945 ergeben.

Der Krieg war zu Ende

General de Gaulle, später Präsident von Frankreich, führte die Franzosen ins Walsertal.
Es fanden wirklich keine Kriegshandlungen statt. Es gab auch keine deutschen Soldaten.
Mit Jeeps und LKW kamen die Marokkaner, vor denen wir soviel Angst hatten. Sie sahen für uns in ihren Uniformen mit ihrer schwarzen Hautfarbe und den roten Turbanen sehr fremd, aber dennoch schön aus. Die Grausamkeiten, vor denen wir gewarnt worden waren, hat es nie gegeben.
Viele Schüler schwärmten von Bonbons und Schokolade, die sie von den Franzosen bekommen hatten. Meine Überlegung war, wie kann ich auch an solche Heiligkeiten kommen. Im wahrsten Sinne des Wortes nahm ich mein Herz in die Hand und begab mich direkt in eine Unterkunft der Marokkaner. Brav sagte ich „Grüß Gott" und fragte nach Schokolade und Süßigkeiten. Es dauerte wirklich nicht lange, um mitzubekommen, daß ich nicht verstanden wurde; aber ich verstand die Franzosen eben auch nicht. Letztlich erhielt ich eine Rolle Drops, so hießen die Bonbons mit dem Loch in der Mitte, und eine Tafel Schokolade. Ein Bonbon gönnte ich mir auf dem Heimweg, und es war echte Faszination, würde man heute sagen. Kaum im Heim angekommen, erzählte ich mit Stolz, was mir gelungen war. Die Älteren, erzogene Hitlerjungen, erklärten mir, daß das alles vergiftet sei und ich meinen erworbenen Schatz abzugeben hätte. Ich tat so, und diese futterten die mir so heiligen Süßigkeiten vor meinen Augen auf, ohne auch mir nur ein Stück abzugeben. Der gesprochene Kommentar von einem war: **Ein deutscher Junge bettelt nicht, schon lange nicht bei Ausländern.**

An einem Tag fuhr ein Jeep vor das Heim. Militärpolizei und ein Mann in Zivil stiegen aus. Die beiden Schwestern der Heimleitung wurden verhaftet, da sie Mitglieder der NSDAP waren. Der Mann in Zivil ließ alle Kinder aus dem Heim zusammenrufen und teilte uns mit, daß das Heim aufgelöst würde und wir auf andere Heime im Kleinen Walsertal verteilt werden. In 24 Stunden müßten alle Sachen gepackt sein, dann würden wir abgeholt werden. Es wurde abgezählt, wer wo hinkommen sollte. Es passierte dann eine Situation, daß Schwester und Bruder getrennt werden sollten. Durch das Protestgeschrei aller Kinder hat sich dann der „Zivilist" bereit erklärt, die Geschwister zusammen zu lassen. Von den damaligen Freunden habe ich nie wieder etwas gesehen oder gehört.

Ein neuer Lebensabschnitt: Das Kinderheim Brüggemann in Mittelberg wurde nun das neue Zuhause. Das Kleine Walsertal besteht aus fünf Dörfern oder Gemeinden. Kommt man von Oberstdorf, was deutsches Territorialgebiet ist, und fährt in Richtung Walsertal, kam man dann an einen Schlagbaum und es begann das Territorium Österreichs. Die Orte sind Riezlern, Hirschegg, Mittelberg, Bödmen und Baad. Das Kleine Walsertal ist politisch eine ungewöhnliche Konstruktion. Es gibt keinen Tunnel, keine Straße oder einen Paß, der einen Anschluß zu dem Verkehrsnetz in Österreich hat. Die Versorgung kann nur über Deutschland erfolgen. Interessant ist die Tatsache, daß man in Mark bezahlte, aber die Briefmarken, die man erhielt, österreichisch waren.

Wir schreiben jetzt das Jahr 1945

Nun begann eine Zeit, die nicht nur die älteren, in der Verantwortung stehenden Generationen forderte, sondern auch die Kinder, die mit der total neuen Situation fertig werden mußten. Die Heimleitung wußte nicht, wo die Eltern waren. Die Eltern, sofern sie nicht durch Bomben getötet wurden, wußten nicht, wo ihre Kinder hingebracht worden waren. Wir und auch die neue Heimleitung wußten auf Grund der Nachkriegswirren nicht, wo man die Eltern oder Angehörigen finden

Das Kinderheim Brüggemann wurde 1951 das neue Zuhause

konnte. Staatliche Institutionen, wie wir sie heute kennen, waren noch nicht in Funktion, weil alles zerstört oder in Frage gestellt war. Woher sollte die neue Heimleitung Geld für Nahrung und Kleidung bekommen?

Probleme über Probleme, die aber gelöst werden mußten. Als Kind nimmt man zu solch einer Zeit eigentlich nur die unmittelbare Situation zur Kenntnis.

Tante Maria, katholisch, war eine herzensgute Frau, die sich immer nur für die ihr anvertrauten Kinder sorgte und nie an sich selbst dachte. Sie opferte sich auf.

Es war 1946 und ich neun Jahre alt. Mit den Kindern der bäuerlichen Nachbarn freundete ich mich an. Das war nicht einfach, denn sie sprachen ihren eigenen Dialekt, kannten sich alle untereinander und wir waren eigentlich die unerwünschten Flüchtlingskinder. Die Bauern hatten zwischen zehn und 20 Kühe, Hühner, Schweine, einige Schafe, gelegentlich auch Ziegen.

Es wurde in erster Linie Milchwirtschaft betrieben, wozu aber auch die Käsegewinnung im Sommer auf den Hochalmen gehörte.

Franzel Schuster war etwas älter als ich und er nahm mich eines Tages mit nach Hause, wo ich brav der Familie „Guten Tag" sagte und gleich verbessert wurde. Es heißt „Grüß Gott"!

Irgendwie mochte die Mutter von Franzel mich leiden, und so zeigte sie mir, wie man eine Ziege melkt. Sie half uns auch, die schwierige Situation im Heim besser zu meistern. Sehr bald konnte ich die Ziege melken, lernte aber auch, daß dieses Tier, wenn der Eimer halb voll war, ihn gerne mit einem Fußtritt umstieß. Bald brachte ich jeden Tag etwa zwei Liter Ziegenmilch mit, zur großen Freude von Tante Maria und den anderen Heimkindern. Selbstverständlich half ich auch auf dem Bauernhof.

Gerne machte ich jede Arbeit, die von einem 9jährigen getan werden konnte. Holzspäne mit einem kleinen Beil anfertigen. Holz hereinholen und den Kachelofen anmachen. Schuhe putzen, im Stall mithelfen auszumisten, neues Heu den Kühen zum Fressen vorlegen. Wichtig war es, die Kühe zu striegeln, damit sie immer ein schönes, glänzendes Fell hatten.

Es war schön zu erleben, mit welcher Liebe und Sorgfalt die Tiere, jedes auf seine Art, behandelt wurden. Jedes Tier hatte seinen eigenen Namen. Wurde eines verkauft oder geschlachtet, herrschte auch bei meinem Freund Franzel Traurigkeit.

Als Belohnung und Dankeschön für meine bescheidene Hilfe bekam ich Käse, selbstgebackenes Brot, Gemüse, Speck und andere Nahrungsmittel geschenkt, die ich immer bei Tante Maria ablieferte. So half ich mit, die erkennbare Not zu lindern. Stolz war ich immer, wenn ich ein Lob bekam, das mich um so mehr anstachelte, neue Wege zu finden.

250 Meter von unserem Heim entfernt gab es das Café Anna mit Bäckerei. Der Sohn Alfons, 24 Jahre alt, mußte für die Franzosen Brot backen. Er bekam das Mehl von den Franzosen geliefert. Tag für Tag half ich auch dort, Brötchen und Baguettes durch einen Pinsel mit Wasser zu bestreichen, damit diese, nachdem sie aus dem Backofen kamen, schön und glänzend aussahen. Auch hier erhielt ich von Alfons zwei oder drei Laib Brot, die auch wieder dazu beitrugen, die hungrigen Mäuler im Heim zu stopfen.

Nach dem Zusammenbruch gab es keinen Schulunterricht. Tante Maria organisierte es, daß eine 70-jährige Lehrerin sich bereit erklärte, uns Kindern Unterricht zu erteilen. Tante Elisabeth, so nannten wir sie, brachte uns Lesen, Schreiben und Rechnen bei. Jeden Tag hatten wir drei Stunden Unterricht, und Hausaufgaben mußten auch gemacht werden.

Unsere Schulaufgaben schrieben wir auf Naturschiefer, den es im Walsertal gab, man mußte nur wissen wo. Waren die Platten zu sehr verkratzt, wurden neue Platten genommen. Bald jedoch gab es auch wieder Papier und Hefte. Im Winter fiel der Unterricht häufig aus, da Schneefälle von 50 cm bis 1 Meter Höhe über Nacht keine Seltenheit waren. Das Freischaufeln der Wege, durch uns Kinder, half auch wieder anderen Nachbarn.

Von 1946–1949 machte ich meine sogenannte Volksschule bei dieser netten alten Dame und bestand sogar die Aufnahmeprüfung zur Oberschule in Oberstdorf. Um dorthin zu gelangen, mußte ich jeden Tag drei Stunden mit dem Bus fahren. Bald hatte ich mich mit den Busfahrern so gut angefreundet, daß ich die Funktion eines Schaffners übernahm.

1947 wohnten im Heim 14 Kinder, die immer noch nicht wußten, wo ihre Eltern waren. Es kam immer noch kein Geld für die Heimleitung.

Die Situation war nach wie vor sehr schwierig, was wir Kinder sehr sensibel spürten.

Vor dem Frühstück mußten wir schon auf die Wiesen, mit Küchen- und alten Taschenmessern bewaffnet, um Löwenzahn, Sauerampfer, Brennesseln und andere eßbare Pflanzen zu sammeln. Jeweils zur entsprechenden Jahreszeit waren dann Walderdbeeren, Himbeeren, Blaubeeren, Brombeeren und jede Art von eßbaren Pilzen an der Tagesordnung.

Bei der Vielzahl von Steinpilzen, Maronen, besonders Pfifferlingen, auch Hirschzunge und Goldröhrlingen und vielen anderen Sorten mehr, wurden wir beim Sammeln von eßbaren Pilzen als Kinder richtige Spezialisten. Hatten wir zu viele Pilze gesammelt, wurden diese auf einen Faden aufgezogen und zum Trocknen aufgehängt, um wieder für den Winter etwas Schmackhaftes und Eßbares zu haben.

Durch gute Verbindungen zu Apfelbauern wurden wir auch mit dieser Frucht reichlich versorgt. Ich kann heute behaupten, daß wir wirklich jede Art von Müsli, bis hin zur letzten Variante von Apfelmus und Kompott, kennengelernt haben.

Die Bekleidung. Wir wuchsen, aber unsere Bekleidung nicht. Auch hier ließen wir uns etwas einfallen. Jede Bauernfamilie hatte auch eine gewisse Anzahl von Schafen. Wenn diese fraßen und sich bemühten, außerhalb des Stacheldrahtes noch einige Halme zu erwischen, streiften diese automatisch diesen Draht und es blieb eine Menge Wolle an den Stacheln hängen. Diese Wolle haben wir fleißig gesammelt. Sie wurde gewaschen und mit ausgeliehenen Spezialkämmen zu flauschigen Ballen gekämmt. Tante Maria zeigte uns, wie man aus dieser Wolle ein fertiges Garn spann. War dann das Garn vorhanden, lernten wir alle auch Stricken. Wenn es sein mußte, auch Unterwäsche, die grausam juckte. Aber es wurden auch Hosen und Pullover in Heimarbeit produziert, immer für denjenigen, der es am nötigsten hatte.

Damals ging es nur um eins, zu überleben!
Tante Maria hatte eine Schwester, wir nannten sie Tante Theki. Diese hatte eine Berghütte gemietet, fast unter dem Gipfel des Berges Hammerspitze.
Der Aufstieg zu dieser Hütte dauerte ca. drei Stunden. Auf dem Wege dorthin begegnete man wirklich hartgesottenen Individualisten, die auch Vieh- und Milchwirtschaft betrieben. Staatliche Reglementierung war ein Fremdwort, und deswegen wurde auch unglaublich viel gewildert.

Berthold – Bauer und Wilddieb

Gemsen gab es in Hülle und Fülle. Berthold, so hieß der Mann, der Tante Maria regelmäßig aufsuchte. Er hatte einen gewaltig großen Rucksack, und darin brachte er Gemsenfleisch mit. Dieses wurde dann in Holzfässern eingelegt und mit Salz konserviert, so daß wir auch im Winter etwas zu essen hatten. Der Braten, den wir immer bekamen, wenn Berthold wegging, war für uns die reinste Delikatesse.

Lucki Leitner, auch ein bäuerlicher Nachbarssohn, mit dem ich sehr viel Ski gelaufen bin, wurde später für Deutschland mehrfacher Weltmeister. Den Blödsinn, den wir damals machten, war, eine Schanze am Rande der einzigen Straße zu bauen. Wir warteten ab, bis der dreimal am Tag kommende Postbus die Straße entlangpolterte, und sprangen dann begeistert mit unserer primitiven Skiausrüstung über dieses Fahrzeug und die Straße hinweg.

Kommentar

Viele positive Impulse und auch soziales Verhalten aus dieser Zeit haben mein Leben grundlegend beeinflußt und geprägt. Bei fast jeder hoffnungslosen Situation kann bei analytischer Betrachtung eine Problemlösung herbeigeführt werden.
Poldi, ein von Geburt an benachteiligter Mann, half auch bei uns im Heim aus. Er war ein herzensguter Mensch, war aber mit X-Beinen zur Welt gekommen. An der Innenseite der Knie nähte er sich Leder auf seine Hosen, weil er mit den Knien ständig gegeneinanderrieb.
Im Walsertal gab es zu meiner Zeit immer wieder im Winter Rodelwettbewerbe. Poldi, diese Frohnatur, war immer mit dabei, und er war immer der letzte Gewinner, was ihn aber überhaupt nicht störte. Von ihm könnte der Satz stammen, der heute bei Olympischen Spielen gern zum besten gegeben wird: „Dabeisein ist alles."

Irgendwann vertraute mir Poldi eine herrliche Geschichte an.

Nach der Besetzung des Kleinen Walsertales durch die Franzosen waren die Offiziere im Hotel Ifen am Fuße des gleichnamigen Berges untergebracht.

Auch die Franzosen wußten damals schon ihre Freizeit gut zu nutzen, denn in dem Hotel residierten nicht nur sie, sondern auch eine Handvoll junger Frauen, heute würde man sagen, die dem Gewerbe der käuflichen Liebe nachgingen.

Poldi hatte sich zu dieser Zeit im Hotel als Handlanger verdungen. Wie er mir erzählte, tauchte eine der Damen eines Abends in seinem Zimmer auf, hatte einen Pelzmantel an, öffnete diesen, und darunter war das Mädel splitternackt. Sie hat mit mir etwas Wunderschönes und immer wieder gemacht. So hatte Poldi ein echtes Erlebnis.

Aus der Not heraus haben wir Sozialverhalten und Gemeinschaftssinn auf engstem Raum lernen müssen.

Es ist die Phantasie, die wir als Kinder damals noch wirklich hatten. Wir konnten noch richtig spielen ohne Spielzeug, was nach dem heutigen Stand der Wissenschaft so wichtig für Kinder und die Entwicklung eines Menschen ist. Auch hat es uns geholfen, unsere traumatischen Erlebnisse, den Tod von Angehörigen und den Krieg, zu verarbeiten.

Nach dem Abendessen saßen wir alle schon im Schlafanzug am großen Wohnzimmertisch, und es wurde vorgelesen. Besonders „Karl May" mit seinen wunderschönen Geschichten war für uns immer ein spannender Ausklang eines erlebnisreichen Tages. Es war selbstverständlich, daß wir dabei nähten, Strümpfe stopften, strickten und häkelten.

Wir haben viel und gerne alte Volkslieder gesungen. Singen war damals Balsam für die Seele.

Erkältungen oder Krankheiten kannten wir überhaupt nicht. Jeden Morgen wurden wir mit kaltem Wasser abgeduscht. Baden in der eiskalten Breitach und den Bergseen bei unseren Ausflügen und Gebirgstouren war im Sommer normal. Genauso wie das Barfußlaufen, da es keine Schuhe gab. Unsere Aktivitäten spielten sich nur draußen ab. Wir bauten Seilbahnen von hohen Tannen zu anderen Tannen. Klettern konnten wir alle meisterhaft.

Der Freiraum, den wir als Kinder hatten, war fast unbegrenzt. Deshalb machten wir auch viele Dinge, die nicht ungefährlich waren. Die gewaltigen Schneemassen, die immer im Walsertal herunterkamen, sorgten dafür, daß die Straßen mit Schnee gut bedeckt waren. Wir fuhren mit unseren Skiern vom Café Anna, Mittelberg nach Hirschegg, man konnte es so richtig laufen lassen. Tauchte der Postbus auf, hängten wir uns an dem hinten angebrachten Skiständer an und ließen uns von dem Bus auf der Straße wieder nach Mittelberg schleppen.

Die Natur im Kleinen Walsertal war zu dieser Zeit noch so extrem, daß wir am 7. Oktober noch schwimmen gingen, und am 14. Oktober konnten wir bereits schon wieder Ski laufen.

Es war für uns das Größte, die Milch mit einem Schlitten vom Bauern zu holen. Die große Milchkanne, die schon lange in der Kälte gestanden hatte, produzierte von ganz alleine Sahneeis. Was war das für ein himmlischer Genuß, die gefrorene Sahne vorsichtig herauszunehmen, um sie genüßlich auf der Zunge zergehen zu lassen.

1948, das Jahr der Währungsreform. Das alte Geld, die Reichsmark, wurde für null und nichtig erklärt, und die Deutsche Mark wurde ausgegeben. DM 40 erhielt jede Familie zum Start. Zu Geld hatte ich damals überhaupt kein Verhältnis, es gab sowieso nichts zu kaufen. Jedoch, kaum war die neue Währung da, gab es plötzlich Zahnbürsten, Besen, Werkzeug und viele andere Dinge.

Was für eine Überraschung! Meine Mutter tauchte plötzlich im Kleinen Walsertal auf. Sie hatte es gewagt, über die grüne Grenze aus der Zone zu kommen. Der Eiserne Vorhang war noch nicht vorhanden. Eine Fülle von Informationen stürzte auf mich ein. Was hatte sich alles inzwischen ereignet. Mein Vater war durch die Strapazen auf der Flucht von Ostpreußen zum Westen verstorben. Er hatte erhebliche Werte in Königsberg, aber auch im Westen geschaffen. Als Universalerbe eingesetzt, stand eigentlich eine positive Zukunft vor mir.

Es war inzwischen das Jahr 1950, als ein schwarzes Mercedes-Cabriolet mit weißen Reifen den schmalen Weg zum Kinderheim herauffuhr. In diesem Wagen saß auf der Rückbank ein grauhaariger Mann und vorn ein Chauffeur mit Schiffermütze und weißen Handschuhen.
„Hallo Junge, sag mal, wo ist denn hier das Heim Brüggemann, und wo finden wir den Knaben Klaus Arlt?" Mit meiner Hand deutete ich auf das Heim: „Und nach dem sie fragen, der steht vor Ihnen."
Der Mann vom Rücksitz stand auf, trat auf mich zu und sagte: „Ich bin jetzt der Mann, dem Du gehorchen mußt. Ich bin Dein Vormund und heiße Onkel C." „Führe mich zur Heimleitung, und dann gehen wir noch irgendwo einen Kaffee trinken." Bei dem Gespräch mit Tante Maria war ich nicht dabei, und danach fuhr ich zum ersten Mal barfuß mit abgerissenen Hosen und „Schnottennase" in einem Mercedes zum Hotel Alpenrose im Zentrum von Mittelberg. Bei Kakao und Kuchen erzählte mir Onkel C., daß mein Vater nicht mehr am Leben sei, was ich aber durch meine Mutter schon wußte. Beide, Dr. C. und mein Vater, hatten sich in den Kriegsjahren kennengelernt und sich gegenseitig ein Versprechen abgenommen. Wer den Krieg überlebt, kümmert sich jeweils um den Sohn des anderen, falls eine entsprechende Situation eintreten sollte.
Dr. C. löste sein Versprechen ein, und nun änderte sich mein Leben sehr schnell und gravierend.
Es wurde festgelegt, daß ich schnellstmöglich vom Walsertal und aus dem Kinderheim verschwinden müsse, um in ein Internat zu kommen. Als Ziel wurde die Nordseeinsel Wangerooge bestimmt.
Es galt Abschied zu nehmen, von Tante Maria, die für mich Ersatzmutter geworden war, die mich mit viel Liebe, Zuneigung und Geduld geführt hatte. Diese bescheidene, menschlich einmalige Frau hatte vielen Kindern zur Seite gestanden, aber ich wußte auch, daß ich ihr besonders ans Herz gewachsen war. Beim Abschied versprach ich ihr, die Verbindung nicht abreißen zu lassen, und habe viele Male sie auch später mit meinem Bruder Horst zum Skilaufen besucht und schöne und erlebnisreiche Tage im Kleinen Walsertal verbracht.

Wangerooge 1950 bis 1953

Dr. C. lebte in Bremen, in einer Villa direkt am Rhododendronpark. Er war verheiratet mit seiner Frau Krimhild. Sinnvollerweise durfte ich beide mit Tante und Onkel C. ansprechen. Das gab schon gleich von Beginn an die Basis eines sehr „herzlichen" Miteinanders. Die beiden hatten nur ein Kind, den Sohn Fred.
Dr. C. war bei der Luftwaffe gewesen und immer ein erklärter Gegner von Adolf Hitler. Er hatte hohe geschäftliche Qualifikationen. Er führte den Titel Generaldirektor und hatte vor dem Kriege große und bekannte Firmen zu geschäftlichen Erfolgen geführt.
Nach dem Krieg wurde er von einem bekannten Industriellen, Krupp, gebeten, den Aufbau einer großen deutschen Werft, der AG „Weser", Bremen, in die Hand zu nehmen und später auch den Aufbau der dazugehörenden Betriebe.
Was mich in diesem Hause empfing, war der reine Luxus. Ein Kachelofen in der Diele, der nur von der Küche aus zu beheizen war, faszinierte mich. Ein Kamin im Wohnzimmer durfte auch nicht fehlen. Der Chauffeur stand jeden Morgen pünktlich um 8.00 Uhr vor dem Hause, um Onkel C. in die Firma abzuholen. Alle zwei Tage wurde der Frisör Meyer in der Sögestraße angesteuert, um sich maniküren zu lassen. In der Villa wohnte im unteren Bereich ein Hausmeisterehepaar. Die beiden waren mitunter auch für den großzügig angelegten Garten zuständig.
Was war das für ein Gegensatz! Vom Walsertal, wo wir lernten zu überleben, kam ich plötzlich in eine neue, fremde Welt mit übertriebenem Reichtum, den ich nicht kannte.

Der alte Leuchtturm

Meine Mutter kam aus Erfurt, um mich von Bremen nach Wangerooge ins Internat zu bringen. Heute würde ich sagen, es war ein Kinderheim. Aber so etwas kannte ich ja schon.
Im Heim Glienke wurde ich von Tante Mohrchen, so genannt, weil sie pechschwarze Haare hatte, freundlich aufgenommen. Mit drei Schülern hatte ich ein Zimmer zu teilen.
Tante Mohrchen war Witwe, zuvor aber verheiratet mit einer hochkarätigen Persönlichkeit aus dem Dritten Reich. Ernst-Günther und Ina waren ihre Kinder. Meine sensible Einstellung wurde schlagartig verändert. Zucht und Ordnung, deutsche Gesinnung, Ehrlichkeit, Zuverlässigkeit waren nun die neuen Attribute, unter denen ich weiter als junger Mensch mit 13 Jahren aufwuchs. Für mich rückblickend absolut positiv. Denn ich meisterte dadurch mein Leben besser, weil ich härter erzogen worden bin.
Die Schule hatte sich für eine Geldsammelaktion stark gemacht. Jeder Schüler, der bereit war mitzuhelfen, erhielt eine Sammelbüchse, und ein

Sammelbereich wurde ihm zugewiesen. Bis zum Tage X mußte die Sammlung durchgeführt sein. Obwohl ich mich zum Sammeln bereit erklärt hatte, stellte ich fest, daß ich eine Scheu nicht verbergen konnte, an Haustüren zu klingeln, um Geld für die Lungenhilfe zu erbitten. Dose und Sammlung ließ ich einfach links liegen und verspielte die Verantwortung, die ich übernommen hatte. Tante Mohrchen, die immer alles im Griff hatte, fragte mich einen Tag vor Sammlungsende, wie weit ich denn wäre. Als sie realisierte, daß ich im Prinzip gekniffen hatte, holte sie aus und haute mir rechts und links saftige Ohrfeigen. Nicht der Schmerz brachte mich zum Heulen, sondern Zorn und Wut. Der Erfolg meiner Sammlung war überdurchschnittlich, ich sammelte nicht mehr für die Lungenkranken, sondern klingelte an den Haustüren und sagte den Bewohnern, die Heimleiterin habe mich geschlagen, wie man gut sehen konnte. Aus Mitleid erhielt ich erheblich mehr Geld als meine Schulkameraden, und es kam eben doch den Lungenkranken zugute.

Der erste Alkohol

Fast alle jungen Menschen haben irgendwann ihr erstes Erlebnis mit dieser Droge. Wir wollten diese auch einmal kennenlernen. Jürgen, Werner, Herbert und ich machten den Sohn eines führenden Hotelbesitzers auf Wangerooge zum Mitwisser und Komplizen. Onno lebt heute leider auch nicht mehr, weil er als betrunkener Seemann aus einer Barkasse in die Themse gefallen war. Er organisierte – auf gut deutsch –, er klaute seinem Vater eine Flasche Kakao mit Nuß, eine Flasche Curaçao blau und eine Flasche Danziger Goldwasser. Sehr sinnig, weil Tante Mohrchen aus Danzig stammte.
Der Treffpunkt war angesetzt im Wäldchen, einer Kiefernschonung, in die man normalerweise gar nicht durfte, weil dort das Trinkwasserreservoir zu der Zeit für die Insel zusammengeführt wurde. Uns waren jedoch die Schlupflöcher im Zaun bekannt.
Die Zeremonie begann um 14.00 Uhr. Alle Flaschen wurden geöffnet. Die erste Flasche kreiste in der Runde und die anderen auch. Es wurde genippt. „Hmm, schmeckt gut", und weiter kreisten die Flaschen. Auf einmal meinte einer: „Mensch, wenn wir ins Heim zurückkommen, merkt man, daß wir nach Alkohol riechen." So glaubten wir damals. Wir hatten vergessen, Pfefferminz zu besorgen. Es wurde ausgelost, wer ins Dorf mußte, um diese Bonbons zu holen. Das Los traf mich. Mit Elan eilte ich ins Dorf, kam zurück und fand meine Freunde lachend, kichernd und krakeelend vor. Den Flaschen war reichlich zugesprochen worden. Ich holte noch etwas nach und empfahl dann, wir sollten zum Strand gehen, um den Mund mit Meerwasser auszuspülen. So geschah es dann auch. Zum Strand kamen wir noch. Zwar lustig und laut, aber von dort zurück hatten wir mächtige Probleme. Die Beine waren nicht mehr richtig unter Kontrolle und damit der Gang logischerweise etwas schwer.
Um möglichst autark zu sein, hatte die Heimleitung beschlossen, auch Hühner und Schweine zu halten. Die Schweine hatten einen herrlichen Auslauf mit einem stabilen Zaun drum herum. Wir fühlten uns alle so unwohl und schlecht, daß wir uns an den Zaun des Schweinestalls heranmachten, den Kopf auf die Arme legten und die grunzenden Borstentiere beobachteten. Es dauerte nicht lange, bis der erste von uns ein Brecherlebnis hatte und es wirklich nicht lange dauerte, bis die anderen auf Grund der Geräusche und Ergebnisse einfach erlösend folgten. Die Schweine fanden einen Wechsel in ihrer Nahrungskette sensationell und fraßen unser Erbrochenes mit Behagen auf. Die Tiere waren anschließend sehr randalös, und keiner verstand, was mit den Viechern los war. Lange Rede, kurzer Sinn, die Heimleitung hat nichts von unserer Exkursion herausbekommen.

Nach einer Sturmflut

Miesmuscheln

Heute ist es für jedermann immer wieder ein schönes Erlebnis, Freunde zum Miesmuschelessen einzuladen. Eine Delikatesse, wenn sie richtig angerichtet wird. Nicht so zu meiner Jugendzeit. Unsere Hühner sahen so trostlos aus, wenn sie sich in der Mauser befanden. Ein Nachbarssohn erzählte mir, daß Miesmuscheln ideal gegen die Mauser sein würden. Also fuhr ich zum Westanleger mit Spaten und Eimern bewaffnet und stach diese köstlichen schwarz-perlmutt schimmernden Dinger ab und brachte sie eimerweise ins Heim. Dort wurden die Muscheln mit kochendem Wasser übergossen. Sie öffneten sich, und die Hühner pickten das Fleisch feinsäuberlich heraus. Rückblickend kann ich sagen, daß das delikate Muschelessen den Hühnern nichts genützt hatte.
Die Mauser dauerte genauso lange wie eh und je, und hübscher wurden die nackten Lebewesen auch nicht.

Bettnässen

Eines Tages kam ein neuer Junge zu uns ins Heim, er war der Sohn eines Industriellen aus Köln. Rolf hatte ein riesiges Problem, er machte jede Nacht ins Bett und war todunglücklich darüber. Wir freundeten uns an und ich fragte ihn, ob ich ihm helfen sollte, diesen Mangel loszuwerden. Er meinte, jedes Mittel sei ihm recht. So verabredeten wir, daß die Beseitigung des Bettnässens in den Herbstferien erledigt werden sollte. Diese Zeit war günstig, da nur ganz wenige Kinder im Heim sein würden. Ein Wecker wurde organisiert. Ich stellte diesen auf 11.00 Uhr nachts und weckte Rolf, damit er zur Toilette ging. Das klappte immer. Danach wurde der Wecker auf 3.00 Uhr morgens gestellt. Auch dann ging er zur Toilette, und dennoch passierte es, daß er morgens naß im Bett lag. Rolf hatte sich damit einverstanden erklärt, wenn er wieder ins Bett gemacht hatte, er am nächsten Morgen akzeptieren müsse, daß ich ihm fünf Schläge mit einer Gerte auf den blanken Hintern hauen würde. Dies geschah in den Herbstferien häufiger, aber das Erstaunliche war, nach 14 Tagen machte Rolf nicht mehr ins Bett und das bis zum heutigen Tag. Rolf ist mir bis heute noch sehr dankbar.

Robert Jahn/Körner

Im Heim hatten wir einen Hausmeister, Robert Jahn. Er war gelernter Tischler und Mädchen für alles. Tante Mohrchen hatte ihn von der Flucht aus Ostpreußen mitgebracht. Robert, wie wir zu ihm sagten, war in Geschichte und Erdkunde sehr wissend. Schüler, die schwach in diesen Fächern waren, brauchten nur einige Zeit mit Robert gemeinsam Schularbeiten zu machen. Schon verbesserte sich die Zensur um ein bis zwei Noten nach oben.
Für diejenigen, die im Dritten Reich Dinge getan hatten, die mit dem Gesetz und der Moral in Konflikt geraten waren, hatte die Bundesregierung eines Tages eine Amnestie erlassen.
Robert ging zur Polizei und stellte sich. Er war während des Krieges ein Mann gewesen, der als Sicherheitsexperte zum Schutze seiner Vorgesetzten viele unkorrekte, aber auch tödliche Handlungen begangen hatte. Robert Jahn erhielt seinen korrekten Namen Robert Körner zurück. Robert verdanke ich sehr viel, was er mir an handwerklichen Dingen in allen Bereichen beigebracht hat.

Schmerzliche Erfahrung

Robert hatte unseren Eßtisch gebaut. Eines Mittags gab es eine Diskussion über nicht gemachte Schularbeiten. Der Knabe mir gegenüber sollte endlich den Mund halten, um uns nicht zu verraten. Der geplante Tritt gegen sein Schienbein verwandelte sich blitzartig zu einer Selbstbestrafung. Robert hatte unter dem Tisch einen Balken zur Stabilisierung gebaut.
     Tritt nie jemanden vor das Schienbein,
  es kann dich selbst schmerzhaft treffen.
Die Herbst- und Winterstürme faszinierten mich am meisten, aber auch die gewaltigen Eisschollen, die sich bis zu 4 Meter rund um die Insel auftürmten, so daß es aussah, als sei die Insel von einem weißgrauen Wall umgeben.
Selbst in der Schule kam ich erstaunlicherweise ganz gut mit und hatte fast keine Probleme.
Zu Weihnachten durfte ich immer wieder zu Dr. C. nach Bremen fahren. Selbstverständlich wurde ich von dem Chauffeur abgeholt.
Mir wurde gesagt, daß ich ab Ostern 1953 zu ihm nach Bremen kommen müsse, um das Abitur zu absolvieren.
So galt es wieder nach zwei Jahren und vier Monaten, von Tante Mohrchen und meinen Freunden Abschied zu nehmen. Die Verbindung zu Glienkes habe ich bis heute intensiv gehalten.

Eine menschlich harte Erfahrung

Bremen 1953 bis 1956

Die nächsten Jahre im Hause meines Vormundes waren grausam für mich. Wohlstand, Reisen und Prunk waren reichlich vorhanden. Dennoch war diese Zeit für mich die totale Einsamkeit und Leere! Es fehlte an Zuneigung und menschlicher Wärme.
Der Wechsel von Wangerooge nach Bremen war schulisch gesehen ein gewaltiger Rückschritt. Auf dem Hermann-Böse-Gymnasium traten viele Mängel zutage, die von meiner mangelhaften Schulbildung herrührten.
Nachhilfe war angesagt. Die Grammatik machte mir schwer zu schaffen. Zu Latein, eine für mich tote Sprache, zu der ich gezwungen wurde, bekam ich überhaupt keine Verbindung. Ich zog es vor, mit dem Nachhilfelehrer in Latein Schach zu spielen, habe ihn häufig genug geschlagen, aber das hat meine Zensur in dieser Sprache auch nicht verbessert.
Die Reederei meines Vaters hatte es noch geschafft, kurz vor dem Zusammenbruch zwei Schiffe nach Lübeck zu delegieren. Das hatte aber nichts genützt, denn die Engländer beschlagnahmten Schiffe und Ladungen. Damit waren eigentlich die Aktivitäten der väterlichen Firma zu Ende. Da Deutschland sich nach dem Kriege wirtschaftlich langsam nach vorne entwickelte, kam auch die Firma des verstorbenen Vaters wieder in Schwung. Zwei Teilhaber und ein Prokurist leisteten die Aufbauarbeit.
Mein Vormund, als Generaldirektor, veranlaßte die Teilhaber der väterlichen Firma, ein neues Schiff zu bauen. Die Finanzierung erfolgte durch den Lastenausgleich, der von der Bundesregierung für all diejenigen bezahlt wurde, die ihr Vermögen in den ehemaligen deutschen Ostgebieten verloren hatten.
Das Schiff „Konsul Arlt" wurde 1950 in Bremerhaven gebaut. Ivers & Arlt gehörte zu einer der ersten deutschen Reedereien nach dem Kriege, die wieder einen Schiffsneubau in Auftrag gaben.
Die MS „Kurt Arlt" wurde bei Jos. L. Meyer, Papenburg, als Neubau in Auftrag gegeben. Wie fast alles nach dem Krieg entwickelte sich die Firma gut. Eine echte Reisekalkulation, wie sie heute unumgänglich ist, brauchte zu dieser Zeit gar nicht gemacht zu werden, denn es wurde unwahrscheinlich gut verdient. Inzwischen verfügte die Reederei wieder über sieben Schiffe. Also sah ich positiven Zeiten entgegen.
Bei den Besuchen in der Firma wurde ich immer höflich und zuvorkommend von den Teilhabern begrüßt. Sie wußten, daß ich eines Tages die Firma übernehmen sollte.
Kurz vor meiner Konfirmation, 14 Jahre alt, wurde ich zum Finanzprokuristen der Firma in das Büro von Herrn Hermann Kolberg gebeten. Er war Ostpreuße. Ein gemütlicher, älterer Herr mit rundem kahlgeschorenen Kopf und einer Brille mit Goldfassung. Er schaute mich lange und nachdenklich an und dann sagte er: „Dein Vater hat mich als einen Angestellten einer Bank in Königsberg weggeholt und mich zum Finanzprokuristen dieser Firma gemacht. Dafür bin ihm heute noch dankbar! Klaus, ich habe keine Kinder, und Dein Vater hat mich als seinen persönlichen Vertrauten gebeten, auf Dich und Deine Interessen aufzupassen. Dir möchte ich ein väterlicher Freund sein und vorschlagen, daß Du mich Onkel Hermann nennst. Am nächsten Sonntag möchte ich Dich zum Kaffeetrinken einladen, damit Du auch meine Frau kennenlernst."
Mit der Straßenbahn fuhr ich von Schwachhausen quer durch Bremen nach Walle. Dort hatte Onkel

„Consul Arlt" – unser Flaggschiff

Hermann in einem Häuserblock eine kleine, gemütliche Mietwohnung. Herzenswärme schlug mir durch Frau Kolberg, später Tante Edith, entgegen. Wenn ich mich recht entsinne, kann ich mich nicht an einen einzigen so gemütlichen Nachmittag in meinem bisherigen Leben erinnern. Bei klassischer Musik, auch den russischen Donkosaken, lauschte ich den Erzählungen von Onkel Hermann. Was für ein Mensch mein Vater gewesen war und was sich in Königsberg und Ostpreußen an Geschichten abgespielt hatten.

Froh gestimmt fuhr ich wieder zu meinem Vormund nach Hause. Als ich gefragt wurde, wo ich den Nachmittag verbracht hätte und dieses erzählte, wurde mir von Dr. C gesagt, ich solle dort nicht hingehen, das sei meiner nicht würdig. Über diese Äußerung war ich sehr irritiert und konnte es überhaupt nicht verstehen. Ich hatte mich so glücklich, wohl und geborgen gefühlt.

Konfirmation

Fred und ich wurden zur gleichen Zeit konfirmiert. Diese Konfirmation öffnete mir die Augen. Nämlich, daß man im Leben auch mit zweierlei Maß mißt, was mich viel später noch in Rage bringen sollte.

Der Sohn erhielt einen Füller und Drehbleistift aus Gold, ich einen einfachen Füller. Er eine Brieftasche aus Krokodilleder, ich ein Portemonnaie, schlicht und einfach. Er einen Gutschein für eine Reise in die Schweiz zum Skilaufen, ich ein Fahrrad.

Zu dieser Zeit habe ich die Verhaltensweise überhaupt nicht verstanden. Aus dieser Ungerechtigkeit heraus wird jeder sicherlich nachvollziehen, daß eine große Zuneigung zu meinem Vormund, seiner Frau und seinem Sohn nicht mehr vorhanden sein konnte.

Der Tag begann mit Frühstück. Der Vormund mit Frau und Sohn, wenn er mal in Deutschland weilte, frühstückten mit Ei im Frühstückszimmer. Ich mit dem Dienstmädchen in der Küche, ohne Ei. Es kam nicht auf das Ei an, sondern wie ich in jeder Form diskriminiert wurde.

Die Fragen, die ich mir stellte, waren: Was hatte ich getan? Warum diese Behandlung? Waren mein Vater und mein Vormund wirklich Freunde? Die Antwort ergab sich bald.

Jeden Sonntag machten mein Vormund und ich mit den Hunden, für eine Stunde, einen Spaziergang im angrenzenden Rhododendronpark. Bei den Gesprächen, die wir gemeinsam führten, lernte ich sehr viele wirtschaftliche Zusammenhänge kennen. Auch über Politik wurde intensiv gesprochen. Danach fuhren wir mit dem BMW V 8, schwarz mit roten Ledersitzen, mit seiner Frau ins Bremer Zentrum. Zu dieser Zeit konnte man noch immer in der Sögestraße parken, um einen Geschäftsbummel zu machen. Vor den damals eleganten Geschäften blieben wir stehen. Krimhild sagte, dies oder jenes Kostüm sei sehr schick. Das dauerte so lange, bis der Vormund sagte: „Liebling, fahre doch morgen in die Stadt und kaufe es Dir." So ging das Woche für Woche, Monat für Monat. Für mich war es nur langweilig.

Vielleicht aus erzieherischen Gründen vertraute mir der Vormund sein Heiligtum, den Weinkeller, an. Er erklärte mir vieles über die unterschiedlichen Lagen der Weinberge und der Erde, auf denen die Weinstöcke wuchsen. Wie der Geschmack durch die Wurzeln in die Reben zieht und vieles mehr. Behalten habe ich eines definitiv. Mosel-, Saar- und Ruwerweine müssen in grünen, Rhein- und Pfälzer Weine in braunen Flaschen abgefüllt sein. Er gab mir auch die Verantwortung dafür, daß genügend Weinvorrat im Hause sei. Er zwang mich auf diese Art, eine kontinuierliche Bestandsaufnahme zu machen. Neigte sich der Vorrat, mußte ich ihm eine Liste vorlegen, welcher Wein wieder wo bestellt werden müsse. Bei ganz besonderen Anlässen, wie z.B. einem neuen Werftkontrakt, trank der Vormund mit Frau köstlichsten Eiswein. Eine erlesene Rarität der Weinanbauländer, bei der die Trauben bei mindestens minus 8 Grad, in gefrorenem Zustand, geerntet werden. Eine solche Flasche kostete zu dieser Zeit schon über DM 200.

In meiner Klasse hörte ich immer wieder von Kameraden, was die Eltern alles mit ihren Kindern unternahmen. Bei uns, speziell bei mir, passierte überhaupt nichts.

Mir wurde versprochen, ich dürfe mit zur Schiffstaufe eines Tankers, des bekannten griechischen Großreeders Onassis, der auf der AG „Weser"-Werft gebaut worden war. Frau C. war als Taufpatin erkoren worden. Die Freude für mich war riesengroß. Leider jedoch an dem Tage, als die Taufe sein sollte, bekam ich eine Lateinarbeit zurück mit der Zensur 5. Die versprochene Schiffstaufe wurde kommentarlos als Strafe gestrichen.

Meine Enttäuschung über diese Entscheidung, nicht bei dem Stapellauf dabeisein zu dürfen, war unsagbar groß. In mir stieg eine unbeschreibliche Wut auf. Ich wartete solange, bis mein Vormund mit seiner Frau vom Chauffeur abgeholt wurden. Der direkte Gang von mir war in den geheiligten Weinkeller. Dort nahm ich mir die teuerste Flasche Wein und führte dieses köstlich süße, wie Öl fließende Getränk genüßlich langsam, aber stetig meinem Körper zu.

Nie mehr in meinem bisherigen Leben habe ich solch einen Wein getrunken. Nach dem Inhalt der ganzen Flasche wurde mir unheimlich schlecht und ich ließ mir noch mal alles durch den Kopf gehen. Unser Dienstmädchen hat mich nie verraten, denn auch sie hatte vollstes Verständnis für meine Reaktion.

Als Taufgeschenk hatte Frau C. von dem Reeder Onassis eine Brillantbrosche im Werte von DM 35 000 erhalten. Diese wurde aber nie angelegt, weil sie zu wertvoll war.

Aus gesellschaftlichen Gründen sorgte mein Vormund dafür, daß ich Mitglied im Club zur Vahr wurde. Dort wurde ich herangeführt an Sportarten wie Tennis, Hockey, Golf, Tischtennis, Schwimmen und auch Tontaubenschießen.

Mein tristes und einsames Leben wurde lebendiger und lebensbejahender, als ich zur Tanzschule angemeldet wurde. Natürlich war es die Tanzschule Schipfer-Hauser, die beste zu dieser Zeit und auch heute noch in Bremen. Je mehr ich Spaß und Freude am Umgang mit den jungen Mädchen bekam, desto schlechter wurde ich in der Schule.

Mein Klassenlehrer Dr. Graf nahm mich vor der Versetzung beiseite und sagte mir: Man hätte im Kollegium lange und ausführlich über mich gesprochen. Man sei zu der Überzeugung gelangt, ich sei zwar nicht dumm und man würde mir die mittlere Reife bzw. die Versetzung in die 11. Klasse geben, aber nur unter der Bedingung, daß ich wirklich von der Schule abgehen müsse.

Mein Vormund war von dieser Entwicklung überhaupt nicht begeistert, bestand aber darauf, daß ich nun die Höhere Handelsschule besuchen sollte. Kaufmännisch Rechnen, Buchführung, englische und spanische Handelskorrespondenz, Steno, Schreibmaschine, Betriebswirtschaftslehre, alles, was damals für das berufliche Leben gefordert wurde, sollte ich lernen. Auf der Höheren Handelsschule Union in Bremen waren in meiner Klasse 16 Mädchen und nur sechs Jungs. – Herrlich –. Das Interesse am weiblichen Wesen war für mich viel stärker, als für die Schule zu lernen.

Ich hatte mich in ein Mädchen verknallt, nein, ich liebte sie heiß und innig. Heide hieß sie. Blond, bildschön, intelligent, schrieb nur die besten Noten, und ich himmelte sie an. Sie verhielt sich leider jedoch zu dieser Zeit mir gegenüber reserviert. Sicherlich waren es bei mir die schulischen Leistungen. Als einsamer Seemann nahm ich später die Verbindung wieder zu ihr auf und wir wechselten heiße Liebesbriefe. Als ich dann von See zum Urlaub nach Bremen kam, war die Freude auf beiden Seiten sehr groß. Der beidseitige Wunsch, uns gefühlsmäßig auszutauschen, wurde mit viel Zärtlichkeit, Genuß und Engagement erfüllt. Sie hat später einen indischen Adligen geheiratet und nur eine Tochter zur Welt gebracht. Deswegen wurde sie aus der Ehe verstoßen. Sie bekam ein Diadem mit vielen Brillanten und eine Abfindung.

Regelmäßig hatte ich Verbindung zu Onkel Hermann, meinem väterlichen Freund, der mir immer häufiger Fakten zeigte, die für mich unfaßbar waren.

Dr. C. als rechtlich autorisierter Vormund hatte hinter meinem Rücken, bei der Firma Ivers & Arlt, den Antrag gestellt, meine mir zustehenden Anteile von 55 % auf seinen Namen übertragen zu bekommen. Argument von ihm, damit er das Erbe auch richtig verwalten könne. Die anderen Teilhaber wären damit einverstanden. So aber nicht Hermann Kolberg, der meine Interessen im Sinne meines Vaters sah und ablehnte. Auf Kosten von ihm wurde ein Schiedsspruch bei der Handelskammer zu Bremen herbeigeführt, der das Ansinnen von Dr. C. ablehnte, und somit blieb mein Erbanspruch erhalten.

Onkel Hermann zeigte mir inzwischen Belege, Dokumente und Abrechnungen von meinem Vormund, wo mir die Haare zu Berge stiegen. Die sogenannte „Gutherzigkeit", unter der ich in seinem Hause aufgenommen worden war, entpuppte sich als verlogen und falsch. Auch daß er mir sagte, er behandele mich wie seinen eigenen Sohn, war eine moralisch belegbare Lüge. Die ganze Zeit, drei Jahre, wurden monatlich für Kost und Logis mit DM 1000 an die Firma meines Vaters abgerechnet. Zuzüglich kamen alle persönlichen Geschenke, die ich von der Familie meines Vormundes erhalten hatte, dazu. Egal, ob es Weihnachten, Ostern, Geburtstag oder Konfirmation war. Quittung für Quittung fand ich als Beleg bei den Abrechnungen wieder. Die „Gnade" und „Freundlichkeit", die mir zuteil geworden war, hatte ich also selbst aus meinem Vermögen oder zu erwartenden Erbe bezahlt.

„Segelschulschiff Deutschland"

Oktober bis Dezember 1956

Meine schulischen Leistungen veranlaßten die Schulleitung der Handelsschule, an meinen Vormund zu schreiben, und an einem Sonntag rief er mich zu einem Gespräch zu sich.
„Junge, was soll bloß aus Dir werden, was willst Du eigentlich?"
Meine Antwort war klar und deutlich, ich wolle zur See fahren. Ich wollte wissen: Was ist ein Schiff, wie sieht es aus, und was für Aufgaben hat es zu erfüllen.
Sichtlich erfreut war der Vormund, mich loszuwerden. Auf Grund seiner Position dauerte es genau drei Tage, bis ich auf der Schiffsjungenschule „Segelschulschiff Deutschland" angenommen war. Zuvor wurden noch alte Kisten von der Werft organisiert, mein bescheidenes Hab und Gut darin verstaut und bei Onkel Hermann im Keller deponiert.

Ein für mich wichtiger Lebensabschnitt begann am 15. Oktober 1956.

Das „Segelschulschiff Deutschland" war ein Dreimastvollschiff. Es wurde 1927 auf der Tecklenborg-Werft in Bremerhaven gebaut und am 10. August 1927 in Dienst gestellt. Die Stammbesatzung setzte sich aus befahrenen Seeleuten des Segelschiffes „Großherzogin Elisabeth" zusammen. Sie war das erste Schulschiff des Deutschen Schulschiff Vereins Bremen. Die „Großherzogin Elisabeth" war 1901 bei der Tecklenborg-Werft gebaut worden und sollte nach 26 Jahren durch das Vollschiff „Segelschulschiff Deutschland" ersetzt werden.
Der Betrieb an Bord vom „Segelschulschiff Deutschland" war genauso aufgezogen, wie sich in der Praxis das Seemannsleben abspielte. Kapitän Köppel, ein großer, kräftiger rothaariger Mann im Alter von ca. 55 Jahren, führte ein hartes und strenges Regiment. Das war sicherlich richtig und nötig bei diesen vielen jungen Menschen aus allen Schichten des Volkes mit unterschiedlicher Schulbildung und Altersstruktur.
Mein Leben veränderte sich, was den Komfort des Lebens anging, extrem. Wir lebten mit 30 Mann in einem Raum. In diesem wurde gegessen, Unterricht erteilt und auch geschlafen. Die Tische und Bänke wurden abends unter der Decke angebracht, und damit wurde der Raum frei, um diesen 30 den Schlafraum zur Verfügung zu stellen. Geschlafen wurde in Hängematten, die ersten drei Tage konnte ich überhaupt nicht richtig schlafen. Später habe ich mir sogar selbst eine Hängematte aus Segeltuch genäht und liege noch heute bei schönem Wetter darin, falls nicht einer meiner Söhne diese in Beschlag genommen hat.
Jeder Schiffsjunge erhielt einen winzigen Spind (Schrank), den er sich mit einem anderen zu teilen hatte und der zur Unterbringung von Kleidung, Waschzeug, Büchern und privatem Kleinkram diente. Toiletten waren unter dem Vordeck reichlich vorhanden, jedoch die Wasch- und Duschgelegenheiten waren absolut unzureichend.
Warmes Wasser gab es überhaupt nicht, so daß der Körper sehr gut abgehärtet wurde. Man bedenke auch die Jahreszeit. Es war einfach zu lausig kalt. Auf dem Oberdeck des Schiffes war ein Tank mit einer Kapazität für ca. 1000 Liter Trinkwasser. Dieser mußte jeden Tag mit einer primitiven Pumpe an Deck mit Wasser vom Festland aufgefüllt werden. Das Pumpen war immer eine schweißtreibende Tätigkeit und wurde fast ausschließlich von denen gemacht, die aufsässig und frech waren oder sich

Das „Segelschulschiff Deutschland"

nicht in die Gemeinschaft gut einfügen konnten. Ich habe auch häufiger gepumpt. Nach meiner 3monatigen Ausbildung wurde später ein Rohr mit einem Verbindungsschlauch zur Landseite installiert, und die Pumperei war vorbei.
Die Idee der Schiffsjungenschule war ideal. Man lernte für die zukünftige Tätigkeit, die einen an Bord erwartete. Für die Schiffsleitung von späteren Schiffen war es der Vorteil, daß man nicht wie eine Landratte an Bord begann.
Messing putzen, spleißen, diverse Knoten lernen, Morsen, Funken, Lichterführung, Malen und immer wieder saubermachen. Jeden Tag wurde in all diesen Bereichen Unterricht erteilt, und meine Schulmüdigkeit war wie verflogen. Ich erkannte den Sinn für meine Zukunft.
So, wie es auch später an Bord war, kam ein Schiffsausrüster, in unserem Falle Heinrich von der Aa, an Bord. Uns wurde ein Zettel vorgelegt, welche Ausrüstungsgegenstände ein werdender Seemann haben müsse. Alle Ausrüstungsgegenstände waren mit vollem Familiennamen, mit Nadel und Faden zu kennzeichnen. Man kann sich vorstellen, daß viele anfänglich große Schwierigkeiten damit hatten.
Die wichtigste Seele an Bord war nicht der Kapitän, es war „Mutti". So nannten wir unsere Köchin, die mit geringen Mitteln immer wieder die leckersten Gerichte aus ihrer kleinen Küche hervorzauberte.
Für den Kapitän war es außerordentlich wichtig, den Eltern der Jungs nachzuweisen, daß die Ernährung an Bord sehr gut sei. Jeder Neuling, wenn er an Bord anmusterte, wurde gemessen und gewogen. Da wir an Bord kaum Bewegung hatten, nahmen alle Kadetten ohne Ausnahme zu. Die bekannte Vierfruchtmarmelade, die es nur als Aufstrich gab, tat das ihrige.
Als sogenannter Reedernachwuchs, mit Besuch einer Höheren Handelsschule, wurde ich dem 1. Offizier zugewiesen. Ich sollte die organisatorischen Dinge erledigen. Namenslisten der einzelnen Gruppen erstellen, Taschengeldauszahlung DM 5,– pro Woche durchführen. Jede einfache Verwaltungsarbeit, die sich ergab, wurde durch mich erledigt.

Herr Lessing, einer unserer Offiziere, war ein ganz harter, aber gerechter Mann. Wer im Sinne des Dienstes mitmachte, hatte ihn immer als Berater und Freund an seiner Seite. Im Laufe der christlichen Seefahrt hatte er seinen linken Arm verloren, deshalb mußte er auch Ausbildungsoffizier werden.
Eines Tages sah er, wie einer der Jungs Brot, welches noch eßbar war, außenbords den Möwen durch das Bullauge zuwarf, weil er meinte, das Zeug sei nicht mehr eßbar. Die Ohrfeige, die er erhielt, hatte es in sich, sein Trommelfell war geplatzt.
Mit einigen Wochen Verspätung stieß ein junger Mann zu unserer Ausbildungsgruppe, mit dem ich meinen Spind zu teilen hatte. Er war Mulitreiber im Gebirge gewesen und hatte seine eigenen Vorstellungen von Seefahrt. Wann immer wir Landgang hatten, begab er sich nach Golden City, direkt in das Gebiet, wo die käuflichen Damen zu finden waren. Stark angetrunken kam er stets an Bord zurück, und als Herr Lessing ihn zur Rede stellte, meinte der Mulitreiber: „Mein Lieber, das war das letzte Mal, daß du mich angequatscht hast." Er zückte sein Messer und ging auf Herrn Lessing los. Wir alle waren irritiert und schockiert und wußten nicht so recht, was wir machen sollten. Diese Entscheidung nahm uns Herr Lessing ab. Mit seinem intakten Arm schlug er blitzartig seine Hand zwischen die Augen auf die Nasenwurzel, und der zweite Schlag ging auf das Handgelenk. Das Messer lag auf dem Boden, und eine Stunde später wurde der Knabe von der Polizei abgeholt. Ich vermute, er wird noch heute Mulis treiben, falls auch dieses die Technik nicht schon längst wieder erledigt hat.
Ein Junge an Bord, wir würden sagen, war eine echte „Pest". Alles und jedes wurde den Offizieren gepetzt. Das paßte der älteren Gruppe, die schon vier Wochen vor uns mit der Ausbildung begonnen hatte, überhaupt nicht. Sie nahm sich dieses Knaben an. Es gab einen Unteroffiziersraum, wo die Älteren gern tagten, Skat spielten aber auch Bier tranken. Nachdem besagter Knabe mal wieder jemanden angeschwärzt hatte, wurde er in diesen Raum zitiert, ausgezogen, auf den Tisch gelegt und mit fünf Mann festgehalten. Einer nahm ein Tempo-Taschentuch, nahm sein winziges Genital zwischen die Finger, und es wurde durch Bewegung dem Gotte „Onan" gefrönt. Seit diesem Tage war es mit der Petzerei vorbei, es gab keine Reklamationen mehr. Es war strengstens verboten, in die Masten zu steigen. Eines Nachts, während der Wache, war ich mir mit meinem Wachgänger einig. Ich wollte ganz nach oben steigen. Auf der Royal, der obersten Rah, kratzte ich meinen Namen ein. Inzwischen dürfte dieser im Laufe der letzten 40 Jahre wieder dichtgemalt worden sein.
1956 waren Arbeitskräfte sehr knapp, und so wurden wir Schiffsjungs an Firmen in der Umgebung ausgeliehen. Dafür bekam die Schulschiff-Vereinigung Geld. Einige Jungs und ich gehörten zu einer Gruppe, die zum alten Norddeutschen Lloyd-Gebäude abkommandiert wurden, um im Silberkeller Inventur zu machen.
So manchem würde heute das Herz höher schlagen, wenn er die Unmengen von echtem Tafelsilber zu Gesicht bekäme. Der Norddeutsche Lloyd hatte es in Kartons und Körben eingelagert. Meine Frage heute, wo ist das Silber geblieben? Es gibt noch viele Liebhaber, die sich das eine oder andere Stück zur Erinnerung kaufen oder ersteigern würden.
Ein weiterer Vorteil der Ausbildung unserer Schiffsjungenschule war, daß wir den DLRG-Schein machen mußten. Abgesehen davon, daß viele Jungs erst einmal überhaupt Schwimmen lernen mußten, konnten die anderen sich darin üben, Befreiungsgriffe zu trainieren, um Menschenleben zu retten. Zum Trainingsprogramm gehörten aber auch Verteidigungsschläge gegen Angreifer. Ein sehr positives Abfallprodukt war, daß wir im Schwimmbad heiß und ausführlich duschen konnten.
Durch den guten Draht, den ich zum Kapitän und den Offizieren pflegte, bat ich darum, den Abtanzball mitmachen zu dürfen. Ich konnte aber nicht mehr zur Tanzschule gehen, da ich mich ja für die Schiffsjungenschule entschieden hatte. Meine Abtanzpartnerin war Monica Borgward. Die

Genehmigung wurde erteilt. Ich fuhr zu Onkel Hermann, kleidete mich entsprechend, und der Ball verlief wie jeder andere auch. Zum Abschluß fuhr ich nicht an Bord, so wie man mir gesagt hatte, sondern mit zu Monica nach Hause. Sie fuhr einen aufgestylten Super-Lloyd-Wagen mit vielen Extras, die andere Autos überhaupt nicht hatten. Wenn ich schon im Hause meines Vormundes ausgefallenen Glanz erlebte, so war doch mit dem Betreten der Villa Borgward für mich eine beträchtliche Steigerung erkennbar. Aber es gab hier einen sofort erkennbaren Unterschied. Hier herrschte eine anheimelnde, gemütliche Atmosphäre. Diesen Abend verbrachte ich noch mit den Eltern Borgward sowie den Brüdern Claus und Peter. Meine wachhabenden Kameraden waren doch etwas irritiert, als ich morgens vor Dienstbeginn mit dem Taxi vor das Schulschiff fuhr und im Smoking ausstieg.

Einen besonderen Freund hatte ich an Bord, Bootsmann Mau. Er behauptete von sich, der beste Bootsmann Deutschlands zu sein. Ich glaubte es ihm. Von ihm lernte ich jedenfalls viele Lebensweisheiten, die von mir wie ein halbtrockener Schwamm aufgesogen wurden. Ein Ausspruch von ihm hat mich stark beeindruckt. „Klaus", meinte er, „viele Menschen lassen sich durch Äußerlichkeiten blenden. Schau mich an. Ich sehe aus, als wenn ein Pferd mit dem Hufeisen mir ins Gesicht getreten hätte, und jeder glaubt, ich sei deswegen beknackt, aber jeder mußte bisher von mir lernen, daß das nicht der Fall war." Was er mir sagte, fiel mir später auf. Viele Menschen schmücken sich nach außen hin mit Prunk und Protz, um den Kleingeist oder die mangelnde Persönlichkeit zu kaschieren.

1956 war der Andrang zur Handelsmarine sehr groß. Wurde man genommen, brauchte man nicht zur Bundeswehr.

Die 3monatige Grundausbildung ging allmählich zu Ende, und es waren nur noch wenige Tage bis zur Abschlußprüfung.

Der Hafer mußte uns gestochen haben, denn wir sperrten eines Nachts die an Bord gebliebenen Wachoffiziere im Achterdeck ein. Daraufhin zogen wir eine selbstgemalte Piratenflagge auf und harrten auf die Ankunft des Kapitäns, der immer nachts zu Hause schlief. Mit seinem alten klapprigen Mercedes fuhr er morgens vor. Sein auch sonst schon etwas dicker roter Kopf begann zu glühen. Der Kapitän schäumte vor Wut, brüllte die Wachen zusammen, die Offiziere wurden aus ihrer mißlichen Situation befreit, und für diesen harmlosen Blödsinn lernten wir kennen, wie man übermütige Jungs zu einem harmlosen Rudel müder Schafe macht. Noch tagelang, uns kaum bewegen könnend, hatten wir Muskelkater in Armen und Beinen. Das Erziehungsgeheimnis: Unsere Hängematten mußten wir mit ausgestreckten Armen vor uns halten, ohne daß sie den Boden berühren durften. Die Hängematten mußten wir über den Kopf stemmen und 20–30 Kniebeugen machen und das immer wieder und wieder.

Bei Aushändigung des Seefahrtsbuches zusammen mit dem Zeugnis ließ sich erkennen, daß ich schulisch doch nicht ein so hoffnungsloser Fall war, wie andere und ich auf Grund meiner vorherigen Schulzeugnisse immer glauben mußten.

In dieser Zeit habe ich sehr viel fürs Leben gelernt.

Die letzten zwei Fahrten der „Passat"

Januar bis Dezember 1957

Nach dem Kriege war die „Stiftung Pamir Passat" ins Leben gerufen worden. Es war der Wunsch der ca. 350 deutschen Reeder, gute Seeleute und einen erstklassig ausgebildeten Offiziersnachwuchs für die Handelsschiffahrt zu bekommen. Finanziert wurden die Segelschulschiffe in erster Linie durch die Mitglieder des Verbandes Deutscher Reeder.

Die ganze Atmosphäre, aber auch die Kameradschaft an Bord auf dem „Segelschulschiff Deutschland", gab mir den Anstoß, mich bei dieser Stiftung für die „Pamir" oder „Passat" zu bewerben. Von den ca. 100 Bewerbern gehörte ich zu den 30 angenommenen.

Gern wollte ich auf die „Pamir", doch diese war voll ausgebucht, so daß ich auf die „Passat" warten mußte. – Wie ich später erkennen sollte, hatte das Schicksal es in diesem Falle mit mir gut gemeint. Freitag, 15.1.1957. Die „Passat" war in Hamburg angekommen. In Windeseile packte ich meinen Seesack, verabschiedete mich von Onkel Hermann, Bekannten und Freunden, setzte mich in den Zug und war in einer Stunde in Hamburg, dem Ausgangspunkt eines neuen Lebensabschnittes.

Die stolze „Passat" unter voller Besegelung

Bei der Korrespondenz-Reederei Zerssen & Co, am Ballindamm, erfuhr ich, daß die „Passat" im Dock bei Blohm & Voss lag. Eine der bekanntesten Werften der Welt. Die Reise würde von Hamburg über Falmouth (England) nach Montevideo (Uruguay) und Buenos Aires (Argentinien) und mit Getreide zurück nach Hamburg gehen.

Bei großer Kälte stapfte ich zu Fuß mit dem Seesack auf dem Rücken durch den alten Elbtunnel. Und da lag sie vor mir – die „Passat" –, majestätischer und schmuckvoller, als ich sie mir in meinen kühnsten Träumen ausgemalt hatte.

Der Eindruck, daß das Schiff schmuck sei, dämpfte sich bei mir schnell, als ich über die Gangway an Bord kam. Dort lagen Kabel, Bretter und rostige Stangen. In den verschiedenen Winkeln und Ecken häuften sich Unrat und altes, nasses, stinkendes Getreide. Die Werftzeit, die immer solche Unordnung hervorruft, entschuldigte alles.

Mein erster Gang war zum 1. Offizier, um mich an Bord zu melden. Er hatte keine Zeit, und ein vorbeikommender Decksjunge zeigte mir die Unterkünfte und Spinde. Während ich meinen Seesack auspackte und meine mit Mühe und Namen selbst ausgezeichneten Sachen sorgfältig in den schmalen Spind verstaute, stand plötzlich ein riesiger Kerl neben mir. Grinsend fragte er mich, ob ich ein „NEUER" sei.

Schnell, eigentlich viel zu schnell, stand ich in der Unteroffiziersmesse und war bereits damit beschäftigt, nach kurzer Einweisung, den Tisch zu decken, Lebensmittel von der Küche zu holen, um bei der „Stammbesatzung" „aufzubacken". D.h. diese mit allen noch zu erlernenden Spielregeln zu bedienen. Am nächsten Tag kamen neue, junge Leute an Bord, die genauso wenig Ahnung von den Spielregeln hatten wie ich. Die vor einem Tag erlernte Methode, einen Job weiterzugeben, wandte ich an, und siehe da, das System funktionierte vorzüglich.

Schon am frühen Morgen wurden wir aus den Hängematten geworfen, um die Tankdeckel im Laderaum zuzuschrauben. Hierbei lernte ich den Bootsmann etwas näher kennen. Die Befehle, die er gab, waren alle auf Plattdeutsch. Leider konnte ich sie nicht richtig verstehen, und es brach über mich ein gewaltiges Donnerwetter herein. Z.B. zu dusselig, um zur See zu fahren oder so ähnlich. Das Essen an Bord war wirklich gut und reichlich. Besser als auf dem „Segelschulschiff Deutschland".

Nachmittags wurde die „Passat" endlich bei Blohm & Voss ausgedockt.

Sonntag, 17.1.1957. Dieser Tag wurde durch die Erlaubnis zum Landgang gekrönt. Da wir noch keine Uniformen hatten, war unser erster Weg in Richtung St. Pauli, der bekannten Reeperbahn. Dort setzten wir uns in einer Tanzbar an die Theke, um unserem Gemüte etwas zukommen zu lassen. Leider mußten wir uns aber nach dem ersten Belebungstrunk zurückziehen, um keinen finanziellen Schiffbruch zu erleiden. So schlenderten wir die Reeperbahn einmal auf- und abwärts, um dann ins Kino zu gehen, was immer den Zweck erfüllt, wenn man nicht so richtig weiß, was man anstellen soll. Um auszulaufen, gab es verständlicherweise reichlich Arbeit an Bord. Proviant übernehmen, Reinschiff zu machen und alles, was unordentlich an Bord herumlag, wieder aufzuklaren. Der Bootsmann, der alte ca. 60jährige Schlumpf, ließ es sich nicht nehmen, mehrere von uns „Neuen" beim Deckschrubben klitschnaß zu spritzen. Er war sein ganzen Leben nur auf Segelschiffen gefahren und verstand sein Handwerk perfekt.

Da es nicht genügend Ladung für ein Frachtsegelschiff gab, wurde Ballastsand angeliefert, der dafür sorgte, daß das Schiff wenigstens einen gewissen Tiefgang hatte. So wurden wir Kadetten abkommandiert, diesen in den Luken zu stauen oder nach Anweisung zu verteilen.

Bei der Uniformausgabe, eine für uns heilige Handlung, mußten ein Kamerad und ich zur Kenntnis nehmen, daß wir zu klein waren. Für uns gab es einfach keine Uniformen. So wurden in der Stadt eigens für uns Uniformen angefertigt. Hungrig und müde kamen wir an Bord zurück und trafen auf einige Freunde vom „Schulschiff Deutschland". Richtig herausgeputzt stellten sie sich uns in den Weg und sagten, wir müßten mitkommen. Ohne gegessen zu haben, machten wir auf dem Absatz kehrt und gingen in das Operettenhaus. „Die Fledermaus von Johann Strauß" war für uns ein besonderes Erlebnis. Also auch Kultur war bei uns angesagt und nicht nur Kulturbanausentum.

Die Seereise ging los! Am 24.1.1957 zogen uns zwei Schlepper die Elbe abwärts an dem „Willkommhöft" in Schulau vorbei. Diese Schiffsbegrüßungsanlage ist eine besondere Institution. Jedes ein- und ausgehende Schiff wurde mit der entsprechenden Nationalhymne und der gehißten Nationalflagge begrüßt oder verabschiedet. Als wir vorbeifuhren, erhielten wir das Kommando „Entert auf in die Wanten". Daraufhin standen wir jungen Leute in den Masten und lauschten der Deutschlandhymne. Dann wurde noch „Muß i denn, muß i denn zum Städtele hinaus" gespielt. Ich muß sagen, wir waren damals alle sehr ergriffen. Kurz vor Cuxhaven warfen wir den Anker, um auf günstigen Wind zu warten.

Während der Freiwache, die wir den ganzen Vormittag hatten, studierte ich im HGB und BGB (Handels- und Bürgerliches Gesetzbuch). Mittags begann ich mit dem schwierigen Kapitel, meinen „Passat"-Streifen an die Uniform zu nähen, was mir dann nach mehrmaligem Abtrennen auch gut gelang. An Bord eines Segelschiffes hat jedes Tau seinen eigenen Namen, den man wie Vokabeln auswendig lernen mußte, damit bei späteren Manövern keine Fehler gemacht wurden. Egal, ob es Tag oder Nacht war, man mußte die Geitaue, Gordinge, Schoten und vieles mehr total beherrschen, um kein Risiko für Schiff und Besatzung einzugehen. Die Zeit auf Reede in Cuxhaven dauerte und dauerte, und es wollte nicht der richtige Wind kommen. Donnerstag, 14.2.1957, machte der Wind leichte Andeutungen, und endlich drehte er auf die sehnlichst gewünschte Richtung.

Den ganzen Morgen stauten wir Holz in den Luken und zurrten es fest. Von 12.00 bis 14.00 Uhr hatte ich Ankerwache. In der Zwischenzeit kam der Kapitän von Land mit dem Schlepper, ließ diesen zurückfahren, und sein Gesicht verriet Freude und Genugtuung. Der Anker wurde gehievt, Stag und Untermarssegel wurden gesetzt, und mit langsamer Fahrt passierten wir Cuxhaven. Endlich geht die Fahrt los. Schnell noch etwas gegessen, dann mitten am Tag hinein in die Hängematte, um fit für die Nachtwache zu sein.

Freitag, 15.2.1957. Während der Nacht wurde der Wind immer kräftiger, so daß wir fast alle Segel setzten und mit einer Geschwindigkeit von 7–8 Seemeilen durch die Nordsee pflügten.

Vom 15. auf den 16.2. war für mich die erste schöne und eindrucksvolle Nacht auf einem fahrenden Segelschiff gewesen. Der Wind kam schräg von achtern und wir fuhren mit einer Geschwindigkeit zwischen 9 und 10 Seemeilen. Der Mond schaute ab und zu zwischen den am Himmel dahinjagenden Wolkenfetzen hervor und beleuchtete mit seinem gespenstischen Weiß die Segel. Die leichte Schlagseite und die Schiffsbewegung der „Passat" ließen in mir ein volles Glücksgefühl aufkommen: Mein Wunsch, auf einem Segelschiff zu fahren, war nun wirklich in Erfüllung gegangen!

Sonnabend, 16.2.1957. In Windeseile rauschten wir durch die Nordsee. Alle sechs bis sieben Minuten konnte ein Schiff gemeldet werden, und durch die klare Luft waren die Lichter sowohl von Frankreich als auch von England an den Küsten zu erkennen. Durch die hohe Geschwindigkeit, mit der wir fuhren, mußten wir unser Schiff mit grellen Scheinwerfern anstrahlen, damit jedes mit Motor oder noch Dampf angetriebene Frachtschiff uns sah: „Achtung, hier kommt ein Segelschiff und diesem muß ausgewichen werden." Abgegebene Böllerschüsse trugen zur erhöhten Aufmerksamkeit bei.

FALMOUTH in Südengland war unser erster Hafen, den wir anlaufen mußten. Warum? Die „Pamir", unser Schwesterschiff, hatte bei der Ausreise von Hamburg Äthylalkohol in Fässern als Deckslast gestaut. Sie kam im Englischen Kanal in einen Sturm. Dabei verrutschten die Fässer und schlugen sich los. In Falmouth wurde die Hälfte der Ladung gelöscht, und wir sollten die Fässer wieder aufnehmen, um diese nach Montevideo zu bringen. Die Ladung war gefährlich und explosiv, was dazu führte, daß wir an Bord nicht rauchen durften. Dafür bekamen wir eine Prämie von DM 5 pro Monat Nichtraucherzuschlag extra.

Falmouth ist eng verknüpft mit der Geschichte der Frachtsegelschiffahrt. Die früheren Segel-Tee-Clipper, Gewürz- und andere Schiffe, die aus Indien, Ostasien und anderen Relationen mit ihrer wertvollen Ladung kamen, wurden immer im Auftrag des Reeders erst nach „Falmouth for order" geschickt. Man wußte ja nie, wie lange eine solche Segelschiffsreise dauern würde. Die Ankunft in Falmouth meldete der Kapitän per Telegramm an den Reeder. Nach Weisung der Kaufleute schickte der Reeder die Schiffe in den jeweiligen Hafen, wo die besten Preise für die Ladung auf dem Kontinent erzielt werden konnten. Direkt an der Küste in Falmouth steht noch heute ein Castle aus dem Jahre 1642, welches damals mit seinen Kanonen die Bucht vollkommen kontrollierte.

Während der Beladung unseres Schiffes wurde von der Schiffsleitung die Möglichkeit genutzt,

Rettungsboot- und Segelmanöver zu trainieren. Die schönen sechs Tage Aufenthalt in Falmouth waren vorbei. Wir sagten der kleinen Stadt „Lebe wohl". Wir hatten sie liebgewonnen, mit ihren kleinen verwinkelten Gassen und den dazugehörenden verbauten und schiefen, aber dennoch schönen Häusern und Gärten.

Am 26. Februar 1957 lichteten wir den Anker. Nur mit Spillspaken und Muskelkraft wurde über das Ankerspill in fast fünf Stunden die 170 Meter lange Kette mit Anker gehievt.

Südamerika war nun unser nächstes Ziel. Bis dahin durfte jeder der Besatzung alle Arbeiten kennenlernen, die auf und an einem so großen Segelschiff zu erledigen sind. Wache gehen, Schiff reinigen, Rost stechen, dann entsprechend malen, Reparaturarbeiten im Mast, Segel nähen, für die Besatzung Essen und Trinken holen, Tisch decken, die Teller wieder abwaschen und wegräumen. Knoten und Fancywork wurden geübt. Auch Kal-

Volle Fahrt voraus – Blick von hinten nach vorn

fatern gehörte dazu. Sisal wurde mit einem Holzhammer und einer Art stumpfem Meißel zwischen die Decksplanken getrieben. Die offenen Fugen wurden anschließend mit heißem Teer-Pech-Gemisch sorgfältig ausgegossen.

Eine Arbeit, bei der ich wirklich das Wort Angst kennenlernte, mußte im Mast durchgeführt werden. Es geht wieder um die Konservierung von Drahtseilen, die immer geschmeidig sein müssen und nicht rosten dürfen. Vom Großmast wurde ich, bewaffnet mit einem Topf Staufferfett und einem Lappen, in einem eingeschäkelten Bootsmannsstuhl sitzend, an einer Schmeißleine auf dem Obermarsstrecker zum vorderen Mast gefiert (heruntergelassen). Von dort bis zu einem Block. Die Schwierigkeit bestand darin, aus dem Bootsmannsstuhl auszusteigen, sich mit seinen fettigen, glitschigen Händen eigentlich nicht halten könnend, auf den Block rückwärts zu setzen. Nun mußte der Bootsmannsstuhl von dem bereits gelabsalbten Seil ausgeschäkelt und auf dem unteren Drahtseil, welches durch den Block führte, wieder eingeschäkelt werden. In diesem Moment gab es keine Absicherung, kein Tau, was einen halten würde, nichts. Die Höhe zum Deck ca. 30 Meter. Bei Absturz die Garantie, bestimmt nicht zu überleben. Zurück ging es nicht mehr, also nur vorwärts war angesagt. Bei brütender Hitze hatte ich nicht Hitzeschweiß auf der Stirn, es war der reine Angstschweiß. Letztlich schaffte ich es. Glitschte mehr, als daß ich kletterte, in den Bootsmannsstuhl und fühlte mich darin dann so wohl und sicher wie in Abrahams Schoß. Diese Angsterfahrung begleitet mich heute noch, denn als ich später in schwierige oder gefährliche Situationen im Leben kam, sagte ich mir immer: „Schlimmer als dieses Erlebnis auf der ‚Passat' kann es nicht werden."

An Bord hatten wir auch viel Freizeit. Unsere Bibliothek wurde intensiv genutzt. Die ersten Bücher, die ich mir holte, waren: Reden von Winston Churchill und die neue Seestraßenordnung. Viele von uns jungen Leuten haben mit Interesse gelesen, und dabei wurde auch der Horizont des Wissens nicht unerheblich erweitert.

Hin und wieder sah das Schwarze Informationsbrett wie folgt aus:

Für die Musikfreunde bringen wir heute, Sonntag, um 20.05 Uhr auf Luke III ein OPERNKONZERT
Sir Thomas Beechan und das Royal Philharmonic Orchestra spielen Wagner:
    „Der fliegende Holländer"
Fritz Lehmann und die Berliner Philharmoniker spielen Beethoven:
    Ouvertüre „Leonore IU"
    Ouvertüre „Coriolan"
Eintritt frei!
Rechtzeitiges Erscheinen sichert gute Plätze. Bei Regen, Segelmanövern und anderen Naturkatastrophen muß das Konzert sofort abgebrochen werden.

Die Konzerte wurden gerne angenommen, denn Diskos und Bars gab es nicht an Bord. Es war außerordentlich romantisch, der klassischen Musik zu lauschen, mit aufgerolltem Pullover unter dem Kopf und der Sternhimmel zum Greifen nahe.

Westlich der Biskaya kamen wir in ein sehr unwirtliches Wetter und segelten nicht nur kreuz und quer, sondern auch teilweise Strecken zurück, die wir bereits hinter uns glaubten. Zehn Tage sind wir querab vor Nordspanien gesegelt, um den richtigen Wind zu erwischen. Auf der Höhe von Mauretanien stießen wir dann auf den Nord-Ost-Passat, der uns ziemlich gradlinig in Richtung unseres Zieles führte. Vier Breitengrade vor dem Äquator verließ uns der N-O-Passat, und wir kamen in die Mallungen, eine fast windstille Region, die entsteht, wo Nord-Ost- und Süd-Ost-Passat aufeinandertreffen. Unser alter 700-PS-U-Boot-Motor half uns über die Windstille hinweg. Fast am Äquator angekommen, trug uns der Süd-Ost-Passat bis auf die Höhe von Victoria, Brasilien, und verließ uns dort. Wir kamen dennoch weiterhin mit günstigem Wind nach Montevideo.

Die SBG, Seeberufsgenossenschaft, eine Organisation, die sich immer um das Wohlergehen der Besatzungen kümmerte, sorgte sich auch um die Gesundheit der Fahrensleute. So wurde jedes Schiff immer mit genügend Präservativen ausgerüstet. Nun ereilte eine „Katastrophe" die Besatzung der „Passat". Bei einer Routinekontrolle im Hospital wurde festgestellt, daß die gesamte Bevorratung dieser wichtigen Dinger spurlos verschwunden war. Man muß wissen, in Argentinien konnte man bei dem Verkauf dieser wertvollen Dienstleister ungewöhnlich gutes Geld verdienen. Unser Kapitän ordnete eine totale Durchsuchung des gesamten Schiffes an. Es ist kaum zu glauben, mit welchem Eifer die gesamte Besatzung daran beteiligt war, aber das Ergebnis führte zu nichts. Die Dinger wurden nicht gefunden. Auch der sonntägliche Appell der Schiffsleitung, man solle doch fair sein und die Spaßvögel wieder zurücklegen, verhallten im wahrsten Sinne des Wortes im Wind.

Es ist unbeschreiblich, wieviel Kreativität in jungen Seeleuten schlummert, die ihre Entfaltung bei der Äquatortaufe fand. Die Seeleute hatten sich Geschenke für die Schiffsleitung ausgedacht, und jeder Offizier bekam etwas überreicht, worüber er nachdenken konnte. Das beste Geschenk, ein „Präservativortungsgerät", wurde dem Kapitän überreicht. Ein rechteckiger leerer 20-Liter-Ölkanister, eine dort eingebaute Flitpumpe, eine rot angemalte Glühbirne schmückte in einer oben aufgelöteten Fassung neben imitierten Antennen das Spezialgerät.

Bei der Äquatortaufe ging es darum, die „Nordischen Warzenschweine" sauber über die Äquatorlinie in den Süden zu bringen. Am 29.3.1957 war es soweit. Jeder, der schon eine Reise auf der „Passat" gemacht hatte, war dabei, uns „Neulingen" doch etwas Furcht vor der Taufe durch Erzählungen einzujagen. Die meisten waren als Häscher verkleidet und hatten normale Tampen (Seilstücke) auf eine Länge von ca. 50 cm abgeschnitten. Die Kardele wurden aufgedreht und am Ende kleine Knoten gemacht, die zu allem Überfluß für uns auch noch in eine mit Wasser aufgefüllte Pütz (Eimer) gehängt wurden. Mit roten Striemen auf unseren Rücken stimmten wir später Klagelieder an. Punkt 15.00 Uhr begann die Zeremonie.

Alle „Nordischen Warzenschweine" wurden auf dem Achterdeck zusammengetrieben. Die Häscher bildeten ein Spalier, durch das wir durchlaufen mußten. Mit Schlägen auf den Rücken wurden wir über das ganze Schiff bis zur Brücke getrieben, wo der Kapitän und die Offiziere in Ausgehuniformen

Die Täuflinge als „Nordische Warzenschweine"

standen. Mit einem gezündeten, lauten Böllerknall wurde die Überquerung des Äquators akustisch bekannt gemacht, und es erschien der König der Meere NEPTUN mit langen blonden Haaren (aufgedrehtes Sisal), einer goldenen Krone auf dem Haupt und einem vergoldeten Stab, ähnlich wie ihn der Papst in der heutigen Zeit bei seinen vielen Reisen mit sich führt. Seine Frau Thetis, eine richtig gutaussehende „Frau", auch mit blonden Haaren und einem gewaltigen Busen (aufgeblasenes Präservativ in der Mitte abgebunden), schritt würdevoll an seiner Seite. Der Kapitän übergab das Kommando des Schiffes an Neptun und sein Gefolge. Jetzt begann für uns Neuen die „Quälerei".

Der Pastor stand vor den Täuflingen in schwarzem Talar mit einem weißen gebundenen Tuch um den Hals. Ein überdimensionales Kreuz aus Kupferblech schmückte seine Brust. Jeder Täufling erhielt von ihm einen Spruch über Unzulänglichkeiten, mit denen man irgendwie einmal aufgefallen war. Als Sühne wurde dann mit roter oder schwarzer Ölfarbe ein Kreuz in die Haare oder auf den Rücken gemalt oder beides.

Der Frisör: Bei ihm stand ein einfacher Schemel, auf dem man Platz zu nehmen hatte. Die Sitzfläche war zuvor jedoch mit „Teufelsdreck", einem Farbabbeizmittel, eingestrichen worden. Sobald die Haut mit diesem Zeug in Berührung kam, brannte es wie Feuer und man sprang sofort auf. Was aber nicht viel nützte, denn der Assistent des Frisörs hielt eine Kleidkeule, ähnlich wie ein Holzhammer, so dicht über den Kopf, so daß man sich sofort wieder hinsetzte. Die Perversion wurde aber noch gesteigert. In diesem harmlosen Schemel war eine Technik angebracht, wo der Frisör nur auf einen kleinen Hebel, ähnlich wie beim Gasgeben im Auto, trat, und schon jagte eine Segelnadel durch ein dafür

Die „Pille" wird in den Mund gestopft

vorgesehenes Loch im Schemel direkt in eine Pobacke. Die Kleidkeule ließ einen sich wieder setzen und der Vorgang wiederholte sich mehrfach.

Der Astronom testete, ob die Sehkraft unserer Augen auch seetauglich sei. Zwei zusammengebundene Weinflaschen dienten als Fernglas. Diese waren gefüllt mit einer Mischung aus Salzwasser und Kernseifenlauge. Mit geöffneten Augen mußte man in den Himmel schauen und sich dabei diese brennende Soße über die Augen laufen lassen. Das Gegenteil der Sehfähigkeit trat ein.

Der Doktor mit seinen „Krankenschwestern" mußte natürlich den Gesundheitszustand von uns überprüfen. Mit dem Ergebnis, daß wir alle zu blaß aussahen; obwohl wir knackig braungebrannt waren, wurde uns eine Pille verabreicht. Man muß wissen, daß wir eine Katze an Bord hatten, die auch mal mußte, in der Maschine das unvermeidliche Bilgenöl war und der Koch über genügend Mehl verfügte.

Die Mischung aus diesen Ingredienzien wurde zu einem taubeneigroßen Rund geformt und uns mit Hilfe der Schwestern sanft, aber bestimmt in den Mund gesteckt. Der sofort auftretende Brechreiz und das Ergebnis davon mußten wir mit einem Eimer Wasser von der Luke spülen. Sehr hygienisch war dieser Vorgang nicht, aber gestorben ist auch keiner daran.

Die eigentliche Taufe: Zwischen Luke 2 und der Reling war ein Schwimmbad aus Segeltuch aufgestellt. Rückwärts mußte man sich auf den Rand setzen und wurde in dieses Becken geschubst. Vier mit Schuhcreme gebräunte „Neger" schnappten den Täufling und tauchten ihn 3mal, etwas länger als üblich, unter Wasser. Dann wurde er nach abzählen bis drei im großen Bogen auf die Luke geworfen. Ein Häscher fing ihn auf. Damit war die Zeremonie der Äquatortaufe beendet.

Mit verkleisterten, brennenden Augen und Ölfarbe in den Haaren fand man sich vor den Blecheimern zur Säuberung wieder. Nur mit Seewasser, Salzwasserseife, mit feinem Sand angereichert und etwas Terpentin, arbeiteten meine Leidensgenossen und ich daran, uns halbwegs auch wieder zu Menschen zu machen. Die Prozedur der Taufe dauerte 15 Minuten, aber die Reinigung fast eine Stunde. Einige meiner Kameraden fühlten sich sehr schlecht und legten sich schlafen. Der nächste Tag zeigte, daß wir alles gut überstanden hatten.

Einen Tag nach der Taufe wurde ein „Lukenfest" gefeiert. Es wurden Shantys gesungen und Gitarren begleiteten Liedereinlagen. Bier wurde in bescheidenem Rahmen ausgeschenkt, dabei gab ein jeder ein Gedicht oder einen Witz zum besten. Es herrschte eine ausgelassene und gute Stimmung an Bord. Diese nutzte der Kapitän, um unsere Taufscheine auszuhändigen. Jeder Täufling bekam einen

Fischnamen, der in etwa den Charakter des Getauften verriet. Mir wurde der Name „Neunauge" zugewiesen. Der Name spricht für sich. Während des Festes hielt unser Kapitän eine flammende Rede zu den Themen: Fairneß, Gesundheit und Kameradschaft. Ob man es glaubt oder nicht, nach der Taufe fanden sich genau 50 % der „Verhüterli" an.

Keiner hat jemals herausbekommen, wer die restlichen Lustbringer geklaut hatte.

Ein absolutes Highlight

Dienstag, 2. April 1957. Flunky, unser Jüngster, 16 Jahre alt, hat Ausguck und brüllt über das Schiff „Turm recht voraus". Alle, die wir an Deck arbeiteten, waren etwas irritiert. Das kann ja wohl nicht angehen! Mitten im Atlantik ein Turm? Alle starrten nach vorn, und wir trauten unseren Augen nicht, eine Viermastbark kam direkt auf uns zu. Unser wachhabender Offizier teilte uns mit, es sei die „PAMIR", unser Schwesterschiff. Die Kapitäne beider Schiffe hatten miteinander kommuniziert und ein Treffen auf hoher See vereinbart. Eine tolle Überraschung für uns, denn zum ersten Mal konnten wir sehen, wie erhaben, romantisch und schön ein Segelschiff aussieht, wenn es unter voller Besegelung durch die See pflügt. Durch Morsen (Lichtkommunikation) wurde ein kleines Wettsegeln vereinbart. Auf beiden Schiffen begannen nun die Manöver, bis wir parallel nebeneinander mit einem Abstand von ca. 500 Metern hart am Wind segelten.

Neidlos mußten wir anerkennen, daß die „Pamir" schärfer an den Wind gehen konnte. Bei diesem Vergleich hatte unser Schwesterschiff die Nase, genauer gesagt den Klüver, vorn. Noch Tage und Wochen haben wir über dieses Ereignis gesprochen.

Die „Pamir", Schwesterschiff der „Passat", 1957

Als wir nun dichter an Südamerika heransegelten, tauchten vor uns riesige Vögel auf. Es waren Albatrosse mit ihren Flügelspannweiten von über zwei Metern. Einen solchen wollten wir fangen, aber wie? Es wurde ein Blechteelöffel im Winkel von 90 Grad gebogen und an der Biegestelle mit einem Tampen verknotet. Dieser wurde dann achteraus mit einer Länge von ca. 150 Metern geworfen. Durch die Fahrtgeschwindigkeit des Schiffes drehte sich der gebogene Löffel ähnlich wie ein Propeller. Ein Albatros sah die „Beute" und biß sich fest. Im Prinzip wurde der Albatros geangelt, an Bord gezogen und aus der Nähe fotografiert. Wie sollte der Albatros aber wieder zurück in sein Element kommen? Vom Deck her konnte er nicht starten, da er nicht genügend Wind unter die Flügel bekam. Also nahmen zwei Mutige sich dieses Vogels an, kletterten im letzten Mast auf die unterste Rah und ließen den Albatros fallen. Die Höhe von ca. 20 Metern reichten ihm aus und er schwebte wieder zu seinen Artgenossen, die ihn sicherlich befragten, wie es denn an Bord war und was es zu fressen gegeben habe.

Plötzlich sahen wir fliegende Fische in Schwärmen von 200 bis 300 Stück aus den Wellen aufsteigen. Ich schätze 5 bis 6 Meter hoch. Sie hielten sich ca. 150 bis 200 Meter weit in der Luft, um dann wieder ins Meer einzutauchen. Auch hier war die Frage, wie kann man solch einen Fisch fangen? Unsere Befahrenen hatten auch hier eine Antwort.

Zwei Sonnenbrenner, Lampen, mit denen an Bord bei Dunkelheit an Deck gearbeitet wird, wurden außenbords gehängt. Es dauerte nicht lange und der erste, zweite und dritte Fisch fiel auf das Deck. Der fliegende Fisch hat eine Länge von ca. 30 bis 40 cm. Er ist oben azurblau, unten silbrig weiß mit durchscheinend blauen Brustflossen. Einer unserer Jungs meinte, er wäre spezialisiert und könne die Fische konservieren.

Einige der Kameraden wollten eine Erinnerung mitnehmen. Als wir jedoch wieder in Hamburg ankamen, konnte der „Spezialist" nur bekennen, daß er wohl doch die Methode nicht so richtig beherrschte, denn die Erinnerungsstücke mußten in der Fullbraß (Mülleimer) verschwinden.

Wenn man auf dem Bauch im Netz des Klüverbaumes lag, war es sehr schön anzuschauen, wenn Delphine und Tümmler verspielt um den Bug des Schiffes schnellten und auch mal einen Satz durch die Luft von ca. 1 bis 2 Metern machten. Einige Kameraden versuchten mit einer alten Harpune als Fischer ihr Glück, aber dieses war auf der Seite der Tiere.

Unser Koch war ein schon etwas älterer, netter Mann, der zwei Assistenten neben sich hatte, einen gelernten Bäcker und einen Schlachter, die sich prächtig um unser leibliches Wohl kümmerten, aber nicht nur um dieses. Solange wir auf hoher See waren, wurde dem Essen immer etwas beigemischt, was dazu führte, daß wir keine übermütigen Kameraden wurden und schon lange keine gesteigerten Sexgefühle entwickeln konnten. Kaum aber war Land in Sicht, wurden die Zusätze weggelassen, und wir konnten es kaum erwarten, bis endlich der Landgang genehmigt war.

Montag, 15.4.1957, kletterte Herr Braun, unser 2. Offizier, weit hinauf in den Mast und brüllte dann laut über das Schiff: „Land in Sicht." Nach 47 Tagen nur Wasser um uns, hatten wir nun einen neuen Erdteil vor Augen, Südamerika. Es war ein himmlisches Wetter, und wir fuhren unter voller Besegelung, bis der Kapitän auf die Brücke kam und das Kommando gab, Royals und Oberbrams dall. Wir Jungs fragten uns, wozu das gut sei, bei solch schönem Wind die Segel wegzunehmen. Nach ca. 15 Minuten wußten wir es. Blitzartig war eine Pampero-Sturmböe (Luft, die sich über der heißen Pampa auflädt) über das Schiff gekommen und legte dieses heftig auf die Seite. Jetzt mußten schnell alle Segel gerefft und die Freiwache durch die Alarmglocke zu Hilfe geholt werden. Plötzlich brach mit lautem Knall die Großuntermarsschotenkette, und mit unheimlicher Wucht schlug die Nock gegen die Rah, es bestand sogar die Gefahr, daß das Segel wegflog. Die schnell ausgeführten Kommandos sicherten durch das Aufgeien der Nock den Verlust des Segels.

Nachts um 2.00 Uhr sahen wir die Lichter von Montevideo. Wir warfen den Anker und wurden morgens mit einem Schlepper in die Hafenbucht gebracht. Schon bald kamen Schuten längsseits und das Löschen der Äthylalkoholfässer aus England begann. Endlich brauchten wir nicht mehr heimlich zu rauchen.

Was für ein herrlicher Tag. An Bord wurden frische Milch, frisches Brot, frisches Gemüse und Obst geliefert, aber das Schönste für die meisten von uns war die Post aus der Heimat.

Montevideo ist eine große Stadt mit kleinbürgerlichem Charakter. An den weißen gepflegten Gebäuden und großzügig angelegten Parks ist der Reichtum von Uruguay zu erkennen.

Was mir besonders auffiel, waren die nachempfundenen Baustile von Gotik, Barock bis Renaissance. Natürlich wurden auch Museen, Kirchen und Kastelle besichtigt, um unseren Horizont zu erweitern. An einem Tag war die ganze Besatzung zum Rodeo eingeladen. Zum ersten Mal sahen wir, wie wilde Pferde mit und ohne Sattel eingeritten wurden. Allgemein kann man sagen, die Menschen, denen wir begegneten, waren sehr deutschfreundlich. Doch die Freundlichkeit reduzierte sich etwas, nachdem Deutschland Uruguay bei der Fußballweltmeisterschaft geschlagen hatte. Nach fünf Tagen Aufenthalt in Montevideo hieß es wieder Anker lichten, und schon nach wenigen Stunden sahen wir die Lichter von Argentinien.

La Plata war unser Ziel- und Ladehafen. Als Vorort von Buenos Aires, am Rio de la Plata gelegen. Auf der Reede dieser weiten Bucht mußten wir erst einmal eine wichtige Aufgabe erledigen, u.z. den Ballastsand, den wir in Hamburg geladen hatten, außenbords löschen. 24 Stunden benötigten wir, um ca. 800 Tonnen dieses Sandes mit Eimern und Netzbroken (rechteckige Netze, die mit Segeltuch, das am Netz festgenäht ist, ausgelegt sind, damit der Sand nicht durch die Maschen fällt) in die gelblichbräunlichen Wassermassen des Rio de la Plata zu schütten.

Am 23.4.1957 steuerte der Kapitän, mit Unterstützung des Lotsen, das Schiff unter Segeln an die Pier. 14 Tage lagen nun vor uns, dieses neue Land und seine Menschen kennenzulernen. Etwas neidvoll hörten wir den Kameraden zu, die schon eine Reise hinter sich hatten und sich nun freuten, ihre alten Freunde wiederzusehen.

Sobald wir in den Hafen einliefen, fuhren die ersten dicken Autos vor. Egal, ob Mercedes oder Rolls-Royce. Es wurde immer nur eine Anzahl von Kadetten angefordert, die dann in Ausgehuniform in die Autos einstiegen, um in eine prächtige Villa in der Stadt oder auf eine Hazienda auf dem Lande eingeladen zu werden. Nicht nur für uns Kadetten war es etwas Besonderes, sondern auch für die High-Society, sich mit deutschem Offiziersnachwuchs zu umgeben.

Buenos Aires war ein Schmelztiegel vieler Nationen.

Dennoch hatten wir keine sprachlichen Probleme, weil bekannterweise auch sehr viele deutschsprachige Juden, aber auch Altnazis noch heute dort leben. Alle sprachen Deutsch. Mit dem Spanisch, welches ich auf der Höheren Handelsschule gelernt hatte, konnte ich mich bestens mit reich und arm verständigen. Auf den Straßen wurden wir einfach so angesprochen und zum Essen in ein Restaurant oder nach Hause eingeladen. Wir waren etwas Besonderes.

Was wir zu dieser Zeit gern gegessen hatten, weil wir es nicht kannten, war „Pizza".

Einmal wurden ein Kamerad und ich von einer Familie Stern zum Wochenende eingeladen. Der Vater war Präsident eines Sport- und Gesellschaftsclubs. Es wurden Tennis und Golf gespielt. Nicht zu verachten waren die sehr attraktiven jungen Mädchen, mit denen wir dann abends zusammensein konnten. Es wurde getanzt, gelacht, geflirtet und manchmal sogar ein bißchen mehr. Aber es gab natürlich auch den Seemann in uns, der etwas heftiger das Nachtleben suchte und wie jeder Seemann auch fand. In einer renommierten Bar „EL PARADISO" steuerte eine außerordentlich attraktive Argentinierin auf eine Gruppe von uns „Passat"-Kadetten zu. Sie wollte wissen, wer denn am besten von uns küssen könne. Der Preis für den Gewinner war sie. Nachdem ich die ganze Nacht meinen Gewinn auskostete, kam ich morgens dummerweise verspätet an Bord. Zur Strafe mußte ich einen Tag Extra-Wache schieben. Dieser Tag tat mir nicht leid, das argentinische Erlebnis war es mir wert.

Ich fing an zu lernen, egal, wo und in welchem Land ich mich befand, mich durch Toleranz auf unterschiedliche Mentalitäten einzustellen. Als politisch interessierter junger Mann lernte ich von einem Offizier der argentinischen Armee, Bernd Korrek, daß Präsident Perón versucht hatte, zum Wohle des argentinischen Volkes eine stabile Nation zu formen.

Aber wie in allen Ländern der Welt ist leider immer Zwist zwischen machthungrigen, habgierigen und egoistischen Menschen vorhanden. So auch zu dieser Zeit in Argentinien.

Die wunderbare Zeit in Argentinien ging allmählich zu Ende.

Unser Schiff war mit 4000 Tonnen Weizen beladen. Das Problem war, daß wir unser zu ladendes Getreide selbst trimmen mußten. Ein langer Streik der Hafenarbeiter zwang uns dazu. Längs- und Querschotten wurden errichtet, dann das Getreide über ein Blechrohr ins Schiff geschüttet. Das lose Getreide wurde mit Persenningen abgedeckt, und darüber wurden dann noch mehrere Lagen mit Getreidesäcken gestaut, um ein Übergehen der Ladung zu verhindern, falls uns schweres Wetter überraschen sollte. Auch die Tieftanks für Ballastwasser wurden mit Getreide beladen, die Einstiegsluken fest verschraubt. Diese Anmerkung wird von entscheidender Bedeutung zum Ende unserer Reise sein.

Für den Botschafter, die vielen Freunde und besonders für die argentinischen Mädchen enterten wir noch einmal in die Masten und verabschiedeten uns mit drei kräftigen Cheers.

Die ersten Tage an Bord waren für uns Urlaub. Ja, wir mußten richtig regenerieren, denn der Landurlaub hatte uns zu sehr ausgezehrt. Der Alltag auf See holte uns dann auch bald wieder mit seinen Pflichten ein.

Sonntag, 22. September 1957, rumorte es an Bord, daß die „Pamir" in Seenot gekommen sei, Segel weggeflogen sind und Blaufeuer als Signal zum „Stand-by" abgebrannt würden. „Stand-by" wird von einem Schiff optisch und akustisch abgegeben, wenn die Gefahr des Sinkens naheliegt.

Sonntag, 23. September. Die Nachrichten über die „Pamir" klangen immer bedrückender und hoffnungsloser, bis die harte und brutale Wahrheit durch den Kapitän bekanntgegeben wurde:

„DIE ‚PAMIR' IST MIT DER GESAMTEN BESATZUNG GESUNKEN."

Schreck, Betroffenheit, lähmendes Entsetzen, Tränen, bittere Enttäuschung. Man kann es durch Worte kaum beschreiben, wie uns allen zumute war. Fünf Kameraden, die mit mir auf dem Segelschulschiff Deutschland gewesen waren, sollen plötzlich nicht mehr dasein? Kaum zu fassen. Ein Kamerad hatte seinen Bruder verloren und war für Tage nicht mehr ansprechbar. Viele Nationen beteiligten sich mit Schiffen und Flugzeugen an der Suche nach Überlebenden.

Diese wurde erheblich erschwert durch die extrem schlechten Witterungsverhältnisse.

Dienstag, 24. September. Eine freudige Überraschung geht durch das Schiff. 40 Mann der „Pamir" sollen gerettet sein, so verkündeten die Nachrichten. Wir waren froh, daß wenigstens so viele Kameraden davongekommen waren. Die Information über die Rettung zerplatzte wie eine Seifenblase. Ein Übersetzungsfehler vom Amerikanischen ins Deutsche war die Ursache.

Sonntag, 29. September. Antreten auf dem Achterschiff. Der Kapitän hielt eine Ansprache und gedachte der ertrunkenen Freunde und Kameraden der „Pamir". Auch meinte er, daß weiterhin und auch in Zukunft Segelschiffe fahren würden und sich dem nichts in den Weg stelle in bezug auf das

Unglück. Eine Minute gedachten wir schweigend der Besatzung unseres Schwesterschiffes „Pamir". Mit dem Kommando Rahen vierkant, setzt alle Segel war die Gedenkminute um. Erst Tage später erhielten wir die Nachricht, daß doch sechs Mann überlebt haben. Fünf Kameraden in einem beschädigten Rettungsboot, welches heute in Lübeck in der Jacobikirche am Koberg ausgestellt ist, und ein Kamerad in einem zertrümmerten Rettungsboot, welches im Schiffahrtsmuseum in Bremerhaven besichtigt werden kann.

Wir machen wieder gute Fahrt, und die romantische Segelschiffahrt hält uns wieder in ihrem Bann. Ein Freund von mir und ich schlafen während der ganzen Reise immer an Deck unterhalb eines Rettungsbootes. Man muß es erlebt haben, wenn man das leichte Knarren im Mast hört, das sanfte Rauschen in den Segeln, aber auch das scharfe Schrillen, wenn der Wind aufbrist und sich in den Drahtseilen der Geitaue bricht.

Wir alle kennen das Sternbild den „Großen Wagen", und jeder findet es sofort. Südlich des Äquators ist es das „Kreuz des Südens". Viele Erdbewohner glauben, daß Seeleute schlichte oder einfache Menschen sind. Gut, vielleicht gibt es davon welche. Aber meine Erfahrungen lehren, daß sehr viel gelesen, sich weitergebildet, viel diskutiert und philosophiert wird über den Sinn oder Unsinn des Lebens. Warum ist das so? Weil wir damals noch sehr viel Zeit hatten und nicht den Druck und die Hektik verspürten, die heute fast alle Menschen belastet.

An Bord wurde vermehrt Unterricht durch die Offiziere erteilt, und auf Grund der „Pamir"-Ereignisse werden verstärkt Rettungsboot-, Feuer- und Verletztenmanöver trainiert.

Bei unserem Doktor hatten wir auch Unterricht über Geschlechtskrankheiten. Welche Arten es gibt, wo sie am meisten verbreitet sind, wie man sie bemerkt und vieles mehr. Den Unterricht beendete er mit einer Geschichte, die sich wirklich zugetragen haben soll. Ein Landarbeiter kommt zum Arzt und klagt über heftige Schmerzen und Entzündungen an seiner großen Zehe. Der Arzt untersucht den Fall, kann aber die Ursache nicht deuten. Er verschreibt ihm Cremes. Der Zeh wurde nicht besser, bis er dann die Sache mikroskopisch betrachtete und feststellte, daß der Knabe Syphilis am Zeh hatte. Aber wie kommt er dazu? Es stellte sich heraus, daß er einer Magd beim Essen immer gegenübersaß und mit dem nackten Zeh ihr Freude bereitete. Mit dieser war es jedoch dann vorbei, nachdem der Zeh ihm hatte abgenommen werden müssen. Auf See kann das nicht passieren!

Donnerstag, 31. Oktober 1957, Reformationstag.

Land in Sicht. Die Azoren bestehen aus neun größeren Inseln, wobei der Berg Pico eine Höhe von 2320 Metern aufweist.

Die Amerikaner haben auf diesen Inseln militärische Stützpunkte errichtet, von denen auch die Suche nach Überlebenden der „Pamir" organisiert worden war. Regenwolken ließen die Inseln nicht richtig erkennen. Der Wind briste auf, wir wollten eigentlich die Azoren links umsegeln, doch dann wurde die Entscheidung gefällt, wir fielen nach Steuerbord ab, begaben uns in Leeseite der Inseln und setzten alle Segel. Auf der Leeseite der Azoren wurde es allmählich windstill, die Segel aufgegeit und mit der Maschine „volle Kraft voraus" zogen wir langsam am Pico vorbei.

Schwerer Orkan

Montag, 4. November. Es war herrliches Wetter, die Sonne schien, wir machten sehr gute Fahrt. Windstärke 8, See und Wind kamen von achtern und wir hatten noch Freiwache. Ich knipste eine Menge Fotos. Gegen Mittag nahm die See immer mehr zu, der Wind wurde immer stärker, und die gewaltige Kraft des Windes in den Segeln ließ spüren, daß dies noch nicht alles war.

Wir rauschten inzwischen mit hoher Geschwindigkeit durch die immer höher werdenden Wellen und freuten uns darüber. Je schneller wir fuhren, desto schneller sind wir auch wieder in Hamburg, unserem Zielhafen, dachten wir.

Inzwischen mußten vier Mann ans Ruder. Der Druck auf das Ruderblatt war so stark, daß ein Mann es nicht mehr alleine halten konnte. Der erste Brecher überraschte uns auf dem Vordeck beim Kartoffelschälen. Die Kartoffelgang sprang auf die Luke, und die Kartoffeln schwammen samt Messern außenbords. Auf der 12.00–4.00 Uhr-Wache waren wir „stand-by" für die 3. Wache. Ich malte im Maschinenraum. Es war wirklich amüsant, wie Farbtöpfe und anderes Gerät beim Überlegen des Schiffes polternd umhermarschierten.

Um 3.00 Uhr war Arbeitsende. Beim Kaffeetrinken wurde gemunkelt, wir würden beidrehen, das Risiko, daß das Schiff bei achterlichem Wind aus dem Ruder laufen könnte, war zu groß. Passiert das, segelt ein Schiff unter, das heißt, es bekommt eine zu hohe Krängung und kentert. Das geschieht in wenigen Minuten, daß selbst die Zeit, einen Funkspruch abzusetzen, nicht mehr vorhanden wäre.

Nach dem Kaffee hieß es: Alle Mann an Deck. Der Kapitän, auf dem jetzt eine große Verantwortung lastete, erklärte das riskante Manöver: „Wir werden beidrehen, es muß jetzt passieren, weil der starke Wind sich zum heftigen Sturm aufgebaut hat." Erst Fock auf, klappt gut und schnell. Obermars dall, dabei stürmte ein Brecher in Lee längs, und wir, die an den Gordingen rissen, wurden bis auf die Haut naß. Mein Pudel (Mütze) schwamm weg, konnte ihn aber greifen, setzte ihn wieder auf, und er hielt wunderbar warm, obwohl mir das Wasser ins Gesicht lief. Beim Festmachen der Segel peitschte der Wind den Regen so heftig ins Gesicht, daß wir glaubten, es sei Hagel. Nur noch mit Untermarssegel begannen wir nach Steuerbord beizudrehen. Über die Steuerbordtoilette vorn unter der Back wurden 10 Liter Wellenberuhigungsöl (hochwertiges pflanzliches Öl, welches verhindert, daß die Wasseroberfläche sich bricht) ins Meer gespült. Ruder hart steuerbord, braß backbord hart an. In diesem Moment fiel eine Böe ein, keiner hatte damit gerechnet, das Schiff legt sich weit nach backbord über, ca. 26 Grad. Eine solche Schräglage kannten wir bisher nicht. Es lag eine knisternde und unbekannte Spannung in der Luft. Das geplante Manöver wird weitergefahren, Maschine volle Kraft voraus. – Langsam, ganz langsam kämpft nun die „Passat" gegen die schwere Dünung an; als wir quer zu den Wellen lagen, legte sich das Schiff gewaltig über.

Hier hätten wir zum ersten Mal kentern können, so kam uns das vor, aber die Schräglage erreichte nur 28 bis 30 Grad, was für andere Schiffe schon sehr fatal werden kann. Allmählich schaffte es die „Passat", sich weiter nach Steuerbord zu kämpfen, bis wir die Dünung schräg von vorne hatten. Das Manöver war geschafft, aber die Gefahr noch lange nicht gebannt.

Die See nahm immer mehr an Heftigkeit zu, und in den Böen hatten wir Orkanstärke 12. Kurz nach Wachablösung um 18.00 Uhr brach die Backbordkreuzuntermarsschot. Beim Dichtgeien standen wir bis zur Brust im Wasser. Klar zum Manöver hielten wir uns unter der Back auf. Plötzlich schnupperte einer umher und meinte, es rieche nach Brand, bis auf einmal Rauch aus der Kettenkastenklüse aufstieg. Mit einem Sonnenbrenner bewaffnet stieg Ulf Petzel, unser Wachmatrose, hinunter und holte einen brennenden Twist zwischen den Kettengliedern hervor, der sicherlich durch eine Zigarettenkippe entzündet worden war. Wir hatten Bauernnacht, d.h., wir konnten uns schlafen legen, mußten aber voll angezogen in den Hängematten liegen. Die Hängematten waren kardanisch aufgehängt, d.h., die Schiffsbewegungen wurden nur ganz sanft wahrgenommen.

Beim Verlassen der Matte mußte man allerdings höllisch aufpassen, daß man nicht gleich abstürzte, wenn man den Boden berührte. – Dieser hatte sich der Schiffsbewegung angepaßt in Winkeln von 25 bis 35 Grad. Durch das Abreiten des Sturmes und der extremen, immer wiederkehrenden Krängung war an ordentliches Essen überhaupt nicht mehr zu denken. Anfänglich schaffte der Koch es noch, seine Töpfe, angebunden mit Tampen, auf dem Herd zu halten und Kartoffelbrei mit Fleisch

Gewaltige Menge Wasser an Deck

und Soße zu zaubern. Das Essen wurde nicht mehr in Schüsseln auf die Tische gebracht. Wie denn auch, es wurde in Eimern an den Hängemattenstangen aufgehängt, und jeder, der Appetit hatte und etwas essen wollte, griff, wonach er hungrig war. Häufig genug knallte das Essen und auch der Kaffee an oder in die Spinde, weil man sich nur ganz schlecht auf den Beinen halten konnte. Im weiteren Verlauf gab es gar nichts Warmes mehr zu essen. Es wurde nur noch Käse ausgegeben, der genügend Nährstoffe enthält und außerdem die Nerven ungemein beruhigte.

Dienstag, 5. November. 8.00 Uhr auf Wache. Das Ruder war festgelascht, doch ab und zu luvte das Schiff so stark an, daß Backbordruder gegeben werden mußte. Noch vor dem Frühstück wollte ich an Deck schauen, um auch frische Luft zu schnappen. Mit Mühe drückte ich das Schott (Tür) auf, in diesem Moment hörte ich auch schon einen lauten Knall und dann immer lauter schnell aufeinanderfolgende Schläge. Ein Stagsegel war weggeflogen, in langen Sätzen eilte ich zum Niederholer, da kam auch schon die Wache an. Gleich darauf war der Rest des Segels dichtgeholt. Der unheimliche Druck hatte es aus den Lieken geschlagen.

Wenn bisher ab und zu Wasser an Deck war und wir es amüsant und fotogen fanden, so wurde es nun ständig und die Lage allmählich ernster. Die „Passat" legt sich nun schon bis 35 Grad über, und die Brecher stürzten nur so an Deck, so daß das Vorschiff bis zu den Käpseln unter Wasser stand und das Achterschiff schon lange ein U-Boot war. Bis zu 200 Tonnen Gewicht mußte die Passat zusätzlich ertragen. Eine Welle drückte das Backbordschott zu unseren Räumen ein, und der Zimmermann stützte es mit Balken und Brettern ab. Dennoch hatten wir anschließend dauernd Wasser in unseren Räumen. Gegen 11.00 Uhr begann es langsam ungemütlich zu werden, denn unser Schiff richtete sich nicht mehr auf und behielt eine konstante Schlagseite von 18 Grad, die sich allmählich immer mehr steigerte.

Die „Passat" mit ungefähr 50 Grad Krängung

Erst nachdem das Schiff sich dreimal hintereinander auf 45 Grad gelegt hatte und dabei das Hochdeck mit der Leeseite Wasser schöpfte, wurde uns bewußt, daß es um uns kritisch stand. Man muß bedenken, daß ein normales Schiff schon bei 38 bis 40 Grad Krängung kentert.

Die Windstärke war inzwischen bei 11, in Böen 12, gleich Orkan. Der Seegang 9, d.h. 100 bis 150 Meter lange und 18–20 Meter hohe Wellen. Das muß man sich einmal mit geschlossenen Augen vorstellen. Ich war einer der ersten an Bord, der Todesangst bekam. Der blanke Hans hatte uns jetzt fest im Griff. Er zeigte uns, wie hilflos und unbedeutend der Mensch bei solch einem schönen, aber schrecklichen Schauspiel wird. Wir bekamen durch unsere jetzige Erfahrung erst richtig mit, welche gewaltige Kraft und Energie sich in den Naturgewalten frei machen kann. Der Mensch kann mit seinen Erfahrungen nach bestem Wissen und Gewissen handeln und versuchen, dieser Macht zu entgehen oder sie zu überlisten. Aber, und das zeigen ja auch die inzwischen immer heftigeren und häufiger auftretenden Stürme, Überschwemmungen, Hurrikane und Erdbeben, letztlich ist der Mensch dann nur noch ein Sandkorn in der Wüste Sahara. Er wird bedeutungslos.

Auch wir setzten den Hilferuf „Stand-by" über Funk ab. Ein Schiff, das uns zur Hilfe eilen wollte, ist selbst in Seenot geraten und untergegangen. Wenn man bisher nicht gläubig war, so wurde man es spätestens bei diesem Erlebnis. Egal, ob man ein Rauhbein, ein Krimineller, ein Intellektueller, ein Schlauer, ein Bettler, ein Millionär ist. Egal, welche Eigenschaften ein Mensch hat. Man ist plötzlich ganz allein und nur auf sich gestellt. Ich habe in dieser Situation nicht gebetet, ich habe ein Gespräch mit dem lieben Gott geführt. Dieses Gespräch war sicherlich ein Zwiegespräch mit mir selbst. Dem lieben Gott gab ich ein Versprechen: Wenn wir diesen absehbaren Untergang nicht erleben müssen, würde ich mich in Zukunft mehr und intensiver um meine Mutter kümmern, die zu dieser Zeit noch in der DDR lebte. Auch versprach ich, daß ich hilfsbereiter zu Menschen sein werde, denen ich mit meinen bescheidenen Mitteln helfen wollte, wann immer ich erkenne, daß irgend jemand in Not ist. Eine Antwort habe ich nicht bekommen, aber ich fühlte mich plötzlich irgendwie freier, und die Todesangst wich von mir.

Klar und deutlich kann ich sagen, bis heute habe ich meine Versprechen, die Einhaltung der ethischen Werte, eingelöst und werde auch, solange ich auf diesem Erdball sein darf, mich daran halten.

Jede Sekunde kann das Schiff kentern ...

Kurz vor 18.00 Uhr wurde die Besatzung an Deck geholt. Es hieß „Freiwillige vor" in die Luken zum Trimmen/Stauen. Nur diese Aussage ließ den Ernst der Lage erkennen.
In Luke 1 wurden nun alle schweren Sachen, wie Ladeblöcke, Festmacher, Drahtrollen und vieles mehr, von Backbord nach Steuerbord geschleppt und mit Tauen an der Innenseite des Schiffes an Haken festgebunden. Zum Schluß wurden sogar die Getreidesäcke, die über der Bulkladung gestapelt waren, in Netzbroken ebenso fest verzurrt. Man muß sich das noch mal vor Augen führen. Wir mußten mit jedem Teil immer wieder einen Berg erklimmen, der sehr steil war. Wie die Tiere arbeiteten wir, nachdem Herr Braun, einer unserer Offiziere, laut und deutlich gesagt hatte:

STAUT, STAUT JUNGS, ES IST IN UNSEREM EIGENEN INTERESSE, WENN WIR NICHT ABSAUFEN WOLLEN!

Zwei Stunden arbeiteten wir schweißgebadet im Unterraum. Diese Arbeit vertrieb dabei auch alle Gedanken, die in einem aufkommen wollten. Leider, so mußte die Schiffsleitung aber feststellen, hatte der von uns betriebene Aufwand keinen Erfolg oder eine Besserung der Schlagseite herbeigeführt. Es hieß nun, wir sollen vor den Wind gehen. Der Sturm war aber noch genauso schwer wie vorher. Außerdem waren die Großstrecker beschädigt. So blieben wir erst einmal in der Position liegen, und die „Passat" kämpfte nach wie vor mit den Elementen. Das Schiff wollte sich einfach nicht wieder aufrichten. Die Schiffsleitung hatte Versuche angestellt, wie hoch der Quelleffekt ist, wenn man Seewasser in das Getreide pumpen würde. Das Ergebnis haben wir vorher nicht erfahren. Jedenfalls wurden 150 Tonnen Atlantikwasser in den Steuerbord-Tieftank gepumpt, in dem auch Getreide gestaut war. Das war nur möglich, weil die Einstiegsluken fest verschraubt waren. Das Getreide wurde natürlich dadurch unbrauchbar, aber das Schiff richtete sich bei einer konstanten

Schlagseite von 18 auf 12 Grad wieder auf und lag etwas ruhiger. Nach vier Tagen heftigstem Überlebenskampf ließ der Sturm langsam etwas nach.

Durch die „Pamir"-Katastrophe geschockt, schickte die Reederei uns einen Schlepper, der uns auf den Haken nehmen und in den nächsten Hafen schleppen sollte. Lissabon, die Hauptstadt von Portugal, wurde zum Nothafen für die „Passat" erklärt. Wir setzten inzwischen wieder Untermarssegel, hatten guten Wind und segelten mit 6 Grad Schlagseite dem neuen Zielhafen entgegen.

Donnerstag, 7. November. Der Kapitän teilte uns mit, daß wir den Schlepper gegen 16.00 Uhr treffen würden und wir mindestens acht Tage in Lissabon bleiben müßten, um das Salzwasser-Getreide-Gemisch zu löschen. Aber er teilte uns auch mit, daß wir nur mit Daumenbreite dem Kentern entkommen sind. Definitiv gewußt hat es keiner, aber geahnt hatten wir es alle.

Schließlich wurde der Schlepper gesichtet, und wir hatten eine so gute Fahrt, daß wir an ihm vorbeisegelten. Er konnte bei der nach wie vor hohen Dünung mit uns überhaupt nicht mithalten.

Land in Sicht, Cap Roca. Der westlichste Teil Europas lag vor uns. Rotbraun zeichnet sich der stark zerklüftete Fels mit seinen ausgewaschenen Riffen und Schluchten am Horizont ab.

Noch immer herrschte eine grobe See, doch wen interessierte das schon. In zwei Stunden wollten wir in die Tejo-Mündung einlaufen. Der portugiesische Lotse kam an Bord. An Backbord erkannten wir nun schon Häuser, alte Kastelle, ja sogar an der Küste entlangrasende Autos und Züge.

Die ganze Besatzung wurde von einem Freudentaumel ergriffen, noch ca. zwei weitere Stunden und wir sind an Land. Vor uns tauchte ein Lichtermeer auf. Lissabon, die Hauptstadt von Portugal. – Viel versprachen wir uns von ihr.

Am 8. November machten wir in Lissabon fest.

Wie in jedem Hafen war ein großer Rummel, wenn ein großes Segelschiff einlief.

Die Presse kam an Bord, Vertreter der Reederei, Stadt- und Hafenrepräsentanten, und auch die Versicherungsexperten durften nicht fehlen. Genauso wie die vielen Neugierigen. Es gab vieles zu besprechen, von dem wir Kadetten so gut wie nichts erfuhren. Ersichtlich war für uns lediglich, daß die Luke mit den Tieftanks geöffnet wurde. Kleine Segelschiffschuten mit einer Ladekapazität von 1,5 bis 2 Tonnen kamen längsseits, um das Getreide-Salzwasser-Gemisch entgegenzunehmen. Später erfuhren wir, daß das getrocknete Getreide wieder an Kühe und andere Tiere verfüttert worden ist, die sich bestimmt gefragt haben werden, warum bekommen wir nicht immer Gesalzenes zu fressen?

Wie in allen bisherigen Häfen kamen wieder Deutsche und Sympathisanten der Segelschiffahrt an Bord. Wie schon in Argentinien wurden den jungen Kadetten das schöne Land, die traditionsreichen und geschichtlichen Sehenswürdigkeiten gezeigt.

Der Präsident der Deutschen Kolonie in Portugal, Herr Zickermann, besuchte mit Frau und zwei schönen Töchtern unser Schiff. Uwe Seehaus und ich hatten das Glück, mit zwei weiteren Kameraden eingeladen zu werden.

Wir fuhren mit einem großen, noblen Wagen zu einigen markanten Sehenswürdigkeiten, wie dem Bergschloß „Palacio de Pena" in Sintra, des ehemaligen Königs von Portugal. Dann zu einem englischen Wrack an der Küste und dem kleinsten Kloster der Welt, welches als Strafstätte für ungehorsame Priester diente. Danach zum Sommer-Palast des Ex-Königs in Estoril. In diesem noblen Vorort von Lissabon lebten die Zickermanns, und wir wurden in ihre Villa zum Mittagessen eingeladen. Schnell mußten wir von unserer „Passat"-Eßkultur umdenken und die Erinnerungen an unsere Erziehung ausgraben, in der wir mit anständigen Manieren erzogen worden waren. Bedienstete reichten die köstlich angerichteten Speisen, die wir mit massivem Silberbesteck von feinstem Porzellan mit Hochgenuß aßen. Durch Beziehungen zum Palast durften wir Kadetten in das prunkvolle Schwimmbad. Der edle grünlichweiße Marmor hatte sicherlich schon längere Zeit nicht mehr

eine solch ausgelassene, krakeelende Bande erlebt, die achtlos vor der Würde der Räumlichkeiten „Kriegen" spielte. Dieses Schwimmbad durften wir während unserer gesamten Aufenthaltszeit in Portugal benutzen.
Natürlich lief der gewohnte Trott an Bord weiter. Schiff aufklaren, allgemein hegen und pflegen, Wache gehen. Dabei hat man ja nicht so sehr viel zu tun, und meine Gedanken schweiften immer wieder zu dem Experiment, welches die Russen mit dem Satelliten Sputnik und dem Hund Laika gerade im Weltall durchführten.
Natürlich trieb es uns auch wieder in die Regionen, wo man ausgelassen tanzen konnte und natürlich schöne und attraktive Mädchen kennenlernte. Gleich zu Anfang unserer Liegezeit lernten wir einen Portugiesen kennen, der uns zu einem kleinen Haus auf die Fährte brachte.
Wir waren überrascht, welche Anzahl von schönen und jungen Mädchen dort lustig in einem Raum, in einem Rund auf Stühlen zusammensaßen. Die einen erzählten sich etwas, einige häkelten, einige strickten, andere übten Tanzschritte nach einer portugiesischen Musik. Es herrschte eine sehr ungezwungene und freundliche Atmosphäre. Jeder suchte sich das Schätzchen aus, von dem er glaubte, es sei die Richtige. Dann passierte etwas, was wir nicht kannten. Die Mädels, die sich einen von uns geangelt hatten und ihn mochten, betrachteten uns als ihre vorübergehenden Freunde. Sie waren stolz, mit ihrem „Kadette Alemanes" durch Lissabon zu flanieren, und der Hit war, es wurde für die Liebe nichts bezahlt. Sie wurde uns geschenkt. Natürlich haben wir mit kleinen Geschenken die Freundschaft erhalten.
Mein Mädchen hieß Maria, hatte ganz dunkle schwarze Haare, feurige Augen, ihr Körper war ähnlich und eine Figur ... tja, das ist Vergangenheit. Maria fragte mich, ob ich sie heiraten wolle, aber ich war ja selbst noch grün hinter den Ohren und hatte auch andere Ziele.
Der Höhepunkt zum Abschluß unseres Aufenthaltes war jedoch der Ehrenbesuch, den wir auf dem Segelschiff „Sagres" machen durften. Dieses Schiff war früher die „Rickmer Rickmers", ein deutsches Segelschiff, das als Reparationsleistung nach dem Krieg an die Marine in Portugal abgegeben werden mußte. Der Abschied nahte, und die Schiffsleitung wollte unbedingt, daß wir rechtzeitig zur Gedenkfeier für unsere ertrunkenen Kameraden der Pamir in Hamburg eintreffen sollten.
Die Heimreise begann. Wie auch andere hatte ich mich bereit erklärt, auch die kommende Fahrt mit der „Passat" zu machen, und freute mich schon darauf. Leider wurde uns mitgeteilt, daß vorerst das Schiff aufgelegt würde. Das uns genannte Argument: Wir können es uns nicht leisten, noch ein Segelschiff mit gut ausgebildeten Seeleuten zu verlieren.
Unsere Kündigung mußten wir unterschreiben. Nun kamen aber die Überlegungen, in welchem Fahrtgebiet willst du in Zukunft fahren und bei welcher Reederei? Damals konnten wir das noch selbst aussuchen und bestimmen. Schon wenig später mußte man sich ernsthaft bewerben und auch gute Zeugnisse vorlegen.
Sonntag, 1.12.1957. Erster Advent, wir saßen im Tagesraum alle beisammen. Einige hatten zuvor einen Adventskranz aus Tauwerk gezaubert, diesen in grüne Farbe getaucht und mit roten Bändern und weißen Kerzen versehen. Eine Kerze brannte nun. Es wurden sogar Adventslieder gesungen.
Von der Reederei, ich glaube jedoch, es war eine politische Entscheidung, wurde ein Höflichkeitsbesuch in Portsmouth/England festgelegt. Als Dankeschön für den Einsatz der Engländer bei der Suche nach Überlebenden der „Pamir". Die Insel Isle of White kam in Sicht. Wenig später wurde vor Portsmouth Anker geworfen. In Uniformen wurden wir mit einem Schlepper an Land gebracht, um die einzige Sehenswürdigkeit, die „Victory", Nelsons Flaggschiff, zu besichtigen.
1760 wurde das Schiff auf Kiel gelegt, 1765 lief es vom Stapel. Das Schiff hat vier Decks, drei davon mit Kanonen bestückt. 14 Mann und ein 10jähriger Junge bedienten eine Kanone. Länge: 70 m,

Breite: 17 m, Masthöhe: 70 m. Anschließend besuchten wir noch einen Flugzeugträger. Dabei wurde uns bewußt, wie klein unsere „Passat" dagegen war.

Von Portsmouth, dem größten englischen Kriegshafen, verabschiedeten wir uns. Noch am gleichen Tag ging die Reise nach Hamburg weiter. Einen Tag vor dem „Nikolaustag" wollten wir, die erste Wache, etwas versuchen. Jeder zog mit einem geputzten Schuh auf Wache. Heimlich, still und leise wollten wir die Schuhe in den Salon stellen. Der Kapitän und einige Offiziere diskutierten heftig über etwas und wollten nicht aus dem Raum. Sollte unser Vorhaben doch nicht gelingen? Endlich verließen sie den Salon, das Glück trat auf unsere Seite, blitzartig waren die Schuhe im Halbkreis aufgestellt und ein Zettel davorgelegt:

>Lieber, guter Nikolaus,
>laß die erste Wach' nicht aus!

Mit gespannter Erwartung legten wir uns schlafen. Am 6.12. nach der Musterung ging die erste Wache geschlossen zum Salon. Der Kapitän war beim Frühstück. Wir traten ein.

Schmunzelnd meinte er: „Jungs, eure Idee war glänzend." In jedem Schuh steckte eine Schachtel Zigaretten. Die anderen Wachen beneideten uns um den guten Einfall.

Einen Tag vor Ankunft im Heimathafen briste es sehr stark mit Sturmstärke 9, der Kapitän drehte bei. Was wir gedacht haben, kann man nicht aufschreiben. Einen Tag vor dem Hafen und dann diese Verzögerung. Nach fünf Stunden gehen wir wieder vor den Wind.

Als wir Feuerschiff Elbe 1 passierten, war die Seereise offiziell vorbei und die Kameraden morsten uns an:

> **„Herzlich willkommen in der Heimat."**

Ein schönes Gefühl, das kann man nicht beschreiben. Plötzlich schrillt die Alarmglocke. Alle Mann an Deck, Segel hafenfest machen. „So 'n Schiet." Jetzt bei der Kälte in den Mast, um die nassen und brettsteifen Segel auf die Rahen zu nehmen, aber was soll's.

Normalerweise brauchten wir nur eine halbe Stunde dafür, diesmal waren es drei Stunden. In 30 Stunden hatten wir nur $3^1/_2$ Stunden geschlafen, aber von Müdigkeit war überhaupt nichts zu spüren. Es ging elbaufwärts. Traditionsgemäß mußten wir bei Schulau in die Masten. Es wurde wieder die Nationalhymne gespielt, und trotz der Kälte wurde uns warm ums Herz.

Auf Grund der beschriebenen Verzögerungen hatten wir die Trauerfeier für unsere Kameraden der „Pamir" nicht mehr erreicht. Wir waren alle bitter enttäuscht. Die Verbindung zum Land war hergestellt, wenige Minuten später hielt ich meine Mutter in den Armen, die eine Besuchsgenehmigung der DDR-Behörden erhalten hatte. Uns stimmte es traurig, daß die „Passat" vorerst nicht wieder in See stechen wird.

Viel haben wir gelernt: Disziplin, Zuverlässigkeit, Kameradschaft und Hilfsbereitschaft. Aber wir sind auch sehr dankbar, daß wir noch echte Romantik haben erleben dürfen.

Unterwegs nach Westafrika

Mitte Januar bis Mitte April 1958

Bei den Deutschen Afrika-Linien in Hamburg stellte ich mich im Januar 1958 vor. Ich wurde gleich als Leichtmatrose angemustert, weil die Fahrenszeit auf einem Segelschiff 1½fach zählte. Meine neue Heimat wurde die „Transvaal". Ein zu der Zeit modernes General-Cargo-Stückgut-Schiff. Es war das erste Schiff der deutschen Handelsflotte, das für einfache Seeleute Einmannkabinen zur Verfügung stellte. Normalerweise schlief man in Zwei- oder Vierbettkammern.
Meine 3monatige Reise führte mich in das Fahrtgebiet Westafrika.
Rückblickend kann ich sagen, es war mir vergönnt, die einzelnen Staaten unserer Reise kennengelernt zu haben, als diese noch reine Kolonien waren. Durch Zufall habe ich fast 20 Jahre später die gleichen und noch andere afrikanische Länder als Geschäftsmann wieder bereist, als sie keine Kolonien mehr waren, sondern sogenannte „Freie Staaten".
Die Reise ging von Hamburg–Bremen–Rotterdam (Holland)–Antwerpen (Belgien)–Porto (Portugal)–Dakar (Senegal, französisch)–Conakry (Guinea, französisch)–Freetown (Sierra Leone, englisch)–Monrovia (Liberia, amerikanisch)–Abidjan (Elfenbeinküste, französisch)–Takoradi (Ghana, englisch)–Cotonou (Dahome, französisch)–Lagos (Nigeria, englisch)–Port Harcourt (Nigeria, englisch)–Duala (Kamerun, französisch) und zu guter Letzt zur Insel Fernando Póo (Äquatorialguinea, spanisch) und dann zurück nach Europa.

Das Schiff transportierte in erster Linie Stückgut. Ladungen, die in Kisten, Kästen und Kartons verpackt waren. Auch Baumaterial, Tonrohre, kleine Landmaschinen, sehr viel Wein und noch mehr Bier. Die Ladung wurde auf Paletten verladen. Die Hohlräume in der Schiffsluke wurden individuell mit einzelnen Kartons dichtgestaut. Für jede Ladeluke wurde ein Matrose oder Leichtmatrose als verantwortliche Lukenwache bestimmt und mußte sich die einzelnen Ladungen beim Stauen schon für die unterschiedlichen Löschhäfen einprägen. Eine Hochachtung gebührt den damaligen Ladungsoffizieren, die über die Ladung des gesamten Schiffes die Übersicht behalten mußten. Computer gab es damals noch nicht.

Sicherlich ist verständlich, daß man als neuer Seemann sehr kritisch beäugt wird, nicht nur von der Mannschaft, sondern auch von den Offizieren. Vor allem, wenn man von einem Segelschiff kommt. Zugetraut wurde mir anfänglich gar nichts. Meine erste, etwas diffizilere seemännische Tätigkeit war dann auch, in den Vormast zu klettern, um das Schwergut-Ladegeschirr mit einer Persenning seefest zu machen. Das heißt, so zu verpacken, daß die salzige Seeluft ein Rosten des Metalls verhinderte. Der Kapitän meinte: „Das hast du ja ganz gut hinbekommen." Bei den An- und Ablegemanövern hieß es dann schon etwas mehr aufpassen, denn die unterschiedlichen Winschen, reine Technik, waren für mich doch sehr neu. Aber man kann ja alles lernen, und die neuen Kameraden waren hilfsbereit, mich ein- und auch auf gefährliche Arbeiten hinzuweisen.

In Porto luden wir in erster Linie köstliche Weine und Liköre der Firma Sandemann ein. Ausgerechnet in die Luke 3, für die ich verantwortlich zeichnete. Auf dem Wege nach Dakar bekamen wir in der Biscaya etwas härteren Seegang, mit Sturm gepaart. Die Schiffsbewegungen waren doch erheblich anders als auf einem Segelschiff.

In Dakar angekommen, machten wir die Luken auf und mußten feststellen, daß doch einige Kartons und Kisten in meiner Luke sich selbständig gemacht hatten. Einige davon waren aber auch gebrochen. Aus der Luke rief ich nach oben an Deck nach dem Zimmermann, der den Schaden reparieren sollte. Er muß bereits Erfahrung gehabt haben, denn er kam mit einem großen „Zampelbüttel", in dem sich sein Werkzeug befand. Die Reparaturarbeiten waren verhältnismäßig schnell erledigt, aber jetzt verstand ich auch, warum der Beutel das Wort Zampel enthielt. Zampeln heißt auch auf gut deutsch Klauen. Den Rest der Reise verfügten wir über eine beträchtliche Reserve an köstlichen Getränken.

Offiziell war die Sklaverei abgeschafft, aber ich erlebte sie damals noch in Afrika. Sierra Leone wurde angelaufen, nicht um Ladung zu löschen oder aufzunehmen, nein, es kam eine volle Ladung „Neger" an Bord. So sagten wir damals. Sie blieben während der ganzen Reise auf dem Schiff und erledigten alle Lade- und Löscharbeiten. Dafür erhielten die Jungs pro Tag DM 0,50 bei freier Übernachtung und Verpflegung. Über der Luke 1 wurde ein Sonnensegel mit dem Ladebaum hochgezogen. Auf dieser Luke schliefen die 50 Afrikaner. Das Essen bestand lediglich aus Reis, der in 50 kg schweren Säcken verpackt war. Die tägliche Mahlzeit der Afrikaner sah wie folgt aus: Reis mit einer sehr scharfen roten Sauce, die jedem Europäer die Geschmacksnerven auf der Zunge abtöten würde. Auf dem vorderen oberen Deck wurde aus Balken eine Toilette so gezimmert und mit Säcken abgehängt, daß die Notdurft der Afrikaner direkt ins Meer fiel. Die Kommunikation mit diesen schwarzen Brüdern fand in einem Pidgin-Englisch statt.

In Monrovia ließ ich mir eine weiße Uniform machen. Morgens an Bord wurden die Maße genommen und abends bezahlte ich DM 30 für die fertige Bekleidung aus feinem Leinen.

Unsere Arbeit diente in erster Linie der Konservierung des Schiffes. Morgens wurden wir schon um 5.00 Uhr geweckt. Die Temperaturen erlaubten dann, daß man auch etwas effektiver wegen der Hitze arbeiten konnte. Afrika macht immer durstig, und so trafen der Bootsmann und die Deckhorst sich in einem Winkel, der von der Brücke, sprich für die Offiziere nicht einsehbar war. Ein „Schächtelchen Bier" wurde ausgezippelt. Jeder erhielt drei Streichhölzer in die Hand, legte ein, zwei oder drei in die andere Hand, und die Seeleute mußten der Reihe nach raten, wie viele alle zusammen in den Händen hielten. Wer die richtige Zahl nannte, schied automatisch aus der Runde aus, und derjenige, der zum Schluß übrigblieb, mußte die Kiste Bier bezahlen. Diese wurde dann auch noch vor dem Frühstück gelenzt.

Das Essen war reichlich und gut. Die Speiserolle, so hieß das Dokument, hatte die Seemannsgewerkschaft gegenüber den Reedern ausgehandelt, damit die Seeleute an Bord gut versorgt waren. Schon damals hielt ich viele Forderungen der Gewerkschaften für übertrieben und überflüssig. Diese überzogenen Forderungen rächten sich schon in wenigen Jahren. Leidtragend waren die deutschen Seeleute. Durch die hohen Kosten für die deutschen Schiffe mußten die Reeder ausflaggen. Die Schiffe wurden registriert in Panama, Liberia, Zypern und vielen anderen Ländern. Erst dadurch wurde die deutsche Schiffahrt im internationalen Wettbewerb wieder bezahlbar. Man konnte nun preiswert Polen, Russen, Bulgaren, Filipinos, Kiribatis und viele andere Nationen zu günstigsten Konditionen anheuern. Der von den Gewerkschaften angerichtete volkswirtschaftliche Schaden begann bereits 1958 bei der Schiffahrt. Heute erleben wir generell in ganz Deutschland, dass durch die hohen Lohnnebenkosten unser Land nach ca. 50 Jahren nicht mehr konkurrenzfähig gegenüber dem Ausland ist. Zu viele Betriebe und Produktionsschienen sind ins Ausland abgewandert.

In Ghana lagen wir auf Reede vor dem auszubauenden Hafen Takoradi. Die Fracht ruderten in 6 bis 8 Meter langen, buntbemalten Booten vom und zum Schiff acht junge, kräftige und ein älterer Afrikaner. Der Ältere schlug mit seiner Hand auf eine Trommel, um den Rhythmus anzugeben, in dem die Jungen zu rudern hatten. Die einzelnen Stämme der Einwohner Ghanas hatten Steuern an die Kolonialmacht zu zahlen. Die Häuptlinge hatten mit den Engländern ausgemacht, die Muskelkraft ihrer jungen Männer als Bezahlung anzubieten. Ausgebaute Häfen gab es zu dieser Zeit nur wenige.

In Cotonou hatten wir ein sehr negatives Erlebnis. Die Freiheitsbewegungen der Afrikaner bekamen wir zu spüren. Der Kapitän gab uns zur Kenntnis, daß zwei Seeleute eines Schiffes unserer Reederei nicht mehr an Bord zurückgekommen seien und man sie drei Tage später mit eingeschlagenem Schädel gefunden habe. Ab diesem Moment wurde die Weisung herausgegeben, daß, wenn

Die Ladung wird zum Schiff gebracht

wir an Land gingen, wir dieses nur noch mit vier oder sechs Mann tun dürften. Der Haß der fanatischen Afrikaner auf die Weißen mußte als Nachricht in den folgenden Jahren häufiger zur Kenntnis genommen werden. Wenn man jedoch die ganze Kolonialzeit heute mit Distanz betrachtet, ist gut zu verstehen, daß die Afrikaner eine unbändige Wut auf die „weißen Götter" hatten. Sie wollten diejenigen vertreiben, die ihre Länder schamlos von Bodenschätzen und Naturprodukten ausplünderten.

Lagos, ein größerer Hafen. Die Stadt war sauber und gepflegt, die Straßen und Gehwege wurden in Ordnung gehalten, Desinfektionsinspektoren gingen die Straßen ab und besprühten die Ränder, um Ungeziefer und Krankheitserreger zu vernichten. In einem englischen Seemanns-Club amüsierten wir uns im Schwimmbad köstlich, und auch die Dressler Bier-Bar aus Bremen gefiel uns gut.

In Port Harcourt fuhren wir die Flußmündung aufwärts und ankerten in einer Ausweichbucht. Der Hafen war überfüllt, und wir mußten zwei Tage warten, bis ein Liegeplatz wieder frei wurde. Ja, nun waren wir mitten in der afrikanischen Natur. Am Flußufer wuchsen üppige Sträucher, die immer wieder von Palmeninselgruppen überragt wurden. Es dauerte nicht lange, und schon kamen die ersten Boote zu uns ans Schiff. Knackige junge Mädchen saßen darin und boten uns frische Bananen, Ananasfrüchte, aber auch Kokosnüsse an. Für Pfennige kauften wir diese, um sie genüßlich zu verspeisen. Mit der Ananas machte ich meine besondere Erfahrung. Ich schälte diese fein säuberlich, schnitt sie in kleinere Streifen, stellte den Teller in den Kühlschrank und aß die noch für uns nicht so bekannte Frucht später. Die Säure der Ananas war so scharf, daß ich einen Tag nichts mehr schmecken konnte. Die jungen Mädchen riefen auch immer wieder: „Money, money." Die Seeleute, die schon häufiger in Afrika gewesen waren, warfen Münzen in den Fluß. Nach diesen wurde bestimmt 6 bis 8 Meter tief getaucht und fröhlich die Beute zwischen den weißen, wie auf einer Perlenschnur aufgereihten Zähnen präsentiert. Als uns die englischen Münzen ausgingen und wir deutsche Pfennige ins Wasser warfen, wurde noch ein- bis zweimal getaucht, und dann ließen die Mädchen die Münzen einfach im Wasser untergehen, sie kannten die Währung nicht. In unseren Kajüten hatten wir vor jedem Bullauge und Oberlicht Fliegendraht. Diese Absicherung gegen Fliegen, aber besonders gegen Moskitos (Mücken) nahmen wir heraus, wenn wir auf offener See waren, um mehr frische Luft zu bekommen. Nun ankerten wir in einem Flußdelta, spielten abends noch Karten und tranken dabei nicht nur Milch. Müde legte ich mich ins Bett. Morgens wachte ich auf und dachte bei mir, eigentlich hast du doch eine weiße Kammer. Das ganze Zimmer war schwarz von Mücken. Nicht nüchtern hatte ich das Licht angelassen und die Fliegensicherung nicht vor die Fenster gemacht. Das Ergebnis war grausam. Es gab kaum einen Millimeter an meinem ganzen Körper, der nicht einen Stich vorzuweisen hatte. Der Trost, daß wenigstens einige Mücken an Alkoholvergiftung hätten sterben müssen, reichte nicht aus, denn schon zwei Tage später bekam ich an meinem ganzen Körper unansehnlich eitrige Flecken. Im Hafen Port Harcout mußte ich von unserem Schiffsmakler in einem Jeep zum Arzt ins Krankenhaus gefahren werden. Als er mich sah, pfiff er durch die Zähne, als ob er sagen wollte, na, mein Junge, wenn das man gutgeht. Die verabreichte Spritze zusammen mit den Tabletten ließen mich nach einigen Tagen wieder halbwegs brauchbar aussehen.

Kamerun und Togo waren ehemalige deutsche Kolonien, die unter das Protektorat der Franzosen gestellt wurden, nachdem Deutschland den 1. Weltkrieg verloren hatte.

Es ist bekannt, daß die Deutschen eine andere Kolonialpolitik betrieben haben als die Franzosen und Engländer. Die verantwortlichen Bewohner des jeweiligen Landes wurden mit in die Verwaltung und Organisation einbezogen. Inzwischen dürfte auch der letzte deutsch-beamtete Togolese oder Kameruner verstorben sein, der bis zu seinem Tode aus Deutschland seine Rente erhielt.

In Douala, wo wir mehrere Tage verweilten, traf ich einen Kameraden aus der „Passat"-Zeit. Natürlich gab es viel an Informationen auszutauschen. Wir saßen in einer Bar, er hatte an diesem Tage Geburtstag und gab einen nach dem anderen aus. Ich hatte mich in eine attraktive junge Kamerunerin verguckt, und wir waren uns darüber einig, uns gefühlsmäßig auszutauschen. Zum Schluß gab mir Wilfried noch die Afrikanerin aus, mit der ich dann in ein Taxi stieg, um an den Rand der Stadt zu fahren. Wir landeten nicht vor einem fest gemauerten Gebäude, nein, es war eine klassische Eingeborenenhütte. Mit einem etwas gemischten Gefühl folgte ich der schwarzen Perle. Durch den Raum war ein Seil gespannt, auf dem eine Anzahl von bunten Kleidern hingen, einige mit Gold- und Silber-Pailletten bestickt. Ein leises Rascheln an der Hüttenwand ließ mich aufmerksam werden, zumal wir ja gewarnt waren, was passieren kann. Das Rascheln wurde stärker. Mit einem Griff hatte ich aus meinem Seemannsstiefel mein Messer gezogen und riß die Strohwand beiseite, etwas irritiert schaute ich dann in die gelblichen Augen einer afrikanischen Ziege, die nebenan ihren Stall hatte. Mit dem Autobus fuhr ich am nächsten Morgen wieder an Bord des Schiffes, um mir einen berechtigten Rüffel vom 1. Offizier einzuhandeln.

Santa Isabel, spanische Kolonie, war der südlichste Hafen, den wir einige Breitengrade vor dem Äquator angelaufen haben. Hier erlebte ich eine für mich peinliche Situation. Bei der Post wollte ich einige Briefe nach Deutschland aufgeben. Ich betrat das Gebäude, und vor mir stand eine Schlange wartender Afrikaner. Die schwarzen Einwohner machten einen Schritt zur Seite, so daß ich direkt zum Schalter vorgehen konnte. Es waren die Peitschen oder Stöcke, die zur Züchtigung angewendet wurden, um zu dokumentieren, daß der Weiße immer Vorrang hat.

Auf der Rückreise nach Europa fingen wir an, unser Schiff mit wertvollem Tropenholz, Kautschuk, Kakaobohnen und auch Kaffee in Säcken zu beladen.

Wann immer wir mittags aßen, warteten am hinteren Deck Crewboys mit einer Blechdose, um von uns irgendwelche Reste der Mahlzeit abzubekommen. Einen unfairen Scherz leistete sich ein Matrose. Nachdem die Reste aus der Blechdose verschlungen waren, sagte dieser, das war vom Schwein und grunzte dabei. Sofort stürzten drei Boys an die Reling, steckten sich den Finger in den Hals. In diesem Fall konnte man schnell den moslemischen Glauben identifizieren. Es war auch gang und gäbe, daß die mitfahrenden Crewboys in ihrer Freizeit angelten. Ein gewaltiger Fisch hatte angebissen. Er wurde an Deck gezogen, und plötzlich sprangen alle Afrikaner vor diesem Fisch weg und machten dabei ein fürchterliches Geschrei. Ein fast 2 Meter langer afrikanischer Riese nahm einen Holzknüppel und tötete dieses Tier. Die weißen und gelben Flecken auf der Haut des Fisches enthalten ein hochwirksames Gift, welches auch bei Menschen

Ein gewaltiger giftiger Fisch

Bongossistämme als Deckladung

sofort zur Lähmung führt. Auf meine Frage, ob er denn keine Angst vor diesem Gift habe, meinte dieser: „Ich weiß, wie man damit umgeht." Er freute sich auf die Mahlzeit, die eine Abwechslung war zur täglichen eintönigen Speise: Reis mit roter scharfer Sauce.

In Abidjan kam noch eine weiße Sekretärin eines Botschafters an Bord, um als Passagier die Rückreise nach Hamburg mitzumachen. Es gibt schöne und häßliche Menschen, aber ich habe nie wieder in meinem Leben eine so häßliche Frau gesehen wie diese sicherlich hochqualifizierte Dame. Ein Offizier, mit dem wir an Bord sprachen, erzählte uns eine Geschichte, die sich zugetragen haben soll. Ein Forscher nahm immer eine ganz häßliche Frau auf seine Expeditionen mit, und wenn er anfing, diese begehrenswert zu finden, wußte er, daß er wieder zurück in die Heimat mußte. Diese Sekretärin muß die Cousine von der begleitenden Frau des Forschers gewesen sein.

Die Beladung des Schiffes mit Baumstämmen war eine gefährliche Tätigkeit. Durch das Gewicht der Stämme rissen häufig die Drahtseile, die dann wie eine Sense durch die Luft schlugen. Von einer Schute verluden wir einen mächtigen Bongossistamm, auch Eisenholz genannt. Diese Bäume wachsen über Hunderte von Jahren. Eine höchstwertige Qualität zeichnet dieses Holz aus: wie das Wort Eisenholz sagt, kann es nicht schwimmen. Bei der Beladung hatten wir Pech, ein Draht brach, und der Stamm ging im Fluß unter. Es entstand ein Verlust von ca. DM 40 000. Bei der Verarbeitung dieses Holzes muß man Metallwerkzeuge verwenden. Der große Vorteil dieses Holzes ist, es kann nicht vergehen und braucht auch nicht konserviert zu werden. Heute ist dieses Holz sehr schwer zu bekommen und extrem teuer.

So wie wir die Reise in Richtung Süden begonnen hatten, arbeiteten wir uns nun wieder von Hafen zu Hafen in Richtung Norden vor, bis wir wieder voll beladen waren. In Sierra Leone setzten wir unsere Crewboys wieder an Land und fuhren von dort direkt nach Bremen, wo ich am 14. April 1958 von der „Transvaal" abmusterte.

Vom Fisch zur Landratte

Lübeck 1958

Meine eigenen Pläne, zügig mein Kapitänspatent zu machen, wurden durch die Aufforderung von Onkel Hermann unterbunden. Ich sollte mich einer soliden Ausbildung zum Schiffahrtskaufmann zuwenden. Die Skepsis, die mir immer entgegengebracht wurde, weil man nie so richtig wußte, ob ich gut genug sei, veranlaßte die Partner von Ivers & Arlt, mir einen Lehrvertrag zu geben. Nicht in der Zentrale in Bremen, sondern lediglich in der Filiale in Lübeck. Bei diesem Vertrag bestand ich aber darauf, daß mir die Option eingeräumt wurde, auch während meiner Lehrzeit zu einer anderen Firma zu wechseln. Mit den Handelskammern in Lübeck und Hamburg handelte ich aus, daß mein Gastspiel bei der Höheren Handelsschule sowie meine Fahrenszeit mit einem halben Jahr auf die Lehrzeit angerechnet wurden. Dieses wurde problemlos akzeptiert, und ich hatte ein halbes Jahr gewonnen.

Meine Schiffsmaklerzeit in Lübeck begann am 1. Mai 1958, dem Tag der Arbeit. Weitsichtig hatte mein Vater testamentarisch dafür gesorgt, daß ich zu meinem Lehrlingsgehalt von DM 40 ab Beginn der Lehrzeit monatlich DM 400 erhielt. Zu der Zeit für einen jungen Mann viel Geld. Bei einer 70jährigen Dame hatte ich schnell ein Zimmer gemietet, für das ich DM 55 pro Monat bezahlte.

Zum Konzept meines Lebens galten immer „kurze Wege". Frühstück und Abendbrot machte ich mir anfänglich selbst in meiner Bude. Mittags aß ich immer für wenig Geld bei einer Schlachterei gleich neben dem Büro in der Straße an der Untertrave.

An meine Lehre ging ich mit viel Fleiß und Engagement heran. Der Schwerpunkt der Firma bestand hauptsächlich in der Abwicklung von speditionellen Aufträgen. Die Akquisition für neue Aufträge war schwer. Herr Grabenau, mein erster Lehrchef, bemühte sich mit unendlich langen Korrespondenzbriefen, aber es nütze nicht viel. Reisen, die sicherlich sehr viel gebracht hätten, wurden aus Kostengründen nicht gemacht. Die Abwicklung von Kümos (Küstenmotorschiffen) mit Saatgut aus Dänemark bereicherte mit dem Ein- und Ausklarieren, der Zollabwicklung und Weiterleitung mit Waggons ins Binnenland, die sonst etwas triste Tätigkeit. Ein Lichtblick waren dann schon die größeren Schiffe „Araton" und „Arabritt" mit 4000 Tonnen hochwertigen Eisenerzladungen aus Schweden. Diese Ladungen wurden in Lübeck gelöscht und per Waggon im Transit nach Österreich für die Firma Voest verladen. Ein gutes Geschäft waren Käseimporte aus Finnland zum Transit in die Schweiz.

Regelmäßig mußten wir Berichte für die Berufsschule aus der Praxis schreiben. Leider konnte ich es mir nicht verkneifen, über die Käsetransporte aus Finnland für die Schweiz zu berichten.

Ich führte aus, daß der Käse an der Schweizer Grenze ausgeladen wurde, die Schweizer Grenzer ihre Maschinengewehre aufstellten, Salven durch den Käse schossen, damit dieser auch echte Löcher habe, und anschließend direkt nach Deutschland als Schweizer Käse exportiert würde. Nur durch den Goodwill, den ich bei meinem Berufsschullehrer hatte, tat er meine Ausführungen als Scherz ab, denn so war es auch gemeint.

Durch meine praktische Seefahrtszeit und die Handelsschule in Bremen hatte ich überhaupt keine Probleme mit der Berufsschule. Meine Zensuren waren so, wie mein Vormund sie sich stets erträumt hatte, sie lagen immer zwischen 1 und 2.

In meinem Zimmer bewahrte ich Brot, Wurst, Käse und Butter auf. Nachts hörte ich immer wieder raschelnde Geräusche, und morgens sah ich, daß Nagetiere sich an meiner Bevorratung gelabsalt hatten. Eines Nachts schnappte die von mir aufgestellte Falle zu. Maus und Falle legte ich in mein

Bett. Meine Vermieterin, die mir auch das Bett machte, bat mich, sie doch nie wieder mit solch einem üblen Scherz zu erschrecken.

Wie damals üblich, war es nicht gestattet, Damenbesuch auf seinem Zimmer zu empfangen. Meine Vermieterin kam jedoch mit einem ungewöhnlichen Vorschlag zu mir. Sie würde es erlauben bzw. nichts hören, wenn Mädels kämen, aber nur unter der Bedingung, daß ich ihr genau erzählen solle, wie meine Erlebnisse mit den Mädchen waren.

Leider muß ich sagen, die Maxime „Ein Kavalier genießt und schweigt" habe ich durchbrochen und damit der alten Dame und mir genüßliche Stunden bereitet.

Jeden Sonnabend im Winter ging ich nach Dienstschluß in die Sauna. Die Diskussionen, die man dort nackt und schwitzend führt, können sehr aufschlußreich sein. So hatte ich ein ausführliches Gespräch mit einem Mann über diskrete Themen des Liebeslebens. Etwas irritiert war ich schon, als mein Gesprächspartner sich beim Anziehen als Priester entpuppte. Weiß der Teufel, wo dieser Mann seine Erfahrungen herhatte.

Mein Rezept, wie man schnellstmöglich Kontakt in einer fremden neuen Stadt bekommen kann, ist denkbar einfach. Man wird Mitglied in einem Verein oder Club. Der LTC, Lübecker Tennis und Hockey Club, schien für mich das Richtige zu sein. Schnell lernte ich nette und freundliche Menschen kennen. Ein guter Spieler war Lothar, ein Mann aus dem gehobenen Postdienst. Er stellte mich seiner Familie vor, und seit diesem Tage wurde ich sonntags immer zum Essen eingeladen. Der Vater war früher Kopfschlächter gewesen, und die Mutter meines neuen Freundes bekam dadurch sehr preisgünstiges Fleisch von der Freibank.

Durch den Club lernte ich Putzi, ein süßes, attraktives dunkelhaariges Mädchen mit einer starken Persönlichkeit kennen. Hörte sie Geigenmusik, wurde sie unwahrscheinlich sensibel, sinnlich, weich und schmolz dahin wie Butter in der Sonne. Die Geigenmusik, die dann nur noch bei mir zu hören war, erfreute nicht nur mich, sondern auch meine Vermieterin.

Viel konnte ich in beruflicher Hinsicht in Lübeck nicht mehr lernen. Alles war im Lot, und so stand dem von mir organisierten Wechsel nach Hamburg nichts mehr im Wege.

Hamburg 1959 bis September 1960

Die Erweiterung meines Wissens als Befrachtungsmakler begann am 1. April 1959 in der großen und schönen Hansestadt Hamburg.

Die Firma Helmut Thimm & Co., Inhaber mit gleichem Namen, hat mir sehr viele positive Impulse für mein weiteres Leben gegeben. Der alte Thimm war ein klassischer Haudegen des Schiffsmaklergeschäftes. Er lebte eigentlich nur für seine Firma. Für mich war das ideal, denn es entwickelte sich eine distanzierte und dennoch intensive Freundschaft zwischen uns. Das Büro von Thimm & Co. lag am Jungfernstieg. Auch hier galt wieder der Satz: Kurze Wege, so daß ich als Untermieter zwei Minuten zu Fuß von den Colonnaden entfernt wohnte.

Jeden Morgen holte ich die Post um 7.30 Uhr ab. Herr Thimm und ich öffneten diese gemeinsam, bereiteten sie soweit vor, daß die Befrachter um 9.00 Uhr mit der vorselektierten Post arbeiten konnten. Ihre Aufgabe war es nun, die ausgeschnittenen Zirkulare, Ladungen und frei werdenden Schiffe für ihr verantwortliches Fahrtgebiet zu verwerten. Das war für die damaligen Verhältnisse ein vorbildliches Zuarbeiten. Mein Lehrchef hatte mich gegen meinen Willen in die Ablage verbannt. Nicht nur ein Horror für Lehrlinge, sondern auch für Sekretärinnen. Sein Argument war: „Dort lernst du am meisten." Erst wollte ich es nicht wahrhaben, aber es stimmte 100%ig. Jeden Telex- und Briefverkehr bekam ich vor die Augen und konnte nachvollziehen, wie und was in den einzelnen

Abteilungen für Geschäfte gemacht wurden. Egal, ob deutscher oder ausländischer Markt. Ich war sehr wißbegierig und abonnierte die Frankfurter Allgemeine Zeitung. Diese wurde täglich sehr genau von mir studiert. Was ich nicht verstand, wurde unterstrichen. In der Buchhaltung hatte ich einen älteren Prokuristen gefunden, der mir all meine Fragen mit Freude beantwortete. Er meinte, solch einen Lehrling habe er noch nie erlebt, der mit soviel Elan und Wissensdurst dabei ist. Nachdem ich mit der Ablage fertig war, wurde ich keiner festen Abteilung zugewiesen. Nach einem von mir entwickelten Konzept ließ Helmut Thimm durch einen Drucker zwei Bücher fertigen. In dem einen wurden alle Schiffe nach Größe und Markt notiert, wo sie frei zur Befrachtung wurden, und das gleiche mit Ladungen. Schon nach einer Woche hatte ich zwei Schiffe geschlossen. So nennt man dieses Geschäft, wenn Schiff und Ladung aufeinandertreffen und passen. Wie heute erinnere ich mich noch an meinen ersten Abschluß mit einem griechischen Reeder für 5000 Tonnen Zement von Split (Jugoslawien) nach Aden (Jemen). Helmut, der immer mit seiner brennenden Zigarette in allen Abteilungen unruhig unterwegs war, ähnlich wie ein Schäferhund um seine Herde, betrachtete mich wohlwollend. Er gab mir jede Unterstützung und rief mich eines Tages in sein Büro: „Klaus, du machst deine Sache so gut, daß ich dir ab sofort monatlich freiwillig DM 500 bezahle anstatt des Lehrlingsgehaltes von DM 50." Ja, bei solch einer Anerkennung wird man nicht schläfriger, sondern munterer.

Die Firma Thimm war einer der Makler, die fast 70 % des gesamten deutschen Getreidemarktes in der Befrachtung kontrollierten. Den Prozentsatz erhöhte ich durch eine ganz einfache organisatorische Handlung. Die Frachtentreuhand war eine Institution, die von der Bundesregierung als neutraler Vermittler eingerichtet war. Die Aufgabenstellung lief wie folgt: Wenn die Regierung eine Hilfslieferung von Getreide für Länder der dritten Welt plante, wurde durch die Frachtentreuhand eine Ausschreibung vorgenommen. Jeder Makler sollte die Möglichkeit erhalten, die ausgeschriebene Ladung über seine Kontakte und Verbindungen zu befrachten. Doch es galt hier die Spielregel, wer als erster eine Festofferte unterbreitete, war meistens auch der Gewinner. Die Schiffsmakler in Hamburg wurden von der Behörde angerufen, um mitzuteilen, daß um Punkt 15.00 Uhr die Ausschreibungsbedingungen ausgehändigt würden. Alle Lehrlinge aus dem aktiven Befrachtungsgeschäft fanden sich vor der Tür der Frachtentreuhand ein. Pünktlich wurde die Tür geöffnet, und jeder Lehrling erhielt ein Blatt Papier, auf dem alle Konditionen festgelegt waren, unter denen die Regierung das Getreide verschiffen wollte. Jeder Lehrling fuhr dann so schnell wie möglich zurück in seine Firma, von wo aus dann die befreundeten Makler und Reeder im In- und Ausland angesprochen und angetelext wurden.

Nun der Gag. Im Hause der Frachtentreuhand war im Erdgeschoß eine Bücherei. Fräulein Marquard, ein bildschönes und charmantes Mädchen, war die Tochter des Inhabers und meine Verhandlungspartnerin. Mit ihr traf ich eine Vereinbarung. Alle Fachbücher, die unsere Firma benötigte, wurden in Zukunft nur noch bei Fräulein Marquard gekauft, unter der Bedingung, daß bei jeder Ausschreibung der FTG nur ich ganz alleine das Telefon sofort benutzen dürfe. Während die anderen Lehrlinge per Bus, S-Bahn oder Fahrrad zu ihren Firmen eilten, gab ich den Inhalt der Ausschreibung per Telefon an Herrn Rieck durch. Er war Prokurist und verantwortlich für das gesamte Befrachtungsgeschäft. Langsam und deutlich wiederholte er den von mir durchgegebenen Text, und an den Telexgeräten in der Firma waren bereits die Verbindungen hergestellt worden nach England, Norwegen und in aller Herren Länder. Unsere Damen tippten die Ausschreibung wie bei einem Diktat direkt in den Fernschreiber, und schon nach ca. 15 bis 20 Minuten hatten wir die ersten Festofferten und der Abschluß wurde noch am gleichen Tag oder einen Tag später getätigt. Mein Chef war über meine Flexibilität und Kreativität sehr erstaunt und natürlich erfreut und schob mir immer wieder als Belohnung Geld zu, mit der Auflage, den anderen Lehrlingen nichts zu sagen. Fast jeden Sonnabend ging ich in die Firma, um mich durch Lesen der Korrespondenz und den Gesprächen unserer Befrachter weiterzubilden.

Mein Vater hatte in Königsberg für einige Zeit einen Volontär aus Hamburg, den Herrn Jurisch. Sein Sohn Klaus war zur gleichen Zeit meiner Lehre ein sehr erfolgreicher Befrachter.

Es ergab sich von selbst, daß er eines Tages mich aufforderte, ich sollte mit zu ihm nach Hause kommen. Seine Eltern wollten mich gerne kennenlernen. Durch die alte Verbindung in Königsberg entstand eine echte Freundschaft zu den alten Jurischs und Sohn Klaus.

Eines Tages sagte er zu mir: „Wieviel Geld hast du heute noch zur Verfügung?" Es waren genau DM 80. Wir beschlossen, übers Wochenende nach Travemünde zu fahren. Wir warteten in der Firma so lange, bis die alten Jurischs zu Hause sich zum Mittagsschlaf hingelegt hatten, und plünderten den Kühlschrank. Wir fuhren mit dem uralten dunkelgrünen, mit schwarzem Verdeck und Weißwandreifen gestylten VW-Cabrio-Coupé nach Travemünde. Die Spielbank war unser Ziel. Wir legten fest, für wieviel Geld wir spielen wollten. Behielten aber immer eine feste Summe des Geldes als Reserve zurück. Falls wir nicht gewännen, würden wir dann immer noch genügend Geld haben, um uns so viele Biere gönnen zu können, daß wir schmerzfrei im zu engen Cabrio die Nacht schlafend verbringen konnten. So manches rauschende Wochenende haben wir auch mit schönen Frauen und Übernachtung im Hotel erlebt. Häufiger jedoch fanden wir uns mit kaum beweglichen Gliedern im Cabrio wieder. Es war eine herrliche, unbeschwerte Zeit.

Klaus Jurisch, Wolfgang Trent, auch Schiffsmakler, und ich waren begeisterte Anhänger des Boxsportes. Wir verehrten Bubi Scholz, hatten aber in Hamburg den Lokalmatador Butje Wohlers. Wir entschlossen uns, den Wettkampf um die Deutsche Meisterschaft in Berlin anzusehen. In dem alten, klapprigen, aber bewährten Cabrio fuhren wir im offenen Wagen durch die DDR. Wolfgang, hinten im Wagen auf dem Verdeck sitzend, schmetterte Arie für Arie der Klassik ins unfreie Land. Wir hatten gar nicht gewußt, daß Wolfgang dieses Hobby hatte. In Berlin angekommen, stellten wir fest, daß auch die Filmfestspiele zusätzlich veranstaltet wurden. Flitter- und Filmsternchen waren zuhauf in dieser geteilten Stadt. Das Wetter war traumhaft. Wir saßen am Kurfürstendamm, tranken Bier, beäugten die hübschen, herausgeputzten Frauen, machten unendlich viel Blödsinn. Auch wenn wir Butje Wohlers gewaltig bei seinem Meisterschaftskampf anfeuerten, es nützte alles nichts. Er war nach der 10. Runde eindeutiger Verlierer. Berlin bei Nacht war angesagt. Jazzkeller nach Jazzkeller wurde aufgesucht. Aber ein absolutes Muß war die Eierschale. Die Parallelstraßen zum Kurfürstendamm und besonders die Querstraßen davon hatten es in sich. Vom Glücksspiel bis hin zum Erspielen eines Mädchens als Preis war alles möglich. Den nächsten Tag machten wir Sightseeing nicht nur im Westen, sondern schauten uns auch Museen, Gebäude, Ehrenmale im Osten an. Bitter enttäuscht kehrten wir in den Westen zurück, wie kann es möglich sein, daß unsere Landsleute in so primitiven, schlechten und unfreien Verhältnissen gehalten wurden.

Psychologische Studien

Der Mensch allgemein war für mich schon immer eine faszinierende Materie.

In Hamburg gab es damals, wie wir jüngeren Leute es nannten, die „Bayerische Gesandtschaft", das Hofbräuhaus am Dammtor. Hier erwarb ich mir mein wichtigstes Kapital für mein weiteres Leben.

Mein Konzept war es, mich zweimal in der Woche abends dorthin zu begeben, um zwei weibliche und eine männliche Person gezielt zu beobachten. Kriterien des Gesichtes, der Bewegungen, der Hände, die Art, wie sie mit den Nachbarn sprachen, waren einige unter vielen anderen Punkten, mit denen ich versuchte, Menschentypen zu analysieren. Die weiblichen Wesen konnten sich meiner nicht entziehen, da ich sie einfach zum Tanzen aufforderte, mich mit ihnen unterhielt und dabei überprüfte, ob ich mit meiner Wertung richtig lag.

Bei den Männern war es einfach. Man gab ein Bier aus, und über das gestiftete Bier kam man ins Gespräch. Anfangs waren meine Feststellungen total daneben. Je länger ich meine Studien machte, desto treffender wurden meine Beurteilungen.

Zurück nach Hamburg und dort in die Berufsschule. Ein Lehrer Horstmann vermittelte uns gutes Fachwissen. Zu dieser Zeit war Konrad Adenauer Bundeskanzler und Herr Horstmann ein überzeugter Sozialdemokrat. Adenauer war schon sehr alt und sollte nach der Meinung vieler zurücktreten. Diesen Gefallen tat er aber nicht, weil er keinen vernünftigen Nachfolger für sich sah. So erbost darüber, veranlaßte Horstmann, einen Klassenbrief an die Regierung zu schreiben, den ich nicht unterschrieb, weil ich mit der politischen Landschaft und besonders „dem Alten" damals absolut einverstanden war.

Meine Zensuren sackten daraufhin in seinen Unterrichtsfächern um jeweils eine Note nach unten. Abhängigkeit ist ein Mittel der Macht.

Dicht neben der Berufsschule gab es eine sogenannte Freudenhausstraße. Durch meine Erfahrungen aus der Seefahrt verhandelte ich mit der „Puffmutti" und kam zu einem Sonderabkommen. Wer, und nicht nur in der großen Pause, seinen Schülerausweis vorlegte, konnte für DM 5, wiederhole DM 5, ein kurzes Erlebnis mit den Damen haben. Meine Mitschüler fanden den gemachten Deal grandios.

Meine Lehrzeit in Hamburg ging allmählich dem Ende entgegen, und vor der Handelskammer zu Hamburg legte ich meine Prüfung als Schiffahrtskaufmann mit einer befriedigenden Leistung ab.

William James Shipping Ltd., London

Oktober 1960

Um meine beruflichen und sprachlichen Möglichkeiten zu stabilisieren, entschied ich mich, so wie fast alle anderen Jungschiffsmakler, ins Ausland zu gehen. Meine Wahl fiel auf London. Damals die Hochburg des klassischen Schiffahrtsgeschäftes. Später verlagerten sich die großen Schiffahrtsaktivitäten nach Hamburg, New York und Tokio. Heute ist London in die Bedeutungslosigkeit zurückgefallen. Das ganze Schiffahrtsgeschäft ist überhaupt nicht mehr vergleichbar mit der damaligen Zeit. Die klassische Baltic Exchange war damals die bekannteste Schiffahrtsbörse der Welt. Es war ein ehrwürdiges Gefühl, dieses erhabene und alte Gebäude zu betreten, in dem ein pulsierendes Leben und Treiben herrschte. Inzwischen ist es total umfunktioniert worden. Es blutet mir das Herz, denn heute gibt es diese Börse nicht mehr.

Eine Firma zu finden, in der man als Volontär arbeiten konnte, war kein Problem. Die jungen Deutschen wurden gern genommen, denn sie kosteten nichts und waren gut ausgebildet.

William James Shipping Ltd., Leadenhall Street, mitten im Börsenviertel von London, war meine neue Firma. Die Bezahlung war ein Lunch-Voucher im Wert von damals 3 Shilling. Ich glaube, es waren rund DM 3. Mit diesem Gutschein konnte man in jedem Pub essen gehen, und ich wurde Spezialist im Verzehren von „A hot Potato with Ham and Salad". Eine heiße Kartoffel mit gekochtem Schinken und Salat.

Über große finanzielle Segnungen verfügte ich nicht, es galten noch immer für mich die DM 400 von meinem Vater, da ich ja noch nicht Angestellter war. Wie konnte ich möglichst kostenlos nach London kommen, war meine Frage. Die kleine Reederei Kirsten, ähnlich gelagert wie die meines Vaters, hatte einen regelmäßigen Dienst zwischen Hamburg und London. Herr Kirsten, ein netter älterer Herr, gestattete mir die Überfahrt. Ich hatte ihm angeboten, für die kurze Zeit der Überfahrt an Bord als Seemann mitzuarbeiten.

Eine Bleibe in der Millionen-Metropole London zu finden, die meinen finanziellen Möglichkeiten entsprach, war nicht die leichteste Aufgabe. Eine Woche hatte ich Zeit, eine Behausung zu finden, denn solange konnte ich noch an Bord schlafen.

Annoncen wurden studiert, Wohnungen und Behausungen besichtigt, kreuz und quer mit Bus, Underground und Taxi in London zurückgelegt, aber alle Wohnungsmöglichkeiten waren finanziell nicht für mich zu meistern. Ich war verärgert und auf dem Nullpunkt meiner Stimmung.

Ein schwedischer Volontär, Peder, der mit mir bei Thimm in Hamburg gearbeitet hatte, organisierte wenigstens die Möglichkeit, daß ich irgendwo in London unterkam. In diesem Falle in Hammersmith, einem vom Zentrum weit entfernten Stadtteil. Bei einer sehr netten englischen Familie konnte ich so lange bleiben, bis eine für meine Möglichkeiten entsprechende Unterkunft gefunden war. Der Weg bis dahin war witzig. Mr. James, mein zukünftiger Chef, hatte absolutes Verständnis, daß ich mir erst noch eine Wohnung suchen müsse.

Nach einer weiteren Woche ergebnisloser Suche ging ich am Freitag nachmittag in eine gemütliche kleine Kneipe (Pub), genau gegenüber vom zukünftigen Büro.

Ein Pint of beer (großes Glas Bier) trank ich nach dem anderen. Neben mir stand ein Hüne mit rotem Bart, wuscheligen roten Haaren und mit einer ausgeprägten geringen Sprachfreudigkeit. Nachdem wir gemeinsam im Schweigeduett einige Biere gelenzt hatten, meinte er zu mir: „Wie wird morgen das Wetter werden?" Meine Antwort war sicherlich nicht sehr freundlich. Ich antwortete: „Weißt du, das Wetter ist mir scheißegal." Und erzählte ihm, daß ich Probleme hätte, die ich z.Zt. nicht lösen könne. Mein rotbärtiger Gesprächspartner meinte als erstes take it easy, nimm es leicht. Dann erzählte ich ihm, daß ich schon seit 14 Tagen erfolglos in London nach einer preiswerten Wohnung suchen würde. Das war für ihn kein Problem, er gab mir eine Adresse, genau gegenüber vom Tower, und schrieb zusätzlich auf den Zettel best regards, Jock.

Am Sonnabend morgen stand ich in der Straße Minories genau vor einer Kneipe „Crown & Sheers". Mrs. Lewis, die gerade saubermachte, schaute mich etwas irritiert an, als ich ihr den Zettel von Jock, meinem sprachfreudigen Schotten, zeigte. Sie meinte, sie könne überhaupt nichts sagen, sondern ich solle gegen 12.00 Uhr wiederkommen, wenn ihr Mann aufgestanden sei.

Pünktlich war ich wieder da, und Mr. Lewis, ca. 65 Jahre alt, empfing mich dann zum Gespräch, dieses wurde eröffnet mit: „Ich hasse alle Deutschen, ihr habt uns mit der V 1 und V 2 angegriffen und viel Elend über England und besonders London gebracht."

Mit meinem noch sehr bescheidenen Englisch habe ich dann Mr. Lewis erklärt, daß ich zwar Deutscher sei, aber nichts mit den Fehlern zu tun hätte, die die ältere Generation auf sich geladen habe. Außerdem war ich zu dieser Zeit erst fünf Jahre alt gewesen. Nur wenn Menschen miteinander reden und zu Freunden werden, kann so etwas nie wieder passieren. Wir unterhielten uns noch etwas, bis Mr. Lewis sich plötzlich umdrehte und zu seiner 20 Jahre jüngeren Frau „Betsi" sagte, it's o.k., let Klaus see his accomodation (Unterkunft). Sie ging mit mir nach oben, zeigte mir ein riesiges Schlafzimmer und meinte dann: „Klaus, da wir sowieso mehr oder weniger immer unten in der Kneipe sind, kannst du unser Wohnzimmer zusätzlich als dein eigenes betrachten." Auf die bange Frage, was ich denn zu bezahlen hätte, meinte sie 3 Pfund und 10 Shillinge. Als ich erstaunt nachfrage, 3 Pfund und 10 Shillinge (das war unwahrscheinlich preisgünstig) fügte sie hinzu, aber mit voller Verpflegung.

Damit hatte ich den Vogel von allen deutschen Volontären abgeschossen. Entfernung zum Büro zu Fuß 5 Minuten. Meine deutschen Freunde mußten mindestens eine halbe Stunde mit der Underground fahren und bezahlten für ihre Unterkunft zwischen 10 und 20 Pfund pro Woche, ohne Extras. Bevor ich bei Lewis einzog, lebte ich ja noch eine Woche bei der Landlady, die mir Peder organisiert hatte. Die Tochter war Mannequin, ein hochgewachsenes, attraktives, lustiges heißes und sympathisches Mädchen. Jeden Morgen brachte sie den Toast und Tee ans Bett. Es blieb gar nicht aus, daß geflaxt wurde, und letztlich war es ein Selbstgänger, daß diese Deern mit ins Bettchen schlüpfte, nachdem der Morgentee geschlürft war.

Das Hammersmith Palais war ein typischer englischer Tanzpalast, wo sich die Jugend gerne tummelte. Vier Kapellen lösten sich ständig ab, tolle und flotte Tanzmusik wurde gespielt. Es gab keine Tische, an denen man sitzen konnte, sondern lediglich rundherum im Saal waren Bänke an den Wänden angebracht. Trinkbares konnte man sich an mehreren Bars holen, wobei natürlich sofort bezahlt werden mußte. Das Gewirr von unterschiedlichen Hautfarben und Nationen war faszinierend.

Auch später sind wir Juniorschiffsmakler noch vom Zentrum Londons nach Hammersmith gefahren, um uns den Studien der Sprache, aber auch der Mädchen zu widmen.

Mein Chef, William James, war ein sehr gemütlicher älterer Herr mit ganz individuellen Kontakten in der Schiffahrt, die er in der Baltic Exchange, der Schiffahrtsbörse, bekommen hatte und intensiv hegte und pflegte. Er litt unter zu hohem Blutdruck und mußte sehr häufig in die Klinik. Seine Geschäfte sollten aber weiterlaufen. Er gab mir seine Geschäftsgeheimnisse preis. „Klaus, wenn ein Anruf oder Telex von X kommt, gibst du es an Y weiter. Hier sind die entsprechenden Nummern." So habe ich dann auch gearbeitet und mit dieser winzigen Firma, die nur minimale Kosten hatte, beträchtliche

Als Volontär in London, 1960

Abschlüsse getätigt. Neuerdings hatte ich auch mit Helmut Thimm in Hamburg gearbeitet. Mr. James war sehr zufrieden und glücklich, daß so viele Geschäfte trotz seiner Abwesenheit abgeschlossen wurden. Sein Dankeschön an mich waren die ständigen Einladungen in gute und spezielle Restaurants. Ein Erlebnis ist mir sehr haften geblieben. Eine Flasche Whisky wurde auf den Tisch gestellt, ein Streifen auf diese Flasche geklebt, markiert, wieviel in der Flasche war, die Zentimeter, die man anschließend getrunken hatte, wurden dann abgerechnet. Bei einer solchen Gelegenheit, Restaurant mit Tanz, lernte ich ein wirklich tolles Mädchen kennen, wir flirteten und tanzten den ganzen Abend zusammen, bis dieses Mädchen sagte, laß uns nach Hause gehen. Was für eine Erwartungshaltung baute sich mit Vorfreude bei mir auf. Diese fiel total in sich zusammen, als plötzlich dieses von mir angehimmelte Wesen mit tiefer Stimme vor ihrer Wohnung sagte: „I hope, you know, that I am a man." (Ich hoffe, du weißt, ich bin ein Mann.) Schade, der Abend war gelaufen. Durch Peder lernte ich einen weiteren Schweden kennen, Richard. Dieser hatte in London zur schwedischen Kirche einen hervorragenden Draht, wo sich die schwedischen Au-pair-Mädchen trafen, um ihre Erfahrungen in England auszutauschen. Eines Tages wurde ich von Richard ins Theater eingeladen. Er hatte zwei tolle Mädchen bei sich. Nach dem Theater wurden erst einmal typische schwedische Lebensmittel eingekauft. Wodka, Gin und andere Getränke durften nicht fehlen. Jetzt ging es direkt in ein Luxus-Appartement, welches von einem der Mädchen betreut wurde. Es gehörte einer Schauspielerin, die gerade in Spanien einen Film drehte. Die Aufgabe des Mädchens war es lediglich, drei Katzen und zwei Hunde zu betreuen. In diesem Appartement hatten wir eine heiße schwedische Party gefeiert, wo die Katzen und Hunde keine Rolle spielten, sondern die schwedischen Delikatessen im Partnertausch die Musik machten. Noch heute bin ich davon überzeugt, daß meine starke Zuneigung zu Schweden aus diesen Erlebnissen stammt.

Uwe, ein Freund von mir, war wie ich Bremer. Später hatten wir nach der Rückkehr aus London in einem Haus zwei Junggesellenwohnungen nebeneinander. Er selbst war absolut keine Schönheit, hatte aber eine unzählige Anzahl von absoluten Schönheiten von Freundinnen immer brav hintereinander. Tja, wie machte er das bloß? Er klärte mich über seine Methode des Erfolges auf. Er griff in seine Tasche und holte leicht vergoldete Messingringe auf einem Band aufgezogen heraus. Er lernte ähnlich wie ich die Mädchen in Dancing Halls kennen, machte auf verliebt und verabredete sich mit ihnen zum Spaziergang. Die Tower Bridge war immer das Ziel. Auf dem Wege dorthin gestand er den Deerns, daß er in Deutschland heimlich verlobt sei.

Auf der Brücke aber sagte er dann, daß er in seine Begleiterin sehr viel mehr verliebt sei, zog seinen Messingring vom Finger und ließ ihn in die Themse fallen. Das mußte die Mädchen so sehr beeindruckt haben, daß sie sich auf Uwe eingelassen haben, bis auch sie dann den von Uwe geschenkten Messingring irgendwann vom Finger nahmen und ihn gegen einen echten Engagement- (Verlobungs-)Ring mit echtem Diamanten und echtem Freund austauschten.

Das wichtigste Ziel in England war, die Sprache gut zu erlernen. Die Art, wie wir unsere Freizeit gestalteten, war dafür nicht förderlich. Wir Deutschen trafen sehr häufig zusammen und sprachen nicht Englisch. Mein Entschluß, mich von den Freunden in London loszusagen, haben fast alle nicht verstanden, aber mein Englisch ist heute sehr gut.

Ein besonderes Erlebnis war Diana, Jüdin, mit der ich eine der schönsten Zeiten meines Junggesellenlebens teilte.

Kai, der Junior-Reeder eines bekannten dänischen Schiffahrtsunternehmens aus Kopenhagen, den ich kennengelernt hatte, schwärmte mir von einer Sahnefrau vor, die er zur Zeit als Freundin habe. „Kai, wie lange bist du noch in London?" fragte ich. „Noch circa 14 Tage", war seine Antwort. „Kannst du mir deine Freundin vorstellen, vielleicht kann ich sie ja übernehmen." Von seiner Seite kein Problem. Mit ihm abgestimmt, verabredeten wir uns um 16.00 Uhr vor ihrer Wohnung. Ich mußte noch etwa 30 Minuten warten, bis die Tür geöffnet wurde. Eine attraktive Frau, 28 Jahre, blond, mit sympathischer Ausstrahlung wurde mir vorgestellt. Mich störte es überhaupt nicht, daß sie einen halben Kopf größer und auch etwas älter war als ich. Wir fuhren zum Bahnhof und winkten gemeinsam bei der Abreise meinem Schiffahrtskollegen zu. Kai war aus den Augen, und da stand ich nun mit einer Frau, die ich erobern wollte. Wie aber eröffnet man das Gespräch?

Das Gespräch begann ich damit, daß ich mich in London noch nicht sehr gut auskenne und ich mich sehr freuen würde, wenn ich sie in ein Konzert oder Theater einladen dürfe. Aus ihren Augen konnte ich erkennen, daß eine Ablehnung nicht vorhanden war. Warum nicht, war ihre Antwort. Sie gab mir ihre Telefonnummer, und es dauerte genau zwei Tage, dann hatte ich einen Termin, um mit ihr in die Royal Festival Hall zu gehen. Klassische Musik war ihr Hobby. Tschaikowsky stand auf dem Spielplan. Diana erklärte mir, wann welcher Komponist welches Stück in welcher Seelenverfassung geschrieben hatte und was der Anlaß dafür gewesen war. Sehr schnell merkte ich, daß diese Frau für mich ein Phänomen war. Egal, welches Thema man ansprach, sie wußte sehr viel. Wir trafen uns immer häufiger, und ich konnte es kaum erwarten, sie wiederzusehen. Auch merkte ich, daß ein Funke Sympathie von Diana zu mir übersprang. Meine Überlegung war nun, wie schaffe ich es, an diese Frau näher heranzukommen?

Mr. Lewis, mein Landlord (Vermieter), hatte eine Versicherung abgeschlossen,
1. daß er keinen Schlüssel für seine Kneipe an andere aushändigen durfte,
2. die Tür nach 24.00 Uhr sowieso nicht mehr geöffnet werden dürfe.

Meine Taktik war nun, einen Anlaß herbeizuführen, der mir keine Chance ließ, rechtzeitig nach Hause zu kommen.

Wir kamen aus einem Theaterstück. Diana hatte noch etwas Hunger, und wir gingen in ein Restaurant, wo die Zeit durch gute Gespräche rasch verging. Gott sei Dank. Einen Tee wollten wir noch in ihrem Flat (Wohnung) trinken. Um 1.00 Uhr sagte ich ihr, daß ich nun diese Nacht irgendwo in London unter einer Brücke schlafen müsse, da ich keine Chance hätte, in meine Behausung zu gelangen. Diana kannte diese Art von Versicherungen und meinte nur, du kannst bei mir nächtigen, hier ist eine Decke und dort ein Sofa. Brav legte ich mich hin, aber schon bald sagte ich, es wäre sehr kalt. Es wurde akzeptiert, daß ich zu ihr ins Bett durfte. Seit diesem Tage kann ich meinen Freund Kai verstehen, diese Frau war ein wirkliches „Sahnestück". Mit Diana erlebte ich die tollsten und schönsten Sachen, wir gingen zum Hunderennen, Pferderennen, Catchen, Boxen, aber sie bestand darauf, daß wir immer wieder Theater und Konzerte besuchten. Diana hatte vier Frisörgeschäfte, ein Auto und eine Menge jüdischer Freunde. Ich, als nationalsozialistisch erzogener junger Mann, hatte viele Diskussionen zu führen, aber muß sagen, daß ich immer gut aus den Gesprächen herausgekommen bin. Letztlich wurde ich von Dianas Freunden akzeptiert. An den Wochenenden waren Ausflüge angesagt, Stone Edge, Clovally, Dartmoor, Cornwall und vieles mehr. Es war traumhaft, England kennenzulernen, und das unter Führung und Anleitung von einer echten „Eingeborenen". Dianas Geschäfte mußten neu angestrichen werden. Für mich als Seemann kein Problem. Schritt für Schritt wurden die Betriebe von mir über Nacht abgearbeitet, um sie in neuem Licht und Glanz erscheinen zu lassen. Seit dieser Zeit konnte ich über den Wagen meiner englischen Freundin verfügen und war damit absolut flexibel und König. Autofahren machte zu der Zeit in London noch Spaß. Zu dieser Zeit war es völlig normal, daß man Mitglied im German- sowie im Chris-Barber-Club war. Selbst zu diesem Zweck ließ ich mir sogar noch in Deutschland eine Brille mit dunklen Gläsern anfertigen, um interessanter als andere auszusehen. Wenn ich mir aber meine vier Söhne heute ansehe, wie diese loslaufen und sich verhalten, dann waren meine Sondereinlagen harmlos.

Mr. Lewis, der alte Knabe, managte mit seiner Frau Betsi nach besten Wissen und Gewissen seine Kneipe. Wenn ich nicht mit Diana verabredet war, half ich abends im Pub. Damals gab es in England noch nicht das Dezimalsystem, und als Germane hatte ich echte Probleme, das englische System beim Kassieren anzuwenden. Die Stammkunden amüsierten sich köstlich und halfen mir immer, was zu berechnen war. Es war selbstverständlich für mich, daß ich morgens um 6.00 Uhr aufstand, um Mr. Lewis zu helfen. Die Kneipe saubermachen, aufräumen, leere Flaschen in den Keller mit dem alten Seilaufzug nach unten zu fieren und mit vollen Flaschen nach oben zu hieven, um sie dann für den neuen Tag griffbereit in die Regale zu stellen. Als Mr. Lewis eines Tages krank wurde, rief ich bei meinem Chef in der Firma an, und er hatte vollstes Verständnis für meine Hilfe, die ich Mr. Lewis anbot. Seit dieser Zeit bezahlte ich für Übernachtung und Essen überhaupt nichts mehr. Mr. Lewis gab mir wöchentlich 2 Pfund. „Klaus, du hilfst mir sehr viel, aber bitte sage nichts zu meiner Frau." Betsi sagte zu mir: „Klaus, du brauchst mir gar kein Geld mehr zu geben, denn du entlastest meinen Mann gewaltig, ich bin dir sehr dankbar dafür, aber bitte sage ihm nichts davon." Mr. Lewis und ich haben viel über das Leben gesprochen und philosophiert. Als Extrakt kam dabei folgendes heraus: Wenn man im Leben hilfsbereit, freundlich, verbindlich ist, fließt dieses in irgendeiner Form demjenigen zurück, nicht unbedingt durch die Person, der man geholfen hat, sondern plötzlich durch andere Menschen, die man gar nicht vorher kennengelernt hatte. Es gab sehr viele Situationen in meinem Leben, in denen ich völlig überraschend Hilfe und Empfehlungen erhielt, von denen ich es nicht erwartet hatte.

Zum Abschluß meiner Volontärszeit in England entschloß ich mich, noch eine Rundreise durch England und Schottland zu machen. Nicht mit dem Auto, sondern mit dem Zug, um die Landschaft mit ihren Menschen noch einmal aus einer anderen Perspektive zu erleben. Mit einem Ticket im Werte von nur DM 100 konnte ich überall aussteigen, Tage verweilen und dann weiterreisen. Als Ziel hatte ich mir vorgenommen, alle Reeder und Schiffsmakler in den Seehäfen Englands zu besuchen, um mich als Junior und möglicher zukünftiger Geschäftspartner vorzustellen. Visitenkarten waren schnell gedruckt, und die Reise führte mich von London entlang der Ostküste bis Edinburgh. Von dort mit dem Bus nach Glasgow, an der Westküste entlang bis nach Cardiff, Bristol, Southampton und wieder zurück nach London. Abgesehen davon, daß diese Reise geschäftlich ein sehr guter Erfolg wurde, möchte ich von Erlebnissen sprechen, die mich negativ berührten. Da ich nach wie vor finanziell sehr bescheiden ausgerüstet war, konnte ich nicht in Hotels übernachten, sondern wählte mir immer die YMCAs (Jugendherbergen) aus, um zu übernachten. Für 1 bis 2 Pfund (zu dieser Zeit ca. DM 4 bis 8) konnte man mehr schlecht als recht übernachten.

Was ich damals überhaupt nicht so richtig in London wahrgenommen hatte, war die schlechte wirtschaftliche Situation. Die Absicherung der alten Menschen, wie wir es aus Deutschland kannten, war überhaupt nicht durch den Staat organisiert. So erlebte ich, daß die Jugendherbergen in erster Linie konstant von alten Menschen bewohnt wurden und ich teilweise große Schwierigkeiten hatte, überhaupt eine Bleibe zu finden.

Einen Herbergsleiter, den ich für eine Übernachtung ansprach, sagte zu mir: „2. Stock, erstes Zimmer und Bett links, die Lampe ist kaputt." Ich wühlte mich ins Bett, aber war total schockiert, als ich dann bei Tageslicht am nächsten Morgen sehen konnte, in was für einer verschmutzten und verdreckten Bettwäsche ich geschlafen hatte.

Auf das Frühstück habe ich dann auch verzichtet. Ein anderes Mal schlummerte ich tief und fest und wurde unsanft mit bösen Worten aus dem Bett geschmissen: „This is my bed over the last months" (Das ist mein Bett seit Monaten). Den Rest der Nacht verbrachte ich dann im Treppenhaus. Ein positives privates Erlebnis hatte ich auf dieser Rundreise in Edinburgh, wo ich eine Firma besuchte, deren Inhaber regelmäßig einmal im Jahr von meinem Vater zur Hirschjagd nach Ostpreußen eingeladen worden war. Endlich konnte ich mal wieder richtig duschen und in einem sauberen Bett schlafen. Das Essen, welches ich mit Heißhunger genoß, erinnerte mich daran, daß es beträchtliche Unterschiede im Bereich des Lebensstandards gibt.

Das Ende meines Aufenthaltes in England war gekommen. Es galt, Abschied zu nehmen von allen Freunden, die man liebgewonnen hatte. Diana, mein „Sahnestück", heiratete acht Wochen, nachdem ich abgereist war, einen reichen Nachtbarbesitzer. Noch Jahre habe ich die Verbindungen zu den englischen Freunden gehalten und auch das Kind gesehen, welches Diana mit ihrem Mann mir stolz präsentierte.

Sven, ein Schwede mit VW in London, wollte zurück zum Festland und fragte mich, ob ich Lust hätte, ihn zu begleiten. Wir legten die Route über Paris, Nürburgring und den Weingegenden am Rhein fest. Ich fuhr dann nach Bremen und er weiter nach Stockholm.

In Paris, der faszinierenden Hauptstadt der Franzosen, hielt es uns nicht sehr lange, denn gerade an dem Wochenende, als wir eintrafen, gab es einen Konflikt der putschenden Generäle aus Algerien, die gegen das Mutterland opponierten. Sie wollten nicht, daß Frankreich seine Hoheit in Algerien aufgab. Überall fuhren in Paris LKW mit uniformierten Personen, und reichlich wurden Waffen an Menschen ausgegeben. So ganz verstanden wir den Hintergrund nicht, was sich so abspielte, es haperte an der Sprache. Aber jedenfalls konnte etwas Gutes bei der herrschenden Nervosität nicht herauskommen, dachten wir. Also stiegen wir wieder in das Auto und fuhren nach Deutschland. Sven war ein Autonarr, und deshalb wollte er unbedingt eine Runde auf dem Nürburgring mit seinem VW fahren. Auf diese Weise habe ich mich in die Lage versetzt gefühlt, wie es so sein könnte, wenn Rennfahrer diese Strecke mit hoher Geschwindigkeit durchrasen. Ein Weinfest bescherte uns dann am darauffolgenden Tag einen dicken Kopf, und ich mußte sagen, ich freute mich sehr auf Bremen.

Der Ernst des Lebens beginnt

Im Mai 1961 meldete ich mich bei Ivers & Arlt in Bremen. Auf die Übernahme der Firma mußte ich mich vorbereiten und konzentrieren.

Eine 2-Zimmer-Wohnung in der Langemarckstraße wurde schnell festgemacht. Entfernung zur Firma: vier Minuten zu Fuß. Mit hoher Erwartung meinerseits ging ich in die Firma. Ich wurde nicht sehr überschwenglich von den Teilhabern begrüßt. Ein Schreibtisch wurde mir zugewiesen. Eine merkwürdig bedrückende Stimmung herrschte bei den Mitarbeitern. Selbstverständlich ging ich erst einmal in alle Abteilungen, um mich vorzustellen. Einer von vielen Schocks, die mich erwarteten, war ein Berg von ca. 50 unbearbeiteten Claims (offenstehende oder ungeklärte Forderungen/Ansprüchen der Reederei gegenüber Versicherungen, Abladern, Spediteuren, Maklern usw.).

Da viel Geld in diesen Ansprüchen steckte, machte ich mich an die Abarbeitung dieser Forderungen. Der Frachtenmarkt fiel immer stärker, mehr und mehr Schiffe wurden gebaut und es gab nicht genügend Ladung. Der Frachtenmarkt brach mehr oder weniger zusammen, und damit sah die Schiffahrt nicht mehr so rosig aus wie Jahre zuvor.

Die Teilhaber waren 68 und 70 Jahre alt, hatten so gut wie überhaupt keinen Durchblick mehr und hatten es auch versäumt, unsere älter werdenden Schiffe durch modernere Tonnage zu ersetzen. Die Schiffe fuhren die Kosten nicht mehr ein. Mir wurde innerhalb sehr kurzer Zeit klar, daß die Firma sich in einem katastrophalen finanziellen Zustand befand und total überschuldet war. Die Teilhaber hatten Geld aus der Firma gezogen. Eine negative Geschichte nach der anderen wurde mir von den Angestellten erzählt und durch Vorgänge belegt. Wir hatten zwei Inspektoren in unserer kleinen Reederei, was schon in sich absoluter Blödsinn war. Der eine war Schwager des einen Teilhabers und der andere hatte versäumt, seine eigene Firma anzumelden, denn er benutzte die Firma meines Vaters dazu, sich erheblich und schamlos zu bereichern. Lange Rede, kurzer Sinn, die Firma war durch die Teilhaber und einen Inspektor total ausgeplündert worden. Es gab nirgendwo eine Kontrollfunktion. Die Firma war ein Selbstbedienungsladen geworden. Onkel Hermann war durch Anweisung der Inhaber in den Kontrollfunktionen blockiert worden. Ich nahm Verbindungen zu Banken, Steuerberatern und Versicherungen auf, doch überall schlug mir ein eisiger Wind entgegen. Privat fragte ich meine Schiffahrtsfreunde und deren Eltern nach ihren Erfahrungen. Überall wurde mir klargemacht, daß die ungedeckten Schulden/Verbindlichkeiten von inzwischen 3,5 Millionen Mark nicht mehr auffangbar waren. Die Teilhaber kamen stets spät in die Firma, und einer zeichnete sogar Schecks und Überweisungen ab, weil er am Donnerstag überzeugt war, am Wochenende im Lotto zu gewinnen. Die alten Teilhaber hatten im stillen gehofft, daß ich die Firma unerfahren und blind mit meinen jungen Jahren übernehmen würde. Sie hätten damit ihr Vermögen gesichert, und ich hätte die von ihnen produzierten Schulden am Hals gehabt. Der Tag der Entscheidung kam immer näher. Übernahme der Firma, ja oder nein? Einen Monat nach meinem 25. Geburtstag erklärte ich, daß ich die Firma nicht übernehmen würde und auf mein Erbe notgedrungen verzichten müßte.

Die Situation für die Teilhaber wurde kritisch, ihnen blieb kein anderer Weg, als den Konkurs anzumelden. Der Konkursverwalter machte aus dem Konkurs einen Liquidationsvergleich. Das hieß, alles, was an Sachwerten vorhanden war, sollte vermarktet werden. Auch die Vermögen der Teilhaber, da diese voll mithafteten.

Den höchsten Wert hatten noch die Schiffe. Die Banken, immer „hilfsbereit", wie die meisten von uns inzwischen wissen, hatten bereits arrangiert, welche Schiffe von welcher Reederei zu welchen Preisen übernommen werden konnten. Ein abgekartetes Spiel wurde hier durchgezogen, und ich, der einfach zu jung und unerfahren war, bekam überhaupt nicht mit, was eigentlich schon längst geplant und im Hintergrund erledigt worden war. Ich wurde einfach an die Wand gespielt. Der Firmenmantel wurde für DM 40 000 von einer anderen Reederei übernommen, plus der Geschäftsverbindungen und Büroeinrichtungen. Den genannten Betrag hatte ich nicht einmal, um wenigstens den Firmenmantel für mich zu sichern. Von den neuen Inhabern der alten Firma meines Vaters wurde mir eine Frist von vier Wochen gesetzt, um einen neuen Arbeitsplatz zu suchen.

Was nun? – Keine Familie – kein Kapital – kein Einkommen – keine Freunde mit Einfluß – nichts. – Es war grausam für mich.

In meiner bescheidenen Junggesellenwohnung saß ich nun in der Neustadt in Bremen und überlegte mir: Was willst du tun?

Die vielen Bücher, die ich während meiner Seefahrt gelesen und die unzähligen Gespräche, die ich mit einer Vielzahl Menschen geführt hatte, ließen in mir eine Idee aufkommen. Eines wußte ich genau. Man kann sehr viel Geld verdienen, wenn man eine Ware nicht kauft, sondern nur vermittelt. Eine Scheu vor Menschen kannte ich nicht, hatte eine gute Ausbildung, mein Allgemeinwissen war brauchbar, und arbeiten konnte ich auch. Mir fehlte also lediglich ein richtig gutes Produkt.

Der Vorteil zu der damaligen Zeit war der, Deutschland war wirtschaftlich heftig im Aufschwung, und wenn man seriös und zuverlässig arbeitete, konnte man sich gegen den Erfolg nicht wehren.

Was nun?

1962 bis 1973

Ein befreundeter Inspektor einer Reederei, zu dem ich einen guten Draht hatte, erzählte mir von einem Reinigungsprodukt, das gerade neu an Bord eingesetzt würde. Die Sensation war, daß man ausgelaufenen Rost von der weißen Ölfarbe waschen konnte, ohne daß die Oberfläche der Farbe hinterher angegriffen sei. Das konnte ich nicht glauben, denn wenn wir Farbe an Bord der „Passat" oder „Transvaal" mit P3 gewaschen hatten, war hinterher der Glanz des Lackes immer stumpf. Um mich von der Qualität und Leistungsfähigkeit des Produktes informieren und überzeugen zu lassen, wurde an Bord eines älteren Schiffes ein Termin gemacht. Die weißen Aufbauten hatten einige Rostblasen. Wenn Salzwasserschwaden bei härterem Wind über das Schiff gingen, verfärbten sich die weißen Aufbauten in unansehnliche rostrote Flächen. Mit dem Produkt Rabbasol-Spezial brauchte man nur mit Wasser verdünnt und einem Tapezierquast die gesamte Fläche einzustreichen und zu warten. Was geschah? Nach ca. 30 Sekunden verfärbte sich die Oberfläche gelb-grünlich. Mit dem bereitliegenden Wasserschlauch wurde die Fläche abgespritzt, und plötzlich waren die Aufbauten wieder schneeweiß, und tatsächlich, die Lackfläche glänzte, als ob sie gerade lackiert worden war. Lediglich die Rostblasen mußten aufgepickert, mit Mennige vorgestrichen und neu lackiert werden. Eine gewaltige Ersparnis an Farbe für die Reederei war sofort rechnerisch nachweisbar. Mir war völlig klar, dieses Produkt mußte sehr gut verkaufbar sein. Mit der Rabbasol-Chemie, dem Hersteller, nahm ich Verbindung auf, und der Firmeninhaber und sein Verkaufsleiter besuchten mich in Bremen. In grober Form wurde mir erklärt, was alles mit den nur fünf Reinigungs-Produkten der Firma gemacht werden konnte.
Alle Produkte waren wirklich erstklassig und leicht verkaufbar.
150 kg dieser Ware wurden mir in Bremen zurückgelassen, mit der Vorgabe: „Wenn Sie diese in vier Wochen verkaufen können, sind Sie gut." Die Vertreterprovision war 30 % vom Verkaufspreis. Mir wurde total überlassen, an wen und wie ich verkaufte. Ich mußte verkaufen, und daher ließ ich mir einiges einfallen.
Nach einer Woche forderte ich vom Werk bereits die erste Nachlieferung an.
Dr. C., meinen ehemaligen Vormund, nach wie vor Generaldirektor der Werft in Bremen, bat ich, mir Schützenhilfe zu geben. Er vermittelte mich an die Hausverwaltung, sagte aber gleich: „Klaus, mehr kann und will ich nicht für dich tun, den Rest mußt du selbst erarbeiten. Bitte belästige mich nicht mehr." Es begann jetzt die Zeit für mich, die man „durch den Scheuersack gehen" nennen muß. Wer hatte mir beigebracht, wie man Reinigungsmittel verkauft. Welche Argumentation muß ich wählen, um Interesse zu wecken, wenn es um solche Produkte ging? Verkaufen ließen sich die Produkte nicht durch schöne Worte, sondern nur, wenn man den Beweis erbrachte. Heute sagt man „Learning by Doing". Jeden Morgen um 5.00 Uhr hatte ich den ersten Termin bei einem Hausmeister, einer Bank, in einem Verwaltungsgebäude oder einer Gebäudereinigungsfirma usw. Während des Tages versuchte ich immer, zwei oder drei Termine bei Industrie- oder Produktionsbetrieben zu erhalten, was mir fast immer gelang. Bei der Reinigung in einem Betrieb werden durch die Produktion sehr viel mehr Reinigungsmittel benötigt als bei der normalen Gebäudereinigung.
Daher diese Zielrichtung für zu werbende Kunden. Die ersten Besuche machte ich noch im dunkelblauen Anzug mit Weste und der dazugehörenden Goldkette, an der eine großväterliche

Taschenuhr befestigt war. Sehr bald merkte ich, daß meine Bekleidung total falsch war, denn es waren nicht Büro- und Schiffahrtsleute, mit denen ich es zu tun hatte, sondern Betriebs- und Sicherheitsingenieure, Putzfrauen, einfache Reiniger, Schwimmeister usw.

Nach drei Monaten der Testphase bekam ich eine Einladung ins Werk, wo mir der Firmeninhaber mitteilte, daß man mit meiner Verkaufsleistung außerordentlich zufrieden sei.

„Ich habe eine Überraschung für Sie, Herr Arlt, damit Sie in Zukunft flexibler sind. Wir möchten Ihnen einen Opel Kapitän schenken. Der Wagen ist zwar gebraucht, aber vollkommen grundüberholt und neu lackiert. Steuern und Versicherung sind für ein Jahr bezahlt, und außerdem schenken wir Ihnen noch für die nächsten sechs Monate das Benzin." Kein Zweifel, die Überraschung war sehr gelungen, und ich freute mich darüber, daß nun meine Verkaufskreise mit einem weiteren Radius um Bremen gezogen werden konnten. Im Gegensatz zu vorher hatte ich meine Aktivitäten zu Fuß, per Bus, per Straßenbahn oder geliehenem Auto erledigt.

Die Schulung durch den Verkaufsleiter war ein perfekter Witz.

Herr Wolf, so hieß der Mann, war eine rheinische Frohnatur. Sein Kopf hatte eine verblüffende Ähnlichkeit mit der eines Eis, was automatisch eine lustige Atmosphäre produzierte, sobald dieser Mensch irgendwo auftauchte. Abgesehen von den unzähligen Witzen, die er bei jeder passenden, manchmal auch unpassenden Gelegenheit von sich gab.

In seinen Mercedes, den er mit Stolz fuhr, stieg ich ein. Die Schulung begann. Während der Fahrt betete mir Herr Wolf die Verkaufsargumentationen herunter, so wie er es routinemäßig bei seinen Verkäufen tat. Die Texte mußte ich wiederholen. Aber das kann es ja wohl als Schulung nicht gewesen sein: „Herr Wolf, mir reicht das nicht aus, ich möchte gern ein Verkaufsgespräch mit einem neu zu werbenden Kunden erleben", war meine Bitte. „Gut, ich lade Sie zu einem Essen ein." Die Gaststätte Zum goldenen Hirsch war das Opfer. Wir speisten, und anschließend ging Wolf auf die Toilette, kam wieder, rief die Wirtin und sagte ihr, das Essen war vorzüglich, aber leider riecht es nicht so angenehm auf dem WC. Der Wirtin war das peinlich, und Wolf fügte schnell hinzu: „Ich kann Ihnen dabei behilflich sein, Abhilfe zu schaffen." Er führte dann das entsprechende Produkt vor, verkaufte für die Küche noch zusätzlich Spülmittel, für den alten im Raum liegenden Persertppich das entsprechende Produkt und hatte damit soviel Geld verdient, daß er zwei Tage eigentlich nicht mehr arbeiten müßte. Zum Abschluß dieser Schulung lud er mich in ein Café in Köln ein, welches gleichzeitig ein angegliedertes Freudenhaus hatte. Er bezahlte nicht nur den Kaffee, und als wir diese etwas merkwürdige Behausung verließen, schüttelte er mir die Hand und meinte: „Herr Arlt, nun sind Sie im Kreise der echten Handelsvertreter aufgenommen." Ja, so einfach war es damals, Handelsvertreter zu werden.

Nachdem mir ganz Norddeutschland als geschütztes Gebiet durch Vertrag übertragen worden war, entwickelte ich eine Strategie, wie ich flächendeckend am schnellsten Erfolg haben könne. Es wurden Touren immer mit der Vorgabe festgelegt, daß ich mit vollbeladenem Auto bei Arbeitsbeginn vor der Tür des zu werbenden Kunden stand. Die Zielgruppen waren nicht schwierig, denn man konnte die Produkte an jedermann verkaufen. Wichtig waren jedoch Industrie, mittelständische Wirtschaft, Kommunen und das Militär.

In Bremen wurde die Beschaffung von allen Produkten, die jede senatorische Dienststelle benötigte, einmal im Jahr durch das Hochbauamt ausgeschrieben und beschafft. Wie gelingt es, daß man zu solch einer Ausschreibung mit aufgefordert wird?

Bei dem Auftragsvolumen, das hinter einem Stadtstaat steht, muß man sich schon etwas einfallen lassen, um an den „Haushaltstrog" zu kommen und als Lieferant kommerziell zu partizipieren.

Meine Erfahrung:
Wenn man erfolgreich und seriös verkaufen will, muß das Produkt oder die Dienstleistung erstklassig sein.

Ist dieses nicht der Fall und man verkauft dennoch, läuft man als Handelsvertreter Gefahr, daß man nur einmal verkauft und dann nie wieder.

Jede Berufsgruppe hat eine Interessenorganisation. Um mich von den „Wald- und Wiesenvertretern" abzugrenzen, wurde ich Mitglied im CDH, Centralverband der Deutschen Handelsvertreter und Handelsmakler. Leitfaden dieser Organisation ist der Ehrenkodex: seriös und kaufmännisch korrekt.

Die Produkte, die ich verkaufte, waren durch Werbung nicht bekannt. Mir blieb nur ein Weg übrig, und zwar, den Bedarf von unten her zu wecken. Das heißt, bei denen klar und deutlich Interesse zu wecken, die saubermachen müssen oder die Verantwortung für die Sauberkeit eines Betriebes haben. Ein irrsinnig langer und arbeitsintensiver Weg lag nun vor mir. Ich hatte mir vorgenommen, alle Dienststellen Bremens wie Schulen, Kindergärten, Polizei, Feuerwehr, Krankenhäuser, Gefängnisse usw. aufzusuchen. Die Produkte führte ich denjenigen vor, meistens Hausmeistern, die für die Mengenanforderungen bei der Beschaffungsbehörde zuständig waren. Es galt, sie soweit zu motivieren, daß sie die benötigte Jahresmenge anforderten.

Was ich nun beschreibe, wäre in der heutigen Zeit überhaupt nicht mehr möglich, weil die Vorgaben aus dem Bereich der Gesundheit und des Umweltschutzes überhaupt noch nicht vorhanden waren. Härter gesagt, machte sich kein Mensch Gedanken über die Konsequenzen, die Chemikalien in diesen Produkten anrichten konnten. Auch ich wußte es selbst noch nicht. Einer meiner ersten Wege war zur Gesundheitsbehörde. Dem älteren netten Leiter stellte ich die Produkte vor, indem ich Toiletten und Duschen in einen perfekten Sauberkeitszustand versetzte, was ihn von der Qualität überzeugte. Meiner Bitte, mir die Leistungsfähigkeit und Effizienz der Produkte auf seinem Briefbogen schriftlich zu bestätigen, kam er gerne nach. Mit diesem Schreiben hatte ich den Erfolg in der Hand, denn es war für mich nun verhältnismäßig einfach, den gesamten Behördenapparat mit der Bestätigung der Gesundheitsbehörde aufzurollen. Es begann für mich „nur" eine gewaltige Fleißleistung, die fast ein Jahr dauerte.

Rechtzeitig zum Herbst lag eine Anforderung von 90 Tonnen meiner Reinigungsmittel seitens der Beschaffungsbehörde vor. Zur Angebotsabgabe wurde ich aufgefordert, und da diese Produkte nur durch mich geliefert werden konnten, gab ich meine Preise ab, gehandelt wurde nicht, und ich erhielt den Auftrag. So einfach war das.

Im ersten Monat meiner Vertretertätigkeit hatte ich DM 1900, im zweiten DM 2400, im dritten DM 3100 verdient, und so steigerte es sich kontinuierlich. Mit dem Bremer Auftrag hatte ich plötzlich DM 90 000 verdient. Jede Stadt und Gemeinde in meinem Gebiet konnten die Produkte gebrauchen, und sie taten es auch.

Mit 27 Jahren verfügte ich über ein von mir erarbeitetes Einkommen, auf das so mancher Geschäftsführer einer großen Firma mit viel Verantwortung neidisch geworden wäre.

Vorteil der Produkte war, es handelte sich um Verbrauchsgüter. Waren die Eimer leer, wurde automatisch nachbestellt.

Erleichternd für den Hausmeister oder Besteller war folgende Idee. Einen besonderen Aufkleber hatte ich machen lassen. „Wenn Eimer bis zu diesem Strich leer, bitte nachbestellen bei … ." Die Methode funktionierte für den Besteller, aber auch für mich hervorragend.

Während meiner Verkaufstätigkeit kaufte ich mir Bücher, um mehr zu lernen über die Techniken des Verkaufs, generell des Marketings. Was mir sinnvoll erschien, probierte ich in der Praxis aus und maximierte damit meinen Erfolg.

Die Routine des Verkaufs lief und lief. Was aber den Verkauf für mich wertvoll machte, war nicht nur der Verdienst. Mein Wissensdurst ist soweit gegangen, daß ich neben dem Verkauf mich immer mit den Betriebsingenieuren über die Produkte und deren Herstellung informierte. Später zahlte sich das immer wieder aus, ich konnte mitreden vom Kopfschlächter bis zur High-Tech.

Durch meine finanzielle Unabhängigkeit konnte ich mir natürlich auch eine Menge Verrücktheiten erlauben.
Was soll ein Junggeselle am Heiligen Abend tun? Diese Frage stellen sich sicherlich viele Menschen. Für mich war die Antwort: „Eine gute Tat tun."
Als evangelisch Getaufter führte mein Weg zum katholischen Krankenhaus St. Joseph-Stift. Dort meldete ich mich bei der Schwester Oberin, um meine Dienste als Helfer anzubieten.
Schwester Christina fand die Idee lobenswert und teilte mich als Boten ein, um Blumensträuße und Geschenke auf die einzelnen Zimmer der Patienten zu bringen. Ein Teil der jungen Lernschwestern hatte freibekommen, um Heiligabend zu Hause bei der Familie zu verbringen. Ich jedenfalls kam auf diese Weise richtig ins Schwitzen. Die Tätigkeiten machten mir aber auch sehr viel Freude, denn ich nutzte die Zeit, um mit Menschen zu sprechen oder zuzuhören, wenn ich merkte, daß sich jemand traurig und einsam fühlte. Was mich aber in weihnachtliche Stimmung versetzte, war ein Kinderchor, der auf allen Stationen Weihnachtslieder sang, die dezent von Instrumenten untermalt wurden. Gegen 22.00 Uhr verabschiedete ich mich von den Schwestern, die meine Aktion ungewöhnlich fanden und sich herzlich bedankten.
In meiner Junggesellenbude trank ich noch mit Freunden eine Flasche Sekt, es können auch mehrere gewesen sein, und hatte ein gutes Gefühl im Herzen, als ich einschlief.
Zwischen Weihnachten und Neujahr konnte man sowieso geschäftlich so gut wie nichts bewegen, und so machte ich mir prinzipiell zur Gewohnheit, zum Skilaufen zu fahren.
Am nächsten Morgen wurden die Skier auf das Auto geschnallt, und ab ging es nach Obergurgel. Im Hotel Alpenglühn hatte ich zuvor ein kleines Apartment gebucht und fühlte mich dort sehr wohl. Jedes Jahr kam eine Gruppe junger Belgierinnen zwischen 19 und 22 Jahren in dieses Hotel. Die neuesten Tänze, ob Hully Gully oder Twist, es wurde alles ausprobiert und geprobt. Manche Lokalrunde habe ich ausgegeben, und vom ersten bis zum letzten Tag hatte ich viel Spaß, inklusive Skilaufen. Irgendwann hatte ich mal ein kleines Reisesteckschachspiel geschenkt bekommen. Es war nicht nur zur Entspannung, sondern auch eine gute Übung für die Konzentration. Im gleichen Hotel hatten sich ein Vater mit Frau und Tochter eingebucht. Die Tochter war 20 Jahre jung, nicht hübsch, aber machte auf mich einen sehr intelligenten Eindruck. Irgendwann fragte ich sie, ob sie Lust hätte, auf meinem Zimmer mit mir Steckschach zu spielen. Sie hatte nichts dagegen. Als ich abends zum Essen herunterkam, hatte sich die Familie in ein anderes Zimmer zum Essen umsetzen lassen, denn der Vater war der Meinung, es wäre eine wirkliche Unverschämtheit, auf so direktem Wege ein Angebot zu machen. Ich wußte definitiv nicht, woran der Vater gedacht hatte, ich jedenfalls nur an das Schachspiel. Am letzten Tag vor ihrer Abreise tanzte ich mit diesem Mädchen, und sie flüsterte mir ins Ohr: „Schade, ich hätte mit dir gern Schach gespielt."
Sie begleitete mich noch auf mein Zimmer, aber zum Schachspielen sind wir dann auch nicht mehr gekommen.
Mein Freund Ernst aus Bielefeld kam auch regelmäßig nach Obergurgel, er ist zehn Jahre älter als ich, auch Handelsvertreter und ein absolut positiv Verrückter. Wenn Ernst auftauchte, wurde die Atmosphäre nicht ernst, sondern immer lustig. Er machte den Vorschlag: „Klaus, laß uns heute nach Hochgurgel fahren, dort soll der kürzeste Minirock der Alpen in einer Bar serviert werden." Ich kann nur

sagen, es stimmte. In diesem Lokal saßen einige Österreicher aus Wien, die fürchterlich angaben und sich aufspielten, als seien sie die Erben von Onassis. Ernst meinte, jetzt werden wir den Kameraden einen fiedeln. Er rief den hübschen Minirock herbei und fragte: „Haben Sie Heringe im Hause?" „Ja" war ihre Antwort. „Dann wollen wir jetzt mal eine Delikatesse aus dem Norden Deutschlands speisen, u.z. flambierten Hering." Die Nachbarn wurden hellhörig und meinten, das gibt es doch gar nicht. Jetzt folgte die Welturaufführung. Das Flambiertischchen wurde herangerollt, es wurden die Heringe auf einem Teller gebracht, und der Minirock fragte, was für ein Getränk man denn zum Flambieren nähme. Ernst entschied kurzerhand, Stroh-Rum mit 80 % einzusetzen. Das Licht wurde gedimmt, und beim Aufleuchten der Flamme klatschten die Nachbarn und andere Gäste in die Hände. Ernst und ich aßen mit Todesverachtung die „Delikatesse" auf, immer wieder betonend, wie lecker das schmeckte. Die Wiener wollten es auch wissen und bestellten sich das gleiche, nur mit dem Unterschied, daß beim Essen die Gesichter anders ausgesehen haben als bei uns, und aufgegessen haben sie die „Norddeutsche Delikatesse" auch nicht.

Da wir beide so viel Spaß gehabt hatten und unabhängig waren, planten wir für den Sommer, ein paar Tage nach England zu fahren. Zu dieser Zeit fuhr ich ein silbergraues 6-Zylinder-Opel-Coupé mit roten Ledersitzen. Man gönnt sich ja sonst nichts. Ernst hatte ein wunderbares Zelt, und dieses sollte dann auch die Behausung sein, in der wir wohnen wollten. Ausgerechnet an dem Tag, als wir in Dover von der Fähre fuhren, machte ganz England Sommerurlaub, und die Straßen waren eine überfüllte Katastrophe.

Es war die Idee von Ernst, der sagte, diesem Streß setzen wir uns nicht aus. Zeitlich waren wir nicht festgelegt, und so entschied er, die nächste Abfahrt links abzufahren. Wir landeten an einem Baggersee. Landschaftlich war es wirklich schön, genauso wie die zwei Mädchen, die sich nackt an diesem See sonnten. Wir vier verbrachten einen herrlichen Tag miteinander.

Devon war unser Ziel. Eine der schönsten Gegenden in Südengland. Wir sahen eine herrliche Bucht und eine prächtige grüne Wiese, die zu dieser Bucht führte.

Ernst und ich waren uns völlig einig. Genau dort wollten wir zelten. In einer Kneipe „Red Lion" wurden wir belehrt, daß dieses Grundstück dem Lord Cromwell gehört. „Ihr werdet nie die Chance erhalten, dort zu zelten", war die Antwort. Das Schloß, in dem Lord Cromwell wohnte, war ca. 30 km entfernt, und genau dort fuhren wir hin.

Man kennt Bilder aus Kriminalfilmen. Großes schmiedeeisernes Tor und sehr gepflegte Parkanlagen. Ernst und ich standen davor. Der Druck auf die Klingel bewirkte nichts anderes, als daß ca. 30 Hunde, die man zu einer Schleppjagd gebrauchte, plötzlich kläffend und geifernd am Tor standen. Wir überlegten schon, ob wir uns abwenden sollten, aber es erschien eine klassisch englisch gekleidete Dienstbotin am Portal. Unser Ansinnen, daß wir sehr gerne auf der Wiese bei der Bucht zelten würden, wurde von der Dienstbotin als very unusual and very impossible (sehr ungewöhnlich und unmöglich) bewertet. Aber der Knaller passierte. Wir wurden in das Schloß gebeten, und Lord Cromwell war bereit, mit uns zu sprechen. Als Gastgeschenk erhielt er Proben meiner Reinigungsmittel, die ich natürlich immer bei mir hatte, und Ernst präsentierte eine Plastikdecke, auf der englische Münzen abgebildet waren. Lord Cromwell sagte nur zu uns: „Ihr müßt wirklich verrückte Deutsche sein." Sein Fahrer wurde angefordert, und der Lord fuhr vor uns her mit seinem dunkelgrünen Landrover direkt zu der Wiese. Er zeigte uns noch den Wasseranschluß, und dann passierte folgendes: Wir offerierten ihm noch einen Whisky, den wir sowieso immer mit uns führten. Täglich bekamen wir dann Besuch von unserem Lord. Es war der Whisky, der ihn reizte zu trinken, ohne Kontrolle seiner Frau.

Die Bucht, in der sehr viele Urlaubsengländer schwammen, haben wir genutzt, um Einladungen auszusprechen, auf dieser herrlichen Wiese, bei unserem Zelt, eine Köstlichkeit zu sich zu nehmen. Nach zehn erlebnisreichen Tagen fuhren wir wieder zurück nach good old Germany.

In dem Haus, wo ich wohnte, lebten vier weitere Junggesellen.
Uwe, mein Schiffsmaklerfreund aus London, hatte inzwischen seinen Beruf an den Nagel gehängt, um seinem Hobby zu frönen und auch damit Geld zu verdienen. Er war Waffenhändler für antike und jagdliche Waffen geworden. Allein wie und wo er an solche Waffen kam, war schon spannend. So hatte er die Idee, alte Schlösser und Burgen aufzusuchen. Er fragte den Schloßherrn, ob er sich den Keller oder Dachboden anschauen dürfe. Es war kaum zu glauben, was Uwe an antiken Schätzen und Waffen entdeckte. Ob es alte Vorderlader, seltene Radschloßgewehre oder Pistolen waren.
Er nutzte das Unwissen der Leute und kaufte dadurch sehr günstig ein. Manchmal bekam er sogar die Waffen geschenkt und erzielte damit fürstliche Gewinne.
Bernd war ein Maler aus Ostberlin. Er hatte sich einen Tag, bevor die Mauer in Berlin hochgezogen wurde, „fortgemacht".
Günther war ein sehr erfolgreicher Kfz-Verkäufer, der stundenlang auf Plattdeutsch Witze erzählen konnte. Und Ralf, unser Schöner, war Leichtmetallbauer mit einer eigenen Firma, die er von seinem Vater als einfache Schlosserei übernommen hatte.
Wir alle standen finanziell gut da und waren eine Truppe, die sich hervorragend verstand und sich gegenseitig die Bälle, aber auch die Mädchen zuschob. Nicht ohne Grund bekam dieses Haus den Beinamen „Die Bullenstation". Während der Woche überlegten wir uns, was wir am Wochenende machen wollten. Woran wir häufiger Spaß hatten, waren zum Beispiel Schießwettbewerbe mit Uwes antiken Waffen. Wo aber konnte man damit schießen. Also fuhr Freitag nachmittag ein LKW mit Sand beladen in eine der Hallen von Ralf. Der Sand wurde abgekippt und diente als Kugelfang. Die jagdlichen Waffen waren mit ihren Stechern so präzise, daß wir sogar Streichholzköpfe auf einer Distanz von zehn Metern abschießen konnten. Montag morgen schaufelten dann die Lehrlinge von Ralf den mit etwas Blei schwerer gewordenen Sand wieder auf den LKW, und die normale Arbeit dort konnte beginnen.
Unsere Junggesellentruppe war zwischen 26 und 32 Jahren alt. Einmal kamen wir auf die Idee, einen Wettbewerb zu machen. Etwas ausgefallen und extrem war das schon. Wer kann an einem Wochenende die meisten Frauen, bitte neue, anmachen und auch zum Erfolg kommen. Die Zeit zählte von Freitag 12.00 Uhr bis 22.00 Uhr am Sonntag. Schon Freitag abend gelang es mir, zwei fidele Krankenschwestern aus dem Münchner Kindl zu mir nach Hause einzuladen, ein ausgesprochener lustiger Abend. Sonnabend war es eine Verkäuferin aus einem Dessous-Laden, die ich gefragt hatte, welche Unterwäsche sie persönlich am schönsten fände. Sie suchte etwas sehr Pikantes, aber auch nicht Preiswertes heraus. Obwohl es nicht erlaubt war, bekam ich sie soweit, daß sie diese Spitzendessous aus Seide anzog und sich mir in ihrer ganzen körperlichen Schönheit zeigte. „Wenn Ihnen die köstliche Bekleidung gefällt, möchte ich Ihnen diese zum Wochenende schenken." Dieses attraktive Mädchen wurde verständlicherweise verlegen und irritiert, und als ich sie dann noch fragte, ob ich sie nach Feierabend um 13.30 Uhr zum Chinesen zum Essen einladen dürfe, sagte sie zu meiner Überraschung „Ja". Wir stellten fest, wir waren uns nicht unsympathisch, und die Einladung, bei mir noch klassische Musik anzuhören, nahm sie gerne an. Sonntag traf ich dann eine Clubkameradin vom Club zur Vahr, die ich schon lange nicht mehr gesehen hatte. Diese war neugierig und wollte wissen, wie es mir bei der Seefahrt, der Lehre und in England ergangen war. Wir verbrachten einen gemütlichen, harmonischen und klassischen Nachmittag.

Am Sonntag um 22.00 Uhr wurde Bilanz gezogen:
    Uwe   = 3 Mädchen
    Günther = 2 Mädchen
    Bernd   = 1 Mädchen
    Ralf   = 2 Mädchen
    ich   = 4 Mädchen

Nach dieser Aktion wurde mir allmählich klar, so durfte das Leben nicht mehr weitergehen. Ich fing an, die Achtung vor den weiblichen Wesen zu verlieren, obwohl ich mich zu diesen stark hingezogen fühlte. Inzwischen hatte ich auch das Alter von 28 Jahren erreicht, wo man schon anfing, darüber nachzudenken, eine Familie zu gründen und ein normales erfülltes Leben anzustreben.

Brautschau

Ich lernte ein Mädchen Namens Patricia kennen. Sie war 19 Jahre alt und wie man in Bremen sagt, aus gutem Hause. Mir gefiel ihre lustige und lebensbejahende Art, aber sie war stark behütet. Ich lud sie zu einer Wochenendtour an die Ostsee ein, was sie gerne annahm, da ihr Vater auf Geschäftsreise war. Die Mutter lebte nicht mehr. Leider hatten wir nicht mit der Loyalität der Haushälterin gerechnet, die dem Vater danach mitteilte, daß das Kind ein ganzes Wochenende nicht zu Hause gewesen sei. Von einer Verkaufsreise kam ich zurück und mußte ein Einschreiben von der Post abholen. In diesem wurde ich aufgefordert, mich am kommenden Sonntag um 15.00 Uhr im Hause von Patricias Vater einzufinden. Mir war doch reichlich komisch zumute, als ich brav im dunkelblauen Anzug pünktlich auf die Haustürklingel drückte. Die Haushälterin schaute mich sehr kritisch an und ließ absolut nichts Gutes ahnen, als ich eintrat. Von ihr wurde ich in das, man kann schon sagen, reich dekorierte Wohnzimmer geleitet und gebeten, Platz zu nehmen. Die Sitzordnung war klar vorgegeben. An einem rechteckigen Rauchertisch war an den jeweiligen Kopfenden ein silberner Becher mit jeweils fünf Zigaretten aufgestellt. In der Mitte stand ein silberner Leuchter, und die Kerzen brannten schon. Zwei bis drei Minuten mußte ich warten, bis der Vater in der Tür erschien. Sein Gesicht war mir bekannt. „Herr Arlt, wir wollen nicht lange herumreden, der Ausflug mit meiner Tochter war eine absolute Flegelei, aber nicht mehr zu ändern." Dann fragte er mich aus, was ich mache, aus welchen Familienverhältnissen ich stammte, wie alt ich sei usw. Dann meinte er, an eine Verlobung sei überhaupt nicht zu denken, schon lange nicht an eine Hochzeit, auch nicht zu einem späteren Zeitpunkt. (Ich war mir sicher, ich war nicht standesgemäß.) Patricia müsse erst eine vernünftige Ausbildung machen, zusätzlich appellierte er an meine Mannesehre, das junge Mädchen in Frieden zu lassen und sie nicht mehr zu behelligen. Ich versprach es ihm. Es kam aber genau andersherum. Sie war es, die mich behelligte und darauf bestand, daß wir uns wiedersahen. Sie wollte Innenarchitektin werden und mußte zuvor eine Lehre als Tischler machen. Die Straßenbahn, die sie jeden Morgen zu ihrer Lehrstelle brachte, passierte meine Junggesellenbude. Sie stieg jeden Morgen aus, brachte Brötchen mit, und es wurde nicht nur gefrühstückt. Nach einer gewissen Zeit lief dann diese Beziehung freundschaftlich aus. Patricia heiratete standesgemäß einen netten jungen Mann aus der sogenannten Bremer High-Society. Mit meiner späteren Frau besuchten wir uns häufiger gegenseitig. Patricia ist heute geschieden, lebt mit ihrem Kind einsam, allein und verdient ihr Geld als Innenarchitektin.

Fredericia, die Tochter eines wohlsituierten Versicherungsagenten, 22 Jahre alt, blond, gute Figur, aber etwas überkandidelt, war meine nächste Bekanntschaft. Mit ihr fuhr ich für eine Woche nach Schweden, und als wir zurückkamen, mußte ich nicht einen Einschreibebrief abholen, sondern wurde offiziell zum Abendessen ins elterliche Haus eingeladen. Die übliche Ausfrageprozedur fand auch hier statt. Eine Lebensversicherung schloß ich für DM 40 000, bei Unfalltod doppelt, noch an diesem Abend ab. Weil es sehr wichtig sei, abgesichert zu sein, wenn man viel auf der Straße fährt. Ich hatte noch nicht einmal jemanden, den ich hätte begünstigen können, falls so eine Unfall- oder Todessituation eingetreten wäre.

Es gab etwas Einfaches zu essen. Eine stramm aufgefüllte Plastikflasche mit Ketchup wollte ich nutzen, um einige Tropfen auf meinen Toast zu spritzen. Ich drückte auf die Flasche und ein riesiger roter Fleck landete neben meinem Teller auf dem guten, alten Tischtuch, welches von Großmutter stammte. Na ja, das war dann wohl auch nichts. Die Versicherung habe ich heute noch. Sie hat sich im Laufe der letzten 35 Jahre zu einer respektablen Kapitalanlage entwickelt.

Jetzt hatte ich erst einmal genug von meiner ach so erfolglosen Brautschau und legte den Schwerpunkt aufs Skifahren.

Ich hatte sie gefunden

Januar bis September 1965

Der BSC, Bremer Ski Club, ist ein Verein, der sehr viele sportliche Veranstaltungen während des Sommers auch heute noch anbietet. Vom Sportabzeichen, Segeln, Wandern, Kegeln und vieles mehr, war alles möglich. Im Winter war es ein Muß, jedes Wochenende mit in den Harz zum Skilaufen zu fahren. Ein BSC-Freund und ich fuhren jeden Freitagabend mit dem Wagen nach Goslar zum Hotel Hamburger Hof, der Vertragsbleibe unseres Vereines, und suchten uns die besten Zimmer aus. Morgens trafen dann die mit dem Bus von Bremen kommenden Mädchen und Jungen mit uns auf der Skipiste in St. Andreasberg zusammen. Das Skilaufvergnügen auf dem Hang war sehr kurz, denn die Abfahrt war nicht sehr lang, aber die Warteschlangen am Lift dafür um so länger. Als Rennleiter unseres Vereins mogelte ich mich immer wieder in die Warteschlange, bis mir ein junges Mädchen mit Militäranorak, der bis zu den Knien reichte, klipp und klar sagte, hier geht es nicht nach Schönheit, sondern jeder muß sich hinten anstellen. Ich blieb hinter dem Militäranorak in der Warteschlange und verlor dann diesen während des Tages aus den Augen.
In Goslar traf man sich abends im Zwinger zum Tanzen. Die Räumlichkeiten waren klein und fast immer überfüllt. Conny, mein Skifreund, und ich hatten uns auch hier etwas einfallen lassen. Im Tanzsaal waren wir immer sehr pünktlich und belegten unsere Plätze. Der Trick war, daß wir beide ständig rechts von uns einen Platz freihielten. Allerdings hatten wir keine Mädchen. An diesem Abend, so sollte es wohl sein, tauchte der Militäranorak, jedoch ohne diesen, auf, und siehe da, das Plätzchen an meiner Seite war durch Zufall noch frei. Es wurde nett geklönt, viel getanzt und gelacht. Vorsichtshalber organisierte ich mir Adresse und Telefonnummer und stellte fest, das Mädchen aus Bremen wohnte in der Neustadt nur fünf Minuten zu Fuß von meiner Wohnung entfernt. Gesehen hatte ich sie bis dahin noch nie. Schon am Montag nach diesem Wochenende rief ich morgens in der Praxis an, denn der Militäranorak arbeitete als Arzthelferin. Sabine, so hieß das Mädchen, lud ich zu einem Kegelabend ein, den wir Junggesellen gelegentlich mit weiblichen Wesen gestalteten. Auf der Heimfahrt gab es den ersten vorsichtigen Kuß. Ehrlich gesagt, mir gefiel Sabine außerordentlich gut, aber sie hatte mich gar nicht auf der Liste, sondern versuchte, durch mich an meinen Freund Konrad heranzukommen, wie ich später erfahren durfte. Im Gegensatz zu mir sah er beinahe aus wie ein Filmschauspieler. Conny war auch Handelsvertreter. Bei uns war ständig etwas los, und so erhielten Conny und ich eine Einladung zu einer Faschingsparty ins Künstlerdorf nach Worpswede. Conny kam mit Miriam, einem bildschönen Mädchen, und ich mit Sabine. Es war ein lustiger Abend. Sabine versuchte an Conny heranzukommen, aber flüsterte mir im Laufe des Abends ins Ohr: „Der sieht ja richtig gut aus, aber er ist ja furchtbar langweilig." An diesem Abend hatte ich mich bereit erklärt, keinen Alkohol zu trinken, und drängte dann auch gegen 3.00 Uhr morgens darauf, nach Hause zu fahren. Conny wurde mit seiner Miriam bei ihm zu Hause abgesetzt, und ich fuhr mit Sabine zu mir. Fasziniert war ich über eine Verhaltensweise, die ich bisher gar nicht kannte. Bine fragte mich, wo denn die Bettwäsche sei. Ich fragte sie warum. Darauf antwortete sie: „Du glaubst doch wohl selber nicht im Ernst, daß ich hier in diesem Bett schlafe, wo ich nicht weiß, mit wem und wie vielen anderen Mädchen du schon vorher hier drinnen gelegen hast." Also wurde das alte Bettzeug abgezogen, neues aufgezogen, und die 5. Sinfonie von Beethoven war unser Begleiter in eine sinnliche Welt. Ab dann traf ich mich immer häufiger mit ihr, und in mir keimte eine starke Sympathie für sie auf. War

es Liebe, war es Zuneigung? Ich jedenfalls fühlte mich immer in ihrer Umgebung anheimelnd wohl. Bei einer kitzligen Aktivität unter der Dusche fragte ich sie, ob sie meine Frau werden wolle. Mir war es sehr ernst mit meinem Antrag. Die lapidare Antwort war: „Nächste Woche die ersten Tage." In der Nachbarschaft gingen wir in eine Bar, ich bestellte eine Flasche Sekt und wiederholte seriös meinen Heiratsantrag. Sabine schaute mir tief in die Augen und sagte: „Ich bin damit einverstanden, laß uns das Leben gemeinsam meistern."

Irgendwie mußte ich ja nun bei meinen zukünftigen Schwiegereltern um die Hand von Sabine anhalten. Wer aber sagt einem, wie man das richtig macht? Ein Bekannter aus der Bremer Gesellschaft ließ mich wissen, daß, wenn man um die Hand einer Tochter von Bremer Kaufleuten anhält, man seine Bilanzen parat haben sollte, um zu beweisen, daß man die Tochter auch ernähren kann. Na gut, das war für mich kein Problem. Sabine arrangierte einen Termin abends um 18.00 Uhr in ihrem Elternhaus. Einen Blumenstrauß besorgte ich für Sabine und einen für meine zukünftige Schwiegermutter. Ich zog meinen dunkelblauen Anzug an und stellte mit Entsetzen fest, daß ein Knopf am Anzug fehlte. Bevor ich meine zukünftige Frau von der Praxis abholte, drückte ich irgendeinen Klingelknopf im selben Hause. Eine freundliche Dame öffnete mir und ich sagte, daß ich in einer Stunde um die Hand meiner zukünftigen Frau anhalten wolle, aber es fehle ein Knopf. Die nette Dame meinte: „Nun kommen Sie erst einmal herein, mal sehen, ob wir einen passenden Knopf für Sie haben." Sie hatte einen und nähte ihn an. In der Zeit des Nähens gab sie mir jede Menge gute Ratschläge im Schnellverfahren, wie man eine vernünftige Ehe zu begehen habe.

Pünktlich um 18.00 Uhr waren wir bei Sabines Elternhaus. Als wir an der Haustür klingelten, kam Frau Jürgensen, die Mutter von Sabine, an die Tür. Natürlich war sie eingeweiht und meinte, daß es heute schlecht wäre, so ein Gespräch zu führen, denn es gäbe viel Ärger im Geschäft. Ich war bewaffnet mit meinen Blumensträußen und sagte zu ihr: „Nun bin ich hier, und nun werden wir auch sprechen." Herr Jürgensen kam aus dem Kontor hoch, wir begrüßten uns, und es wurde zu Tisch gebeten. Harmlos plätscherte das Gespräch an der Oberfläche. Einmal meinte mein zukünftiger Schwiegervater: „Herr Arlt, Sie müssen häufiger kommen, denn dann gibt es auch anständigen Aufschnitt am Abend." Nach dem Essen bat ich Herrn Jürgensen um ein Gespräch unter vier Augen. Meine Aktentasche mit meinen Bilanzen hatte ich natürlich bei mir. Die Ausfrageprozedur ließ ich gewohnheitsgemäß über mich ergehen. Meine Bilanzen brauchte ich nicht zu zeigen, denn mir wurde auch so geglaubt. Herr Jürgensen sagte noch zu mir: „In meiner Firma würden Sie nicht soviel verdienen." Auf die Frage, ob ich seine Tochter heiraten dürfe, meinte er: „Das müßt ihr jungen Leute selber wissen, und ich kann euch nur alles Gute für die Zukunft wünschen. Eines kann ich Ihnen jetzt schon sagen, ein Zuckerschlecken ist die Ehe nicht." Die Frauen wurden herbeigerufen. Sabine wurde losgeschickt, um eine gute Flasche Sekt aus dem Kühlschrank zu holen. Es wurde angestoßen und schon dabei überlegt, wann denn die offizielle Verlobung stattfinden solle. Am 27. Mai 1965, Himmelfahrt, wurde dann die Verlobung bekanntgegeben und ein richtiges Fest veranstaltet. Man muß wissen, mein Schwiegervater feierte selbst sehr gern und ist außerdem dazu noch sehr großzügig. Das Fest war keine Verlobung, es war schon wie eine Hochzeitsfeier mit 60 Gästen.

Als ich meinem Schwiegervater erzählte, daß ich Geld gespart hätte und ein Haus kaufen wolle, sagte er zu mir: „Auf die Summe, die du für die Anzahlung eines Hauses einsetzt, gebe ich den gleichen Betrag dazu." In Bremen-Horn-Lehe wurde dann unsere erste Hütte mit 120 Quadratmetern Wohnfläche und 100 Quadratmetern Atrium-Garten angezahlt. Die monatliche Belastung für den Rest der Finanzierung waren dann noch DM 350. Genausoviel, wie meine Junggesellenbude in der Neustadt gekostet hatte.

Sabine ging ihrer Arbeit bei ihrem Doktor nach, und ich verkaufte weiterhin erfolgreich meine

Reinigungsmittel. Das Thema Umweltschutz kam mehr und mehr ins Gespräch. Ich befaßte mich mit dem Thema intensiver und mußte dann ehrlich feststellen, daß ich zwar mit meinen Reinigungsmitteln alles saubermachen konnte, aber mit den Substanzen verschmutzte und vergiftete ich das Abwasser. Ich machte weiter, weil ich Geld verdienen mußte, fühlte mich aber bei dieser Tätigkeit nicht mehr wohl in meiner Haut.

Der September 1965 nahte, die Hochzeit kam immer näher. Meine Schwiegermutter meinte, ich solle den Junggesellenabschied mindestens vier Tage vor der Hochzeit feiern, damit ich am Tag der Tage wieder zu gebrauchen wäre. Diese Sitte kannte ich nicht. Ich ließ mich aufklären und lud 20 Freunde in unser Haus ein. Da es damals nicht schicklich war, vor der Ehe das Haus gemeinsam zu bewohnen, lebte ich bis zur Hochzeit alleine dort. Sabine kam gelegentlich (jeden Abend) zu mir und richtete das Haus mit viel Liebe und Geschmack ein.

Reichlich wurden Getränke eingekauft. Auch etwas zu essen war da, und meine Freunde erschienen pünktlich. Die Vergangenheit, mit ihren vielen, verrückten Erlebnissen, wurde abgespielt. Plötzlich, es war wohl um Mitternacht, wurde ich von einer Übermacht von Armen ergriffen. Mir wurden die Hosen ausgezogen, diese mit Benzin übergossen und mitten im Garten verbrannt. Der Ärger war nur, daß genau zehn Tage zuvor der Rasen im Garten neu eingesät worden war. Diese Arbeit mußte später wiederholt werden, weil die gesamte, sauber abgezogene Fläche total zertrampelt war. Irgendwann verweigerten die Körper meiner Freunde die weitere Aufnahme von Alkohol, und sie begaben sich nach Hause. Todmüde wollte ich mich ins Bett legen, aber siehe da, die Betten waren total auseinandergenommen. Die Matratzen waren verschwunden, an den ganzen Lampen hingen überall aufgeblasene Präservative, das gesamte Haus war in einem katastrophalen Zustand. Die Möbel waren in den unterschiedlichen Zimmern ausgetauscht worden. Auf dem Dachboden fand ich die Matratzen wieder, legte sie nur noch auf den Fußboden, hüllte mich in mein wiedergefundenes Bettzeug und schlief sehr schnell ein. Der nächste Morgen brachte dann eine weitere Überraschung. Ich machte mir eine Kanne Kaffee und freute mich auf eine Tasse des köstlichen Trunks. Milch, Zucker ... und dann mußte ich mich sofort übergeben, denn der Zucker war gegen Salz ausgetauscht worden. Es hat einen ganzen Tag gedauert, bis endlich wieder alles so war, wie Sabine das Haus bereitet hatte.

Hochzeit am 10. September 1965

Ich freute mich darauf, mit Sabine einen neuen Lebensabschnitt zu beginnen. Wir hatten uns vorgenommen, eine glückliche Familie zu werden und Kinder zu haben. Ich wollte gern zwei, Sabine bestand auf sechs Kindern. Vorab kann ich sagen, nach jeder Geburt reduzierte Sabine ein Wunschkind. Als Kind Nr. 3 unterwegs war, wurden Zwillinge geboren, und damit hatten wir vier Jungs. Die Trauung auf dem Standesamt war eine feierliche Sache, und ich dachte schon, meine zukünftige Frau würde anfangen, vor Rührung zu weinen. Es war jedoch ein unterdrücktes Lachen, denn der Standesbeamte sprach in einem typisch breiten Bremer Dialekt: „Klauus, Dieta, Beernd Aarlt, willst du ...." usw. Somit begann unsere Ehe mit viel Humor und Freude.

Ich weiß nicht, wie viele neu getraute Frauen zwei Brautsträuße bekommen. Meiner war ein Strauß lieblich gebundener Wicken, meinen Lieblingsblumen. Meine Schwiegermutter, die Gute, hatte vorsichtshalber für mich auch einen besorgt, weil sie nicht wußte, ob ich an solch einen Strauß denken würde.

Nach der kirchlichen Trauung in der Martinikirche gab es für uns eine gewaltige Überraschung. Aus dem Gotteshaus kommend, standen 20 Ski-Club-Freunde Spalier mit Skihosen, Skistiefeln und Skiern, und das im Herbst bei brütender Hitze.

Der Ski-Club steht Spalier

Im Deutschen Haus am Marktplatz in Bremen war dann das Hochzeitsessen mit 120 Personen. Mein Schwiegervater war wieder sehr großzügig. Es hätte auch die Hochzeit einer Prinzessin sein können. Es wurden natürlich viele Reden von Freunden gehalten, aber auch von Onkel Hermann, der die Geschichte der väterlichen Firma Revue passieren ließ. Es war alles sehr feierlich und berührte mich außerordentlich. Nach Ende des offiziellen Essens saßen alle in ungezwungener Runde. Es wurden die Hochzeitszeitung und Sketche vorgetragen. Dann kam ein zusätzliches Highlight von keinem Geringeren als meinem Freund Ernst aus Bielefeld, dem positiven Verrückten und Erfinder des „flambierten Herings". Ernst war auf einer seiner Verkaufstouren gewesen und fand einen alten Tante-Emma-Laden auf dem Lande, wo gerade ein Totalausverkauf stattfand. Diesen Laden muß Ernst halb leer gekauft haben, zur großen Freude der alten Omi, die einfach nicht mehr den Laden halten konnte. Ernst präsentierte sich mit zwei großen alten Pappmaché-Koffern, die mit ihren halbrunden Blechbeschlägen schon, obwohl neu, ihr Alter dokumentierten. Jede Art von Bürsten, von der Zahnbürste, Nagelbürste, Flaschenbürste, Schrubber bis hin zu den Bürsten, die ein Schornsteinfeger benötigt, wurde uns präsentiert. Lederfette, Schuhcreme, Tee-Eier, Haarsprays, allen möglichen und unmöglichen Tüdel hatte Ernst mitgebracht und trat, mit einer Schlägermütze bekleidet, als Hausierer auf. Warf die einzelnen Gegenstände verkaufsmäßig kommentierend dem einen oder anderen zu. Wann immer er eine Bürste in die Hand bekam, warf er sie Sabine oder mir zu und sagte: „Klaus, mach was draus." Es war schon eine verrückte Einlage, die Ernst brachte, aber das Schönste daran, es wurde reichlich und aus vollem Herzen gelacht.
Ab 24.00 Uhr feierten wir dann noch in den 22. Geburtstag von Sabine hinein, und gegen 5.00 Uhr morgens fuhren wir mit dem Taxi zu unserem gemeinsamen Domizil.

Erbschaften, erschlichene Erbschaften und kriminelle Ausbeutung von möglichen Erbschaften

Erbschaft für meine Mutter

Einerseits kann Erben ein schönes und erfreuliches Ereignis sein, doch kann es sich auch umgekehrt entwickeln, und leider passiert das viel zu häufig. Dies habe ich nicht nur selbst erfahren, auch Erlebnisse von Freunden und Bekannten haben zu meiner negativen Einstellung beigetragen.
Den ersten Verlust einer Teilerbschaft mußte bereits meine Mutter hinnehmen. Ein Herr Liche, ihr Onkel aus Freiburg, war ein begnadeter Apotheker und hatte die vom Namen sicherlich noch vielen bekannte Wund- und Zugsalbe Ilon Abszeß entwickelt. Sie roch etwas nach Teer, war schwarz und ein sehr zähes, schmieriges Zeug. Bis kurz vor Ende des Krieges war sie die Salbe Nummer eins für Vereiterungen und Furunkel. Seine Frau verstarb und eine jüngere Frau führte seinen Haushalt. Als er verstarb, waren innerhalb von sehr kurzer Zeit alle Konten geplündert, Familienschmuck und Wertgegenstände aus der Villa entwendet. Später erschien eine ähnliche Salbe unter anderem Namen auf dem Markt und ist heute noch in verbesserter Form im Gesundheitswesen anzutreffen. Das alte Produktionsgebäude steht noch immer in Freiburg, und auch der alte Namenszug ist nach wie vor leserlich sichtbar am alten Gebäude. Das Vermögen jedoch ist durch Diebstahl verschwunden.

Erbschaft von Onkel Hermann

Zwischen Onkel Hermann und mir bestand so etwas wie ein Vater-Sohn-Verhältnis. Seine Frau war eine herzensgute, sanfte Seele. Beim Aussteigen aus einem Zug rutschte sie unglücklich aus und stürzte zwischen Bahnsteig und Zug. Sie zog sich dabei so schwere innere Verletzungen zu, daß sie nach drei Tagen verstarb. Onkel Hermann litt unter dem Tod seiner geliebten Frau sehr und konnte ihn kaum überwinden. Sabine und ich kümmerten uns um ihn, und er war häufig Gast bei uns zu Hause. Zum Essen traf ich mich zwei- bis dreimal wöchentlich in Bremen mit ihm, so, wie es meine Zeit erlaubte. Auch Kinogänge gehörten während des Tages dazu. Einige werden sich noch an die Kinos Aki und Bali erinnern, die von morgens bis nachts immer ihr Programm durchlaufen ließen. Anfänglich mußte ich mir von Onkel Hermann anhören: „Klaus, während des Tages und der Arbeitszeit kann man doch nicht ins Kino gehen." Doch wir konnten und gingen, und er fand auch seinen Spaß daran, genauso wie es ihm gefiel, daß er nicht ganz alleine auf sich gestellt war. Eines Tages meinte er zu mir: „Jetzt habe ich ein Leben lang in die Rente eingezahlt, und wenn ich mal eines Tages nicht mehr bin, wer soll denn dann der Nutznießer sein?" Spontan viel mir seine etwa 15 Jahre jüngere Sekretärin Ruth Eisermann ein. Sie, wie alle anderen Angestellten der Firma meines Vaters, hatte die Flucht von Königsberg/Ostpreußen nach Bremen geschafft. Sie wohnte mit ihrer alten Mutter in einer Mietwohnung in Bremen-Walle, genau gegenüber der Wohnung von Onkel Hermann. Schon einen Monat nach der Beerdigung wurde Hochzeit in kleinster Runde gefeiert. Beide, Ruth und Onkel Hermann, setzten sich gegenseitig als Erben ein. Ruth gehörte ein großes Mehrfamilienhaus in Westberlin und sie hatte in ihrem arbeitsreichen Leben genau wie Onkel Hermann sehr sparsam und bescheiden gelebt. Nach drei Monaten rief mich Onkel Hermann morgens um 6.00 Uhr an und teilte mir mit, daß Ruth vor wenigen Momenten gestorben sei. Sie hatte immer in ihrem Leben sehr viel geraucht, sich im Bett aufgerichtet, nach Luft gerungen und war dann zusammengesackt und habe sich nicht mehr gerührt.

Nun war mein väterlicher Freund wieder allein, und wir kümmerten uns um ihn in der bekannten Weise. Hatte er gute Laune, und das war häufig der Fall, brachte er für Sabine ein kleines Geschenk mit, und wenn es ausgepackt war, lag ein schönes antikes Schmuckstück in den Händen meiner Frau. Eines Tages gab er mir einen versiegelten Umschlag mit dem Hinweis, daß ich diesen erst aufmachen dürfe, wenn er verstorben sei. Vom Amtsgericht bekam ich eines Tages einen Brief, in dem der Inhalt des Umschlages mir in Kopie zugeschickt wurde. Wieso das passierte, wußte ich nicht. Sehr überrascht und erstaunt war ich jedoch, über welches Vermögen Onkel Hermann verfügte. Aktien, Grundstücke, Häuser besaß er, und selbst 3000 Goldmünzen hatte er im Safe bei einer Bremer Bank deponiert. Onkel Hermann war mit seinen 70 Jahren immer noch sehr rüstig und gut drauf, wie man heute sagen würde. Ihm legte ich nahe, doch mal in ein schönes Kurhaus zu fahren, um Tapetenwechsel zu haben, etwas Gutes für seine Gesundheit zu tun, es würde ihm bestimmt nicht schaden. Diese Empfehlung kam aus Überzeugung und von ganzem Herzen, doch wenn ich vom Egoismus geprägt wäre, hätte ich diese Empfehlung nie aussprechen dürfen. In der Kur lernte Onkel Hermann ein nettes Ehepaar kennen, mit dem er sich anfreundete, viel Skat spielte und viel Zeit verbrachte. Zurück aus der Kur schwärmte er mir immer wieder von dieser Frau vor. Das Ehepaar stammte aus Berlin, man besuchte sich gegenseitig, und eines Tages gestand er mir, daß er mit Wissen und Genehmigung des Ehemannes mit der Frau schlafen würde. Ja, Sachen gibt es ...

Diese Version ging über zwei Jahre, bis mich Onkel Hermann bat, ihm den Umschlag, den ich in meinem Safe verwahrt hatte, doch bitte wieder zurückzugeben. Gesagt, getan. Als mein väterlicher Freund ernsthaft krank wurde und ins Krankenhaus mußte, bekam er keinen Besuch aus Berlin, sondern ich war es, der ihm wieder Mut und Zuversicht zusprach. Er starb schmerzfrei in Ruhe und Zufriedenheit. Die gesamte Erbschaft ging nach Berlin. Gehört habe ich von diesen Individuen nie mehr etwas. Es gibt viele Wege der Erbschleicherei, diese hier war eine besondere Nuance.

Versuch der Entwendung einer Erbschaft bei Freunden aus dem Ruhrgebiet

Der Vater der Frau eines Freundes von uns hatte das Unglück, daß seine Frau sich vorzeitig von diesem Erdball verabschiedet hatte. Er lernte eine etwas jüngere Frau, als er selbst war, kennen. Sie bot sich ihm an, den Haushalt in Ordnung zu halten. Putzen, kochen, Wäsche waschen, Spaziergänge machen und ihn etwas zu unterhalten. Unsere Freunde aus dem Ruhrgebiet waren froh, daß der ältere Herr, wie sie glaubten, sich in guten Händen befand. Der ältere Herr wurde etwas wunderlich. Diese Frau besorgte sich eine Vollmacht für seine Konten mit dem Argument, immer genügend Geld im Hause für die Verpflegung und für den Haushalt zur Verfügung zu haben. Irritierend war die Feststellung, daß die Abhebungen vom Konto mit größeren Beträgen immer häufiger wurden. Unsere Freunde machten eine sarkastische Aussage: Erst putzt sie sich in sein Herz, dann labert sie ihn voll und dann zockt sie ihn ab. Der Bruder der Frau unseres Freundes hatte, wie er sagte, die Schnauze voll. Eines Abends nahm er ein Taschentuch, legte es über die Telefonmuschel, rief die „nette, hilfreiche Dame" an und sagte ihr in schroffem Ton: „Sie haben genau 48 Stunden Zeit, das inzwischen gestohlene Geld zurückzuzahlen, und wenn Sie nicht innerhalb dieser Zeit aus dieser Stadt verschwunden sind, gibt es keine Garantie für Ihr Leben." Prozesse und Gerichtsverhandlungen hat es nicht gegeben. Das Geld war wieder da und die Frau nie wieder gesehen. In diesem Falle war es nicht zur Abzocke gekommen.

Uwe Mai, unser Freund

Ein anderer Fall betrifft unseren Freund Uwe, der mit antiken Waffen handelte. Er verlor sein Leben durch einen tragischen Autounfall, als er erst 38 Jahre alt war. Bei Uwes Mutter erschien in Hamburg ein ca. 40 Jahre alter Mann und sagte, er wäre ein sehr guter Freund ihres Sohnes. Mutti Mai, wie wir sie nannten, war durch den plötzlichen Tod ihres Sohnes total aufgelöst und etwas kopflos. Sie unterschrieb eine Vollmacht für die Abwicklung und Auflösung des Geschäftes in Bremen. Wir, die echten Freunde in Bremen, waren sehr verwundert, als dieser Mensch uns eine Vollmacht von seiner Mutter vorlegte. Wir kannten diesen Knaben natürlich nicht, hatten aber seine Aktivität zu akzeptieren. Die ganzen alten, sehr wertvollen Jagdwaffen waren sehr schnell, zu schnell, aus dem Geschäft ausgeräumt und abgeholt. Die dreiste kriminelle Handlung flog erst auf, als Kunden von Uwe sich erkundigten, wohin das Geschäft umgezogen sei. Antike Waffen zur Reparatur oder in Kommission gegebene Ware sollten wieder abgeholt werden. Der Mann war mit den Schätzen abgetaucht, und die Kriminalpolizei konnte auch hier nichts ausrichten.

Mein Vermieter in Hamburg

Als Schiffsmaklerlehrling in Hamburg wohnte ich bei einem jungen Dachdeckerehepaar zur Miete. Ausgerechnet am Heiligen Abend mußte eine Notreparatur durchgeführt werden, dabei stürzte er ab und brach sich das Genick. Ein furchtbarer Schicksalsschlag hatte die junge, attraktive Frau ereilt. Schon bald war immer häufiger ein Mann auf dem Gelände des Betriebes zu sehen. Es waren ca. sechs Monate vergangen, als ich mitbekam, daß der Mann mit der hohen Lebensversicherungssumme und geplünderten Konten verschwunden war. Auch ihn konnte die Polizei nicht ausfindig machen. Es ist abscheulich, aber wahr. Es gibt einfach zu viele „Schweinehunde", die nicht hart genug für ihre Verbrechen bestraft werden können.

Fazit und traurige Erkenntnis:
Aus meiner heutigen Erfahrung heraus muß ich leider immer wieder feststellen, daß die menschlichen Viren Neid, Gier, Scheinheiligkeit und geheucheltes Mitleid für die Menschen eine Geißel sind.

Wir wollten gewinnen

Winter 1969/70

Nach meiner erfolgreich geglückten Heirat besuchte mich eines Tages Jörg, unser Sportwart des Landes-Ski-Verbandes, bei uns zu Hause. Er fragte mich, ob ich seinen Posten übernehmen könne, da er vorhabe, für drei Jahre nach Kanada zu gehen, um als Holzfäller und Jäger zu arbeiten.
Jedes Jahr machte ich die Bremer Landesmeisterschaften mit, die im Harz ausgetragen wurden. Genauso wie den Ländervergleichskampf zwischen Bremen, Hamburg, Schleswig-Holstein und Berlin. Der Spaß, den wir immer dabei hatten, war riesengroß. Allerdings muß ich zugeben, Bremen hatte nie das Glück, als Gewinner aus diesem Wettbewerb hervorzugehen. Fragte man einen Hamburger oder Berliner, wo sie denn in ihrer Stadt wohnen würden, kam die Antwort im schönsten Bayrisch: „I studir grad in Hamburg oder auch in Berlin." Die ganzen Bremer Rennläufer waren ein kameradschaftliches und gutes Team. Dies sollte so bleiben, und so bürdete ich mir diesen Posten auf. Im gleichen Jahr war auch Bremen an der Reihe, den Ländervergleichskampf auszurichten. Mich packte der Ehrgeiz, es doch einmal zu versuchen, daß Bremen als Sieger aus dieser Veranstaltung hervorgehen würde. In der BSC-Zeitung, den Club-Nachrichten, schrieb ich einen Renntrainingskursus aus, der über den Jahreswechsel durchgeführt werden sollte. 30 junge Leute, Jungen und Mädchen, meldeten sich an. Dann begann meine organisatorische Tätigkeit, diesen Kursus finanziell so günstig wie möglich zu gestalten. Theo, der damalige Jugendwart, half mir erheblich mit seiner gewaltigen Erfahrung, um an die günstigsten Konditionen bei der Bundesbahn zu kommen. Er hatte dort seinen Arbeitsplatz und kannte alle Tricks. Auch Zuschüsse vom Senator für Sport fehlten nicht. In einem Preis von DM 360 für zehn Tage war alles enthalten: Reise, Unterkunft, Verpflegung und Skiliftkarte, inkl. eines ehemaligen österreichischen Rennläufers, den ich als Renntrainer engagiert hatte. Der schneesichere Ort Reisseck in Österreich war gefunden im Gebiet der Hohen Tauern. Ein urgemütlich umgebautes Sporthotel mit Schwimmbad, Tanzbar und hervorragender Küche war unsere Bleibe. Am 1. Weihnachtstag ging die Reise abends ab Bremen im Liegewagen los. Abgesehen davon, daß zwischendurch etwas geschlafen wurde, war die ganze Fahrt eigentlich eine Dauerweihnachtsparty. Vorher mit Verantwortlichen der Bahn abgesprochen, hielt der Zug auf freier Strecke, um uns direkt bei der Talstation aussteigen zu lassen. Es war ein Schrägaufzug einer Bergbaufirma, auf dem unser Gepäck verstaut wurde.
Wir hockten uns daneben und fuhren hinauf zum Hotel. Zweimal mußten wir auf den darüberfahrenden nächsten Schrägaufzug umsteigen. Es regnete in Strömen, wir wurden richtig naß, und die Stimmung war nicht sehr begeisternd.
Im stillen dachte ich schon darüber nach, welche Spiele wir machen könnten, wenn es tagtäglich regnen würde. Der Schrägaufzug brachte uns von 400 Meter über dem Meeresspiegel bis auf die Höhe von 2100 Meter. Es regnete noch immer, und die Wiesen waren grün, als wir auf einer Betonplattform ankamen. An dieser standen kleine Eisenbahnloren. Das Gepäck wurde wieder umgeladen, und jeder von uns mußte einen Lodenmantelumhang mit Kapuze über den Kopf ziehen. Alle sahen wir aus wie die sieben Zwerge, nur daß wir überzählig waren. Wir kuschelten uns dicht aneinander, und eine kleine Elektrolok zog uns in 20 Minuten durch den Berg. Ständig tropfte eiskaltes Wasser von der Decke, und außerdem war es lausig kalt. Dann, ob man es glaubte oder nicht, als unser Minizug aus dem Tunnel fuhr, tauchten wir in eine unfaßbar traumhafte Schneelandschaft ein. Das

Hotel lag ca. 300 Meter über uns am Hang, den wir mit unserem Gepäck auch noch meisterten. Müde und erschöpft erreichten wir das Ziel. Die Devise hieß: Sich frisch machen, etwas Heißes essen und dann ab in die Kojen, um sich erst einmal richtig auszuschlafen. Mit Toni, unserem Skirenntrainer, wurde noch das Konzept für die nächsten Tage besprochen. Ab dem nächsten Tag trainierten wir nur bei schönstem Wetter und besten Ski- und Schneeverhältnissen sehr hart und intensiv. Es wurden bei unserem Training immer wieder zwischendurch Proberennen durchgeführt. Ich filmte diese, und später wurden die Rennen in Bremen gemeinsam ausgewertet und Fehler besprochen. Abends gab es dann immer eine Minisiegerehrung. Der Ehrgeiz wurde so mehr und mehr bei jedem von uns heftig unter der technischen Beratung unseres neuen Freundes Toni angestachelt. Die Tage vergingen wie im Fluge, und bald saßen wir schon wieder im Zug Richtung Bremen.

Beim Training war mir klargeworden, daß wir zwar fünf sehr gute Rennläufer hatten, aber für zwei Mannschaften, die gemeldet werden mußten, reichte es nicht aus. Der Ehrgeiz bei mir war aber nach wie vor vorhanden, die anderen Städte beim Vergleichskampf sportlich zu schlagen. Ein Gespräch mit dem Sportreporter vom Weser-Kurier machte alles klar. Auch in Bremen war inzwischen eine Universität entstanden. Der Artikel, der in der Zeitung mit einer witzigen Karikatur über das Ski-Rennlaufen im Harz veröffentlicht wurde, brachte den von mir gewünschten Erfolg. Es meldeten sich echte Bajuwaren, deren Spezialität es war, auf Gletschern und vereisten Pisten Rennen zu fahren. Die Bayern wurden im Bremer Ski-Club aufgenommen und waren damit für Bremen startberechtigt. Einmalig bisher war der Erfolg für das kleine Land Bremen. Wir gewannen den Ländervergleichskampf sehr deutlich, aber was bis heute keiner wußte, der Slalom und Riesenslalom waren genau so gesteckt, wie wir es ständig in Österreich trainiert hatten.

Politische Aktivitäten

1970 bis 1973

Durch viele Gespräche mit meinem Schwiegervater, Freunden, aber auch politische Gespräche mit meinen Kunden, fing ich an, mich mehr mit der Politik auseinanderzusetzen.
Ein junger Unternehmer, Mitglied in der Jungen Union, gab dann den Ausschlag. Er meinte, alle meckern immer nur herum, und keiner ist bereit, sich zu engagieren. So wurden meine Frau und ich Mitglied in der CDU, um mitzuhelfen, die Partei zu stärken, die in Bremen immer bedeutungsloser wurde. Es wurde höchste Zeit, einen Kontrapunkt gegen die SPD zu setzen, die auf Grund ihrer absoluten Mehrheit machen konnte, was sie wollte und dies in Bremen auch tat. Was mich am meisten störte, war die leichtsinnige und unverantwortliche Verschwendung der Steuergelder. Aber auch die total unnötig aufgeblasenen Verwaltungen und die Ohnmacht, nichts gegen den Selbstbedienungsladen SPD im kleinsten Lande Deutschlands, Bremen, unternehmen zu können. Die großen Betriebe wurden durch staatliche Gelder gestützt und gefördert. Es ging ja auch um Arbeiter und deren Wählerstimmen. Die mittelständischen Betriebe wanderten mehr und mehr nach Niedersachsen ab. Wirtschaftlich sackte Bremen kontinuierlich in den Keller. Wäre Bremen eine Firma, hätte der Konkurs schon sehr viele Jahre früher eröffnet werden müssen. Der Finanzausgleich der reichen Bundesländer und die ständigen Geldspritzen aus Bonn ließen Bremen bisher am Finanztropf überleben. Bremen nannte ich nur noch die sozialistische Enklave Deutschlands. Geändert hatte sich über viele Jahre fast gar nichts. Erst als die SPD nicht mehr alleine regieren konnte, kam etwas mehr Kompetenz für die Finanzen ins Spiel. Schade um die vielen Millionen sinnlos ausgegebenen Geldes, welches von SPD-Politikern den für Sozialismus kämpfenden Guerillas in Nicaragua und anderen Ländern unter dem „Mäntelchen" Wirtschaftshilfe zugeschanzt wurde.
Als junger Mann glaubte ich daran, etwas bewegen zu können. In meinem bisherigen Leben hatte ich das auch geschafft, aber die Situation in Bremen war sehr schwierig. Die CDU ist nach wie vor zu schwach. Persönlichkeiten mit Kompetenz, die es damals in Bremen gab und gibt, waren nicht bereit, sich zur Verfügung zu stellen. Es kam zwar gelegentlich vor, aber das reichte nicht aus, um eine bessere Politik in Bremen durchzusetzen.
So war es möglich, nicht nur in der CDU, daß Personen aus der Lehrerschaft, abgebrochene Journalisten und andere, die glaubten, etwas von Politik zu verstehen, über die internen Parteilisten gewählt wurden. Sie erhielten nun die Möglichkeiten, das politische Geschehen in der Opposition zu bestimmen. Doch das war eine Farce. Die Tendenz, die sich daraus entwickelte, war nicht mehr für den Bürger von Vorteil, sondern nur noch für den gewählten Politiker. Durch plötzliche Veränderungen der politischen Landschaft, nämlich, daß die SPD nicht mehr alleine regieren konnte, war die CDU auch noch in der Lage, in Regierungsangelegenheiten die Verantwortung mit zu übernehmen. Ein riesiger Vorteil für die zu vielen unqualifizierten Personen aller Parteien. Das hat sich bis heute nicht geändert. Im Gegenteil, die Selbstversorgung wurde perfektioniert.
Es fließen Gelder in unglaublichen Größenordnungen den Politikern zu, Diäten, Pensionen, Posten in Vorständen und Nebentätigkeiten. Ob man etwas leistet oder nicht, scheint hier keine Rolle mehr zu spielen. Angesichts dieser Zustände verwundert die Politikverdrossenheit der Menschen und Wähler nicht.
Zur Kreisgeschäftsstelle der CDU nahm ich Verbindung auf und informierte mich, wie unsere Partei

in Bremen strukturiert war. In einer Kreismitgliederversammlung meldete ich mich zu Wort. Ich prangerte die Unfähigkeit und vielen Unzulänglichkeiten an und präsentierte ein einfaches Konzept, was man in Zukunft besser machen müßte, damit endlich die schlafende und umherdümpelnde CDU, nicht besser als ein Kleingärtnerverein, endlich in Schwung kommt.

Der Kreisvorsitzende, ein ausgefuchster Hase, nahm die Anregung sofort auf und schlug mich als Vorsitzenden eines Aktivkreises vor. Ziel sollte es sein, als erstes die Mitgliederzahl innerhalb Bremens beträchtlich zu erhöhen. Die Versammlung beschloß einstimmig, und schon hatte ich einen Posten, der mich vier aktive Jahre meines Lebens kostete.

Viele Parteimitglieder kamen nach der Versammlung auf mich zu. Sie meinten, endlich kann sich was bewegen, ich möchte da auch gerne mitmachen. Einen der ersten bat ich, eine Liste aller „Hilfswilligen" mit Adresse und Telefonnummer aufzuschreiben. Am Ende hatte ich eine Liste mit 22 Adressen von Mitgliedern aus allen Ortsverbänden vor mir liegen. Sehr schnell registrierte ich, daß eine gewaltige Arbeit auf mich zukam. Diese scheute ich nicht und fing an.

Zur ersten Ausschußsitzung lud ich ein. Von den 22 registrierten Interessenten erschienen acht. Den für mich neuen Freunden machte ich klar, daß wir nicht ein „Laberverein" sein wollten, sondern wirklich etwas tun müßten. Meine Idee war, einzelne Zielgruppen mit einem speziellen Brief anzuschreiben, der so abgefaßt war, daß ihn auch politische Gegner bekommen konnten, ohne mürrisch werden zu müssen. Die gelben Seiten aus dem Telefonbuch wurden auf den Tisch gelegt. Jeder erhielt einfache Umschläge, um die Adressen von allen Ärzten, Rechtsanwälten, Notaren, Firmeninhabern usw. auf diese Umschläge zu schreiben. Dabei wurde geklönt, Tee oder auch Bier getrunken und darüber gesprochen, was man zusätzlich für die Partei in Zukunft an Aktivitäten entwickeln könne.

Das liebe Geld spielte natürlich eine wichtige Rolle, und so wurde entschieden, daß wir Geld organisieren sollten, um unabhängig von der Partei, aber mit deren Einverständnis zu agieren. Ein spezielles Konto wurde eingerichtet, über das nur wir, der Aktivkreis, verfügen konnten.

Werner, ein Postbeamter aus dem gehobenen Bereich, und ich waren nur gemeinsam zeichnungsberechtigt. Eingeworbenes Geld durfte nur für werbliche Zwecke eingesetzt werden. Ein Postfach mit der Nummer 696 wurde eingerichtet, und der Beamte, der uns die Nummer vergab, war durch Zufall ein Sympathisant der CDU. Durch unsere erste Aktivität kamen 67 neue Mitglieder zu uns, viele spendeten Geld, ohne Mitglied zu werden. Später wurde bei diesen Spendern nachgearbeitet, und so mancher entschloß sich dann, auch Mitglied zu werden. Unser Kontostand hatte sehr schnell DM 10 000 überschritten. Das war ein positives Zeichen. Es zeigte uns aber auch, daß es nur an der Ansprache von Menschen gefehlt hatte, um sie für die Partei zu gewinnen. Zielgruppe für Zielgruppe wurde nun in Angriff genommen. Generell Firmen, die Jäger, die Golfspieler, Mitglieder von Vereinen usw.

Die Mitgliedszahlen stiegen ständig. Der Bestand auf unserem Konto ebenso. Freunde und deren Freunde, die eigentlich mehr dem liberalen Gedankengut näherstanden, wurden überzeugte Mitglieder in der Partei. Im gleichen Maße arbeiteten die Freunde aus dem Aktivkreis, der inzwischen weiter gewachsen war und Ableger in anderen Ortsvereinen gebildet hatte. Besonders die „Neuen" machten heftig mit und steuerten prächtige Ideen bei.

Meinen Freunden und mir wurde klar: Die Felder, die wir jetzt beackerten, hatten viel zu lange brachgelegen. Was aber macht man mit den Menschen, die schon immer SPD gewählt haben, weil der Großvater und der Vater es immer schon aus Tradition taten? Man war ja Arbeiter! Der Schachzug der SPD, im Godesberger Programm, war clever. Dann nämlich, als das Wort Arbeiter durch Arbeitnehmer ersetzt worden war und auch die Gewerkschaften, gemeinsam mit der SPD, ins gleiche

Horn stießen. Dadurch wurde die Zielgruppe der SPD erheblich erweitert. Der Vorsprung war zu gewaltig. Wir machten uns Gedanken darüber, wie kann man die Mißstände, die durch die SPD im Laufe der Jahre in Bremen entstanden waren, der Öffentlichkeit bekanntmachen? Sehr schnell wurde uns durch Gespräche im Aktivkreis klar, daß wir auf Rundfunk, Fernsehen und die Presse generell verzichten konnten, da alles fest in SPD-Hand war. Uns blieb nur eines übrig: Flugblätter! Dieser Methode hatten sich schon jene bedient, die die Revolution in Frankreich erfolgreich ausgelöst hatten.

Zwei Freunde, die in einer Werbeagentur arbeiteten, etwas linkslastig, machte ich zu CDU-Mitgliedern und bat sie, eine Serie von drei Plakaten zu entwerfen. Wir konnten ja bezahlen, wir taten es immer schnell und pünktlich, genauso wie wir auch gute und schnelle Arbeit voraussetzten. Auch fand ich einen kleinen Druckereibetrieb, dessen Inhaber Mitglied wurde. Er erklärte sich bereit, für die Partei billigst zu drucken. Nur die Materialkosten sollten wir übernehmen, seine Arbeitszeit stiftete er der Partei. Von einem Papiergroßhändler besorgte ich das Plakatpapier zum Selbstkostenpreis, und reichlich schenkte er uns Flugblattpapier. Zwar in unterschiedlichen Farben, aber uns kam es nur auf die Aussagen an, die wir darauf druckten. So waren die Basis und die Voraussetzungen geschaffen, um zusätzlich in der Öffentlichkeit Flagge zu zeigen. Die Entwürfe der Werbespezialisten waren erstklassig, innerhalb von 48 Stunden waren die Plakate fertig, und eines Morgens prangten 500 Plakate in der Innenstadt und Ortsteilen von Bremen. Eine Hand mit ausgestrecktem Finger zeigte auf jeden, der sich das Plakat anschaute, mit dem Slogan in großer Schrift:

TUN SIE WAS, WERDEN SIE MITGLIED IN DER CDU.

Der Aufmerksamkeitswert muß sehr groß gewesen sein, denn der Kreisgeschäftsführer erhielt erhebliche Anfragen für Antragsformulare. Gefreut habe ich mich, als der SPD-Geschäftsführer mich anrief und nur sagte: „Nicht schlecht, da habt ihr euch ja richtig etwas Gutes einfallen lassen."
Die nächsten Plakate waren dann:

ERLEBEN SIE DEN NEUEN SCHWUNG IN DER CDU

oder

MITDENKEN – MITREDEN – MITGLIED WERDEN.

Die politisch Verantwortlichen in der CDU-Bürgerschaftsfraktion waren hellauf begeistert, denn die Mitgliederzahl stieg kontinuierlich, ebenso nach wie vor das Guthaben auf unserem Sonderkonto.
Für unsere Flugblattaktionen hatten wir uns zwei Stoßrichtungen ausgedacht:
1. Allgemeine Aussagen genereller Art über die politische Parteilinie und Programme.
2. Informationen über kommunalpolitische und Korruptionsthemen, indem der „Parteienfilz" der allgegenwärtigen SPD mit der Gewerkschaft in den Behörden durch Fakten den Bürgern zur Kenntnis gebracht wurde.

Woher kamen unsere Informationen?

Viele CDU-Sympathisanten oder Mitglieder, die ihren Dienst in den Behörden versahen, faßten plötzlich Mut. Informationen wurden gesammelt, weil sie realisierten, daß sich etwas entwickelte. Bei uns wurden nicht nur hohle Phrasen gedroschen, sondern es wurde auch schnell und präzise gehandelt. Endlich gab es eine Anlaufstelle, in der man sich dafür interessierte, welche Fehler, Haken,

Tricks und Ösen sich die SPD in Bremen leistete. Auch aus den Firmen bekamen wir politische Informationen.

Nach wie vor war ich Handelsvertreter und belieferte alle Betriebe und Behörden. Dort hatte ich mir Vertrauensleute geschaffen, die mich über alle Aktivitäten der KPD, KPD/ML, der Gewerkschaften und weiteren radikalen linken und rechten Splittergruppen zu der Zeit informierten. Außerdem bekam ich alle Flugblätter regelmäßig zugeschickt, die in den Betrieben verteilt wurden, so daß unser Aktivkreis sehr gut erkannte, wo und wie mit sozialistischen Parolen in den Betrieben und Behörden agiert wurde. Darauf haben wir dann mit Flugblättern reagiert. Unser Aufmerksamkeitswert wurde immer höher, da wir unsere Texte in Reimform geschrieben haben. Diese wurden dann morgens vor den Fabriktoren bei der Klöckner-Hütte, Krupp-Atlas Elektronik, AG „Weser" und anderen Betrieben verteilt. Durch unsere Aktivitäten kamen auch mehr und mehr Unternehmer in die Partei und entwickelten eigene Initiativen, um wieder in ihren Freundeskreisen Sympathisanten für die Partei zu gewinnen.

Wir hatten durch unseren gewaltigen Einsatz Anschub geleistet. Ein Schneeball wurde zur Lawine. Für einen Tag fuhr ich mit einem Freund nach Bonn, um den CDU-Bundesgeschäftsführer, damals Herr Kraske, aufzusuchen. Wir verdeutlichten ihm das Bremer Konzept, welches wir entwickelt hatten. Sehr aufmerksam hörte er zu, und wenig später ist unser Konzept mit in die Bundespartei eingeflossen, was dann dazu führte, daß die CDU zu dieser Zeit genauso viele Mitglieder hatte wie die SPD.

Der Landesvorstand wurde neu gewählt, es kamen neue Leute in die Führungsspitze. Es sollte nun alles professioneller gemacht werden. Vom Wahlkampfausschuß auf Landesebene wurde ich aus dem Aktivkreis kooptiert. Hatte weniger Zeit für meine Freunde im Aktivkreis, die Freunde dort wurden frustriert, ich konnte im Wahlkampfausschuß meine Ideen nicht mehr durchbringen. Interne Fraktionen hatten sich gebildet. Weil ich merkte, ich kann zum Wohle der Partei nichts mehr bewegen, legte ich alle meine Ämter nieder, sowohl im Ortsverband als auch im Stadtteilbeirat. Der Aktivkreis zerfiel allmählich, und damit war mehr oder weniger wieder alles beim alten. Erst später habe ich erfahren, daß wir mit unseren Aktivitäten parteiintern zu mächtig geworden waren. Das paßte einigen Karrieregeiern nicht.

Der und die Idealisten blieben auf der Strecke. Die Karriere machten andere. Die Personen mit Klebstoff am Hintern und ohne viel im Kopf zu haben waren für sich, und nicht für die Partei, die Gewinner.

Durch meine Parteiaktivitäten war ich bekanntgeworden, und dieses zahlte sich nun im beruflichen Bereich sehr schlecht für mich aus. Viele Hausmeister und Mitarbeiter in den Behörden (SPD-Mitglieder und Gewerkschaftler) blockierten nun die Nachbestellungen für meine Produkte. Der Wind wehte mir schärfer ins Gesicht, die Umweltgesetze zogen an, große Lust hatte ich nach elf Jahren dieser Tätigkeit auch nicht mehr, und so entschloß ich mich, einen Schnitt zu machen, und verkaufte meine Vertretung an ein Unternehmen, das mich gern als Z.b.V.-Mann (zur besonderen Verwendung) haben wollte.

Z.b.V. – Zur besonderen Verwendung

1973 bis 1976

Ein internationales Speditionsunternehmen aus Bremen, das weltweit arbeitete, mit Niederlassungen in vielen Teilen unseres Erdballs war nun mein Feld. Nur dem Generalkonsul war ich unterstellt. Seine Sekretärin war auch die meine.
Mein Mercedes, inzwischen ein 230 SE-Coupé, wurde mir von der Firma abgekauft und gleichzeitig wieder zur Verfügung gestellt. Es wurde die klassische Abhängigkeit herbeigeführt. Tanken konnte ich auf Geschäftskosten. Alle sozialen Errungenschaften, die eine größere Firma ihren Mitarbeitern zur Verfügung stellte, waren plötzlich auch für mich vorhanden. So etwas kannte ich natürlich nicht, dafür war mein Gehalt im Vergleich zu meiner bisherigen Tätigkeit außerordentlich bescheiden. Meine Frau hatte im Vorfeld Einfluß auf mich genommen, um mich und die Familie in etwas sicherem Fahrwasser zu wissen. Sie wollte mich nicht mehr so gerne als Einzelkämpfer auf der Straße sehen, aber auch sie hat nicht gewußt, was alles in Zukunft auf uns zukommen würde.
Meine Aufgabenstellungen waren, Probleme und Problemkreise in den unterschiedlichen Abteilungen in Zusammenarbeit mit den verantwortlichen Prokuristen aufzulösen und zu beseitigen. Zusätzlich sollte ich positive Motivation produzieren, damit die Stimmung in der Firma sich verbessern und eine engagierte Arbeitsbereitschaft gefördert würde. Auch für PR und Werbung war ich zuständig.
Wenn nichts zur Problemauflösung oder Abwicklung vorlag, sollte ich mir Gedanken machen, wie man neue Verbindungen geschäftlicher Art herstellte, sie ausweitet, intensiviert und zum Nutzen der Firma zum Erfolg führt.
Sehr schnell wurde mir bewußt, daß ich zum ersten Mal in meinem Leben ein Angestellter war, keine eigenen Entscheidungen treffen konnte und ständig zu Kompromissen bereit sein mußte. Das führte ganz klar dazu, daß ich die Problemlösungen nicht konsequent genug umsetzen konnte.
Als erstes sorgte ich dafür, daß alle Abteilungen und Niederlassungen einen einheitlichen Briefbogen und einheitliche Visitenkarten erhielten, um ein einheitliches Corporate Identity für die Firma nach außen hin zu erreichen. Dafür habe ich mindestens vier Monate gebraucht. Leider mußte ich feststellen, daß viele Prokuristen sich quer stellten mit dem Argument, das sei nicht nötig, das haben wir immer so gemacht. Mir wurde klar, daß diese Aussage nicht dazu beitrug, daß die Firma und auch ich es in Zukunft bestimmt nicht leichter haben würden.
Man wollte sich ja auch nicht in die Karten sehen lassen. Die alten Trampelpfade, auf denen man umherirrte, waren bekannt, aber reichten nicht mehr aus, um in einer sich verändernden Welt sich zu behaupten. Geschweige denn neue, erfolgreiche Wege zu beschreiten mit neu eingesetzten Strategien, um kommerzielle Erfolge zu erzielen.
Mein Augenmerk wurde durch die Exportabteilung und eine dort vorliegende Reklamation auf Afrika gerichtet. Es ging um DM 120 000 einer nicht bezahlten Rechnung.
Es hieß, Eisengußrohre für eine Wasserleitung seien alle zerbrochen in Quagadougo, der damaligen Hauptstadt des Staates Obervolta, angekommen. Der Kunde hatte den Warenwert als Versicherungsschaden von der durch uns abgeschlossenen Versicherung erhalten. Die Fracht und Dienstleistungen unseres Hauses waren jedoch nicht bezahlt worden.
Der Generalkonsul war damit einverstanden, daß ich nicht nur nach Obervolta fliegen, sondern

mehrere Staaten in Afrika aufsuchen sollte, um festzustellen, welche geschäftlichen Möglichkeiten überhaupt in anderen Regionen vorhanden sind. Man muß wissen, daß zu dieser Zeit, 1974, über viele Jahre eine große Dürre im Sahelgebiet (Wüste Sahara) herrschte. Sehr viele Menschen starben. Sie verhungerten, so berichteten die Medien. Die Industriestaaten sahen sich in der Verantwortung, den Drittländern zu helfen. 100 000 Tonnen an Getreide, Mais, Magermilchpulver, Butteröl, aber auch technisches Gerät wurden aus aller Welt in die armen Länder geliefert. In den meisten Fällen war es überlagertes Gut, welches als Bevorratung in den Geberländern abgebaut werden mußte, um Platz für frische Waren zu schaffen. In Deutschland gab es ein Gesetz noch aus der Kaiserzeit, das eine Bevorratung von Grundnahrungsmitteln für mindestens ein Jahr vorschrieb, um in der Lage zu sein, die Bevölkerung ernähren zu können, falls es zu kriegerischen Auseinandersetzungen oder Katastrophen kommen sollte.

Sehr sorgfältig bereitete ich mich auf die Einzelkämpfer-Expedition in Afrika vor.

Größe, Einwohnerzahl, Sprache, Währung, auch ob diese transferierbar sei. Namen der Ministerpräsidenten, Minister, welches Land vorher Kolonie von welchem Industriestaat gewesen war. Welche Bodenschätze sind vorhanden, welche Agrar-Produkte sind exportfähig. Auch machte ich mich darüber kundig, welche westlichen und östlichen, aber auch kapitalistischen oder kommunistischen Länder versuchten, durch ihre Unterstützung politischen Einfluß in Afrika zu nehmen.

In der Zeit von Juli 1974 bis 1976 besuchte ich 7mal Westafrika mit Aufenthalten von sechs bis acht Wochen. Es war eine sehr harte Periode, besonders für meine Frau mit den vier noch kleinen Kindern. Für mich war es eine extrem anstrengende, gefährliche und gesundheitlich risikoreiche Zeit mit Kundschafter- und Pioniergeist.

Safari in Westafrika

Mitte 1974

Die erste Reise durch die Länder beschreibe ich etwas ausführlicher, auch im Detail, um den Leser an diesen für viele Menschen unbekannten Kontinent heranzuführen.
Meine Reiseroute sollte nach Mauretanien, Senegal, Sierra Leone, Liberia, Elfenbeinküste, Ghana, Togo, Dahome, Nigeria, dann in die Sahelzone mit Mali, Obervolta, Niger, Tschad und Äthiopien gehen (siehe Landkarte S. 53).
Schon jetzt kann ich sagen, meine Route habe ich mehrfach ändern müssen bzw. habe Länder ausgelassen, wo gerade ein Putsch stattfand oder Revolutionen geübt wurden. Mein Flugticket war ca. 4 cm dick, und Mitte August 1974 startete ich. Ein Afrikaner und Kenner von einigen Ländern sagte mir noch: „Du darfst nicht in Nuakschott, Hauptstadt von Mauretanien, beginnen, das ist zu deprimierend."

Senegal, Hauptstadt Dakar

Im Senegal landete die Maschine gegen 22.00 Uhr, der Taxifahrer erkannte sofort, aha, der Typ ist der französischen Sprache nicht mächtig, und schon wurde erst einmal eine halbe Stadtrundfahrt gedreht. Es war sehr schwül und warm.
Überall lagen Menschen an den Straßenrändern, Hauswänden und schliefen eingerollt in Lumpen zwischen Sand, Staub und Dreck. Unrat überall.
Taranga, das erste Hotel am Platze, war dann das Ziel. Das Taxi ließ ich durch das Hotel bezahlen, sonst hätte mich der Fahrer, wie in so vielen Ländern der Welt üblich, über den Tisch gezogen. Was für eine krasse Welt. Plötzlich wieder westlicher Standard, der einen die eben auf der Straße begegnete Armut nicht vergessen läßt, aber verdrängt.
Die Berichterstattung in der deutschen Presse war, was in diesem Falle die staatlichen Hilfslieferungen anging, sehr negativ. Der Staat bekam die Lieferungen geschenkt, aber einzelne Beamte verkauften diese an die Armen weiter, um sich selbst daran zu bereichern. Daraufhin beauftragte Bundeskanzler Schmidt einen hohen Beamten, eine Inspektionsreise durchzuführen, um überhaupt zu sehen, was sich eigentlich in Afrika abspielte.
Dr. Rau lernte ich im Hotel Taranga kennen. So viele Weiße, die geschäftlich unterwegs waren, fand man nicht in Schwarzafrika. Um effizient zu arbeiten, kamen wir zu der Vereinbarung: Er besuchte die offiziellen Stellen und ich sammelte Informationen über wirtschaftliche Bereiche. Dann nach unserer Tagesarbeit saßen wir politikübergreifend zusammen, um unsere gesammelten Informationen auszutauschen.
Durch meine Methoden konnte ich Herrn Rau sehr viel mehr Informationen geben als die von ihm überreichten drei Jahre alten Statistiken (über Kranke, Hilfsbedürftige, Blinde und fehlende Krankenhäuser usw.). Dakar ist nicht nur die Hauptstadt vom Senegal, sondern die Franzosen hatten diese Stadt als Zentrale für alle ehemaligen französischen Kolonien in Westafrika ausgebaut. Der Stadtkern war mit seinen Alleen und Parks klassisch europäisch angelegt. Ende der fünfziger, Anfang der sechziger Jahre wurden die Kolonien in die Unabhängigkeit entlassen.
Die Franzosen haben bei der Entlassung der Kolonien eine klügere Politik gemacht als die Engländer.

Die Franzosen setzten Afrikaner ihres Vertrauens als Präsidenten ein. Neben dem Präsidentenzimmer gab es einen Raum mit der gleichen Ausstattung wie die des Präsidenten, nur dort saß ein Franzose als Berater und eigentlicher Leiter des jeweiligen Landes. Es wurde richtig investiert und nach wie vor großer Nutzen aus den Ex-Kolonien gezogen. Aber inzwischen bleibt ein beträchtlicher Anteil des Profites in Afrika. Die Länder waren optisch und von der Infrastruktur her in einem besseren Zustand. Die Engländer haben ihre Kolonien schlecht auf die sogenannte Freiheit vorbereitet. Man kann auch heute noch sofort erkennen, wer die ehemalige Kolonialmacht war, wenn man auf Reisen im Schwarzen Kontinent ist.

Weitere Fragen der Infrastruktur und der Handelsmöglichkeiten ergaben sich vor Ort. Wie groß sind die Lagerkapazitäten in den Häfen in Westafrika? Was können die Kräne heben? Wie viele LKW sind verfügbar und durch wen? Welche Transitmöglichkeiten gibt es von der Küste in die Länder der Sahelzone? usw.

Die FAO, Rom, war der europäische verlängerte Arm der United Nations. Sie finanzierte Forschungs- und Projektuntersuchungen in den Drittländern, um diesen zu helfen, sich weiterzuentwickeln.

Also auf nach Mauretanien, einem nordwestafrikanischen Staat.

Mauretanien, Hauptstadt Nuakschott

Der Flug von Dakar nach Nuakschott, der Hauptstadt, dauerte nur 40 Minuten. Dr. Rau und ich landeten in diesem Traum-, besser Alptraumland eines jeden Europäers. Beim Anflug konnte man von oben sehr schön sehen, daß es vom Flughafen zum Präsidentenpalast nur eine einzige geteerte Straße gab. Diese war im Mittelstreifen mit lila- und rotblühenden Blumensträuchern bepflanzt. Jeden Tag fuhr ein Wassersprengwagen diese Straße entlang, um die Pflanzen zu bewässern. Offiziell aber gab es so gut wie kein Wasser. Rechts und links der Straße standen von den Franzosen gebaute Häuserblocks, die aber nicht bewohnt waren. Jedoch standen vor diesen Berber- und Araberzelte, in denen ganze Sippen wohnten. Das Wichtigste waren jedoch die Ziegen, die fast als Haustiere gehalten wurden. Sie lieferten Milch, Fleisch und Felle. Wovon die Ziegen leben konnten, war mir schleierhaft, da nur Sand, gelegentlich einsame Grashalme und jede Menge Unrat herumlagen. Wie mir später der Botschafter von Magnus sagte, sind in diesem Unrat genügend Nährstoffe. Alle Telefongespräche der Europäer wurden abgehört, und dann erzählte mir die Frau eines französischen Geschäftsführers, daß gerade der Präsident Daddah in einer Rundfunkrede gesagt hatte, kein Mauretanier wird hungern oder dürsten. (Kein Wunder, wenn man bedenkt, was die Geberländer diesem Land an Hilfslieferungen zukommen ließen.)

Die wichtigsten Kontaktpersonen waren für mich immer die sogenannten FED (Federal European Development-Offiziere). Sie waren keine Offiziere, aber man nannte sie so, weil vor dem Wort Offizier automatisch Respekt entsteht. Es waren beamtete Personen im Auftrage der FAO in Rom und die Experten, die genau wußten, was sich im jeweiligen Lande wirklich abspielte. So lernte ich Herrn Kraja kennen, einen alten Schlesier, der von Kamerun nach Mauretanien versetzt worden war. Es gab keine Sprachbarriere, und ich bekam gute Hintergrundinformationen. Jede Tür öffnete sich, egal, ob es im Hafen oder militärisch kontrolliertes Gelände war. Im Hafen von Nuakschott gab es keine Lagerschuppen, so wie wir sie kennen. Die hochsensiblen Lebensmittel wurden einfach unter freiem Himmel gelagert. Wenn man Glück hatte, waren einige Partien mit Planen abgedeckt. Von einer Partie Magermilchpulver von 500 Tonnen waren 200 Tonnen unter freiem Himmel verrottet. Von etwa 400 Tonnen Butteröl in 10-kg-Kanistern waren mindestens 230 Tonnen durch Beschädigung schon allein im Hafen im mauretanischen Sand versickert.

Einen verantwortlichen Mann für den Hafen gab es nicht. Keiner konnte genau sagen, wie viele Tonnen jetzt unter Planen oder noch freiem Himmel im Hafen lagen. Herr Kraja meinte, so wie er die Situation beurteilt, sei er der einzige, der erst einmal ein System in dieses Chaos bekommen könne. Er mußte sehr vorsichtig und diplomatisch vorgehen, denn die Mauretanier wollten sich definitiv nicht in die Bücher schauen lassen, die es im übrigen gar nicht gab. Ginge er zu scharf an die ganze Situation heran, würde er ganz schnell des Landes verwiesen werden.

Auf Grund der Wasserknappheit wurden über 1000 Chinesen aus Taiwan nach Mauretanien geschickt, um einen See anzubohren, der unter der Wüste Sahara in Mauretanien gewaltige Wassermassen hat. Eine Wasserleitung zur Hauptstadt wurde installiert. Die lauwarme Brühe versorgte die in der Stadt weilende Bevölkerung mit diesem notwendigen Rohstoff. Auch brachten die Chinesen den Mauretaniern bei, wie man das Wasser des Grenzflusses Senegal nutzen konnte, um an den Ufern große Flächen für den Reisanbau zu erstellen, damit zwei Ernten pro Jahr eingefahren werden können.

Fleisch, Obst und Gemüse, generell alle Lebensmittel mußten eingeführt werden. Trotzdem hatte das Land eine positive Handelsbilanz. Es gibt gewaltige Erz-, Kupferkonzentrat- und Phosphatvorkommen, die heute durch multinationale Konzerne, aber früher jedoch von den Franzosen abgebaut wurden.

Im Flugzeug nach Nuakschott hatte ich zwei nette Amerikaner kennengelernt. Sie waren auf Einladung der islamischen Republik Mauretanien gekommen. Sie sollten erforschen und Vorschläge unterbreiten, wie man beträchtliche Mengen Pottasche, Mineralien, aber auch Gold schnellstmöglich abbauen und transportieren könne. An dem Reichtum der Bodenschätze wird die einfache Bevölkerung garantiert nicht partizipieren, die meisten werden davon gar nichts wissen, sondern nur die leitenden Clans und die ausführenden Firmen.

In allen Ländern, die ich besuchte, gehörte es zu meinem Pflichtprogramm, auch den deutschen Botschaften einen Besuch abzustatten.

An einem Abend wurden wir vom Botschafter von Magnus zum Gedankenaustausch eingeladen. Geschäftliche Möglichkeiten auch für deutsche Firmen sind vorhanden, aber die Franzosen haben, aus der Tradition und Zeit heraus, einen gewaltigen Vorsprung.

Mauretanien hat einen unbegrenzten Fischreichtum. Ging man am Strand schwimmen, bekam man durch die sich dort tummelnden Fische eine kostenlose Ganzkörpermassage, so viele schwammen um den Körper herum. Es fehlte eine nationale Fischfangflotte, die diese unglaublichen Mengen an Fischen fangen konnte. Entweder um die eigene Bevölkerung mit Fisch zu versorgen oder diese Fische an die fischliebenden Europäer zu verkaufen. Ferner fehlte es an einem Kühlkettensystem. Die Aufgabe des Fangens und des Verkaufs der Fische übernahm dann die bestens ausgerüstete Fischfangflotte der UdSSR. Mit ihrer Technik wurden die Fische gefangen, gleich auf ihren Schiffen verarbeitet, gefrostet und dann einige Länder weiter an der Westküste Afrikas nach Nigeria verkauft.

Fischtrawler der Sowjetunion

Der immer sonnige Strand mit einem weißen feinen Sand ist über 700 km lang. Tourismus und Kurtaxe waren Fremdwörter. Alle Voraussetzungen, die die Natur bieten konnte, waren aber dafür vorhanden. Doch keiner kümmerte sich darum.

Ungefähr 1000 Meter bin ich von der Küste direkt zu Fuß in die Wüste gegangen. Dort standen zwei Siebe, ähnlich wie wir sie verwenden, wenn wir unseren Komposthaufen umschichten. Ein Mauretanier warf den Sand durch diese Siebe, wunderschöne Muschelschalen wurden sichtbar. Sie sahen aus wie Herzmuscheln, waren schneeweiß, aber die Schale war 3 bis 4 mm dicker als die Muscheln etwa am Strand der Nordseeinsel Wangerooge. Alle zwei Monate kam ein Holländer, holte Unmengen von diesen Muscheln ab, bezahlte nur Pfennige dafür und verkaufte diese in Europa auf den Inseln oder in Touristikzentren.

Fast jeder kennt die bizarren Sandwindrosen, die als Rarität in unseren Breitengraden angeboten werden. Dort, in der mauretanischen Wüste, brauchte man sich nur zu bücken, um diese Rosen aller Größen eine nach der anderen aufzusammeln. Der Holländer machte das Geschäft.

24 Monate hatte es in Mauretanien nicht mehr geregnet. Aber ausgerechnet, als ich in diesem Lande unterwegs und die Reise nach Rosso geplant war, hörte ich nachts ein ungewöhnliches Geräusch. Heftiger Regen ergoß sich über diesen Wüstenstaat. Pünktlich starteten wir in einem Peugeot, morgens um 5.00 Uhr. Ein Amerikaner, verantwortlich für Hilfslieferungen, ein stolzer Mauretanier, ca. 26 Jahre alt, zuständig für Schulspeisung, Herr Kraja, der deutsche FAO-Mann, sowie unser Fahrer und ich. Durch diesen andauernden Regenguß, der sich auch während des Tages fortsetzte, ob man es glaubt oder nicht, war über Nacht die Wüste grün geworden. Sie sah wie ein Dreitagebart aus. Überall sprossen Grashalme, ca. 2–3 cm hoch, mitten aus dem Wüstensand. Sie waren in wenigen Stunden da. Es war einfach beeindruckend und unglaublich.

Herrn Wagner, Spezialist für Saatgut, fragte ich später nach der Rückkehr, wie so ein Phänomen möglich sei, und er meinte, heißer, trockener Wüstensand sei ein ideales Konservierungsmittel für Samen. Die Wüste, die sonst ein tödlicher Ort sein kann, lebte. Nun war auch zu sehen, wie jede Menge Mauren mit ihren Kamelen, Eseln und Ziegen unterwegs waren. Selbst zu Fuß zogen sie in Scharen durch die mit feinen zartgrünen Grashalmen überzogenen hügeligen Flächen. Auch für den einheimischen Fahrer war dieses Naturschauspiel ein besonderes Erlebnis. Wir sahen Schakale und Aasgeier. Über den kleinen Teichen, die sich gebildet hatten, schwebten Möwen und Seeschwalben. Ob wohl schon Fische darin waren?

Nach 2$^1/_2$ Stunden erreichten wir Rosso, den wichtigsten südlichen Umschlagsplatz und bedeutenden Verkehrsknotenpunkt vom Senegal nach Mauretanien. An diesem Tag war dieser Ort nur als ein einziges Schlammloch zu bezeichnen. Befestigte Straßen gab es nicht. Der Peugeot ließ uns Gott sei Dank nicht im Stich. Eine Kneippkur à la Afrika mit Waten im Schlamm von 20 bis 30 cm Höhe wäre uns sonst nicht erspart geblieben.

Die wichtigste Aufgabe war es, die Mengen von Hilfsgütern festzustellen, die sich gerade in den offiziellen Lagern in Rosso befanden. Das Verwaltungsbureau, welches wir betraten, war mit vier Schreibtischen, drei alten Schreibmaschinen und mit mindestens 20 Leuten besetzt. Auf alle Fragen, die Herr Kraja stellte, wurde gewissenhaft nach langem Suchen Auskunft erteilt. Die angegebenen Mengen auf den Karteikarten stimmten sowieso nicht mit den tatsächlichen Mengen in dem Lager überein. Das ca. 500 Meter entfernte Lager mit einem niedrigen Zaun konnte jeder mit einem geübten Schlußsprung überwinden und sich der Dinge bedienen, die er gebrauchen konnte. In einem weiteren Lager hatte man versäumt, 1–2 Lagen Paletten unter die Hilfsgüter zu legen. Der Regen hatte dafür gesorgt, daß die unteren 3 Lagen mit Mehlsäcken verdorben waren. Eine Kalkulation einer Gewinn- und Verlustrechnung gab es nicht. Der Mauretanier aus dem Schulministerium ließ sich noch einen Karton schwedisches Butteröl in den Wagen packen und schrieb eine Quittung aus, die sicherlich nie überprüft würde. Weiter ging die Fahrt zum Fluß Senegal, die natürliche Grenze zwischen Mauretanien und dem Land Senegal. Nachdem diese Grenze durch die französische Kolonialmacht eine politische wurde, trennte sie Familien, die seit Generationen als Fischer und Bauern in diesem fruchtbaren Gebiet ansässig waren.

Mittags bekamen wir Hunger und fanden in der Stadt nur ein Restaurant, wo es nur ein Gericht zu bestellen gab. Das auf Tellern gereichte Stück Fleisch sah total verbrannt aus. Aber bei genauem Hinsehen konnte ich erkennen, daß das Fleisch übersät war von dicken, großen schwarzen Fliegen. Nur durch ständiges Verscheuchen konnten wir einige Bissen essen, ließen den Rest aber stehen, denn Brechreiz meldete sich bereits an.

In Nuakschott angekommen, lud uns der Schulspeisenexperte zu sich nach Hause ein, um einen Tee nach mauretanischer Art zu trinken. Zuvor wurde uns ein kühles Getränk gereicht, das aus der Frucht des Affenbrotbaums gewonnen wird. Das Fleisch wird ganz fein zerrieben bis zu einer Größe von normalem weißem Zucker und dann einfach in gekühltes Wasser eingerührt. Es schmeckte süß und war erfrischend.

Das Teetrinken bei den Mauretaniern hat denselben Ursprung und ein ähnliches Ritual wie bei den alten Berbern in ihren Zelten. Er wurde bei Tisch auf einem kleinen Kocher zubereitet mit grünem Tee, frischen Pfefferminzblättern und viel Zucker. Es wurden kleine Becher gereicht, die nur halbvoll waren. Die Verweigerung eines Getränkes galt als unhöflich. Also wurde der Tee kräftig geschluckt, und ich muß sagen, wunderbar. Es gehörte dazu, daß man bei dem dreimaligen Trinken des Tees ständig seine Bewunderung über seine bezaubernden Frauen aussprach. Bei einer seiner Frauen fiel mir auf, daß Hand- und Fußsohlenflächen mit Henna-Farbe bemalt waren, die Brüste auch, was wir bei seiner ersten Frau nur deswegen sehen konnten, weil sie ein Baby während unseres Teetrinkens stillte. Frauen, die diese Art von Bemalung haben, gehören einer höheren Kaste an und brauchen keine normale Arbeit zu verrichten.

Sierra Leone, Hauptstadt Freetown

Das nächste Ziel war Sierra Leone, ein kleines, fruchtbares, grünes, mit Bodenschätzen reiches Land. Der Flug dorthin hatte es in sich. Wir hatten zwei Stunden Flugverzögerung. Es hieß, daß Rebellen versuchten, die Hauptstadt Freetown anzugreifen. Dann starteten wir. Schon nach 30 Minuten mußten wir wieder landen, weil ein Triebwerk nicht funktionierte. Zwischenlandung in Gambia, ein kleiner Staat, umgeben vom Territorium des Senegal. Zu dieser Zeit wurde dieser Staat sehr stramm kommunistisch regiert. DDR-Berater hatten hier einen sehr starken Einfluß. In der Halle des Flughafengebäudes boten rund 30 Händler alle Produkte aus dieser Region an. Mich reizten bizarre Goldklumpen, die ich sehr preiswert kaufte, fest davon überzeugt, sie seien vergoldet. Später belehrte mich ein Juwelier in Bremen, es war reines Gold. Von Land und Leuten lernte ich nichts kennen.

Letztlich landeten wir in Sierra Leone. Der Reichtum des Landes bestand aus Diamanten, die im Nordosten des Landes gewonnen wurden, sowie einer Erzmine. In Freetown, der Hauptstadt, lernte ich im Hotel Paramount einen Schotten kennen, der noch zur Zeit der Engländer die Diamanten-Minen verwaltete. Die Information, die ich von ihm bekam, war, daß die Ausbeutung der Diamanten in 6–8 Jahren beendet sei. Der Präsident betrachtete die Ausbeutung der Minen als sein Eigentum. Freetown war total übervölkert, und das Elend unter der einfachen Bevölkerung war sehr groß. Der Präsident ließ sich von einem Schweizer beraten, fuhr einen schweren Mercedes, und seine Eskorte bestand aus fünf BMW-Motorrädern vor und fünf hinter dem Wagen. Alle waren mit Blaulicht ausgerüstet, und wenn der Präsident durch die Straßen fuhr, mußten alle Autos die Straße freimachen. Beim Einchecken am Flughafen benutzte ich einen roten Kugelschreiber, um die Formalitäten auszufüllen. Sehr streng wurde ich darauf hingewiesen, daß nur der Präsident mit Rot schreiben darf, also durfte ich alles noch einmal ausfüllen, aber dieses Mal mit einem blauen Stift. In Sierra Leone gibt es keine Devisenbeschränkungen, und im Prinzip kann jeder machen, was er will. Der erste Richter dieses Landes hatte sich ins Geschäftsleben zurückgezogen. Kannte man die richtigen Leute, gabt es kein Recht, keine Kontrolle, gar nichts. Der ideale Boden für Mafia-Zustände.

Sierra Leone war verkommen und rostig. Für mich als Handelsvertreter war sofort zu erkennen, es gab ungeahnte Möglichkeiten, Geschäfte zu machen. Um diesen Bereich habe ich mich in erster Linie gekümmert und die Handelsabteilung in Bremen sehr gut mit Adressen, Ideen und Produktinformationen versorgt.

Im Hotel begegnete mir noch ein schmaler, blasser jüngerer Mann, optisch nichtssagend, aber hellwach im Kopf. Ein studierter Geologe. Er hatte einen hochwertigen Sand für die Metallindustrie entdeckt. Dieser Sand konnte im Tagebau abgebaut werden, und der blasse Jüngling ist heute ein sehr wohlhabender Mann. Die Firma, für die ich tätig war, hatte dann später das ganze Konzept zur Gewinnung und den Transport abgewickelt. Allein diese kleine Identifizierung eines möglichen Geschäftes hat die gesamten Kosten meiner Reise mehr als ausgeglichen.

Wären die Mitarbeiter in der Zentrale in Bremen mitdenkender und engagierter gewesen, hätte man sehr gute Geschäfte in diesem kleinen Land machen können.

Liberia, Hauptstadt Monrovia

Das nächste Land war dann Liberia, die ehemalige amerikanische Kolonie. Hotel Ducor Intercontinental war meine Bleibe. Noch von Deutschland aus hatte ich es so organisiert, wenn immer ich in ein fremdes Land kam, konnte ich Schiffahrtsagenturen ansteuern, Geld von diesen bekommen, wenn nötig, oder jegliche Hilfe erwarten. Abgerechnet wurde das Geld von der Schiffahrtsagentur mit meiner Firma in Bremen. Diese Methode hat sich außerordentlich gut bewährt, und so habe ich dann auch alle anderen Reisen nach Afrika für mich in dieser Form abgesichert.

Der erste Eindruck von Monrovia war sehr viel freundlicher als in Freetown. Saubere Straßen, obwohl die Bevölkerung schwarz war, war alles sehr westlich organisiert.

Auf der Reise bis hierher hatte ich mehrfach heftigen Durchfall mit Erbrechen. Es gab Tage, an denen ich überhaupt nichts gegessen, sondern nur Wasser getrunken habe, das meistens in französischen Flaschen abgefüllt war. Hier erholte ich mich und stabilisierte erst einmal wieder meine Gesundheit. In der Kontaktperson Stappers, ein Holländer, fand ich einen echten Kumpel. Er wies mich in die wirtschaftlichen Details in Monrovia ein. Er sagte zu mir: „Wenn du einen Wagen mit Chauffeur brauchst, rufe mich an, er steht zu deiner Verfügung." Bezahlen mußte ich überhaupt nichts, und ich war durch dieses Angebot außerordentlich flexibel.

Als ehemaliger Seemann und Freund des Beck's Bieres lernte ich den Repräsentanten von Heineken Bier kennen, einen Holländer. Von ihm lernte ich, daß 80 % des afrikanischen Marktes von seiner Firma kontrolliert wurden. Zu meiner Zeit als Seemann war Beck's der Marktführer. Es gab damals noch Literflaschen von Beck's, die bei der Seefahrt von den Crewboys mit dem Eckzahn geöffnet, dann so weit in den Hals geschoben wurden, daß der gesamte Inhalt ohne Schlucken in den Körper lief, ohne einmal abzusetzen. Das Problem, das ich dann immer hatte, war, daß die Jungs, welche die Biere aus der Ladung geklaut hatten, fürchterliche Randale machten.

Mr. T. R. Robson, ein Vollblutengländer, erklärte mir beim Mittagessen, das ganze Elend in den ehemaligen Kolonien sei grausam. Die einzige Methode, den Afrikanern wirklich zu helfen, sei, die Länder wieder in Kolonien umzuwandeln, damit sie wieder zu alter Blüte heranwachsen. Das klang schon heftig. – Nach den vielen Reisen, die ich nach Afrika machte, kann ich nur sagen, den einfachen Menschen ist es garantiert nicht besser ergangen, nachdem die Afrikaner selbst ihre Länder übernommen haben. Die profitmachende Schicht hatte sich nur von Weiß nach Schwarz verfärbt.

Um den Diebstahl bei Hilfslieferungen zu reduzieren, kam eine französische Firma auf die Idee, das Magermilchpulver als Viehfutter zu deklarieren. Als dann die Lieferung im Empfängerland ankam, gab es riesige Proteste. Viehfutter von Europäern wäre gerade gut genug, um es an afrikanische Menschen zu verfüttern. Dieses als Hilfslieferung für Kinder gedachte Gut wurde von den Empfängern boykottiert. Später wurde in einer Nacht-und-Nebel-Aktion die Ware umgesackt, neu beschriftet und dann auch schließlich akzeptiert.

Ein ganzes Wochenende wollte ich nicht in Monrovia verlieren und entschloß mich, noch nachts das Nachbarland anzufliegen. Pit Stappers, der hilfsbereite Holländer, ließ uns mit Firmenwagen zum Flughafen bringen. Pit flog nach Holland in den Urlaub und ich in eine neue afrikanische Welt.

Côte-d'Ivoire, Hauptstadt Abidjan

Côte-d'Ivoire, auf deutsch Elfenbeinküste, mit der Hauptstadt Abidjan war nun das nächste Ziel.
Nach einem Flug von etwa einer Stunde war ich in der Hauptstadt. Ich hatte das Gefühl, schon wieder in Europa zu sein. Ich prallte förmlich nach den vorhergehenden Erlebnissen auf eine straffe Organisation in allen Bereichen. Plötzlich breite, 4spurige Straßen, Ampeln, Polizisten, Wolkenkratzer, jede Menge Taxis, vom höchsten Gebäude begrüßte mich ein sich drehender Mercedes-Stern, und die öffentlich aufgestellten Uhren funktionierten.

In einem völlig französisch durchorganisierten Land ist es für einen Menschen sehr schwer, sich zu orientieren, wenn er der Landessprache nicht mächtig ist. Den ersten Kontakt, den ich aufnahm, war zum Agenten der EAL, Europa-Afrika-Linie, immer die Adresse, wo ich mich als erstes in jedem Land meldete. Herr Bastard, englischsprachig, machte seinem Namen keine Ehre, er war ein prächtiger

Holzstämme fertig zur Verladung

Mensch, hilfsbereit und sehr informativ. Die Zeit lief, es war gegen 12.00 Uhr, es war Sonnabend und damit eigentlich klar, daß man nichts mehr bewegen konnte. Weit gefehlt. Beim Verlassen des Büros hörte ich einige deutsche Worte, wurde Herrn Maikowski vorgestellt, der als Repräsentant der Reederei Töpfer in Abidjan weilte. Die Schiffe, die von dieser Reederei eingesetzt wurden, transportierten nur Baumstämme, die von Afrika nach Italien gebracht wurden. Mit Herrn Maikowski hatte ich mich abends in meinem Hotel verabredet. Er kam pünktlich und brachte noch einen Kapitän mit, der mit seinem Schiff zur Zeit im Hafen lag. Der Kapitän sprach die Einladung aus, erst einmal an Bord anständig essen zu gehen. Der Bootsmann holte uns mit der Barkasse ab und brachte uns zu dem auf Reede liegenden Schiff. Große Flöße mit Baumstämmen lagen um das Schiff, und es wurde rund um die Uhr geladen. 50 Crewboys waren zu dieser Zeit auf dem Schiff und erledigten die Ladearbeiten, wohnten auch an Bord und wurden von der Reederei verpflegt (Reis mit roter scharfer Sauce). Der Sold, den diese Arbeiter erhielten, war nicht so billig, wie ich es als Seemann noch erlebt hatte, DM 0,50 pro Tag. Der Preis war inzwischen gestiegen, man bezahlte inzwischen nach 16 Jahren DM 7 pro Tag. Man kann es sich vorstellen oder nicht, aber nach so vielen Tagen Essen, immer ausgerichtet an der Zunge der vorherigen Kolonialmächte, war ich begeistert, endlich mal wieder deutsche Küche mit allem Komfort genießen zu können. Endlich auch mal wieder deutsches Bier, kein Beck's, leider, es war Holsten. Samstag abend besuchten wir mit Herrn Maikowski, der sich gut auskannte, und dem Kapitän das Schwarzenviertel in Treschville. Alleine darf man dort als Europäer nicht hin, wir aber waren zu dritt. Daß Menschen schon etwas verrückt geworden sind, konnten wir nun sehen und erleben. Mitten zwischen Hütten, aber auch einigen Steinhäusern, hatte ein Schweizer, 65 Jahre alt, eine Nachtbar eröffnet. Nur junge weiße Frauen aus Paris traten dort auf, um durch Striptease die Männer scharfzumachen. Es muß wohl der Geheimtip gewesen sein, denn sehr viele Europäer weilten mitten zwischen den dunkelhäutigen Menschen. Eine Sondereinlage in diesem Lokal kam dann auch noch, als sich diese Mädchen auf BMW-Motorräder setzten, die Motoren starteten und ihren Striptease vorführten. Die Spannung wurde noch dadurch erhöht, daß das Licht für Minuten ausfiel und wir Europäer sofort die Hand auf unsere Brieftaschen legten. Auf der Rückfahrt ins Zentrum gerieten wir in eine Polizeikontrolle. Die Autopapiere wurden kontrolliert, diese waren in Ordnung. Der Kapitän und ich hatten unsere Pässe nicht mit dabei. Daraufhin wurden wir mit vorgehaltener Pistole unsanft aus dem Wagen geholt. Brutal wurden wir beide in das Polizeiauto gestoßen, wo schon unglücklich aussehende Weiße herausschauten. Der Gedanke an eine Übernachtung in einem afrikanischen Gefängnis ließ uns erschauern. Nur Weiße wurden kontrolliert. Es war nicht die Frage, ob man Alkohol getrunken hatte, sondern es war das Geld, welches freiwillig angeboten wurde, um weiterfahren zu dürfen. Die Schwarzen haben sehr schnell von den Weißen gelernt. Es ist die Bestechung, die fast alles in Afrika regelt, wenn man etwas erledigt wissen will.
Sonntag morgen erwachte ich durch Lärm auf den Straßen. Als ich aus dem Fenster schaute, sah ich Panzer und jede Menge bewaffnetes Militär. Was ist los? Ein Putsch oder eine Rebellion? Nein, es fand ein ganz harmloses Fußballänderspiel zwischen Senegal und der Elfenbeinküste statt.
In der deutschen Kolonie in Abidjan lebten ca. 600 Personen. Viele trafen sich regelmäßig alle 14 Tage in einem ausgewählten Hotel.
Mir gegenüber saß eine junge Deutsche, die vier Sprachen beherrschte und Übersetzungen für deutsche Firmen machte. Sie fuhr einen VW und war bei einem Wettbewerber unserer Firma als Chefsekretärin tätig. Ordentlich hatte ich mich bei dieser Frau vorgestellt und über mein Manko berichtet, daß ich der französischen Sprache nicht mächtig sei und eigentlich nicht wisse, was denn so in Afrika abläuft. Viel Überzeugungskraft brauchte ich nicht aufzuwenden, um sie zum Abendessen einzuladen. Sie legte das Restaurant fest und holte mich vom Hotel ab. Ein köstlicher Abend

mit einem, auf höchstem Niveau gereichten, französischen Essen, war traumhaft. So auch die Rechnung, die ich zu begleichen hatte. Mein mitgeführtes Geld reichte nicht aus. Sie half mir aus der Patsche. Von dieser Frau habe ich alles erfahren, was nicht nur an der Elfenbeinküste transportmäßig ablief. Einen besseren Extrakt, sauber gegliedert, hätte ich nirgendwo in der Form bekommen können. Die Sekretärin war ein munterer, lustiger Vogel, und nicht ich war derjenige, der aktiv wurde, es war sie, die nach dem köstlichen Mahl sagte, laß uns mal zu mir nach Hause fahren.

Ihr Zuhause war eine Villa. Sie gehörte einem Industriellen, der zu dieser Zeit für drei Monate Urlaub machte. Im Prinzip hütete sie lediglich das Haus. Wir haben natürlich nicht „Schwarzer Peter" oder „Halma" gespielt, sondern einfach unseren afrikanischen Frust gefühlsmäßig abgearbeitet. Morgens hätte ich um 4.30 Uhr am Flughafen sein müssen, um den Flieger nach Obervolta zu bekommen. Ich verpaßte den Flug und habe mir drei Tage an der Elfenbeinküste gegönnt, denn erst dann gab es den nächsten Flieger in Richtung:

Obervolta, Hauptstadt Wagadugu

Wagadugu machte im ersten Moment auf mich einen erbärmlichen und trostlosen Eindruck. Ich wurde eines Besseren belehrt. Der größte Teil der Menschen fühlte sich wohl und war glücklich unter den Voraussetzungen, die vorhanden waren.

Das Hotel, in dem ich mich eingebucht hatte, war sauber und bescheiden eingerichtet. Ein Schwimmbad gab es auch, aber ich habe es nie benutzt, weil das Wasser für mich suspekt aussah. Abgesehen von den vielen Salamandern, die sich auf meinem Balkon tummelten, hatte ich auch im Zimmer Kakerlaken, die dreimal so groß waren, wie ich sie vom Segelschiff „Passat" her kannte.

Der wichtigste Kontakt war der zur FED (Federal European Developmen) und dem Leiter Herrn Haffner, einem Deutschen. Er führte die gesamte Organisation und arbeitete seit 14 Jahren in Afrika. Er war ein echter Profi. Meine Fragen, die ich ihm stellte, wurden sehr präzise und schnell beantwortet. Was mit der Wasserleitung passiert sei, die in Obvervolta gebaut werden sollte, wollte ich wissen. Alle Rohre, die durch unsere Firma geliefert wurden, sollten angeblich zertrümmert angekommen sein.

Blödsinn, die Wasserleitung stehe, alles sei bestens in Ordnung. Damit war klar, daß ein klassischer Versicherungsbetrug stattgefunden hatte.

Die Rohre waren einmal bezahlt durch die Weltbank. Sie wurden zum zweitenmal bezahlt durch unsere Versicherung. Man hatte einige Eisengußröhren mit einem Vorschlaghammer zertrümmert, fotografiert und als Sachschaden an uns gemeldet. Die Bezahlung der Frachtkosten und unsere Dienstleistungen wurden verweigert. Kein Mensch von unserer Versicherungsfirma hatte diesen Vorgang in Obervolta überprüft, aber ich. Deswegen wurde innerhalb von kurzer Zeit der ausstehende Betrag von DM 120 000 von den Franzosen als unsere Auftraggeber überwiesen. Wie der Prozeß wegen Versicherungsbetrugs ausgegangen ist, ist mir unbekannt.

Große geschäftliche Verbindungen sind weder in Obervolta noch im Niger zu knüpfen. Deswegen kümmerte ich mich um die Beschaffenheit der Hilfsgüter aus der Bundesrepublik. Mit Herrn Christiansen, FED-Offizier, habe ich das Thema besprochen, und gemeinsam begleiteten wir Transporte etwa 100 km in Richtung Norden zur Stadt Kaja und nach Süden ca. 200 km in Richtung Abidjan.

Morgens stand man auf, die Sonne schien und es war heiß. Es bildeten sich Wolken am Himmel, und immer im Laufe des Nachmittags kamen schwarze Wolken auf und ein unglaublich heftiges Gewitter entlud sich über dem dürstenden Boden. Was vorher gerade noch sandig und staubig war, war plötzlich von Wasser überflutet. Nach einer Stunde Gewitter war alles vorbei. Man konnte zusehen, wie wieder alles trocken und staubig wurde. Nicht so auf den Pisten. Die Schlaglöcher waren bis zu 40 cm tief. Hatte es nun heftig geregnet, standen wir mit dem LKW vor einem größeren See und wußten nicht, was uns die Straße an Überraschungen bringen würde. Wir hatten eine gute Idee. Wagen anhalten, laut hupen und warten. Es dauerte nur wenige Minuten, und plötzlich war das Fahrzeug von einer großen Kinderschar umringt. Drei oder vier Jungen bekamen einige Münzen in die Hand und mußten dann vor unserem Lastwagen durch das Wasser waten. Auf diese Weise konnten wir genau sehen, wie tief das Wasser in den Schlaglöchern stand, und entsprechend ausweichen. Nach unseren Kontrollfahrten charterte ich auf Anraten von Herrn Christiansen ein einmotoriges Flugzeug mit einem ca. 60 Jahre alten Franzosen als Pilot. Am Sonntag, dem 8. September 1974, starteten wir um 7.30 Uhr. Bestes Wetter, blauer Himmel. Von oben sah man genügend Wasserläufe, die sich silbrig glänzend an der Erdoberfläche dahinschlängelten.

Von Zeit zu Zeit münden diese in künstlich angelegten Frischwasserstauseen. Der Bewuchs an der Erdoberfläche wurde immer dünner, und es waren auch schon große Sandflächen zu sehen. Die Entfernung nach Dori war ca. 350 km und lag am Rande der Wüste Sahara. Die Straßenpisten dienten als Flugorientierung. Nach ca. 1,5 Stunden erreichten wir das Ziel. Der Flugplatz lag 5 km vom Dorf Dori entfernt. Wenn man abgeholt werden wollte, mußte man zwei Runden über dem Dorf kreisen. Der Präfekt stieg in seinen Wagen und kam mit dem Auto zum Flugplatz gefahren. Das Landen auf einer Sandpiste war für mich auch ein neues Erlebnis. Wir glaubten, daß keine Menschen da wären. Aber kaum waren wir ausgestiegen, wurden wir von ca. 50 Afrikanern aus sicherer Distanz beäugt. Wir warteten eine ganze Weile, aber es kam niemand. Der Franzose meinte: „So, nun geht der Weg zu Fuß in die Stadt." Wir nahmen eine Abkürzung, die uns von einigen Eingeborenen gezeigt wurde. Die Untersuchung der Hilfsgüter begann. In diesem Fall Magermilchpulver in Papiersäcken, Butteröl in dünnen Weißblechkanistern und Hirse in Plastiksäcken.

Bis zum Löschen der Hilfsgüter im Empfangshafen gab es mit der Verpackung keine Probleme. Erst danach traten diese auf. Ab dem Hafen war die Verpackung völlig unzureichend. Zu berücksichtigen war, wie häufig die Ware angefaßt und umgeladen werden mußte. Wenn man aber jetzt auch noch Kenntnis hat, wie die Straßen und Wege beschaffen waren und unter welchen Bedingungen die LKW-Fahrer alleine 1000 km und mehr hinter sich zu bringen hatten, wurde einem klar, warum eine Partie von z.B. 100 Tonnen in Dori nicht heil oder unbeschädigt ankam. Die schweren Lastwagen dümpelten im Prinzip durch die Schlaglöcher, die Ladung wurde hin und her geworfen, und es entstanden Risse in den Weißblechkanistern. Nicht selten passierte es, daß die Vorder- oder Hinterachse aufschlug und dabei zusätzlich die Kanister in sich gestukt wurden, was das Auslaufen des Butteröles hervorrief. Kam ein LKW am Zielort an, wurden gleich Eimer bereitgestellt, um das Butteröl aufzufangen. Bei weitem waren nicht alle Blechkanister zerstört, aber unansehnlich. Die Umkartons hatten sich mit Öl vollgesogen und die Entladung war dann echter „Schweinkram". Bei den Milchpulversäcken waren die Papiersäcke zu dünn, so daß auch hier Verluste entstanden. Die Bevölkerung war für die Hilfslieferungen sehr dankbar, aber die Verantwortlichen in den Regierungen der Geberländer hatten es versäumt, sich sachkundig zu machen, welche Anforderungen an die Verpackungen in Afrika gestellt werden mußten.

Besuch einer Oase

Herr Christiansen meinte, wenn wir schon mal am Wüstenrand sind, sollten wir es nicht versäumen, uns eine richtige Oase anzusehen. Wenn man es nicht selbst gesehen hat, kann man es sich

schwerlich vorstellen. Um uns herum nur Sand. Dann ein Hügel mit einem Blick in ein kleines Tal. Ein riesiger grüner Fleck tat sich vor uns auf. Uns eröffnete sich ein blühendes Leben. Jede Menge zwitschernder Vögel und Geschrei von Affen. Da waren Gärten mit Gemüse, Anpflanzungen von Hirse und Mais. Fröhliche und zufrieden aussehende Menschen, die uns freundlich begrüßten und uns Tee anboten. Diese Oase wirkte auf mich wie ein Wunder und hat einen starken Eindruck hinterlassen. Wasser ist und bleibt das Lebenselixier allen Lebens.
Es war ein schöner erlebnisreicher Tag, aber ich war total erschöpft und müde.
Mir ist besonders aufgefallen, daß es in Obervolta sehr viele blinde Menschen gab. Schuld daran soll die Tsetsefliege sein. Wird man von dieser gestochen, gelangen Bakterien in den Menschen, und über die Blutbahn erblinden diese dann nach langer Zeit.
Seit Jahren gibt es ein Projekt der Welt-Gesundheits-Organisation mit dem Versuch, die Männchen dieser Fliegenart unfruchtbar zu machen.
Die Hauptstadt von Obervolta hat fast nur „Einfamilienhäuser". Lehmhütten, in denen die Afrikaner leben. Straßenschilder oder Hüttenbezeichnungen gibt es nicht. Will man speziell einen Einwohner erreichen, sagt man einem Afrikaner am Rande der Siedlung Bescheid. Es dauert keine Stunde und man hat die Nachricht im Hotel vorliegen, daß derjenige, den man sprechen will, um eine bestimmte Uhrzeit dasein wird. Wie das System funktioniert, habe ich nicht herausbekommen, aber Herr Haffner erläuterte mir später, dieses System stamme noch aus der früher herrschenden Monarchie. Die ganzen Wohnviertel sind in Bereiche eingeteilt, über die dann Bezirksälteste wachen. Sucht jemand eine Person oder will Information weitergeben, muß man nur den Ältesten kontaktieren, und der hat eine Gruppe von jungen Leuten um sich, die dann mit entsprechender Laufarbeit die Kommunikation erledigen.
Meine Aufgaben hatte ich in Obervolta erledigt. Dem Weiterflug zum Nachbarland Niger stand nichts mehr im Wege.

Niger, Hauptstadt Niamey

Am Dienstag, dem 11. September 1974, traf ich ein. Meine Frau hatte Geburtstag, und ich war ganz schön weit weg.
Der erste Eindruck war sehr positiv. Der Flughafen war sauber, die Menschen schauten freundlich drein. Die Zollkontrolle war nicht schärfer als sonst auch. Begrüßt wurde man von wunderschönen Anpflanzungen. Die Straßen waren alle asphaltiert und sauber. Rundum ein positiver Eindruck. Lediglich die Temperaturen waren erheblich heißer als in Obervolta. Meine Aufgabenstellung, Hilfslieferungen zu kontrollieren und Empfangsquittungen für von uns gelieferte Waren zu organisieren, war die gleiche Prozedur wie in Obervolta. Mit der inzwischen vorhandenen Routine ging es für afrikanische Verhältnisse sehr schnell.
Auffällig für mich war der andere Menschenschlag, der hier mehrheitlich die Einwohner stellte. Es sind die Tuareg. Hellhäutig mit scharf geschnitten Gesichtern, die sich ständig mit den Afrikanern aus dem Süden unerbittlich bekämpften. Die Tuareg sind stolze Menschen, die aus dem Norden Afrikas kamen und versuchten, die negroiden Stämme am Niger nicht seßhaft werden zu lassen. Hart verfolgten sie das Ziel, die Afrikaner wieder in den Süden an die Küsten abzudrängen.
Vereinzelt jedoch wurden die Schwarzafrikaner von den Tuareg als Sklaven gehalten.
Ich lernte Herr Weinstapel kennen, ein Österreicher, studierter Forstmann, der im Auftrage der deutschen Regierung sowohl in Obervolta als auch im Niger zwei Aufforstungsprojekte leitete. Ein ungewöhnlich uriger Typ. In Afrika wächst die Bevölkerung sehr schnell, und es gibt nicht genügend

Brunnenbau

Brennmaterialien. Das unsaubere Wasser muß abgekocht und die Nahrung heiß zubereitet werden. Das ist ein echtes Problem. Die Afrikaner sägen Bäume und Sträucher ab. Die Natur leidet extrem unter diesem Raubbau. Herr Weinstapel hatte eine Baumart ausfindig gemacht, die sehr schnell wuchs. Hatte dieser Baum eine Höhe von ca. 1,5 Metern, konnte man die Spitze absägen, und an der Sägestelle kamen vier neue Zweige schnell wachsend heraus. Sobald die Äste die Stärke eines Armes hatten, konnten diese wieder abgesägt werden und als Feuerholz Verwendung finden. Es war ein Baum, der keine Früchte trug, sondern Holz lieferte. Bei späteren Reisen habe ich die angelegten Plantagen besichtigt und gestaunt, wie gut das System funktionierte. Jahre später wurde sogar im Fernsehen darüber berichtet.

Vor meiner Reise hatte ich von einer deutschen Firma Niederwemmer aus Münster gehört, die hier ein kleineres Projekt als Beweis führen wollte. Einen 1000-Liter-Tank hatten wir im Auftrage nach Niamey in die Wüste transportiert. Wasser ist ein sehr rares Gut, und bei Temperaturen von 50 bis 60 Grad verdunstete es außerordentlich schnell. Auch wenn von oben bewässert wird, ist es schon verdunstet, bevor es an das Saatgut oder die Wurzeln gelangen kann. Das Unterflurbewässerungssystem sollte getestet werden. Ein 18 Meter tiefer Brunnen wurde gebohrt und von dort das Wasser in den gelieferten 1,5 Meter höher aufgestellten Tank gepumpt. Es wurden Schläuche mit kleinen Löchern symmetrisch in der Erde verlegt, dann die Gräben mit Sand zugeschüttet, das Saatgut in den leicht gedüngten Sand gesteckt und täglich diese Saat zweimal innerhalb einer bestimmten Zeit mit Wasser aus dem Tank von unten versorgt.

Bei einer späteren Reise habe ich deutsches Saatgut mit nach Niamey gebracht, und es sah dann schon sehr witzig aus, wenn Mohrrüben, Tomaten oder grüner Salat aus dem Wüstensand sprossen. Irgendwann ging aber der Privatfirma finanziell die Luft aus. Die erfolgreiche Beweisführung war da, aber das Projekt wurde staatlich nicht unterstützt und war danach sehr schnell mausetot.

Herr Niederwemmer, der allein in einem schönen Haus wohnte, hatte mir nahegelegt, gleich nachdem wir uns kennengelernt hatten, aus dem Hotel auszuziehen, um bei ihm kostenlos zu wohnen. Durch ihn lernte ich dann auch das Land und seine Leute besser kennen. Vom bunten Gewürzmarkt bis hin zu Gold- und Silberschmieden, die mit Präzision und Feinheit unbeschreiblich schöne Stücke fertigten. Ein aus reinem Silber gefertigtes Schmuckstück in Form des „Kreuz des Südens" kostete DM 1,50. Eine größere Anzahl habe ich davon mitgenommen und damit viel Freude bereitet.

Meine Frau, ihre Schwester und meine Schwiegermutter überraschte ich nach meiner Rückkehr mit dem Kreuz des Südens aus purem Rotgold als bleibendes, ungewöhnliches Geschenk. Diese Kreuze kosteten nur DM 10 pro Stück. Wir schrieben das Jahr 1974.

Zwei Tage hatte ich in Niamey noch Zeit, bevor ein Flugzeug mich in das nächste Land brachte. Diese Zeit nutzte ich, alles Erlebte aufzuschreiben und per Luftpost nach Deutschland zu schicken.

Beim Schreiben bekam ich die Idee für Abwicklung von Geschäften in Afrika. Durch die vielen Gespräche mit Verantwortlichen der Hilfsorganisationen wurde mir klar, wenn unsere Firma verstärkt ins Geschäft kommen wolle, müsse ein eigenes Speditionsnetz aufgebaut werden, um die Waren korrekt und pünktlich beim Empfänger/Kunden anliefern zu können. Diese Möglichkeit konnte ich gedanklich sofort wieder streichen, da unser Privatunternehmen nicht über genügend Kapital verfügte. Die aufwendige Servicekette war so nicht zu schaffen. Dazu kam in erster Linie der Wettbewerb gegen die Franzosen. Diese hatten durch ihre Kolonialzeit einen gewaltigen Wissens- und Kontaktvorsprung. 1974/75 war aber klar spür- und erkennbar, daß man die Franzosen und Engländer loswerden wollte. Die Geschäfte können wir Afrikaner auch selbst in die Hand nehmen, hieß es. Noch in Deutschland hatte ich diese Worte von einem reichen, fähigen und einflußreichen Afrikaner gehört. Deswegen war jetzt mein nächstes Ziel Carlos Doatevi im Staat Dahome mit der Hauptstadt Cotonou.

Dahome, Hauptstadt Cotonou

Cotonou war eine saubere und gut organisierte Stadt. Das Hotel du Port mit gutem internationalem Standard war meine Bleibe. Mit Herrn Doatevi hatte ich mich für 9.00 Uhr des nächsten Tages verabredet.

Ausgerechnet am Freitag den 13., für Seeleute immer ein Tag, der nichts Gutes verspricht, holte mich ein Mercedes der Firma Bitramo mit einer halben Stunde Verspätung ab. Im Empfang wartete ich mindestens eine halbe Stunde und wurde dann von Herrn Doatevi reserviert empfangen. Personen, die er von Deutschland kannte, hatten mir aufgetragen, ihn herzlich zu grüßen. Nach dem üblichen Austausch von Höflichkeiten kam ich ziemlich direkt auf den Punkt unseres Anliegens. Unsere Firma wolle gern mit ihm zusammenarbeiten. Wir wollten seine Organisation in Afrika, und er könne unsere Firma als seinen Partner in Deutschland und Europa nutzen. Über meine Reiseroute, die ich bereits in Afrika hinter mir hatte, berichtete ich ihm. Wiederholend meinte ich zu ihm, nur er käme für uns mit seinen Niederlassungen in den Ländern Elfenbeinküste, Obervolta, Niger, Dahome und Togo in Frage. Weil er sehr gut für einen Afrikaner organisiert sei und ein hohes Ansehen genieße. Die offene, ehrliche und direkte Weise, wie ich unser Anliegen präsentiert hatte, mußte ihm irgendwie imponiert haben. Er meinte, er müsse das mit seinen Direktoren besprechen, aber erst einmal wolle er mir seine Organisation im Hafen zeigen. Eines war gewiß, er war ein Afrikaner, der an einer gewaltigen Schraube drehte.

Doatevi hatte sehr großen Einfluß in Politik und Wirtschaft.

Zum Mittagessen lud er mich zu sich nach Hause ein. Ich war sehr irritiert, als wir vor eine prächtige Villa vorfuhren. Ein traumhaft schöner Garten mit Schwimmbad tat sich vor meinen Augen auf. Aus der Tür trat eine blonde attraktive, hübsche Frau, und zu allem Überfluß begrüßte sie mich dann auch noch auf deutsch.

Doatevi war mit einer Deutschen verheiratet und hatte vier Kinder, zwei davon Zwillinge, wie wir zu Hause auch. Plötzlich sprach Doatevi mit mir in perfektem Deutsch, zuvor nur in Englisch. Dieser faszinierende Mann beherrschte Deutsch, Englisch, Französisch, Spanisch und dann noch sieben afrikanische Dialekte. Zum Abendessen wurde ich wieder eingeladen, bei dem er mir mitteilen wollte, zu welcher Entscheidung er gekommen war. Im Hotel wurde ich abgesetzt, schwamm noch im Pool einige Runden, und dann kam bei mir der „Blackout". Eine extreme Nierenkolik warf mich nieder, ich rief noch Doatevi an, und dann war ich nur noch ein Objekt anderer. Ich bekam eine Morphiumspritze durch eine französische Ärztin. Dann mit Blaulicht ins Krankenhaus, und das ausgerechnet in Afrika. Wieder Morphium, dann habe ich nur noch am Tropf gehangen.

Doatevi war wieder auf Reisen. Ich lag unter Drogen im Krankenhaus. Als ich aus einem Dämmerschlaf aufwachte, zweifelte ich, ob es mein Arm oder Bein war, worauf ich schaute. Mein Arm war doppelt so dick wie üblich, und es konnte nur so passiert sein, daß die Schwester, die mir einen neuen Tropf angelegt hatte, durch die Ader durchgestochen haben mußte. Die ganze Lösung war in die Muskulatur und ins Fleisch gelaufen. Auf das Klingeln kam eine schwarze Schwester und fing laut an zu schreien. Also muß das nicht so gut gewesen sein. Für mich war klar: „Du mußt hier weg, raus aus dem Krankenhaus, u.z. so schnell wie möglich." Mein Gepäck war schwer und ich zu schwach, um es zu bewegen. Also organisierte ich meine Flucht. Eine junge Afrikanerin, die bei mir im Zimmer saubermachte, summte und sang immer kirchliche Melodien vor sich hin. Mein Diktiergerät, welches ich immer bei mir hatte, schaltete ich auf Aufnahme, und dann spielte ich den Singsang vor dem Mädchen ab. Diese, total überrascht, konnte es nicht glauben, daß sie ihre eigene Stimme hörte. Sie sang noch einen Song auf das Band, wobei sie das Gerät vorsichtig, wie eine Bibel, vor sich in den Händen hielt. Eine 10-Dollar-Note zeigte ich und machte ihr verständlich, um 12.00 Uhr mittags solle ein Taxi kommen und der Fahrer mein Gepäck aus dem Zimmer holen. Der Schein wechselte den Besitzer, und es klappte wie am Schnürchen, denn ab 12.00 Uhr fällt in Afrika fast alles in den Tiefschlaf, die Hitze ist dann am stärksten.

Das Risiko, mich in Afrika dem Gesundheitswesen auszusetzen, war mir viel zu groß. Über Nigeria wollte ich so schnell wie möglich nach Hause. Von Dahome flog aber keine Maschine. Ich mußte also erst nach Togo, denn ich wußte, daß eine 2motorige Maschine als Zubringer von Togos Hauptstadt Lomé nach Lagos flog.

Der Taxifahrer sollte mich von Dahome über die Grenze nach Togo fahren. Zuvor fragte er mich, ob wir noch eine Kiste Bier mitnehmen könnten, was ich bestätigte. An der Grenze gab es keine Probleme. Landschaftlich gesehen war die Strecke außerordentlich reizvoll. Riesige Palmenplantagen, dazwischen immer wieder kleine Hütten mit einem freien Blick auf das Meer bzw. auf Lagunen, die sich von Dahome nach Togo herüberzogen. Plötzlich, mitten auf der Strecke eine Straßensperre. Drei Militärs kamen mit MP auf den Wagen zu. Es wurde französisch gesprochen, ich verstand gar nichts, bis der Taxifahrer seinen Kofferraum öffnete, jedem Posten zwei Flaschen Bier gab und die Fahrt weiterging. Dieses Spiel wiederholte sich dreimal.

Wenn schon die Militärs nicht genügend Sold erhielten, dann wenigstens Freibier. Die Schlaglöcher der Straße sorgten leider dafür, daß sich bei mir wieder Nierenkoliken einstellten. Nach zwei Stunden Fahrt Ankunft im Hotel. Mit Entsetzen mußte ich feststellen, daß erst in zwei Tagen die Maschine nach Lagos fliegen würde. Alle Reservierungen ließ ich machen und durchlebte zwei fürchterliche, schmerzhafte Tage.

Einem Deutschen, dem ich im Hotel begegnete, erzählte ich mein Mißgeschick. Er fragte: „Aus welchem Lande kommst du jetzt?" Ich sagte: „Niger." „Wieviel hast du denn pro Tag an Wasser getrunken?" Jetzt wurde mir klar, es war zuwenig gewesen. Denn die trockene Hitze von 50 Grad ließ erst gar nicht ein Schwitzen zu, denn der Schweiß verdunstete sofort. Ich war also ausgetrocknet. Obwohl ich lieber Bier getrunken hätte, trank ich Unmengen von Wasser und nutzte, obwohl heftig gepeinigt, die zwei Tage geschäftlich voll aus.

Togo, Hauptstadt Lomé

Das Land war früher eine deutsche Kolonie und wurde nach dem 1. Weltkrieg unter französischen „Schutz" gestellt. Sobald die Togolesen zur Kenntnis nahmen, daß sie etwas mit einem Deutschen zu tun hatten, wurde die Atmosphäre automatisch freundlich.
Die Kirche mitten in Lomé war von den Deutschen errichtet, und die roten Backsteine waren von Deutschland per Schiff nach Togo gebracht worden. Die Stadt machte einen gut durchorganisierten Eindruck, war sauber und üppig mit blütenprächtigen Sträuchern bepflanzt.
Mein Weg führte mich zur Firma Bitramo, wo ich Herrn Amouzo, dem Niederlassungsleiter von Doatevi, begegnete. Er kam aus dem Diplomatischen Corps, und neben Französisch sprach er auch akzentfreies Deutsch. Durch ihn erfuhr ich, daß Doatevi bereits Anweisungen gegeben hatte, in Zukunft mit unserer Firma eng zusammenzuarbeiten. Damit war für mich klar, ein weiteres Ziel der Reise war positiv zum Abschluß gebracht worden.
Ein erfreulicher Lichtblick war das Restaurant „Alt München", Geschäftsführer ein Deutscher. Neben dem Restaurant der Seemanns-Club, geleitet von einem Deutschen. Das Bier wurde von einer togolesischen Brauerei, von deutschen Brauern, nach deutschem Reinheitsgebot gebraut. Aus den Nachbarländern kamen zum Wochenende Personen, um richtig deutsch zu essen und sich das deutsche Bier literweise in den Kopf zu schütten. Wer war der Hauptinvestor hier in Togo? Die Firma Gebr. Merz aus Rosenheim in Bayern. Bei späteren Reisen erfuhr ich, daß Franz Josef Strauß persönlich auch Investor war und eine große Farm mit mehr als 1000 Rindern im nördlichen Togo besaß. Die Rinder dieser Farm wurden geschlachtet und zu Wurst verarbeitet, die dann anschließend nach Nigeria exportiert wurde.
In Lagos gelandet, konnte ich es kaum erwarten, in die Lufthansa-Maschine zu klettern. Endlich wieder so etwas wie deutscher Boden unter den Füßen. Von einer Stewardeß erhielt ich Schmerztabletten und kam eigentlich erst wieder richtig zu mir, als wir in Frankfurt nach sechs Stunden landeten. Der Weiterflug nach Bremen lief routinemäßig ab, wo meine Frau und ich uns glücklich in den Armen lagen. Gott sei Dank, erst einmal wieder zu Hause.
Der Arzt meinte nur, ich wäre ein sehr hohes Risiko für mich und meine Gesundheit eingegangen und müßte mich erst richtig ausruhen und auskurieren.
In der Familie galt es erst einmal, wieder Vertrauen und Freundschaft zu den Kindern aufzubauen, für diese war ich viel zu lange weggewesen und natürlich auch für meine Frau.
Nachdem ich mich gesundheitlich einigermaßen wieder wohl und fit fühlte, begann der normale Arbeitstag in der Zentrale. Für mich war erschreckend, mit welcher Gleichgültigkeit die Prokuristen der einzelnen Abteilungen mir begegneten. Ein einziger Prokurist hatte verstanden, was für Möglichkeiten sich in Afrika offenbarten. Dieser hat mich bei den weiteren Aktivitäten in diesen Ländern unterstützt. Die Berichte, die ich aus Afrika geschrieben hatte, mit den unzähligen Kontakten und Geschäftsmöglichkeiten, hatten alle mit Interesse gelesen. Nicht eine einzige Aktivität war daraus entstanden. Das hätte etwas mit Engagement zu tun gehabt. Die Firma hätte neue Wege gehen müssen – Fehlanzeige. Die alten Prokuristen schielten schon auf die letzten zwei Jahre bis zur Rente.

Der Generalkonsul hatte seine Firma auf den Leistungen seines Vaters aufgebaut und herrschte wie ein Patriarch. Seinem Sohn, der „Kronprinz", wurde bei der Erziehung und später in der Firma kein Freiraum gelassen, um sich zu einer kompetenten Persönlichkeit zu entfalten. Seine Qualifikation reichte nicht aus, die bitter notwendig war, um eine Firma zu leiten und die Mitarbeiter zu motivieren. Es wurde einfach nicht erkannt, daß man nicht mehr auf den alten Trampelpfaden weiterlaufen konnte. Völlig neue Methoden, Techniken und nicht zu vergessen jüngere Generationen kamen auf, die auch ihre eigenen Wege suchten.

Rückblickend habe ich den Niedergang der Firma erkannt, aber nicht zu der Zeit, als ich voll engagiert mit Afrika beschäftigt war. Kontakte, Vertrauen und Seriosität, die ich in Afrika geschaffen hatte, hätten vertieft werden müssen. Ich war Einzelkämpfer in Afrika und nun auch in Bremen.

Unter Druck und durch die Absegnung des Generalkonsuls habe ich die einzelnen Abteilungen zu Aktivitäten gezwungen, die eigentlich nur abzuarbeiten waren. Wenn Motivation nicht vorhanden ist, passiert auch nichts. Bequemlichkeit und Sicherheitsdenken waren bestimmend für das Handeln der meisten Mitarbeiter.

Die Auswertung meiner Reise nahm mich heftig in Anspruch, aber auch das Ziel, die begonnene Arbeit fortzuführen und doch für die Firma zum Erfolg zu bringen.

Die Erfahrungen mit den Hilfslieferungen nach Afrika, dokumentiert durch Fotos, Filme und Dias, mußten unserer Regierung nahegebracht werden. Zukünftige Fehler, Kosten, Verluste auch des Image bei den Hilfslieferungen mußten vermieden werden. Mit dem BMZ, Bundesministerium für Zusammenarbeit, suchte ich das Gespräch. Ein Termin wurde mit Herrn Minister Bahr vereinbart, um ihn und seine verantwortlichen Mitarbeiter zu informieren, wie die Präsentation unseres Landes in Afrika mit Hilfslieferungen aussah.

Das Ergebnis war sehr aufschlußreich. Mir wurde nahegelegt, diese Informationen nicht an die Presse zu geben. In Absprache mit dem Generalkonsul habe ich es auch nicht getan, denn er fragte mich: „Wollen wir Politik machen oder Geld verdienen?" Die Zusage von Herrn Bahr war, daß wir weiterhin sehr intensiv mit den Geschäften in Afrika von der Bundesregierung unterstützt würden. Das BMZ war die politische Schiene. Die wirtschaftliche Schiene die EVSt (Einfuhr- und Vorratsstelle) in Frankfurt. Diese Behörde war verantwortlich für die Abwicklung der Hilfslieferungen.

Für die entscheidenden Mitarbeiter organisierte ich eine Abendveranstaltung zur Information über die gesammelten Erfahrungen aus Afrika.

Wir boten Sekt und kalte Platten auf der Veranstaltung an. Merkwürdig: Während ich die Hintergründe der Reise mit den Erfahrungen erläuterte, schenkte sich keiner der Beamten etwas zu trinken ein oder aß etwas. Nur dann, wenn das Licht ausgeschaltet war, die Dias oder Filme präsentiert wurden, hörte man Geräusche. Wurde dann wieder das Licht angeschaltet, waren die Platten fast, aber die Flaschen definitiv leer.

Für unsere Firma war diese Aktion sehr erfolgreich. Wir erhielten danach noch häufiger den Zuschlag bei zukünftigen Ausschreibungen für den Transport der Hilfslieferungen nach Westafrika.

Aber wie sah es zu Hause aus? Meine Frau mit vier kleinen Kindern, von mir durch die Reisen allein gelassen, machte alles professionell, so, als ob sie dafür ausgebildet worden war. Sie war es aber nicht. Wenn ich heute mit meinen Jungs rede, inzwischen 34- bis 40jährig, bekomme ich nur bestätigt: „Wir haben eine traumhaft schöne Kindheit gehabt, und das verdanken wir nur einer Person, nämlich Muttern. Ein kleines bißchen auch dir."

Langsam regenerierte ich mich wieder gesundheitlich, und es galt, die hergestellten Verbindungen in Afrika zu vertiefen. Diesmal ging es in das große Land Nigeria mit 70 Millionen Einwohnern.

Natürlich hatte ich Firmenverbindungen in Deutschland und England hergestellt, um genügend

Kontakte in Lagos zu haben, damit, falls etwas sich in die falsche Richtung entwickeln sollte, immer ein Anlaufpunkt vorhanden war.
Meine Kinder, noch weniger meine Frau, fanden es nicht witzig, daß ich mich wieder zum Schwarzen Kontinent begeben wollte. Es war meine begonnene Pflicht, die ich zum Abschluß bringen wollte.

Nigeria, Hauptstadt Lagos

Im Oktober 1960 hatten die Engländer Nigeria in die Selbständigkeit entlassen.
Es gab drei Hauptstämme in Nigeria:
1. Die Yoruba, hauptsächlich angesiedelt im Südwesten, Region Lagos, katholisch/moslemisch.
2. Die Igbo, hauptsächlich angesiedelt im Südosten, Region Port Harcout, katholisch.
3. Die Haussa, hauptsächlich angesiedelt im Norden, Region Kano, moslemisch.
Die Abgabe der Macht an die Haussa war von den Engländern bewußt herbeigeführt worden, weil diese zu der Zeit die am wenigsten entwickelten Machtfunktionen und Strukturen hatten. Damit brauchte man die Engländer als Berater, und das Land konnte nach wie vor im Sinne Englands beeinflußt werden.
Das Land ist reich an Bodenschätzen, besonders durch das hochwertige Öl, genannt Bonny Light. Halbedelsteine, aber auch landwirtschaftliche Produkte wie Holz, Kautschuk, Kakao, Kokosnüsse, Erdnüsse und vieles mehr waren vorhanden.
Landung in Lagos. Die Ansicht läßt von oben nichts Gutes ahnen. Man schaut auf ein Meer von verrosteten Wellblechhütten. Einige fest gemauerte Häuser und Hotels waren auch zu erkennen. Die Abfertigung am Flughafen dauerte eine Stunde bei brütender Hitze. Für eine Nacht hatte ich ein Zimmer im Airporthotel sicher. Mein Koffer war nicht auffindbar. Eine tolle Situation. Keine Wäsche, Zahnbürste, Rasierzeug – nichts –. Immerhin hatte ich das Hotel. In der Empfangshalle stand ein Mann, Josef Decker, ein Bayer mit Hut, der Gamsbart fehlte auch nicht. Er schaute sehr hilflos durch die Gegend und war auch der englischen Sprache nicht mächtig.
Zu dieser Zeit war ein gewaltiger Wirtschaftsaufschwung in Nigeria, und alle Welt pilgerte dorthin, um ein Scheibchen des kommerziellen Erfolges für sich oder seine Firma abzuschneiden.
Josef, mein neuer Freund, sollte abgeholt werden, was nicht passierte. Also trafen sich der Blinde und der Taube, ich mit Zimmer, aber keinem Gepäck und Josef mit Rasierzeug. Ihn ließ ich mit in meinem Zimmer schlafen und hatte am nächsten Tag ein glattrasiertes Gesicht. Josef wollte in Nigeria schlüsselfertige Wohnungen und Häuser verkaufen. Nach meinen Marktkenntnissen dürfte Josef, den ich nie wiedergesehen habe, keinen Erfolg gehabt haben.
Von der Lufthansa hatte ich einen Gutschein bekommen, um mir in einem libanesischen Kaufhaus in Lagos, in einem festgesetzten Rahmen, die wichtigsten Dinge für eine Woche kaufen zu können. Die Landeswährung war Naira, zu dieser Zeit 1 N = DM 4.
Die Entfernung vom Flugplatz bis zur Stadt dürfte mit dem Wagen normalerweise max. 20 Minuten bei freier Fahrt sein. Auf Grund der verstopften Straßen dauerte diese Exkursion ca. 1½ Stunden. Allein die Kosten für die Fahrt mit dem Taxi, wobei man immer handeln mußte, betrugen zwischen DM 30 und 40.
Die Infrastruktur konnte überhaupt nicht der rasanten Entwicklung folgen. Die Stadt war vor rund 40 Jahren von den Engländern für 500 000 Einwohner konzipiert worden. Zur Zeit meines Besuches lebten 1,5 Mio. Einwohner in Lagos, und heute dürften es erheblich mehr sein. Jeden Tag fielen der Strom, der Telefonverkehr und auch die Wasserversorgung aus.
Meine Recherchen ergaben: Es war überhaupt keine ideale Basis vorhanden, hier eine Niederlassung

zu gründen. Ich glaube, so mancher hätte sich ins Flugzeug gesetzt und gesagt, bitte der nächste, aber nicht mit mir. – Als Einzelkämpfer und geprägt durch meine Vergangenheit biß ich mich durch meine Arbeit. Auch ich wollte die Situation Westafrika wie in einem Spiegel vor mir sehen. Verabredungen wurden nicht eingehalten, weil einfach zu viele strukturelle Probleme vorhanden waren. Die afrikanische Mentalität ließ auch Pünktlichkeit, wie wir sie kennen, gar nicht zu. Eine klassische Aussage, die mir immer noch in den Ohren klingt, ist:
We are going to see us any minute from now. Wir werden uns treffen jede Minute ab jetzt.
Das konnte drei Tage dauern, bis dann der Gesprächspartner im Hotel plötzlich auftauchte und seit Stunden auf mich gewartet hatte.
Zu dieser Zeit regierte Ministerpräsident Gowon das Land. Er hatte große Pläne, um sein Land zu einer führenden Nation in Afrika zu machen. Aufbau von repräsentativen Fußballstadien, Ausbau der Häfen in Lagos/Apapa, Port Harcourt und Calabar. Krankenhäuser, Straßen, alles sollte zu einem mächtigen Nigeria beitragen. Für solche gewaltigen Vorhaben benötigt man viel Zement. Man mußte allerdings wissen, daß die Hafenkapazitäten für das Spektakel, was nun entstand, überhaupt nicht vorhanden waren. Ein cleverer griechischer „Berater", er kann kein Freund der Nigerianer gewesen sein, hatte eine Standardcharterparty (Frachtvertrag) für die Regierung ausgearbeitet. Nach diesem Papier wurden viel zu viele Schiffe mit Zement beladen und nach Nigeria geschickt. Die Hauptklausel in diesem Vertrag war, daß, falls nach acht Tagen die Entladung der Schiffe nicht begann, die Regierung pro Tag Liegegeld zu bezahlen habe. Das waren damals entsprechend der Schiffsgröße zwischen US-$ 4000 und 6000 oder mehr pro Tag. Ein prächtiges Geschäft für die Reeder. Besonders griechische Reeder setzten ihre aufgelegte Tonnage wieder in Fahrt, luden Zement und fuhren nach Lagos, warfen den Anker auf der Reede, und nach acht Tagen war die „Kollekte" erbeten, und das Tag für Tag. Als ich in Nigeria auftauchte, lagen bereits ca. 400 Schiffe auf Reede vor Lagos und dümpelten vor sich hin.
Die Reeder bekamen jeden Tag strahlendere Augen, denn mehr Geld konnte man nicht verdienen. Es war die größte Schiffsansammlung zu Friedenszeiten, die bis dahin jemals stattgefunden hatte.
Ein unermeßlicher Schaden für den nigerianischen Staat zeichnete sich ab. Er ging in die Milliarden. Präsident Gowon, der sich auf einer internationalen Konferenz in der Schweiz aufhielt, wurde durch einen „kalten Putsch" gestürzt. Ihm wurden US-$ 120 Millionen angeboten, wenn er nicht mehr in sein Land zurückkehren würde. Er akzeptierte und blieb gleich in der Schweiz. Der Weg für neue Machthaber war frei, aber diese hatten nun wirkliche Probleme. Zuviel Zement, zu viele Schiffe und keine Hafenkapazitäten, um diese zu löschen.
Die verrücktesten Blüten in der Schiffahrt fanden zu dieser Zeit statt. Der Regierung war die gesamte Situation sehr peinlich, und so lauschte man einem findigen Griechen, der folgenden Vorschlag machte: Es sei doch sinnvoll, ein 100 000-Tonnen-Schiff zu nehmen, die Ladung von zehn Schiffen à 10 000 Tonnen auf das größere Schiff umzuladen, damit zehn Schiffe weniger auf der Warteliste stünden. So wurde es gemacht. Nur was nicht bedacht worden war, daß der Tiefgang des 100 000-Tonners nie eine Chance gehabt hätte, in den Hafen zu kommen. Zu einem späteren Zeitpunkt wurde das Schiff auf die offene See verbracht. Dann öffnete man die Bodenventile. Das Schiff hat man einfach absaufen lassen. Bei der Versicherung wurde der Totalverlust durch Maschinenschaden und Explosion gemeldet. Die Versicherer durften nicht nur den Verlust der Ladung, sondern auch das Schiff bezahlen. Zu dieser Zeit war Nigeria in einer Situation, die vergleichbar war mit der Goldgräberzeit in Amerika.
Das Chaos, welches im Hafen von Lagos herrschte, ließ Herrn Doatevi auf folgende Idee kommen: Wenn es keine Löschmöglichkeiten für Schiffe im Hafen gab, mußte man Landungsfahrzeuge

Landungsfahrzeug

Mit Ladung unterwegs

Entladung nur durch Menschen

Chaos an Deck

organisieren. In Griechenland gibt es viele Inseln, die alle verbunden sind durch Fährschiffe, die so konzipiert sind, daß man den Bug herunterlassen kann, damit Autos herunter- oder hinauffahren können. Herr Spanos, Besitzer einer Werft in Griechenland und Eigentümer mehrerer solcher Fähren, war der Partner, von dem dann die Landungsfahrzeuge „Evangelistria" und „Constantinos" für US-$ 1000 pro Tag gechartert wurden. Diese wurden nach Westafrika in Fahrt gesetzt.
In Portugal wurden beide Schiffe noch mit Ölsardinen beladen.
Auf der Hafenseite von Apapa gab es eine kleine Landzunge, die Bullnose, wo kein Seeschiff ankern konnte. Dieses Fleckchen hatten Doatevi und ich uns auserkoren, um mit den Landungsfahrzeugen Ladung an Land zu bringen. Für US-$ 1 pro Tag fanden wir sehr schnell Afrikaner, die mit der Hand die Sardinenkartons vom Schiff brachten, um sie auf kleine LKW zu stapeln. Innerhalb von einem Tag war die „Evangelistria" und einen Tag später die „Constantinos" gelöscht. Die Landungsfahrzeuge verfügten über keinen Kran, und wir mußten uns überlegen, welche Art von Ladung es sein sollte, die wir in Zukunft anfaßten.
Es ist unvorstellbar, welcher Nutzen durch diese Marktlücke „Landungsfahrzeuge" erzielt wurde. Immer, wenn jemand eine gute Idee hat und diese umsetzt, gibt es sofort Neider. Das geschah auch bei uns in Apapa. Ohne ersichtlichen Grund wurden genau in dem Bereich der Bullnose plötzlich Baggerarbeiten begonnen. Eine Anlandung von Waren wurde damit unmöglich gemacht. Alle Versuche, die Baggerei woandershin verlegen zu lassen, scheiterten. Doatevi war kein Nigerianer, er stammte aus Dahome, und deswegen wurde er blockiert. Die Landungsfahrzeuge wurden anschließend von denen in die Charter übernommen, die in Nigeria an der Macht saßen.
Deutsche Schiffe wurden von mir im Hafen gern angesteuert, um Erfahrungen auszutauschen. Ein

zusätzlicher Anlaß war, endlich mal wieder Schwarzbrot zu essen. Von einem Kapitän wurde ich zum Mittagessen eingeladen. Nach dem Essen klopfte er sich vor die Brust und meinte: „Nun gibt es für mich noch einen leckeren Nachtisch." Er ging zu einem begehbaren Kühlraum und holte dort eine leicht fröstelnde junge Afrikanerin heraus und begab sich mit dieser in seine Kammer. Immer, wo Menschen sind, kann man die unglaublichsten, ausgefallensten, aber auch grausamsten Dinge erleben.

Es stand sogar zur Diskussion, daß meine Frau mit unseren vier Söhnen nach Nigeria kommen sollte. Sie reiste ohne Kinder an. Gewissenhaft, wie sie ist, wollte sie natürlich erst einmal genau wissen, wie die Situation in Nigeria ist. Das war auch gut so. Eine für Europäer zumutbare Behausung hätte unglaublich viel Geld gekostet, denn man hätte immer für fünf Jahre im voraus eine Mietzahlung leisten müssen. Die Schule konnte man vergessen, also war damit das ganze Thema für Nigeria schon für uns erledigt. Eines Abends kam ich vom Hafen zum Hotel und fand meine Frau etwas verstört vor. Was war passiert? Sie hatte sich die Einkaufsmöglichkeiten angesehen und war dabei auch auf dem Markt gewesen. Plötzlich wurde sie mit Tomaten, Bananen und anderen Dingen beworfen. Wir erfuhren dann, daß eine weiße Frau niemals alleine auf den Markt gehen dürfe. Ein Boy muß sie immer begleiten, der die Anweisungen des Einkaufens von ihr ausführt. Solche Strickmuster konnten nur aus der Kolonialzeit stammen.

Dann gab es noch die Alternative, in Togo zu leben, wo Doatevi uns ein Haus zur Verfügung gestellt hätte. Der Arbeitsplatz war aber das Chaos Nigeria. Nur zum Wochenende hätte ich nach Togo fliegen können, um mit der Familie zusammenzusein. Bei den Überlegungen, was zu tun sei, nahm meine Frau mir, am Tag des Rückfluges, die Entscheidung ab: „Unsere Jungs und ich bleiben in Deutschland, und du sieh zu, daß du möglichst bald mit dem gewaltigen Risiko für dich und dieser afrikanischen Katastrophe ein Ende machst." Ich versprach es ihr, wollte aber meine Aufgaben noch beenden.

Doatevi und ich versuchten, alles nur Mögliche zu organisieren. Wir wollten wissen, wie sieht die Situation in den anderen Häfen aus, z.B in Port Harcout und Calabar.

Die Situation in den besichtigten Häfen zeigte uns klar und deutlich, in allen nigerianischen Häfen war eine totale Conjestion (Verstopfung) vorhanden. Selbst höchste Bestechungsgelder hätten nichts mehr bewegt. Die Häfen waren mit Schiffen und Ladungen total überfüllt. Dazu kam noch, daß es nicht genügend Lastfahrzeuge gab, um die Waren aus den Häfen abzutransportieren. Die ganze Situation war total verfahren und irgendwie nicht lösbar.

Doatevi hatte durch seine eigenen Geschäfte DM 1,8 Millionen von einem afrikanischen Chief (Häuptling) zu bekommen. Der zahlte aber nicht, und so mußte das Geld eingetrieben werden. Doatevi mietete einen Jeep mit Fahrer, und ab ging es in die Region nördlich von Port Harcout. Bei dieser Fahrt wurde einem erst bewußt, was für ein brutaler Krieg dort stattgefunden haben mußte. Das wertvolle Öl in dieser Region ließ die dort ansässigen Einwohner, die Igbos, ihren eigenen Staat Biafra ausrufen. Nachdem die Engländer sich auf die Seite der Nigerianer geschlagen hatten und als militärische Berater agierten, wurde ein gnadenloser Krieg geführt mit einer gewaltigen Dezimierung der Bevölkerung. Es wurde klassischer Völkermord betrieben. Die kaum vorhandene Infrastruktur wurde restlos zerstört. Keine Brücke war mehr intakt. Furten, Bäche und kleinere Flüsse mußten durchfahren werden. Nur durch gewaltige Umwege gelangten wir ans Ziel. Einige werden sich noch an die grauenvollen Bilder erinnern, die bei uns über den Fernseher flimmerten, über die total ausgehungerten Biafra-Kinder.

Es ging darum, das Geld für Doatevi zu organisieren. Wir kamen in einer Ansiedlung von Palmenhütten an. Eine war sehr groß und geräumig. Vor dieser hielten wir an, und ich als Weißer

Im Busch sind Ratten eine Delikatesse

wurde sehr kritisch beäugt. Doatevi sprach in einer mir völlig fremden afrikanischen Sprache mit einem sehr alten, seriös aussehenden, wohlhabend gekleideten Afrikaner. Heftig wurde diskutiert, man konnte es nur an der Gestik und den manchmal sehr laut werdenden Worten merken. Dann wurde plötzlich das Gespräch abgebrochen, und ich glaubte nun, Doatevi würde sein Geld nicht bekommen. Weit gefehlt, der Chief wollte jetzt seinen Mittagsschlaf halten und danach würde man weitersprechen. Wir setzten uns vor die Hütte, unter einen Baldachin, bekamen an offenem Feuer gebratene Hühnchen zu essen, und, man glaubt es oder auch nicht, Beck's Bier wurde serviert. Zwei Stunden mußten wir warten, dann kam der Chief wieder heraus, es wurde wieder, wie man in Afrika sagt, palavert, und dann erhielt Doatevi einen Koffer. Wieviel Geld nun darin war, weiß ich nicht, aber die Summe mußte gestimmt haben, denn mein afrikanischer Freund war bestens aufgelegt und zufrieden. In einem halbwegs zivilisierten Hotel haben wir dann in Port Harcourt übernachtet.
Das Chaos in Lagos wurde immer brenzliger. Als Weißer, ohne einen Afrikaner an seiner Seite, war es äußerst gefährlich, einen Rundgang nach Einbruch der Dunkelheit ums Hotel zu machen. Man konnte schon für 5 Naira ermordet werden. Der Haß der Schwarzen auf die Weißen wurde immer größer, und die Korruption wurde zur Perfektion entwickelt.
Es gab ein Gesetz, welches im nigerianischen Parlament verabschiedet worden war. Jedes Schiff mußte ein Manifest haben, in dem jede sich an Bord befindende Ladung aufgelistet ist. Bevor ein Schiff nach Nigeria kam, mußte dieses Manifest bei den Hafenbehörden vorliegen.
Es war also bekannt, welche Ware auf welchem Schiff vorhanden war. Nun kam das Unglaubliche. Schlauchboote mit bestens ausgerüsteten Motoren, einer Gang, mit Maschinenpistolen bewaffnete Männer, überfielen die Schiffe. Die Schiffsbesatzungen wurden gezwungen, die Luken zu öffnen. Dann wurden nur die Ersatzteile von Mercedes oder anderen wichtigen Handelsfirmen entwendet. Diese Kenntnis konnte nur aus den Manifesten stammen. Anschließend kauften die geschädigten Firmen die von ihnen bestellten Waren auf dem Schwarzmarkt zum dreifachen Preis wieder neu ein. Kriminalität mit Mafiamethoden breitete sich Tag für Tag mehr aus.
Die Entscheidung, mich so schnell wie möglich aus Nigeria abzusetzen, zeigte mir folgendes Erlebnis. Zwei 18jährige hatten aus der Ladung eines Schiffes wertvolle Ersatzteile für Autos gestohlen. Sie

Immer wieder Unfälle – Ergebnisse des Biafra-Krieges

mußten sich an der Pier zum Hafen aufstellen und wurden ohne Gerichtsverfahren mit einem gezielten Schuß ins Herz durch einen Polizisten hingerichtet. Sie kippten einfach ins Hafenbecken, und den Rest machte dann die Tide. Grausam.

Eine individuelle Niederlassung – ja oder nein. Die Entscheidung endete darin, daß keine Niederlassung gegründet wurde. Es war einfach alles zu kompliziert, zu korrupt und zu teuer.

Im Lande Dahome wurde geputscht. Anstifter waren die damaligen Berater der Ex-DDR, die ein sozialistisches System errichten wollten. Die Villa von Doatevi wurde nicht in Brand gesetzt, schlimmer, sie wurde ausgeschlachtet. Aus allen vier Kindern von Doatevi ist etwas Vernünftiges geworden. Seine Frau hatte dafür gesorgt und ist nach Deutschland zurückgekehrt.

Mein Freund Doatevi soll an Gram in Armut verstorben sein.

Trotz zweijähriger härtester Belastungen, verbunden mit großen Risiken für Leib und Seele, konnte ich nichts für meine Firma erreichen.

Der alte Generalkonsul wußte bereits, daß er die Firma nicht mehr halten konnte. Er kämpfte zwar, aber es waren andere Kräfte aktiv, die Firma auszubluten. Auch hier könnte ich jetzt noch sehr viele Insiderinformationen geben, möchte es aber aus verständlichen Gründen nicht tun.

Für drei Monate wurde mir noch das Gehalt bezahlt, und dann war ich aufgerufen, mir etwas Neues einfallen zu lassen. Als erstes machte ich aber mit meiner Frau und den vier Söhnen Urlaub auf der Insel Wangerooge. Es war herrlichstes Wetter, und wir genossen die wirklich verdiente Frei- und Urlaubszeit.

Es ist nicht alles Gold, was glänzt

Oktober 1976 bis März 1978

Durch Zufall traf ich auf der Insel einen alten Kegelbruder, Stephan. Wir kamen ins Gespräch, und er fragte mich, was ich denn jetzt beruflich tun würde? Meine Antwort war: „Ich suche mir wieder eine vernünftige Vertretung mit einem guten Produkt, und dann verkaufe ich wie immer." Er meinte: „Klaus, ich schiebe immer eine Million vor mir her. Festgeld ist das eine, aber man kann ja auch viel mehr daraus machen." Von Wangerooge kam ich dann als Angestellter mit einem Gehalt von DM 5000 zurück, ohne zu wissen, was meine Aufgabenstellung sein würde.
Im Oktober 1976, nicht wissend, was wir zukünftig tun wollten, wurde ein Büro Am Wall in Bremen angemietet. Es wurde sehr komfortabel eingerichtet.
Bei der EWG (Essen und Wertmarken Gesellschaft) in Bremen betrat ich wahrlich ein neues Feld. Hätte ich gewußt, wie die Sache endet, hätte ich erst gar nicht angefangen. Das Hauptgeschäft der Firma EWG war nichts anderes als eine Kopie des Konzeptes der Lunch Vouchers (Essenmarken), wie es die Engländer praktizierten. Man wurde als Firma Mitglied, kaufte Marken im Wert von DM 3 bis 9 ein und gab diese als soziale Errungenschaft an die Mitarbeiter aus. Diese Gutscheine konnten dann in einem vertraglich gebundenen Restaurant eingelöst werden. Eigentlich eine tolle Sache. Worin bestand der Nutzen für die EWG? Die Firma, die Essenmarken bei uns kaufte, zahlte einen Betrag von z.B. DM 10 000 für diese Marken. Von diesem Betrag wurden 5 % als Dienstleistung abgezogen. Anschließend, wenn die Marken von der Gastronomie bei der EWG wieder eingereicht wurden, erhielten die Restaurantbetreiber den aufgedruckten Wert der Marken ausgezahlt. 5 % jedoch wurden für den Service abgezogen. Nur durch die Dienstleistung wurden 10 % Profit gemacht. Ein problemloses, risikofreies Geschäft.
Meine erste Aktivität, die ich für die neue Firma machte, war, daß ich in zwölf Wochen die gesamten Firmen in Bremen und umzu abgraste, um diese für die Essenmarken zu gewinnen. Der Erfolg war traumhaft. Den Kundenstamm hatte ich extrem potenziert. Wer will denn auch schon nicht sozial sein.
Die Essenmarken waren das eine. Es hatte uns aber nicht ausgefüllt, denn das Geschäft lief praktisch von selbst.
So entschlossen wir uns, genauso zu verfahren, wie es die Politiker der EG machten. Wir haben uns eine Kiste Sekt und Selters bestellt und uns im Büro mit einem kreativen Freund Eckhard eingeschlossen. Unsere Aussage war: Wir gehen nicht eher aus diesem Raum, bis wir wissen, was wir in Zukunft tun wollen. Wir diskutierten und diskutierten. Über Politik, die wirtschaftlichen Erwartungen und über andere Themen. Es gab nichts, was wir nicht besprachen. Durch den erfolgreichen Kampf der Gewerkschaften, mit dem Ziel: weniger arbeiten bei gleichem Lohn, kamen wir zu dem Konsens, daß der Freizeitraum für die Menschen immer größer wurde. Die Idee, ein komfortables Grillgerät zu konzipieren, welches alle anderen Geräte auf dem Markt schlägt, war das Ergebnis. Die Vorstellungen, die wir hatten, wurden dann durch einen Ingenieur umgesetzt. Das Gerät wurde gezeichnet, als Modell in Holz gebaut und mit heftigem finanziellen Aufwand als Prototyp von der Eisengießerei in Sande, bei Wilhelmshaven, als Muster in Gußeisen hergestellt.
Wir, als kleine unbedeutende Macher, haben nichts anderes getan als die Großindustrie. Wir sind mit diesem gegossenen Unikat nach Taiwan geflogen und haben einfach gesagt, davon bitte 30 000

Messestand in Chicago

Stück, Lieferzeit zwei Monate. Damit hatte ich das Problem am Hals. Ich mußte nun ein Supergrillgerät verkaufen, egal wie. Die notwendigen marktanalytischen Arbeiten, die jetzt auf mich zukamen, waren aufwendig. Was wußte ich von Grillgeräten? An wen kann man diese über wen und wie verkaufen?
Wie viele Großhändler gab es in Deutschland? Wo bekam man die Adressen her? Mit welchem Konzept soll man diese Leute angehen? Alle diese Fragen löste ich und verkaufte in der Zeit von Januar 1977 bis März 1978 die unglaubliche Menge von 320 000 Grillgeräten, weltweit. Den größten Erfolg erzielten wir bei der Hardware-Show (Haushaltwaren-Messe) in Chicago. Das Gebäude war acht Stockwerke hoch über der Erde und hatte genauso viele Stockwerke unter der Erde. Im untersten Flur hatten wir einen winzigen Stand. Diesen hatten wir mit schwarzem Tuch ausgekleidet. Unser Grillgerät silbern gespritzt und mit Punktstrahlern angeleuchtet. Ein Mexikaner mit großem Hut, schwarz gekleidet, prächtig silberner Gürtelschnalle und den typischen Cowboystiefeln mit großen silbernen Sporen, betrachtete unseren Stand. Ich erklärte ihm unser Gerät, und er meinte, er komme gleich wieder. Plötzlich standen zwölf Männer bei uns, alles Grillgeräteverkäufer in den USA. Die Firma, für die sie arbeiteten, wollte die Provision der Vertreter kürzen. Darauf entschieden sie sich, der Firma den Rücken zu kehren. Sie bildeten einen Pool und plazierten, jeder für seine Region, die Menge Grillgeräte, die sie für eine Saison benötigten. Bezahlt wurde per Akkreditiv in US-$. Ein prächtiges Geschäft. Es war einfach nur Glück!

Es war eine brutale Knüppelei, der ich mich mal wieder unterworfen hatte. In 15 Monaten hatte ich mit dem Mercedes-Firmenwagen über 190 000 km in ganz Europa zurückgelegt. Von meinem „Freund" wurde ich immer mehr unter Druck gesetzt, ich solle noch mehr und noch mehr verkaufen. Eine wichtige Feststellung machte ich, die ich leider noch einige Male in meinem Leben zur Kenntnis nehmen mußte:

Fangen Menschen an, richtig Geld zu verdienen, werden sie immer habgieriger und verändern ihre Persönlichkeit zum Negativen.

Meine Frau merkte, daß ich immer weniger wurde, nur noch kaputt und ausgebrannt war. Mein Schwiegervater lud meine Frau und mich für eine Woche in die Schweiz zum Skilaufen ein. Das wollte mein „Freund" mir verbieten. Ich fuhr trotzdem und erhielt nach zwei Tagen per Einschreiben eine fristlose Kündigung. Aber mit der Aussicht auf sofortige Wiedereinstellung, nur noch zur Hälfte des Gehaltes. Den Rest, den ich fürs Leben bräuchte, könne ich mir auf Provisionsbasis dazuverdienen, schrieb er. Meine Antwort, per Telegramm, kam prompt, mit der Gegenfrage, ob er nicht alle Tassen im Schrank hätte. Zurück aus dem Urlaub, hatte dieser Mensch dann auch noch die Brust zu sagen: „Du kannst mich doch nicht einfach hängenlassen." Doch ich konnte. Später ist dieser Mensch dann auch noch richtig kriminell geworden. Die Essenmarken, die Firmen bei ihm gekauft hatten, löste er einfach nicht mehr ein. Es ging um einen Millionenbetrag. Der Schaden, den er der Gastronomie in Bremen zufügte, war skandalös. Er setzte sich in die USA ab, hat in seiner eigenen Familie schwere Not hinterlassen und verabschiedete sich langsam durch eine Krankheit. Zwischenzeitlich ist er elendig, leider viel zu schnell gestorben.

Lloyd's of London Press

Ich bin saudumm, aber ich weiß, wer weiß

Von Anfang meiner beruflichen Tätigkeit an habe ich mir eine Kartei angelegt, in der ich Menschen mit besonderen Fähigkeiten und guten Kontakten festgehalten habe. Ca. 40 Personen waren von mir registriert worden. Das Telefon stand

auf meinem Schreibtisch, und ich fing an zu telefonieren. Beim 7. Kontakt sagte der Schiffsmakler Georg S. zu mir: „Doch, Klaus, ich habe etwas. Mir wurde gerade eine Vertretung von Lloyd's of London Press angeboten, die ich aber nicht wahrnehmen kann. Mit diesen Leuten bringe ich dich in Verbindung." Er tat es.

Lloyd's of London ist der größte Versicherungsmarkt unseres Erdballs. Dort werden nicht nur Schiffe, sondern fast alles versichert. Von der Raumfahrtkapsel, Rakete, Naturkatastrophe bis zu den exotischsten Dingen, wie Gesichter, Brüste und Beine von Schauspielern. Auch wenn ein Golfspieler z.B. vom Abschlag direkt in das Loch trifft, dann muß er eine Runde für alle Mitglieder im Verein ausgeben. Bei mehreren tausend Mitgliedern kann das eine teure Suppe werden. Kurioser geht es eigentlich nicht, was alles versicherbar ist.

Lloyd's of London Press war eine 100%ige Tochter von Lloyd's of London. Eine Organisation, die weltweit alle Informationen über ihre eigenen Agenten und andere Kanäle im Schiffahrtsgeschäft sammelte. Damit wurden die Underwriter (Unterschreiber – Zeichnungsberechtigten) so mit Wissen und Fakten informiert, daß sie abschätzen konnten, ob sie mit ihrem oder dem anvertrauten Kapital Risiken unterschreiben konnten oder nicht.

Wie das Wort Press schon sagt, gibt es die Zeitung Lloyd's List. Diese ist die Pflichtlektüre für jeden, der irgend etwas mit Schiffahrt in verantwortlicher Position zu tun hat. Den Rahmen würde ich sprengen, wenn ich all die ca. 70 Publikationen aufzählen würde, die von dieser Organisation erstellt und vertrieben wurden.

Ich hatte von dieser Materie, mit all seinen Details, keine Ahnung. Dennoch machte ich einen Termin mit dem besten Verkäufer zu dieser Zeit von Lloyd's, dem Verkaufsdirektor, einem Mr. Frank Crabtree. Frank holte ich vom Flughafen in Bremen ab und brachte ihn zum Columbushotel am Bahnhof. In seinem Zimmer packte er erst einmal eine Flasche Johnny Walker aus und bestellte Eis und Wasser. Ich dachte: „Oha, ein Direktor von Lloyd's, das fängt ja gut an." „So, Klaus, nun erzähle mir doch erst einmal, was du bisher in deinem Leben gemacht hast." Nach zwei Stunden war die Flasche Whisky dreiviertel leer und Frank meinte: „Ich möchte jetzt deine Frau und dich zum Essen einladen. Hat deine Frau auch eine Freundin? Dann lade diese gleich mit ein." Sabine und Freundin Bärbel holten uns ab und wir gingen in das damals renommierte Lokal Schnoor 2 und speisten vorzüglich. Solange wir noch halbwegs brauchbar waren, verabredete ich mich mit Frank für den nächsten Tag. Er trank noch einen Absacker mit Bärbel in der Hotelbar. Sabine und ich fuhren nach Hause.

Pünktlich war ich um 9.00 Uhr morgens im Hotel, weil ich ja nun endlich wissen wollte, was ich auf dem deutschen Markt verkaufen sollte.

Lloyd's of London Press hatte eine sehr erfolgreiche Publikation in England mit dem Titel: Lloyd's Loading List.

Dieses Medium war das Handbuch für Spediteure und die verladende Wirtschaft in England.

The Underwriting Room – die Versicherungsbörse

Alle Zielorte, die man auf der ganzen Welt erreichen wollte, waren dort aufgelistet, und es gab dann Zeileneintragungen, welche Reederei, Fluggesellschaft oder welcher Spediteur auf diesen Zielort spezialisiert war. Wenn man in dieser Loading-Bibel stehen wollte, mußte man die Zeileneintragungen bezahlen. Die Möglichkeit, eine achtel, viertel, halbe oder ganze Seite als Werbung zu schalten, war natürlich auch gegeben. LLP (Loyd's of London Press) wollte nach Europa expandieren, und so wurde eine Lloyd's European Loading List ins Leben gerufen. Dafür brauchte man Verkäufer, die diese Publikation bekanntmachten und gleichzeitig Anzeigen verkaufen sollten. Die Zielgruppe war also identifiziert. Frank arbeitete mich $1^1/_2$ Tage in Bremen ein.

Der Gesamtumsatz, den LLP in Deutschland bis dahin machte, waren Pounds 2900 pro Jahr. Als Frank abreiste, nahm er bereits ein Auftragsvolumen von Pounds Sterling 7900 mit.

Im April 1978 begann ich als freier Vertreter für LLP nur für Bremen, kurze Zeit später auch für Hamburg, und dann dauerte es auch nicht lange, bis man mir die gesamte Vertretung für Deutschland anvertraute. Der erfolgreiche Verkauf hatte nichts mit Intelligenz zu tun, sondern ich sprach die Sprache der Zielgruppen, weil ich beruflich in dieser Richtung ausgebildet und zusätzlich sehr fleißig war.

Die Jahre 1978/79 und 1980 waren für mich sehr erlebnisreich. Ich war 40 Jahre jung, hatte einen sehr gut bezahlten Job und konnte mir ferner weitere Ziele stecken.

Aufbau der Firmenvertretung

Ich suchte mir ein Büro in der Innenstadt von Bremen und wurde Untermieter bei der Reederei Vinnen Am Wall in einem kleinen, aber schönen Büro mit Blick auf das Schnoorviertel. Der Vorteil zu dieser Zeit war, daß fast alle Reeder, Spediteure und Schiffsmakler mit ihren Büros im Zentrum von Bremen angesiedelt waren. Auf ca. 2 Quadratkilometern konnte ich zu Fuß jeden Termin erreichen.

Eine für mich humorige Sondereinlage, die mit dem Büro verbunden war, wurde mir erst etwas später aus Hamburg detailliert zugetragen. Dort gab es einen sehr wohlhabenden, wirklich alten Importeur und Exporteur. Der Mann wollte gerne auf seinen Visitenkarten einen Titel als Konsul haben. – Einige werden sich noch an Konsul Weyer erinnern, der mit Titeln handelte. – Das Generalkonsulat für Paraguay war in Hamburg aber schon vergeben, nicht so für Bremen. Also kaufte er diesen Titel für Bremen für DM 50 000. Die Kosten für das Büro wurden zu 50 % von dem alten Herrn übernommen, und ich fungierte als Repräsentant des Konsuls. Er hatte seinen Titel auf der Visitenkarte und ich so gut wie keine Arbeit zu leisten, aber ein schönes Konsulschild mit dem Wappen von Paraguay an der Straßenseite und zusätzlich vor meinem Büro. Einmal bekam ich sogar Besuch vom Botschafter dieses Staates, unterhielt mich mit ihm prächtig und sagte nur, daß der Konsul z.Zt. krank sei.

Sehr bald merkte ich, daß die Schiffahrtswelt nicht in Bremen, sondern in größerem Stile in Hamburg konzentriert war. Birgit, die ehemalige Frau eines Freundes von mir, hatte eine Bibliothek mit einem angeschlossenen Großhandel am Dammtorbahnhof. Sie gestattete mir, unentgeltlich ihr Büro und das Telefon zu benutzen. Morgens fuhr ich mit dem Wagen in 40 Minuten nach Hamburg. Das waren noch Zeiten! In Hamburg verkaufte ich am Telefon oder fuhr sofort zu interessierten Firmen, um Abschlüsse zu tätigen. Morgens hin, abends zurück. So arbeitete ich montags und freitags in Bremen und dienstags, mittwochs und donnerstags in Hamburg. Es war stressig. Als ich Birgit ansprach und sagte, ich möchte mich an den Telefongebühren und der Miete beteiligen, lachte sie mich an und meinte: „Klaus, seitdem du in meinem Büro agierst, bin ich und meine Mitarbeiter so angetörnt und motiviert, daß auch wir plötzlich wieder ganz andere Umsätze schreiben und zusätzlich wieder aktiver geworden sind." Eine Bezahlung lehnte sie ab.

Der Nutzen für LLP, den ich aus Deutschland erwirtschaftete, schraubte sich kontinuierlich immer weiter in die Höhe. Immer häufiger tauchten Abteilungsleiter von Lloyd's bei mir in Deutschland auf, um zu sehen, wie ich den Verkauf organisierte.

Es war meine Idee, ein repräsentatives Büro für Lloyd's of London Press in Hamburg zu eröffnen. Es sollte in einer Region sein, wo hamburgische Tradition auch baulich vorhanden war. Ein Büro, zu dem Schiffahrtsexperten sich hingezogen fühlen sollten. Ich wollte einen brillanten Service durch Lloyd's präsentieren, um viele Fragen professionell in einer schönen Atmosphäre im Zentrum Hamburgs beantworten zu können. Durch die vielen Kontakte, die inzwischen in Hamburg geknüpft waren, lernte ich einen echten alten Haudegen aus der Schiffahrt kennen. Ich besuchte Herrn Schlichting in der historischen Deichstraße. Das alte Haus, in dem er residierte, stand unter Denkmalschutz und war mit Hilfe des Hamburger Senats restauriert worden. Dadurch war die Miete für das Büro sehr günstig. Die Ewerführerei, für die Schlichting verantwortlich zeichnete, fing an, sich langsam, aber bestimmt aufzulösen. Es gab keine Schiffe mehr, die Stückgut transportierten oder an den Duckdalben im Hafen in Schuten (Ewer) löschten oder luden. Der Umbruch in der Schiffahrt, weg vom Stückgut, hin zum Container, zeichnete sich immer deutlicher ab. Lange Rede, kurzer Sinn, ich mietete den gesamten unteren Stock des Hauses. Auf der einen Seite die alte historische Deichstraße und auf der Rückseite mit Blick auf ein Fleet, wo Segelboote und Motoryachten lagen. Täglich konnte man den Tidenhub der Elbe miterleben.

Im selben Haus wohnte auch die Schauspielerin Helga Feddersen mit ihrem kräftigen, rundlichen Freund Olli. Unter dem Dach war noch eine winzige Wohnung frei, auch diese mietete ich an, im Arbeitsrhythmus zwischen Bremen und Hamburg änderte sich nichts, nur, daß ich zwei Übernachtungen in der kleinen Wohnung in Hamburg hatte. Meinem Leitsatz blieb ich treu:
Immer kurze Wege zwischen Wohnen und Arbeitsplatz.

Geschäfte werden beim Sprechen gemacht – in der Underwriting Box

Durch meine guten Verbindungen, die ich zu meinen Kollegen in London und Colchester pflegte, war es mir möglich, eine original Underwriting Box aus dem Versicherungsmarkt in London zu organisieren. Für nur Pounds 50, ca. DM 170, bekam ich ein im Jahre 1860 aus massivem Mahagoni hergestelltes, fünf Meter langes und drei Meter breites Möbelstück, an dem zwölf Menschen bequem sitzen konnten. Kostenlos wurde dieses unhandliche, schwere, aber schöne Teil für mein Büro vor die Tür gestellt. Zuvor war aber der Fußboden im Büro mit Korkparkett ausgelegt worden, so daß es aussah, als wären es Schiffsplanken. Den gesamten Empfangsraum hatte ich mit Mahagoni vertäfeln lassen. In einer Ecke des Raumes ließ ich einen halbrunden Schrank einbauen, in dem später meine Monitore und Elektronik unsichtbar gemacht werden konnten. Bei einem Glaser ließ ich neue Fensterscheiben mit dem Wappen von Lloyd's sandgestrahlt herstellen. Ebenso farbig gemalt das Lloyd's-Wappen in groß, aufgehängt an einem schmiedeeisernen Haken, direkt neben dem Türeingang, bei der in Weinrot gestrichenen Haustür mit glänzenden, altmodischen Messingbeschlägen. Die Lloyd's-Repräsentanz trug definitiv zur Verschönerung der historischen Deichstraße bei. Als guter Bremer nahm ich die Verbindung zur Brauerei Beck & Co. auf, lud Herrn Walker, der für die Schiffahrt zuständig war, nach Hamburg ein. Er solle sich mal unser Schmuckstück anschauen. Das Ergebnis war, ich bekam einen kleinen Kühlschrank ins Büro gestellt und wurde kostenlos mit Beck's Bier versorgt, und das in Hamburg. Dieses wurde dann den Schiffahrtsleuten bei Gesprächen angeboten. War das Bier alle, wurde der Bestand kostenlos aus Werbegründen wieder aufgefüllt. Diese gastliche, urgemütliche Begegnungsstätte wurde sehr bald in Schiffahrtskreisen als Geheimtip gehandelt. Nein, nicht nur daß es Bier gab, sondern auch Informationen, an die man sehr schwer herankam. Mit der Computerabteilung von LLP hatte ich vereinbart, daß wir über eine Datex-P-Leitung direkt zu den Daten auf dem Lloyd's-Computer Zugriff bekamen. Für die Informationen berechnete ich nichts, aber band meine Gesprächspartner in eine Verpflichtung ein. Sie mußten Anzeigen in den Publikationen von LLP schalten. Meine britischen Kollegen wunderten sich nur, wie es möglich war, soviel Nutzen aus dem kleinen Deutschland zu organisieren.

Mit der technischen Ausrüstung war ich mit dem Büro ganz vorne. Heute würde man lachen bei den Möglichkeiten, die jetzt durch Internet und E-Mail vorhanden sind. Selbstverständlich besuchte ich auch in ganz Deutschland die Zulieferindustrie der Schiffahrt. Natürlich standen auch alle großen Versicherungsgesellschaften auf meinem Zettel.

Nachdem der Aufbau der Filiale für Loyd's so gut gestartet war, eröffnete sich uns privat ein neues Problem.

Bremen wurde seit Dekaden von der SPD regiert. Natürlich waren auch die Lehrer keine Freunde des konservativen Lebens. Es war bekannt, daß ich mich politisch als CDU-Mann in die Öffentlichkeit gewagt hatte. Und genau das bekam unser ältester Sohn Max bei der Einschulung heftig zu spüren. Wie uns die Klassenlehrerin mitteilte, sei er etwas dümmlich und weit hinter dem Wissensniveau der anderen Kinder zurück. Maxe, wie wir ihn nannten, hatte immer Bauch- oder Kopfschmerzen, wenn es in Richtung Schule ging. Dezent ausgedrückt, er wurde wegen meiner politischen Einstellung von den Lehrern schikaniert. Mit seinen sechs Jahren konnte er sich natürlich nicht dagegen wehren und litt darunter. Die Sorge um Max lösten wir, indem wir einen Schulwechsel vornahmen. Von einem Cousin von Sabine erfuhren wir von der Waldorfpädagogik und versuchten, ihn in Bremen in dieser Schule unterzubringen. Leider war diese Schule vollkommen überfüllt, und es war uns nicht möglich, dort einen Platz zu bekommen. Da uns aber die Pädagogik so gut zusagte, entschieden wir uns, ihn nach Ottersberg auf die Waldorfschule zu schicken. Warum die Waldorfschule? Im Gegensatz zu den staatlichen Schulen geht man in den Rudolf-Steiner-Schulen auf die Kinder sehr individuell ein und fördert die Fähigkeiten, die jeder Mensch in sich birgt. Das hat uns dazu bewogen, von Bremen nach Ottersberg zu ziehen. Es war ein harter Kampf, den ich mit meiner Frau führte, denn sie wollte aus diesem herrlichen alten Bremer Haus nicht ausziehen. Argumente und Vernunft siegten. Wir entschieden uns, das Haus in Bremen zu verkaufen, um ein neues Haus in Ottersberg zu bauen.

Hausbau in Ottersberg

Dieses ließen wir nur durch ansässige Firmen errichten. Egal, ob Maurer, Zimmermann, Klempner, Elektriker, Dachdecker, alles nur „Eingeborene". Damit war schon eine gewisse Kontaktaufnahme zum Ort vorhanden. Es entstand ein Haus mit roten Klinkern im Niedersachsenbauernstil und 360 Quadratmetern Wohnfläche und 860 Quadratmetern Garten.

Wir wurden Mitglieder im Tennisverein und im Schützenverein. Auch nahm ich wieder die Verbindung zu meiner Partei auf und hatte dadurch sehr schnell ganz viele Kontakte.

Eine neue Basis war geschaffen. Wir hatten ein traumhaftes Haus und unsere vier Söhne mit dem Fahrrad, durch die Wiesen, einen kurzen Weg zur Waldorfschule. Meine Frau Sabine fing an, nicht mehr die Stadt, sondern das Land, die unmittelbare Natur, mit ihren Flüßchen und den Wasserarmen der Wümme zu lieben. Der ruhende Pol des Lebens lag jetzt nicht mehr in Bremen, sondern sehr viel besser und naturverbundener in Ottersberg. Frau und Kinder waren glücklich und zufrieden und ich damit auch. Nachdem diese Veränderung vollzogen war, konnte ich mich endlich um meinen älteren Bruder Horst in der DDR kümmern.

Einen kleinen Tip will ich noch abgeben für Männer, die zur Gartenarbeit nicht unbedingt Lust haben. Es war ein schöner Frühlingsmorgen, als meine Frau mich aufforderte, ich sollte mal etwas Unkraut jäten. Ja, das tat ich, ohne Frage. Alles, was grün und klein aus der Erde schaute, wurde von mir gewissenhaft herausgezogen. Das war das Ende meiner individuellen Gartenarbeit. Das erteilte Verbot war eindeutig, ich durfte nie wieder Feinarbeiten machen, weil alle ausgesäten Blumen und Gewächse einfach nicht kamen.

Der Neubau im Frühjahr

Die groben Arbeiten, wie Rasen mähen, Äste aus den Bäumen sägen, Laub im Herbst beseitigen, das waren dann nur noch die Arbeiten, für die ich zuständig war. Das Haus gut in Farbe zu halten, wie der Seemann sagt, war sowieso ein Selbstgänger, und wir hatten wirklich ein Schmuckkästchen geschaffen. Innen wie außen. Unsere Söhne wurden genauso, wie ich es gelernt hatte, angehalten, jede Woche einen besonderen Dienst zu tun. Katzen zu füttern, die unsere Kinder bei einem Schulfest, durch „Zufall", bei einer Tombola gewonnen hatten. Den Straßenbereich zu fegen, Rasen zu mähen usw. Heute ist es schön zu sehen, wie diese Kinder, inzwischen Erwachsene mit eigenen Kindern, ihr Umfeld in Ordnung halten.

Heftiger Kontakt mit der Stasi

Freiheit, die ich meine ...

... waren die Worte, die ich ursprünglich als Überschrift für dieses Kapitel verwenden wollte. Leider können zu viele Menschen zuwenig in unserer heutigen Zeit damit etwas anfangen. Die Worte stammen von Max von Schenkendorf (1783 bis 1817). Es war ein Lied mit dem Titel „Freiheit", welches 1813 von ihm in der Zeit der Napoleonischen Freiheitskriege geschrieben wurde. Die Worte, „die ich meine", beinhalten die Liebe zur Freiheit.
Zurück in die jüngere Vergangenheit.
Nach dem 2. Weltkrieg entstanden auf deutschem Boden zwei deutsche Staaten:
Die Bundesrepublik Deutschland unter der Vorherrschaft der westlichen Siegermächte. Demokratische Verhältnisse wurden angestrebt.
Die Deutsche Demokratische Republik unter der Vorherrschaft der Sowjetunion. Es wurde eine Diktatur errichtet.
Dieses Staatsgebilde nannte ich prinzipiell Konzentrationslager, weil es durch Stacheldraht und Mauern extrem abgesichert war. Versuchte man als freiheitsliebender Mensch, diese Barrieren zu überwinden, dann wurde noch scharf auf Menschen geschossen. Abgesehen von den Minen und Selbstschußanlagen.
Als die rechte Hitlerdiktatur beendet war und in der ehemaligen DDR eine kommunistische Diktatur entstand, gab es keinen Zweifel, was auch belegt ist. Die Vorzeichen wurden einfach von „braun" auf „rot" umgeschaltet.
Die gut ausgebildeten Gestapoleute wurden sofort von der Stasi übernommen. Die meisten obersten Führungskräfte wurden ausgetauscht oder umgedreht. Die DDR brauchte fähige Menschen. Viele Gestapoleute nahmen das Angebot an, denn in diesem Fall ging es nicht um Ideologie, auch nicht um Moral und Ethik, es ging für diese Menschen um die Selbsterhaltung. Man hatte die Verantwortung für seine Familie, die auch leben, ja überleben mußte.
War schon das Hitlerregime eine perfide Perversion gegenüber den Menschen, so wurde diese durch die kommunistisch-sozialistische Diktatur perfektioniert. Neu entwickelte Techniken und Überwachungsinstrumente, inklusive voll durchgeplanter Kontrollorganismen, dienten dazu, den freiheitsliebenden Menschen, eigentlich normalen Bürger, einzuschüchtern, zu dominieren, zu schikanieren oder zu isolieren.
Eine Diktatur übernahm die aufgebauten Strukturen einer anderen Diktatur. Nur mit neuen Namen und Worten.
Aus der NSDAP = Nationalsozialistische Deutsche Arbeiterpartei wurde die SED = Sozialistische Einheitspartei Deutschlands. Aus der HJ = Hitler-Jugend wurde die FDJ = Freie Deutsche Jugend. Aus der Deutschen Arbeiterfront wurde der FDGB = Freier Deutscher Gewerkschaftsbund usw.
Mein Bruder lebte im Osten und ich im Westen, und er wollte raus.

Fluchtversuch

Der Schwiegervater meines Bruders Horst war staatlich anerkannter Auktionator und ein anerkannter Spezialist für orientalische Teppiche mit Sitz in Frankfurt/M. Er hatte gute Verbindungen zum

Mein Bruder Horst und ich in unbeschwerter Zeit

Mittleren Osten und besonders in die Türkei. Seine Geschäftsfreunde dort organisierten und planten die Flucht mit einem Containerschiff auf dem kürzesten Seeweg vom Hafen Varna, Bulgarien, bis nach Istanbul, Türkei. Zur Erinnerung: In der DDR durfte man Urlaub in den sogenannten Bruderländern machen. D.h. Ländern, in denen der Kommunismus/Sozialismus herrschte. Dazu gehörte Bulgarien, aber auch Karlsbad in der Tschechoslowakei, die Stadt, wo mein Bruder und sein Schwiegervater sich trafen, um die Flucht zu besprechen. Alles, was verkaufbar war, sollte mein Bruder für Ostmark an ganz persönliche Freunde abgeben. Dazu gehörte auch ein Wartburg Tourist, sein „Heiligtum", den ich für meinen Bruder über Jaurefood Kopenhagen für DM 8000 gekauft hatte, Lieferzeit: acht Wochen. (Wenn DDR-Bürger einen Wagen kaufen wollten, mußten sie bis zu 15 Jahre warten, aber vorher schon den Wagen anzahlen.) Haushaltsgegenstände, auch Antiquitäten, wechselten die Besitzer. Seine Familie wußte, daß das Haus, in dem sie wohnte, bald nicht mehr aktuell sein würde. Es wurde alles aufgegeben. Dingliche Werte, und was schmerzhafter war, auch liebgewonnene und vertraute Freunde. Nicht zu vergessen Aki, sein auf das Wort gehorchender Schäferhund. Mit dem Zug ging die Reise nach Karlsbad. Nochmaliges Treffen mit dem Schwiegervater, und dann ging es weiter über Sofia nach Varna. Mein Bruder mit Frau und Tochter waren bereits auf dem Schiff und dort in einem Container versteckt. Das war genau Mitte Juli 1974, als der Kapitän sich weigerte auszulaufen.
Was war passiert?
Ein Krieg war ausgebrochen zwischen der Türkei und Griechenland. Zankapfel war die Insel Zypern. Erzbischof Makarios hatte über viele Jahre die Insel und die zwei Volksgruppen, Türken 18 % und Griechen 82 %, verwaltet und geführt. Ein großer Teil der Insel war und ist mit englischem Militär besetzt. Dieser Militärstützpunkt gilt heute noch als Nachschubbasis für die Engländer, falls ein Konflikt im Mittleren Osten auftreten würde. Erzbischof Makarios war ein überzeugter Zypriot und wollte, daß die Engländer die Insel verlassen. Schnell und sehr unbürokratisch wurde Makarios durch die Engländer von der Insel verbannt und ein griechischer General für die Verwaltung eingesetzt. Die türkische Regierung unter Ministerpräsident Ecevit hatte Sorge um die türkische Minderheit im Norden Zyperns und besetzte in einer großangelegten Aktion mit schwerem Militärgerät den Norden der Insel. Sie kämpfte sich bis Nicosia vor und besetzte auch einen Teil der Hauptstadt. Alle Handelsschiffe wurden durch Kriegsschiffe, auch auf offener See im Schwarzen Meer, kontrolliert.
Die Familie meines Bruders wurde wieder an Land geschickt. Einen neuen Termin gab es nicht. Alles war zu ungewiß. Die perfekte Katastrophe war vorhanden. Die ganze Aktion der Flucht mußte nun wieder zurückgeschraubt werden. Alles mußte zurück abgewickelt werden. War das überhaupt möglich? Das gedankliche „Auf Wiedersehen" bei der Abreise aus Erfurt bekam nun einen makaberen Anstrich. So jedenfalls hatte man es sich nicht vorgestellt. Das Klingeln beim Nachbarn mit der Bitte um Herausgabe der Hausschlüssel – was für eine Enttäuschung. Das eingeschworene Team der Freunde machte keine Probleme, vom Auto bis zur Hollywood-Schaukel ging alles reibungslos zurück.

Selbst Aki, der Schäferhund, brauchte nicht mehr Wachhund bei der Sportanlage zu sein und freute sich mächtig über die Rückkehr seines Herrchens. Im Freundeskreis gab es kein Kuckucksei. Die Stasi hatte von der ganzen Aktion nichts mitbekommen. Die Flucht jedoch aus der DDR war gescheitert. 1978 erhielt ich einen schriftlichen Hilferuf über einen Erfurter Brauereifahrer, der mir einen Brief nach Verabredung in Bremen überreichte. „Alleine schaffe ich eine Flucht aus dem Gefängnis DDR nicht. Wenn du kannst, bitte hilf mir. Dein Bruder." Das war eine klare Ansage.

Ich muß gedanklich etwas weiter ausholen, weil es zu viele Menschen gibt, die sich an politische Fakten, die heute schon Vergangenheit sind, nicht mehr erinnern können oder wollen.

Es geht um das Thema Menschenrechte. Es war am 1.8.1975, als die KSZE, Konferenz über Sicherheit und Zusammenarbeit in Europa, in Helsinki abgehalten wurde.

Die ehemalige Regierung der DDR war mit dabei, als die Charta der Menschenrechte unterschrieben wurde. Jeder Bürger in Europa sollte das Recht haben, selbst zu entscheiden, wo er in Zukunft leben will. Die DDR hatte als „Arbeiter- und Bauernstaat", dem Volke „wohlgesonnen", diesen Vertrag mit unterschrieben.

Die Situation für die Menschen wurde in diesem Staate DDR aber immer unerträglicher, und so besann sich mein Bruder Horst auf die Beschlüsse der KSZE. Er stellte einen Antrag auf Umsiedlung in den Westen Deutschlands. Den Hohn und die Brutalität, mit der diese kommunistisch-sozialistischen Diktatoren umgingen, bekam mein Bruder, und nicht nur er, auf die brutalste Weise zu spüren. Horst wurde zu seiner Dienststelle zitiert, als Verräter am Volke der DDR verunglimpft. Als verdienter Sportlehrer und Trainer an der Hochburg der Leichtathleten in Erfurt wurde er mit sofortiger Wirkung entlassen und aller erworbenen Beamtenrechte enthoben. Als Auslieferungsfahrer für Brot, Brötchen und andere Waren mußte er morgens um 3.00 Uhr seinen Dienst beginnen. Ware bei Fabriken abholen und HO-Läden und andere Verteiler beliefern. War er damit fertig, wurde ihm noch eine Tour als LKW-Fahrer nach Leipzig oder Dresden aufgebrummt. Wo man konnte, wurde er diskriminiert, schikaniert und gedemütigt.

Nun war es meine Aufgabe, meinen Bruder, mit Familie, legal aus der propagandistisch hochgejubelten Arbeiter- und Bauerndiktatur herauszubekommen.

Der Verkauf beginnt da, wo der Kunde NEIN sagt

Der Kunde DDR wollte keinem Menschen die Freiheit geben und sagte prinzipiell NEIN. Ich aber wollte meinen Bruder unbedingt aus diesem unfreien Land herausbekommen. Lloyd's of London Press in London verkaufte ich die Idee, erstmalig in der Tageszeitung Lloyd's List einen Spezial-Bericht über ein kommunistisches Land und die dortige wirtschaftliche Situation zu bringen, wie sich die Perspektiven in Schiffahrt, Verkehr, Handel und industrielle Produktion entwickeln.

Die Idee wurde von den Engländern positiv aufgenommen, und mir wurde nur gesagt, ich solle mindestens Pounds 50 000 = damals ca. DM 150 000 an Profit durch Anzeigenverkauf organisieren. Also zwei Aufgaben: Bruder Horst rausholen und mal eben, aus einem finanziell schwachen, kommunistischen Land, harte Währung beschaffen.

Meinen Kollegen bei Lloyd's hatte ich aber auch erzählt, was der Hintergrund dieser Initiative war. Diese wurde von allen Beteiligten akzeptiert und mitgetragen. Herrlich, ich hatte den Rücken frei.

Mit einem Adeligen, Herrn Dr. von S., Botschafter der DDR in Bonn, machte ich per Telefon einen Termin, um ihm einen ungewöhnlichen Vorschlag zu unterbreiten, was natürlich nur persönlich besprochen werden könne. Dr. v. S. nahm die Idee sehr positiv auf, daß ein Bericht in einer der angesehensten Schiffahrtszeitungen der Welt über die DDR präsentiert werden sollte.

Er versprach mir, mit den entsprechenden Ministerien Verbindung aufzunehmen. Jedoch, bevor ich den Raum verließ, fragte ich ihn, ob es möglich sei, meinem Bruder die Übersiedlung in den Westen zu ermöglichen. Laut und deutlich meinte er zu mir: „Diese Worte habe ich offiziell nicht zur Kenntnis genommen." Gab mir aber ein Zeichen, ich solle die Adresse meines Bruders aufschreiben. Erst später habe ich durch andere Kanäle mitbekommen, daß selbst in Botschaften alle Gespräche aufgezeichnet wurden. Von Dr. v. S. bekam ich einen Anruf. Mir wurde mitgeteilt, daß grünes Licht für den Bericht über die DDR gegeben sei.

Die Stasi nimmt mit mir Verbindung auf

Abends kam ich nach Hause und fand im Briefkasten einen Umschlag. Keine Adresse, kein Absender. Was war das? Sehr schnell wurde es mir klar. Nachdem ich einen Freund in West-Berlin gefragt hatte, wo denn das Hotel „Metropol" sei, bekam ich die Antwort: „Ja, im Westen garantiert nicht." Getarnt durch den Spezial-Bericht für die DDR in der Lloyd's List, mich mit Stasi-Leuten zu treffen, erzählte ich meiner Frau nicht. Ich wollte sie nicht beunruhigen. Zuvor hatte ich mich aber über meine Kollegen bei Lloyd's rückversichert. Falls ich mich nach vier Tagen nicht melden würde, solle sich der englische Botschafter darum kümmern, mich wieder herauszuholen.

```
                                        Berlin, den 7. 6. 1979

Werter Herr Arlt!

Vor längerer Zeit baten Sie um Unterstützung bei
der Klärung der Angelegenheit Ihres in Erfurt
lebenden Bruders.
In der Tat können damit im Zusammenhang stehende
Fragen nicht ganz problemlos gesehen werden.
Deshalb auch der Briefeinwurf bei Ihnen direkt
und keine Beförderung auf offiziellem Wege.
Bezüglich des Austausches der Gedanken und der Er-
örterung von Möglichkeiten würden wir uns zu einem
persönlichen Gespräch in Berlin bereitfinden.
Sollten Sie sich für eine Berlin-Reise entschließen,
schlagen wir Ihnen den Zeitraum vom 1o. bis 13. 7.
bzw. 17. bis 2o. 7. 79 vor.
Buchen Sie bitte im Hotel "Metropol" ein Zimmer,
wir setzen uns dann mit Ihnen in Verbindung.
Die Bestätigung Ihres Reisetermins nehmen Sie
bitte telegraphisch unter der Anschrift
Hildegard Knietsch, 1615 Zeuthen, Eichenallee 4,
vor.
```

Brief der Stasi

An oben besagte Adresse sollte ich einen Termin aus zwei Vorschlägen benennen. Im Hotel Metropol meldete ich mich pünktlich an der Rezeption. Nachdem ich meinen Paß vorgelegt hatte, schaute eine sympathische Rezeptionistin nicht mich an, sondern mit einem Augenzwinkern an mir vorbei. Zwei Männer standen aus einer Sitzgruppe auf und kamen auf mich zu. Wir stellten uns vor. Man teilte mir mit, daß man mich jetzt auf mein Zimmer begleiten würde. Das Zimmer hatte westlichen Standard. Auch einen Kühlschrank, aufgefüllt mit allen prächtigen Getränken, die damals der Ostblock zu bieten hatte. Vom Krimsekt über Bier bis hin zum Aromatik, einem köstlichen, aber hochprozentigen Magenbitter.

Einige Minuten wurden Höflichkeitsfloskeln ausgetauscht, bis dann sehr konkret mit dem Gespräch begonnen wurde.

Auf sächsisch zu schreiben fällt mir sehr schwer, aber das Gespräch lief in dieser Mundart. „Ja, Herr Arlt, Sie arbeiten für die internationale Presse und kommen mit sehr vielen Firmen in Westdeutschland zusammen. Wenn Sie wollen, daß Ihr Bruder in den Westen umsiedeln kann, müssen Sie auch etwas für uns tun." „Was soll es denn sein?", fragte ich. „Wir sind an der innovativen Forschung der deutschen Wirtschaft und Industrie interessiert." Es war also Wirtschaftsspionage als Gegenleistung gefordert.

Als erklärter Gegner des Kommunismus/Sozialismus machte ich meinen Gesprächspartnern klar, daß ich niemals Spionage für ein von mir verabscheutes Regime machen würde.

„Irgend etwas müssen Sie schon anbieten, Herr Arlt, wenn Sie Ihren Bruder in der BRD wissen wollen." Vor mir saßen nun zwei Staatsdiener der DDR, die auch nur nach bestem Wissen und Gewissen ihre Arbeit verrichteten. Es ging um Informationen, die organisiert werden mußten, Fakten an ihren Staat zu liefern. Damit der eigene Staat wirtschaftlich erfolgreicher oder, je nach Information, der politische Gegner als Staat geschwächt werden konnte.

```
911z tst bremen
246454 loyds d    4.7.79

bitte ein telegramm an:

hildegard knietsch
ddr 1615 zeuthen
eichenallee 4

text:

eintreffe 11.7.79 etwa 16.00 uhr. buchung hotel metropol
ok. abreise 12.7. ca. 12.00. erbitte kurze bestaetigung.
klaus arlt.
```

Telegramm an Hildegard Knietsch

In meiner harmlosen Art bot ich aus dem gutsortierten Kühlschrank ein Getränk nach Wahl an. Es wurde akzeptiert. Unsere Kommunikation endete, als der Kühlschrank leer war. Der Zimmerdienst sorgte für Nachschub. Der Ablauf des Gespräches war hochsensibel. Man bot mir DM 20 000 in bar an, um für die Stasi zu agieren. Die Scheine wurden auf den Tisch gelegt. Ich bot auch DM 20 000 an, um meinem Bruder eine freiere Version des Lebens zu ermöglichen. Irritation war angesagt. Das kannte man nicht. Denn viele „brave" (?) Bürger aus der Bundesrepublik verhielten sich wie Judas und spionierten für einige Silberlinge für die DDR. Bei unserem über viele Stunden andauernden Gespräch wurde über das alte Deutschland gesprochen. Über die herrliche Natur im Norden und im Süden und vieles mehr. Wir näherten uns menschlich an. Wir tranken auf Brüderschaft. Der Leitoffizier der Stasi hieß Karl-Heinz und war ca. 55 Jahre alt. Ich 15 Jahre jünger. Sein Begleiter mit Aktenkoffer und eingebautem Aufzeichnungsgerät und Kamera hatte den schönen Namen August. Menschlich war die Atmosphäre hervorragend. Aber es standen sich nach wie vor zwei Kontrapunkte gegenüber.

Irgend etwas mußte ich ja nun meinen neuen Duzfreunden anbieten. „Jungs, ich bekomme ja nun wirklich eine ganze Menge mit, was sich in Deutschland tut. Ich sehe mal zu, was ich für euch machen kann." Wir verabredeten, uns in sechs Wochen wieder zu treffen. Kontaktaufnahme: gleiche Prozedur.

Keiner kann richtig nachempfinden, wie es in meiner Seele ausgesehen hat.

Als fleißig und präzise arbeitender Pressevertreter sammelte ich alle zur Veröffentlichung freigegebenen „Pressemappen, inklusive Fotos", von allen Firmen, die mit dem Militär zu tun hatten, ein. Selbst die Fraunhofer-Forschungsgruppe, mit Entwicklung von Lebensmitteln für die Zukunft der Menschheit, ließ ich nicht aus.

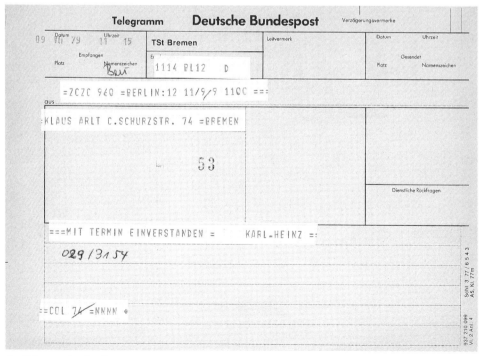

Bestätigung der Stasi

Die zwei alten Pappmachékoffer, die ich noch bei uns auf dem Boden fand, hatte ich mit dem ganzen Material gefüllt. Nach beendeter Beschaffung dieser „Informationen" nahm ich wieder über Hildegard Knietsch den Kontakt zur Stasi auf. Die Bestätigung kam dann per Telegramm von meinem neuen Stasi-Freund Karl-Heinz: Mit Termin einverstanden.
Jetzt mußte ich echte Koordinationsarbeit leisten. Es ging um den DDR-Bericht in unserer Zeitung und um die Stasi (mein Bruder).
Per Telex buchte ich zwei Zimmer im Palasthotel. Es war ein Fünf-Sterne-Haus, welches kurioserweise von Japanern gebaut wurde. Dieses Hotel war das Aushängeschild der DDR im politisch repräsentativen Bereich. Mal eben in der DDR anrufen, ging zu der damaligen Zeit nicht. Man mußte das Gespräch anmelden und zwei bis sieben Stunden warten, bis eine Verbindung durch das Fernmeldeamt geschaltet wurde. Nach vier Stunden war mein Bruder am Telefon, und ich informierte ihn, daß ich a) ein Treffen mit der Stasi wegen ihm vereinbart hatte, aber b) gleichzeitig Bob Jordan (englischer Journalist aus London) bei uns sein würde, um den DDR-Bericht zu recherchieren. Mir war völlig klar, wir wurden abgehört. Das hatte jedoch keine Bedeutung, denn die Sache war von mir auf höchster Ebene eingefädelt und von dort abgesegnet worden.
Bob und ich reisten mit dem Wagen an. An der Grenze wurden nur zwei Telexe vorgelegt, die Pässe kontrolliert, aber unser Auto nicht. Wir meldeten uns im Hotel.
Herr Wehmann war ein hochrangiger Stasioffizier, offiziell aber Leiter der internationalen Presseabteilung. Die Papiere für die Genehmigung unterzeichnete er problemlos. Er war über alles informiert.
Bei unserem ersten persönlichen Gespräch durften Bob Jordan und ich, die den freien Journalismus kennen, jetzt in die Schule gehen, um zu lernen, was Pressearbeit in einer menschenverachtenden Diktatur heißt. Unsere Zeitung, die Lloyd's List, war durch Profis der DDR als Muster fachmännisch nachempfunden worden. Es wurde genau vorgegeben, wie der Leitartikel auszusehen hätte. Der aufgeblasene, den Sozialismus hochjubelnde Text war bereits fix und fertig in Deutsch und Englisch vorbereitet. Es wurden die Errungenschaften der Industrie, der Landwirtschaft, der sozialen Leistungen, der Kultur und des Sports sehr geschönt dargestellt. Auch das Layout war schon vorgegeben mit entsprechenden Bildern und Rubriken.
Bob Jordan und ich wechselten die Blicke und waren uns einig. Definitiv so nicht. Als Germane war ich Wortführer, denn Bob sprach nur Englisch. Erst viel später habe ich herausbekommen, daß Bob perfekt Deutsch verstand, aber nicht sprach und verdeckter Mitarbeiter des englischen Geheimdienstes war.
Die „wunderschön und professionell" aufgemachte DDR-Lloyd's List-Ausgabe wurde von mir in die Hände genommen. Interessiert schaute ich noch den Text an und zerriß diese Ausgabe vor den Augen von Herrn Wehmann und zwei seiner Mitarbeiter. Jetzt ging Herr Wehmann in die Schule. Er lernte, was seriöse Pressearbeit heißt. Nur klare und saubere Fakten könnten in diese Zeitung gebracht werden. Sie wird von Spezialisten weltweit in 132 Ländern unseres Planeten gelesen, die versiert sind in den Bereichen Schiffahrt, Transport und Verkehr. Natürlich spielte ich ein Spiel mit hohem Einsatz. Herr Wehmann kannte so etwas nicht, entschuldigte sich für einen Moment und kam nach ca. 30 Minuten zurück. Seine Frage war dann: „Und wie stellen Sie sich nun die weitere Zusammenarbeit vor?" Nun drehte ich den Spieß um. Die Antwort war klar und deutlich: Interviews mit den Generaldirektoren der Deutschen Seereederei Rostock (DSR), den Werften, der Deutrans und der Deufracht. Auch fragten wir nach innovativer Entwicklung und Forschung. Bob und ich wurden verabschiedet und auf den nächsten Tag vertröstet.
Danach hieß es: „Wir haben zwischenzeitlich mit den von Ihnen gewünschten Gesprächspartnern gesprochen. Hier ist die Liste der Termine, und weil Sie sich in der DDR nicht gut genug auskennen,

werden Sie begleitet von zwei unserer Mitarbeiter." Drei Tage fuhren wir durch das Land und machten unsere Interviews.

Die Wachhunde, wie ich sie nannte, waren, wenn man alleine mit ihnen sprach, nur frustrierte arme Schweine.

Am vierten Tag trafen wir wieder im Palasthotel ein. Ich holte meinen Bruder vom Bahnhof ab, und wir drei setzten uns im Hotel in die Lobby. Dort trafen wir uns mit der Gegenseite. Mein Freund Karl-Heinz und sein Assistent August begrüßten uns. Sie empfahlen Bob Jordan, er möge sich Ost-Berlin ansehen, und wir gingen mit der Stasi auf ein Zimmer. Das Ritual war das gleiche. Die Rezeption gab durch Blickkontakt Bescheid: Gesprächspartner sind da. Wir standen auf. Mit den beiden mit Prospektmaterial prall gefüllten Pappmachékoffern gingen wir in den Fahrstuhl und von dort in das Zimmer 32. Das Vorstellen meines Bruders war für mich kein Problem, aber er wurde klar und bestimmt darauf hingewiesen, daß er bei dem nun folgenden Gespräch unerwünscht sei.

Mit meinen neuen Stasi-Freunden begann ich wieder eine Diskussion, wie schwierig (nein) und zeitaufwendig (ja) es für mich gewesen sei, die Unterlagen zu organisieren. August, der Assistent, hat dann, nachdem der Kühlschrank wieder leergetrunken war, wir wieder über Perspektiven des Lebens diskutiert hatten, die beiden Pappmachékoffer in den Wagen der Stasi umgeladen. Die Aussage von Karl-Heinz war dann: „Klaus, wir müssen das Material logischerweise erst prüfen und laden dich jetzt schon zum japanischen Essen für morgen hier im Hotel ein." Es war ein verdammt gefährliches Spiel, welches ich spielte.

Zu der ganzen Situation kann ich nur folgendes sagen: Mir war es gelungen, menschlich eine Brücke zu schlagen. Es war unwichtig, auf welcher Seite man stand. Ob Demokratie oder Diktatur, Sozialismus oder Kapitalismus. Menschen haben mit Menschen gesprochen.

Logischerweise mußte ich am nächsten Tag meine moralische Ohrfeige entgegennehmen.

„Klaus, du bist ein richtiger Schweinehund, verarschen können wir uns alleine." Meinen Standpunkt wiederholte ich: „Von Anfang an hatte ich euch gesagt, ich würde niemals einen Staat unterstützen, der mit einer Handvoll von Funktionären und einer nicht funktionierenden Parteidoktrin einen Teil unseres Volkes knechtet."

Karl-Heinz hatte mich auch gefragt, ob ich denn mit den westdeutschen Behörden Verbindung zur Absicherung meiner Rückkehr aufgenommen hätte, was ich verneinte. Hart war es zur Kenntnis zu nehmen: „Klaus, du sprichst die Wahrheit, das haben wir überprüft." Für mich war es bitter zu wissen, wie viele Ratten nicht nur in unseren Behörden auf der westlichen Seite dem politischen Gegner definitiv gegen Almosen zuarbeiteten. Woher sonst hätte Karl-Heinz mir so schnell eine Bestätigung geben können? Daß ich mich über England abgesichert hatte, war eine andere Geschichte, denn bis dahin reichten die Stasi-Kontakte definitiv nicht.

Wir haben prima japanisch gegessen. Karl-Heinz hat richtig in harter Währung bezahlen müssen. Als wir uns verabschiedeten, nahm er mich in den Arm und flüsterte mir ins Ohr: „Schade, daß du hier nicht lebst, wir hätten echte Freunde werden können. Für deinen Bruder werde ich tun, was ich kann. Das verspreche ich dir."

Weil ich mich nicht auf Versprechungen verlassen wollte, verfolgte ich eine weitere Line, nämlich das gesamte politische Spektrum der Bundesregierung zu nutzen. Von ganz links, Wehner, bis ganz rechts, Löwenthal, habe ich alle Verbindungen kontaktiert, um deren Einfluß für das Vorhaben geltend zu machen. Viele Menschen waren von mir motiviert worden, sich für die Freilassung meines Bruders zu engagieren, darunter war auch Hans Koschnick, damaliger Bürgermeister von Bremen. Nach all diesen Aktivitäten muß es den Sachbearbeiter der Stasi so genervt haben, daß er ständig, durch

welche Kanäle auch immer, auf die Familie meines Bruders aufmerksam gemacht wurde. Das Aktenvolumen wurde immer größer.
Es war das Jahr 1980, als ich einen Anruf von meinem Bruder erhielt: „Rate mal, von wo ich anrufe!" ... Es war Frankfurt/M.
Endlich hatten wir es geschaft. Unsere Freude war grenzenlos.
Viele Menschen tun nichts, wenn sie keine Gegenleistung bekommen. Wenn dann die Frage kommt: Und was hast du davon gehabt?
Kann meine Antwort nur lauten:

Die so fragen, denen braucht man keine Antwort zu geben, denn sie wissen nicht, was es bedeutet, in einer Diktatur ohne Freiheit zu leben.

Zur Information, Rainer Beck, inzwischen Ottersberger, schildert in seinem Buch „Tango mit der Stasi", ISBN 3-8334-1343-3, die mühsame Flucht mit der Familie aus der DDR. Er beschreibt in Form eines Romans im Detail die Schikanen, denen er ausgesetzt war.
Im Gegensatz zu meinem Bruder hatte er es ohne fremde Hilfe in fünf Jahren geschafft, den Weg mit der Familie in die Freiheit zu finden.
Meine traurige Feststellung ist, und hier berufe ich mich auf das Gesetz der Redefreiheit:
Die ideologisch getrimmten Diktaturen von rechts und links sollten augenscheinlich überwunden sein, dennoch sind wir Bürger im festen Griff einer neuen Art von Diktatur ...

... die Diktatur des Kapitals, der zu vielen, unnötigen Gesetze und die zu große Zahl von unqualifizierten Politikern!!!

Wie ich es sehe, wird das Volk in seiner Freiheit und Entscheidungfähigkeit durch zu viele unüberschaubare Gesetze mehr und mehr eingeengt. Die nicht volkswirtschaftlich arbeitende Bürokratie als ausführendes Organ schnürt nicht nur die Luft zum Atmen ab, sondern verlangsamt und lähmt jede so bitter notwendige Eigeninitiative. Das dürfte auch der Grund sein, warum die Arbeitslosenzahlen nicht weniger werden. Nicht Politiker schaffen Arbeitsplätze, sondern nur die Wirtschaft kann das.
Bedingung: Die Politik muß die Voraussetzungen und Rahmenbedingungen schaffen, damit von der eigenen Wirtschaft und dem Ausland wieder in Deutschland investiert werden kann. Mehr als zehn Jahre sind wirtschaftlich verlorengegangen, weil die Politiker durch mangelnde Pragmatik keine Weichen gestellt und keine Entscheidungen getroffen haben.

Acht Tage USA

In der Zeit, in der das Haus gebaut wurde und ich mich bemühte, meinen Bruder aus der DDR zu holen, verkaufte ich wie ein Weltmeister für Lloyd's of London Press.
Auf Grund meiner sehr erfolgreichen Verkaufszahlen in Deutschland wurde ich vom Chairman gebeten, die Verkäufer unserer Organisation in New York zu schulen. Diese Reise kam mir wie gerufen. Somit hatte ich die Möglichkeit, meinen alten Freund Wilhelm in North Carolina und meinen ältesten Sohn Max in Oklahoma zu besuchen.
Was mir noch besser gefiel, war, daß meine Frau mitkommen durfte.

New York

Nach ca. sieben Stunden Flug kamen wir auf dem JFK-Flughafen in New York an. Mit dem Taxi ging es direkt zu keinem geringeren Hotel als dem „Waldorf-Astoria". Dieses Hotel wurde im Jahre 1900 gebaut und von der Einrichtung in diesem Stile belassen. Es war wie in einem Museum. Wunderschöne antike Möbel, Brokatstoffe und Kristallüster, welche von den Decken herunterhingen, unterstrichen die verblichene Eleganz und den noch heute sichtbaren Luxus. Meine Frau und ich fühlten uns hier sehr wohl. Allerdings war der Preis pro Nacht von US-$ 350 auch nicht zu verachten.
Um überhaupt ein Gespür für New York zu bekommen, tauchten meine Frau und ich für zwei Stunden erst einmal in das Menschengewirr der Millionenstadt ein.
Unser erster Eindruck: Diese Stadt ist ein Schmelztiegel aller möglichen Nationen. Wir nahmen eine unsagbare Hektik und Eile wahr. Die extrem aufeinanderprallenden Gegensätze von Armut und Reichtum ließen uns erschüttern. Die Straßen waren mit Autos total überfüllt. Der Schmutz, die kaputten Straßen und die unterschiedlichen Gerüche, die einem aus Lüftungsschächten und Abflüssen entgegenschlugen, ließen sehr schnell erkennen, dies ist kein Ort, wo wir uns jemals wohl fühlen könnten.
Die Kaufkraft des Dollars ist mit der DM gleichzusetzen. Trotzdem wurde uns schwindelig, wenn man jedesmal den ausgegebenen Dollar mit DM 4 zu multiplizieren hatte.
Mit Geschäftsfreunden hatten wir uns um 19.00 Uhr in der Hausbar verabredet und trafen dann auch Kollegen aus England und Amerika. Ab diesem Moment war unsere Zeit in New York organisiert und verplant.
Mit einem Taxi fuhren wir zum Rockefeller-Center. Ein Haus mit 80 Stockwerken, welches von der Familie Rockefeller in einer Zeit erbaut wurde, als eine mächtige Rezession in den USA herrschte. Dieser Bau diente als Signal für einen Investitionsschub und brachte viele arbeitslose Bauarbeiter wieder in Lohn und Brot. Im 30. Stock dieses Gebäudes war die Rainbow Bar, von der man einen herrlichen Ausblick über das gesamte Manhattan hatte. Uns umgab ein gewaltiges Lichtermeer. Der rege Hubschrauber- und Flugverkehr, der sich über dieser Stadt bewegte, vermittelte den Eindruck, als wenn wir von unzähligen Glühwürmchen umgeben wären. Noch nie habe ich eine so beeindruckende Lichterwelt gesehen, obwohl ich schon sehr viel bis dahin in der Welt herumgekommen war.
Gegen Mitternacht amerikanischer Zeit wurden wir sehr müde. Wir stellten fest, daß wir genau seit 24 Stunden ununterbrochen auf den Beinen waren. Die sehr noble Einrichtung unseres Hotelzimmers nicht mehr wahrnehmend, sanken wir auf das Bett und schliefen sofort ein.

Bemerkenswert war für uns, gegen 3.00 Uhr morgens wachten wir wieder auf und konnten nicht mehr einschlafen. Das war die Zeit, wo in Deutschland der Tag wieder begann.

Es folgte ein intensiver Arbeitstag für mich, um meine Kollegen über den Verkauf von Medien und Anzeigen zu schulen. Abends waren wir in das Musical „Fourty-Second Street/Pretty Lady" eingeladen. Man kann es sich einfach nicht vorstellen, dieses Musical lief schon seit zehn Jahren und war immer in ununterbrochener Folge ausverkauft.

Ungewöhnlich wirkten in diesem Wolkenkratzermeer die vereinzelt vor ca. 100 Jahren gebauten Kirchen, die sich beinahe wie Spielzeug unter den gewaltigen Massen von Stahl und Beton abzeichneten. Beeindruckend empfanden wir auch die unterschiedlichen Völkergruppen, die in sich geschlossene Straßenblocks bewohnten.

Das Franzosenviertel sah aus, als wäre es in Frankreich abgebaut und in New York wieder aufgebaut worden. Französische Restaurants, Bistros, französische Geschäfte, alles wie in Frankreich. Wie mit einem Lineal gezogen, plötzlich der nächste Straßenblock, das Italienerviertel. Man sieht sich förmlich nach Italien versetzt. Unglaublich voll wirkt China-Town, das Chinesenviertel, in dem allein ca. 250 000 Chinesen leben. In einem Hochhaus, im dritten Stock, standen wir plötzlich in einem chinesischen Tempel. Buddha und viele andere Symbole der chinesischen Religionen und Kultur wurden uns erläutert. Nach fünf Minuten des Erläuterns hieß es: „Da drüben ist eine Pendeltür, dort können Sie Souvenirs kaufen." Der Kommerz schlug einem überall sehr lebendig entgegen. Frei nach dem amerikanischen Motto: Time is money und Business as usual (Zeit ist Geld und Geschäfte machen, wo immer es möglich ist).

Zum Mittagessen wurden wir von unseren Geschäftsfreunden in den White Hall Club eingeladen. Dieser Club war ein Zentrum nur für Schiffahrtsleute. Da wir an diesem Tage weiterfliegen wollten, hatte ich mich bereits auf Freizeitkleidung eingestellt. Der Portier belehrte mich, daß es unmöglich sei, in diesen renommierten Club ohne Krawatte und Jackett einzutreten. Aus der großen, mir vor die Nase gehaltenen Plastiktüte suchte ich mir einen typisch amerikanischen, großkarierten Schlips heraus. Die Jacke, die mir gegeben wurde, war durch häufiges Verleihen bereits reichlich ausgefranst. Auch wies sie genügend Löcher auf. Der Form aber war Genüge getan. Die Situation erinnerte mich, bei dieser Prozedur, an ein libanesisches Restaurant in Nigeria. Kein Eintritt ohne Schlips. Dort mußte man sich einen Schlips für ca. DM 5 mieten, und man konnte in das Restaurant. Diesmal mußte ich keine Miete zahlen. Meine Frau und ich genossen den Blick auf die Freiheitsstatue und die Insel der Tränen. Dieses Fleckchen Erde wurde so genannt, weil alle Auswanderer, die von Europa nach Amerika kamen, dort erst einmal in Quarantäne gehen mußten, bis die Einwanderungsbehörden die offizielle Erlaubnis gaben, das Festland der USA betreten zu dürfen. New York ist eine außergewöhnliche Stadt.

North Carolina

Der Flug von New York nach Charlotte, der Hauptstadt von North Carolina, war erholsam. Es wurde eine Weinprobe im Flieger von französischen, deutschen, italienischen und kalifornischen Weinen angeboten. Egal, wo man auf der Erde lebte, die bestellten Weine würden direkt dorthin geliefert werden.

Über Wilhelm, den wir nun besuchen wollten, muß ich noch etwas sagen. Wir hatten uns in Bremen bei einer CDU-Kreisverbandssitzung kennengelernt. Er war für die Presse tätig, und ich hatte mich als harmloser Bürger bei dieser Versammlung zu Wort gemeldet. Wilhelm kam nach der Versammlung auf mich zu und meinte, so etwas habe er noch nie erlebt. „Die ganze Versammlung hast du ja durcheinandergebracht mit deiner konkreten Kritik und den Verbesserungsvorschlägen." Aus diesem Gespräch entstand eine gute Freundschaft. Er war verheiratet und hatte vier Kinder. Seine Ehe zerbrach, und Wilhelm suchte seine Jugendliebe, eine Norwegerin. Irgendwann hat er sie irgendwie wiedergefunden und das ausgerechnet in Amerika.

In der Ankunftshalle in North Carolina wartete Wilhelm mit seiner Anneliese. Sie war angezogen wie ein Texas-Girl und er wie ein typischer Cowboy. Mir wurde ein amerikanischer Zylinderhut mit Flagge aus Pappe aufgesetzt, und Sabine bekam einen kleinen Wimpel mit Sternenbanner in die Hand gedrückt. Bei Dunkelheit erreichten wir ein kleines Holzhaus an einem See. Als wir auf den Parkplatz fuhren, kam uns ein in menschlicher Größe gestalteter Gartenzwerg mit einer leuchtenden Laterne in der Hand entgegen. So sah es jedenfalls aus. Große Freude herrschte bei zwei Hunden und fünf Katzen, als wir das Haus betraten. Es war urgemütlich eingerichtet. Überall waren Musikinstrumente und Aquarelle. Wir erkannten, hier ist ein Anthroposoph zu Hause.

Bis 12.00 Uhr nachts wurden die neuesten Begebenheiten und Erinnerungen ausgetauscht, um dann, wie die Tage zuvor, todmüde ins Bett zu fallen. Durch ein Hahnenkrähen wurden wir am nächsten Morgen geweckt und stellten fest, daß wir an einem sehr idyllischen Platz waren. Perlhühner, Pfauen, seltene Enten und anderes Getier hatte Wilhelm um das Haus von Anneliese angesiedelt. Es war traumhaftes Wetter. Im Februar eine Temperatur um 18 Grad.

Auf ein europäisches Frühstück, wie zu Hause, wurde verzichtet. Wilhelm wollte uns den American way of life zeigen. In einer Breakfast Nook, einer primitiven Baracke, zu der wir nur fünf Minuten fahren mußten, wurde ein Frühstück von 4.30 bis 11.00 Uhr angeboten. Von der Großmutter bis zum Enkel wurden alle Ankömmlinge mit Frühstück versorgt. Für die meisten ist es zu zeitintensiv, sich Frühstück zu machen. Auch hier war erkennbar, daß die Menschen sehr gestreßt und hektisch waren. Nach dem Motto: Keine Zeit, keine Zeit. Ich habe mir immer wieder die Frage gestellt: Hinter was laufen sie denn hinterher?

Wie die Hühner auf der Stange fanden wir an einem langen Tresen aufgereiht den Bankdirektor mit seiner typisch amerikanischen Schirmmütze neben dem Fahrer des Gullywagens, der schon seine ersten zwei Stunden Arbeit hinter sich hatte. Auch der Lehrer sowie Frauen, die auf dem Wege zur Arbeit waren, und auch der Dorfsheriff mit seiner prächtigen Uniform durften nicht fehlen. Für das Frühstück bezahlte man US-$ 3. Dafür erhielt man eine Tasse Kaffee, und wenn diese leer war, wurde automatisch so lange nachgeschenkt, bis man nicht mehr mochte. Dazu gab es Toast, Rühreier, Spiegeleier, Speck oder in Fett triefende Reibekuchen mit Ahornsirup.

Der obligatorische Maisbrei wurde dazugestellt, und jeder Happen, den man zum Munde führte, wurde vorher in diesen Maisbrei getaucht. – Absolut nicht jedermanns Sache. – Wir ließen den Brei weg, und das Frühstück schmeckte uns hervorragend.

Wilhelm hatte sich vorgenommen, uns einen repräsentativen Durchschnitt zu geben, wie das tägliche Leben in North Carolina aussieht. Unsere Exkursion begann nach dem Frühstück.

Wir besuchten einen Antikladen, wo nichts antik war. Ein Cash-and-carry-Laden irrsinniger Dimensionen. Karstadt in Bremen mal 30.

Amerika ist nicht nur das Land der unbegrenzten Möglichkeiten, es ist auch ein Land, wo man manchmal fragen muß, was leben dort für Menschen?

Ein wohlhabender Amerikaner kaufte vom Staate North Carolina eine Waldfläche von ca. 130 Quadratkilometern. Diese schenkte er gleichzeitig dem Staat zurück, mit der Auflage, einen Naturpark entstehen zu lassen, damit die Vegetation wie vor Hunderten von Jahren wieder greifbar wird.

Wir fuhren auf die höchste Anhöhe von ca. 400 Metern, dort hatten wir einen traumhaften Überblick über hügeliges Gelände vulkanischen Ursprungs. Zwischen diesen Erhebungen spiegelten sich in der Februarsonne die vielen Wasserzüge wie silberne Schlangen. Es war eine traumhaft schöne Landschaft. In dieser urwüchsigen Natur begegnete man keinem Menschen, jedoch hatten wir das Gefühl, daß gleich hinter der nächsten Biegung des Flusses ein Indianer beim Fischen zu sehen sein müßte.

In einem alten Holzhaus hatte ein Dr. Krohn gewohnt. Als preußischer Jude studierte er 1817 Medizin in Paris. Nach Beendigung des Studiums wanderte er nach Amerika aus und ließ sich in North Carolina nieder. Medizinisch betreute er alle menschlichen Lebewesen im Umkreis von ca. 150 Meilen. In einem angrenzenden Gewächshaus erforschte und züchtete er Naturkräuter. Aus Wurzeln und mit Wissen indianischer Heilkunst stellte er Medizin her, die zur Linderung vieler dort herrschender Krankheiten beitrug. Heute wird dieser Platz als eine nationale Gedenkstätte erhalten. Dr. Krohn machte bis ins hohe Alter Hausbesuche, allerdings wurde er mit 70 Jahren nur noch auf einer Trage von Patient zu Patient getragen.

Dieser erlebnisreiche Tag wurde mit einem Besuch in einem Fischcamp abgeschlossen. Diese Camps entstanden noch zur Sklavenzeit. Fisch war die Hauptmahlzeit der Unfreien. Die Plantagenarbeiter fingen den Fisch in Seen und Flüssen. In großen Zelten wurden Hunderte von Arbeitern mit aller Art von Fisch versorgt. Dieser wurde immer paniert und in kochendem Fett gegart. Heute ist es eine willkommene Touristen-Attraktion.

Der Abend klang noch mit Gesprächen über Vergangenheit und Zukunft harmonisch aus. Unsere Zeit in North Carolina ging dem Ende entgegen. Wir wurden zum Flugplatz gefahren und herzlich verabschiedet.

Oklahoma

Es war der 24.2.1985. Ein herrlich blauer Himmel und warmes Wetter. Die Maschine kam mit zwei Stunden Verspätung an, und auch mit einer solchen Verspätung erreichten wir Oklahoma City. Nach Monaten nahmen wir unseren Sohn Max in die Arme.

Maxe, unseren Ältesten, hatten wir für ein Jahr mit einer Organisation nach Amerika geschickt, damit er nicht nur sprachlich seinen Horizont erweiterte. Die Organisation hieß EF (Education Foundation for Foreigners). Es war eine Abzockerei mit einem netten Namen.

Viele Tausende haben wir bezahlt, dem Versprechen glaubend, daß die deutschen Kinder in guten Häusern in Amerika untergebracht würden und für ein Jahr auf eine High-School gingen. Als Max nach Amerika abflog, wußte die EF-Organisation noch nicht einmal, in welchem Staate in den USA und bei welcher Familie er unterkommen sollte. Er landete bei einem Taiwanesen ohne Frau und mit einem Kind. Max wurde von diesem Joe Lynn als Au-pair benutzt, um auf das Kind aufzupassen. So war unsere Idee nicht gedacht. Er fühlte sich nicht wohl und kümmerte sich um eine neue Familie.

Es war die Familie von John Sandhaus. Er, 45 Jahre alt, zwei Zentner schwer und freundlich. Die Seele, wie fast immer in jeder Familie, war seine Frau Lou. Die eine Tochter, die in die Klasse von Max ging, hatte den Umzug ermöglicht.

Das erste, was uns in Oklahoma auffiel, es gab kaum Taxen und keine öffentlichen Verkehrsmittel. Jede Familie hatte ein, zwei oder drei Autos. Jugendliche durften mit 16 Jahren bereits Auto fahren. Oklahoma City ist eine typische Stadt aus dem mittleren Westen mit ca. 450 000 Einwohnern. Mit Ausnahme des Stadtkerns von ca. 1 Quadratkilometer gab es keine zweistöckigen Häuser. Fuhr man am Rande der Stadt los, war man nach 30 Minuten in Oklahoma City, aber auch nach einer Stunde war man immer noch in Oklahoma City. Unvorstellbar riesig.

John Sandhaus hatte uns in einem Motel eingebucht. Es war sauber, einfach und kostete US-$ 35 pro Nacht. John hatte sich Urlaub genommen, um uns während des Aufenthaltes in Oklahoma fahren zu können. Wir wären sonst absolut verloren gewesen.

Als erstes besuchten wir Patricia, die EF-Repräsentantin, sympatisch und nett. Sie entschuldigte sich für die Unzulänglichkeiten der EF-Zentrale. Patricia organisierte für den nächsten Tag einen Termin mit Mr. Webb, dem Leiter der Schule von Max. Gleichzeitig hatte sie einen Termin um 13.00 Uhr mit dem Senator Miller im Kapitol der Stadt vereinbart. Patricia war in ihrem Hauptberuf Broker (Makler) für Ölfelder.

Sie arbeitete mit Geologen zusammen, um Ölfelder an Ölgesellschaften zu verkaufen.

Ebenfalls erhielt sie bereits bestätigte Ölfelder von Gesellschaften zur Vermarktung für Geldanleger mit Gewinngarantie. Die Tätigkeit als EF-Repräsentantin machte sie lediglich als soziale Funktion für jüngere Menschen, um etwas Positives zu tun. Sie berichtete uns, daß die jungen Menschen, die aus Europa kommen, teilweise total falsche Vorstellungen von Amerika haben. Besonders erschreckend seien der Egoismus der Jugendlichen sowie die geringe Bereitschaft, sich kirchlich zu engagieren. Schlimm sei auch die Enttäuschung, wenn es keine Diskos gäbe, wie z.B. in Oklahoma City. Junge Mädchen müßten sowieso um 21.00 Uhr zu Hause sein, da die Sicherheit für diese auf den Straßen nicht gewährleistet werden könne.

Eine Sightseeing-Tour durch die Stadt stand auf dem Programm. Da war leider nicht viel. Das einzige auffälligere Gebäude war der 1923 als Markthalle für Farmer erstellte Koloß. Vor Jahren wurde er dann als Rollschuhwettkampfbahn benutzt und bei unserem Besuch wieder als Markthalle für Antiquitäten. Die angebotenen Waren konnten von uns nur als Trödel beurteilt werden. Unser Mittagessen, wie konnte es anders sein, war nichts anderes als ein Hamburger von McDonald's.

Der Empfang beim Senator Miller, für mich eine unscheinbare graue Maus, war schon etwas Besonderes. Er erklärte uns, wie die Parlamentsarbeit im Staate Oklahoma organisiert war. Dieser Staat lebt von Ölgewinnung, Baumwolle und Getreide. Ein findiger Ingenieur hatte unter dem Kapitol der Stadtverwaltung durch Schrägbohrung Öl gefunden, und jedes Jahr erhielt die Verwaltung zehn Million Dollar als Taschengeld für diese Ölgewinnung.

Die Besichtigung eines Museums neben dem Kapitol war insofern interessant, als die Geschichte eigentlich erst mit der Fotografie in den USA begann. Zum Abendessen waren wir bei Familie Sandhaus eingeladen, einfach, schlicht und gut.

Am nächsten Tag besuchten wir die Putnam-School und dort den Direktor Webb. Ein 35 Jahre alter, sehr sympathischer Mann. Auf die Frage, ob er häufiger von Eltern aus Europa Besuch erhielt, meinte er, es käme schon vor, daß ein bis zwei Eltern pro Jahr sich sehen lassen würden. Wir wollten natürlich auch wissen, wie sich unser Sohn in der Schule macht. Es wurde nur positiv geantwortet. Die High-School hatte ca. 1000 Schüler und war ähnlich wie eine Universität gegliedert. In einigen Bereichen wurde auf den Berufsweg vorbereitet. Als wir mit Mr. Webb eine Schulbesichtigung machten, fiel uns besonders die absolute Disziplin auf, die in allen Klassen herrschte. Es gab keine verschmierten Wände oder beschädigte Türen. Im Gegenteil, die Schüler waren stolz auf ihre Schule und hielten diese in Ehren. Auch in den Pausen gab es kein Geschrei, keine Rangeleien und Flegeleien. Einige deutsche Politiker, Direktoren und Lehrer sollten sich dieses mal in den USA anschauen. Diese Disziplin wäre sicherlich nachahmenswert. Ein kleines Erlebnis war noch das Western-Museum in Oklahoma. John Wayne und viele andere Schauspieler hatten ihre Waffen, Sättel und Bekleidung diesem Museum vermacht. Es liefen Videofilme, die die spannendsten Stellen der Filme auf Leinwände projizierten. Sehr schön und anschaulich waren die Nachbildung einer Goldmine sowie

nachempfundene Häuser und Lebensgewohnheiten, die aus der Zeit zwischen 1800 und 1900 stammten.
Beim Abschied meinte unser Sohn, daß er sich schon sehr wieder auf Deutschland freuen würde. Dieses konnten wir 100%ig nachempfinden.
Abflug New York 19.45 Uhr, Ankunft London 7.00 Uhr, total dichter Nebel über Europa. Mit einer Verspätung von vier Stunden landete unsere Maschine im Blindflug in Hamburg.
Nur derjenige, der ein gemütliches Zuhause und das Glück hat, in einer landschaftlich schönen Umgebung wohnen zu dürfen, wie wir in Ottersberg, kann nachempfinden, was Zuhause, Heimat, Vaterland bedeuten.

Meine Tage sind gezählt

Der Arbeitsalltag bei Lloyd's hatte mich wieder eingefangen, und mit Engagement produzierte ich weiterhin einen prächtigen Profit für meine englischen Freunde.
Freunde? Diese Wertung überlasse ich später dem Leser.
Keine Frage, ich trug für meine Familie die Haut zu Markte, aber diese Tätigkeit machte mir auch richtig Spaß. Immer, wenn ich nach Hause kam, fand ich eine heile Familie vor. Meine Frau hatte alles brillant im Griff. Die Kinder, das große Haus, den großen Garten, alles. Unsere Familie als Team funktionierte hervorragend.
Um mich körperlich fit zu halten, war ich Mitglied in unserem örtlichen Tennis-Verein in Ottersberg. Zu oft war ich jedoch in Hamburg. Dort wurde ich Mitglied im Vitatop-Club, um den Streß des Tages auszugleichen. Neben dem Fitneßtraining gab es nur gesunde kleine Speisen und Getränke an der Bar. Die Sauna war etwas Besonderes, denn das war Kino live. Es ist bekannt, daß Hamburg eine Hafenstadt ist, wo auch dem horizontalen Gewerbe nachgegangen wird. Was ich in der Sauna lernte, war amüsant. Abgesehen von den harmlosen Typen wie mir wurde dieser Club sehr stark frequentiert von Damen, die sich der käuflichen Liebe hingaben. Aber auch deren Beschützer hielten sich in den entsprechenden Sektionen wie Judo und ähnlichen Kampfsportarten im Club fit. Die Tätowierungen, die an pikanten Stellen auf den Körpern dieser Leute, wenn sie sich nackt präsentierten, sichtbar wurden, waren schon sehr individuell und witzig. Schwitzend unterhielten sich drei Engel der Freude über das Fußballspiel, welches am nächsten Tag zwischen dem HSV und München stattfinden sollte. „Mein Gott, was wird das wieder für ein Stoßgeschäft", hörte man sagen. Man konnte die Wertung zweiseitig sehen. Die Zuhälter und andere Neureiche schwärmten auch in der Sauna, wie Steuern gespart oder nicht bezahlt werden müssen. An einem Abend erlebte ich, daß mehrfach Handschellen klickten und die witzigen Tätowierungen für längere Zeit nicht mehr zu sehen waren. Die Steuerfahndung war auch „Mitglied" im Club.
Meine Kreativität setzte ich durch gutorganisierte Veranstaltungen für Lloyd's of London Press ein. Es waren Veranstaltungen damals wie etwa: Computer, Freund oder Feind des Schiffsmaklers?
Wirkliche Fachleute gaben ihre Expertise zu diesen sich brisant entwickelnden Themen. 120 bis 130 Schiffahrtsleute tauchten zu einer solchen Veranstaltung auf, die ich im Plaza Hotel in Hamburg organisiert hatte. Die gleiche Plattform stellte ich auch für die Schiffahrtstechnik. Hier konnten ausländische Unternehmen sehen, welch hervorragende Technik in Deutschland hergestellt wird. Die Maschine des Erfolges lief rund und profitabel. Inzwischen hatte man mir den Titel gegeben: General Manager of Germany for Lloyd's of London Press.
Durch diesen Titel hatte ich alle Möglichkeiten offen, in sämtlichen Bereichen zu agieren.

Der direkte Verkauf über elektronische Standleitungen

Zum Institut für Seeverkehrswirtschaft und Logistik in Bremen, eine sehr kompetente Einrichtung, wenn es um Schiffahrtsfragen geht, hatte ich auch eine gute Verbindung aufgebaut. Alle Publikationen aus dem weltweiten Bereich der Schiffahrt werden von diesem Institut beschafft, ausgewertet und archiviert. In den vergangenen 15 Jahren wurden aber auch komplizierte Forschungsaufträge und Analysen für Industrie, Wirtschaft und Verkehr erstellt. Mit Absprache und Einverständnis meiner Kollegen aus England, denn sie wußten nicht, was sie taten, sie sahen nur das

Geld, verkaufte ich den gesamten Datenbestand von Lloyd's an das ISL, der dann auf den Hauptcomputer der Universität in Bremen gespielt wurde. Damals eine Sensation der Datentechnik. Zwei Professoren des Instituts strukturierten die Daten so, daß diese für Interessenten sinnvoll und nutzbar wurden. Einer der Professoren meinte zu mir, es ist unverständlich, daß die Engländer diese „Goldbarren" verkauft haben. Alle sechs Monate bekam nun das Institut eine Abgleichung und war damit bestens mit den Daten auf dem neuesten Stand.

Der Münchner Rückversicherung, die größte Rückversicherung der Welt, hatte ich eine Standleitung direkt mit Zugriff zum Lloyd's-Computer verkauft, und diese bezahlte monatlich für die Nutzung der wertvollen Daten einen nicht unwesentlichen Betrag. Die Effizienz dieser Versicherung wurde beträchtlich erhöht. Daraufhin konnte sie sehr viel schneller Risiken für Versicherungen abschätzen. Rauschgiftschmuggel wird zu einem großen Teil durch Schiffe abgewickelt.

Mit der Zollfahndung in Hamburg und Bremen hatte ich die Verbindung aufgenommen. Es war möglich, durch die Lloyd's Agents (Agenten), die rund um die Welt arbeiteten, die reinen Fakten von Schiffsankünften und -abgängen in allen Häfen zu erhalten.

Diese Informationsmöglichkeit war für die Rauschgift- und Zollfahndungsbehörden außerordentlich wichtig. Vom Bundeskriminalamt wurde ich gebeten, nach Wiesbaden zu kommen, um die gesamte Palette der Möglichkeiten zu besprechen. Das BKA schloß dann auch wie die Münchner Rückversicherung einen Vertrag mit uns ab. Auf diese Weise war es möglich, „Schwarzen Schafen" in der Schiffahrt nachzuweisen, in welchen Häfen sie gewesen waren. Zum Beispiel, wenn Schiffe mit Ladungen aus dem goldenen Dreieck kommen, Länder wie Thailand, Laos, Kambodscha usw., wo sehr viel Rauschgift gewonnen wird, diese Eintragung im Logbuch fehlte, doch bei uns sichtbar war.

Jeder, der in und um Bremen wohnt, weiß, es gibt zwei große gesellschaftliche Anlässe: die Schaffermahlzeit und die Eiswette. Dorthin eingeladen zu werden ist eine sehr große Ehre. Leider habe ich es nie geschafft.

Dafür durfte ich eine andere maritime Veranstaltung in England miterleben. Die Schiffahrtszeitung Lloyd's List wurde 250 Jahre alt. 1734 war diese zum ersten Mal auf einem Blatt erschienen. Wechselkurse für Währungen und Aktienwerte standen darauf, aber auch, welche Schiffe aus aller Welt in London eingetroffen waren. Dieser Geburtstag wurde entsprechend nach englischer Tradition würdig gefeiert. Kein Geringerer als der Ehemann der Königin Elisabeth, Königliche Hoheit Prince of Wales, Graf von Edinburgh, war der Festredner, der die Laudatio auf diese alte Schiffahrtszeitung hielt.

800 ausgewählte Persönlichkeiten aus aller Welt waren eingeladen. Scheichs, Grafen, Fürsten, Botschafter und nur vier Personen aus Deutschland. Der Botschafter, seine Exzellenz Baron Rüdiger von Wechmar, Dr. Liz Müller, Datenspezialistin für Lloyd's, Hajo Weil, Direktor der Bremer Lagerhaus-Gesellschaft, und ich. Der Ort dieser Veranstaltung war die Guildhall, ein Gebäude, welches schon 1192 verwendet wurde, um den Lord Mayor (Oberbürgermeister) von London zu vereidigen. Historie und Tradition begegneten jedem, egal, in welchen Winkel des Gebäudes man schaute. Die Herren trugen Frack, wenigstens jedoch Smoking. Es wurde mit goldenem Besteck gegessen. Mein Geschäftsfreund Hajo hatte sich vorgenommen, ein Autogramm vom Prinzgemahl der Königin für seinen Sohn zu bekommen. Er stand auf, um an den Ehrentisch zu gelangen. Nach genau fünf Metern war er sofort von sechs Sicherheitspersonen umringt, die in roten Fracks als Kellner getarnt waren. Nach dem Banquet spielte in ihren schmucken traditionellen Uniformen die Kapelle der königlichen Marine einige Märsche.

Beim Ausgang erhielt jeder eine Dokumentation über dieses Ereignis sowie Sonderbriefmarken, die nur für diesen einen Abend in limitierter Auflage gedruckt worden waren. Dieses Erlebnis hat sich bei mir sehr eingeprägt.

Die Garde der Verantwortlichen bei Lloyd's in London und Colchester wurde älter und fing an, allmählich mit einem Auge auf die Rente zu schielen. Die jüngere Generation wurde langsam an die Verantwortung herangeführt. Glaubte man bisher, seriös für ein Unternehmen Dienstleistungen zum Wohle des Kunden zu erbringen, so änderte sich jetzt etwas ganz gravierend. Die Bleistifte wurden angespitzt, und es wurde gerechnet, wo man Geld sparen kann. Irgendwann muß die Vertretung in Deutschland auf dem Zettel gestanden haben. Später erfuhr ich, daß einige Obere der Firma sich fragten, wie es denn angehen könne, daß ein Mann in Deutschland mehr Geld verdiene als die Direktoren bei Lloyd's. Hätte man mich gefragt, wäre meine Antwort gewesen: Durch Kreativität, Fleiß, Engagement, Fachkompetenz und Wissen und ganz besonders dem individuellen Umgang mit der sensiblen Materie Mensch. Heute bin ich davon überzeugt, verstanden hätten diese Kameraden, die nur Dollarzeichen in den Augen hatten, sowieso nichts.

Plan und Ziel der Engländer war es, wie sie mich ohne Abfindung loswerden könnten. Hätten sie mich regulär freigestellt, wäre eine Abfindung von 500 000 Pfund fällig gewesen. Dank der über acht Jahre geleisteten Arbeit waren alle Verbindungen und Kontakte ja sowieso in Deutschland vorhanden.

Was nun passierte, grenzte schon an Menschenverachtung.

Es gibt bekannte, seriös klingende Rechtsanwaltsorganisationen, die weltweit agieren. Eine solche wurde beauftragt mit dem Ziel, wie können wir den Mann loswerden, ohne eine Abfindung bezahlen zu müssen. Es wurde eine Lloyd's of London Press GmbH in Deutschland gegründet. Offiziell wurde ich belobigt für sehr gute geschäftliche Erfolge. Man fragte mich, ob ich Geschäftsführer sein wolle. Das war mein Fehler. Ich wurde es. Genau nach sechs Wochen wurde ich wegen Unterschlagung fristlos entlassen. Eine Unterschlagung hat nie stattgefunden, sie wurde auf dem Papier konstruiert und hatte mit dem Übergang von einer freien Vertretung zu einer GmbH zu tun. Der von mir angestrengte Prozeß dauerte über zwei Jahre und wurde nicht im Gerichtssaal entschieden, sondern im Anglo-German-Club, wo Richter und andere Beteiligte aßen. Der gesellschaftliche und finanzielle Absturz für mich und meine Familie war grausam. Viele Menschen wären verzweifelt, hätten resigniert und vielleicht sich auch von dieser Welt verabschiedet. Solche Gedanken hatte ich, wenn ich ehrlich bin, auch. Aber es wäre feige gewesen, vor der Verantwortung meiner prächtigen Familie gegenüber zu flüchten.

Wer als Kind nach dem Kriege gelernt hat, nur durch Eigeninitiative ohne Kapital zu überleben, der schafft es auch, sich in einer leider kriminell und habgieriger entwickelnden Welt zu behaupten. Meine acht besten Jahre hatte ich für diese Organisation und die verantwortlichen Menschen geopfert. Vieles hatte ich geschafft, aber stand nun wieder vor dem Punkt, den ich leider viel zu häufig habe trainieren müssen. Wie soll es weitergehen?

Bevor ich das von mir organisierte Büro nicht mehr betreten durfte, hatte ich ein Rundschreiben an alle Kunden herausgeschickt und ehrliche Hintergrundinformation über meine Situation gegeben.

Es war schön zu erleben, wie viele der Kunden sofort ihre mit mir gemachten Verträge kündigten. Das brachte mir keinen Nutzen mehr, aber Lloyd's definitiv auch nicht. Der Ast, auf dem meine „Freunde" in England glaubten, trocken und gut gesessen zu haben, ließ sie nun heftige Schmerzen spüren. 90 % der Umsätze gingen verloren für eine Arbeit, die mühsam über acht Jahre durch Vertrauen aufgebaut worden war. Die Firma Lloyd's of London Press in den alten Strukturen gibt es inzwischen schon lange nicht mehr. Die Aktivitäten wurden wieder mal von einem amerikanischen Großverlag aufgekauft, der noch die restlichen Segmente dieses speziellen Schiffahrtsbereiches mehr schlecht als recht versucht zu vermarkten. Auf der Messe SMM Schiff, Maschine, Meerestechnik in Hamburg wurde ich im Jahre 2000 von einem volldynamischen 30jährigen gefragt, ob ich denn nicht wieder für die neue Organisation tätig werden wolle?

Erstaunlicherweise ist mir leider dazu nichts mehr eingefallen.

Zurück zum Herbst 1986. Ich war nun 50 Jahre alt. Eine mehr als interessante Feststellung mußte ich machen. Alle, denen ich mit Informationen und anderen Aktivitäten geholfen hatte, ihren kommerziellen Erfolg zu mehren, fragte ich, ob sie nicht eine Tätigkeit für mich hätten. Ohne Umschweife bekam ich eine klare Antwort. Alles, was über 50 Jahre alt ist, versuchen wir auszusondern. Ich fing an, den Glauben an die Menschheit zu verlieren.

Mit Sabine, meiner Frau, saß ich im Garten und besprach die Situation, in der wir uns befanden. Zwei Kerzen standen auf dem Tisch, und eine Fülle von Mücken und Nachtfaltern schwirrten um das Licht herum. Als wir aufstanden und die Kerzen löschten, war das ganze Getier schlagartig verschwunden. Mir fiel dabei eine Parallele ein:

**Geht es dir gut und andere können von dir Honig saugen,
hast du viele Freunde.
Geht es dir schlecht, ist es wie bei den Mücken, wenn das Licht gelöscht wird.**

Uns hat diese Erfahrung geprägt. Es ist wertvoller, einen oder zwei wahre Freunde zu haben als viele sogenannte Freunde, die nur an der Oberfläche plätschern und nichtssagende Sprechblasen von sich geben.

Für meine Familie und mich begann jetzt eine sehr schwere Zeit.

Mein Versuch, mich als freier Mitarbeiter bei einer Gesellschaft für Wirtschaftsberatung und Informationstechnologie zu etablieren, scheiterte durch den immer stärker werdenden Einzug der Computertechnologie, nach drei Monaten, im Juli 1987. Wie sagt der Seemann: Ich mußte die Flagge streichen.

Das Spiel Monopoly begann für mich jetzt in Wirklichkeit.

Unser Haus im Werte von DM 900 000 war schuldenfrei. Ich mußte es beleihen, um alle offenen Verbindlichkeiten zu bezahlen. Dann durfte ich wieder monatlich Geld für die Hypothek abtragen. Nur wie soll man das als Fünfzigjähriger und ohne Job schaffen? In dieser Zeit kämpfte ich darum, irgendwelche Möglichkeiten zu finden, um Geld zu verdienen. Hin und wieder bekam ich befristete Aufträge für Marktanalysen. Ein konstantes und finanziell abgesichertes Einkommen schaffte ich aber nicht.

Zurück zur Rabbasol-Chemie (s. S. 72)

Es war ein Versuch, den ich startete. Bei dieser Firma kannte man mich noch sehr gut. Der Senior steuerte alle Aktivitäten. Mir wurde das Gebiet Hamburg und Schleswig-Holstein zugewiesen. Niederschmetternd waren dann die Erfahrungen, die ich machen mußte. Eine grenzenlose Konkurrenz hatte sich in den letzten 20 Jahren inzwischen etabliert. Es war fast hoffnungslos, irgend etwas Positives im Verkauf zu organisieren. Fünf Monate, August bis Dezember 1987, habe ich eigentlich den tiefsten Stand meines Lebens durchleben müssen. Ich arbeitete wie ein Verrückter, produzierte Kosten wie ein Verrückter und konnte mich nur freuen, daß ich nicht als Verrückter in einem Haus für Verrückte landete. Verdienen tat ich jedenfalls nichts. Ich schaffte gerade einmal, die Lebenshaltungskosten zu erwirtschaften.

Irgendwie geht es im Leben aber immer wieder weiter.

Erkenntnis:

Ist man erst einmal von der Leiter des Erfolges heruntergefallen, in meinem Fall wurde ich heruntergestoßen, ist es schwer, diese mit entsprechendem Alter wieder zu erklimmen.

Reisen für die Übersee-Rundschau

Von Hagen Deecke, einem Journalisten des Hamburger Abendblattes, mit dem ich viel in der Vergangenheit zusammengearbeitet hatte, erhielt ich einen Anruf.
„Klaus, ich kann das Magazin Übersee-Rundschau kaufen, das tue ich jedoch nur, wenn du die Anzeigenleitung übernimmst, denn nur durch den Verkauf von Anzeigen kann ein Verlag oder Magazin überleben."
Es war ein Magazin, welches im Prinzip Konkurs war. Alle zwei Monate erschien es und wurde von der exportierenden Wirtschaft abonniert.
Wie bringt man ein fast mausetotes Magazin wieder zum Leben, das waren die Überlegungen, die Hagen und ich hatten. Es war eine echte Herausforderung. Mit Kreativität und sehr viel Engagement wurde die alte Tante Übersee-Rundschau zu einem jungen und lebendigen Mädchen entwickelt. Die Arbeit fing wieder an, Spaß zu machen. Natürlich konnte ich auf sehr viele Kontakte und Verbindungen aus der Vergangenheit zurückgreifen und produzierte den notwendigen kommerziellen Erfolg für das Magazin.
Es waren viele Reisen, die ich nun für die Übersee-Rundschau zu den Metropolen München, Frankfurt, Berlin und anderen großen Städten machte, um kompetente Firmen, Institutionen, aber auch wichtige Politiker zu kontaktieren. Es ist für mich wirklich traurig und beschämend anzusehen, wie viele Menschen unter Profilneurose leiden. Schlimmer jedoch ist, die meisten merken oder erkennen es nicht einmal.
Um Anzeigen für dieses Magazin zu verkaufen, habe ich wirklich alle Großbanken, Fluggesellschaften, Großkonzerne, Institutionen, bedeutenden mittelständischen Betriebe besucht. Ein irrsinniger Aufwand, gemessen an dem bescheidenen Kapital, welches die Übersee-Rundschau hatte. Termine zu bekommen von Vorständen der Unternehmen war schon eine virtuose Kunst. Ich schaffte es, Imageanzeigen zu organisieren. Ein sehr sensibles Geschäft, welches ich schon bei Lloyd's praktizierte, nun perfektionierte und erfolgreich einsetzte.
„Die langen Kerls der Deutschen Bank" war eine Überschrift, die wir machten, nachdem wir ein Gespräch mit Herrn von Zitzewitz hatten. Einem Nachfolger der Familie, über die es unsägliche Witze gibt, die sich meistens in Ostpreußen abspielen. Er gehörte zum Vorstand der Deutschen Bank und war zuständig für die Vermarktung von Hochhäusern in den USA und Kanada. Wir haben viel und lange diskutiert über die unbegreiflichen Wolkenkratzer, die aus dem Boden schossen. Es ging um Anlageobjekte für deutsche Kapitalanleger. Als wir die Objekte sahen, die uns Herr von Zitzewitz auf Bildern präsentierte und wir auf Grund der Gewaltigkeit dieser Gebäude nur staunen konnten, meinte unser Gesprächspartner: „Nun raten Sie doch mal, wie lange es dauert, solch einen Wolkenkratzer zu verkaufen?" Wir wußten es nicht. Die Antwort kam schnell: „In drei bis vier Tagen ist das gesamte Gebäude mit 36 oder mehr Stockwerken verkauft." Das Geheimnis war die steuerfreie Geldanlage.
Um aktuell für unsere Leserschaft zu sein, war es notwendig, die unterschiedlichsten Länder in Europa aufzusuchen.

Finnland

Wir organisierten einen kostenlosen Flug von Finnair nach Helsinki, und dort durften wir auch noch kostenlos im Savoy-Hotel übernachten. Die kostenlose Rückfahrt mit Finnjet auf dem Wasser rundete unsere Reise ab.

Finnland liegt in Europa an der europäischen Peripherie und wurde gar nicht so recht von den Europäern wahrgenommen. Erstaunlich war es für uns zu erkennen, was für eine geschliffene, gradlinige Denkungsweise bei verantwortlichen Politikern und Finanzexperten vorhanden war. Heute, 2003, während ich diese Zeilen schreibe, ist erkennbar, daß durch weitsichtige, fachlich und politisch sehr gute Leute die finnische Position in Europa richtig plaziert worden ist. Finnland steht heute in Europa ganz vorn, und über die Vorläufer der Pisa-Studie wurde nur, was Deutschland anging, dezent gelächelt.

Dieses Land hat nur ca. 5 Millionen Einwohner, die fast ausschließlich im Süden des Landes leben. Finnland wird auch das Land der 1000 Seen genannt, in Wirklichkeit sind es 55 000, das entspricht 10 % der Landesfläche.

Dadurch, daß Finnland nur sechs Monate Sommer, aber auch sechs Monate Winter mit Dunkelheit hat, ist auch die Mentalität etwas gemütlicher. Stellte man eine Frage, so dauerte es sehr lange, bis eine Antwort kam. Es wurde präzise nachgedacht, um dann korrekt, nach bestem Wissen zu antworten. Wir machten den Fehler, daß wir, wenn auf die erste Frage nicht gleich eine Antwort kam, sofort die zweite Frage nachschoben. Es gab dadurch anfänglich einige Ungereimtheiten.

Die Gastfreundschaft ist unbeschreiblich groß, und wir lernten sehr viele finnische Nationalgerichte kennen, die, wenn man dann wieder in Rußland weilte, Ähnlichkeiten erkennen ließen.

Meine Erfahrungen haben mich gelehrt: Achte auf die Mentalitäten. Die frühere, preußische Erziehung der Deutschen, die Zuverlässigkeit, die Ehrlichkeit, „Made in Germany", muß man heute sagen, waren Markenzeichen, welche noch heute bei vielen anderen Völkern im Kopf vorhanden sind. Wir merkten immer eine gewisse vorhandene Achtung, wenn wir sagten, wir kommen aus Deutschland. Toleranz, Zuhören und bereit sein, um auch von anderen Mentalitäten zu lernen, sind gute Werkzeuge, um Freundschaften und daraus resultierende Geschäfte zu erreichen.

Türkei

Viele Menschen schimpfen über die Türken. Aber haben Sie sich einmal mit der großartigen türkischen Geschichte auseinandergesetzt?

Sie ist so mächtig, daß ich es vorziehe, nur einige Schwerpunkte zu zitieren.

Die Türkei ist aus dem Osmanischen Reich hervorgegangen. Es reichte 1699 von Ungarn, Bosnien, Albanien, Bulgarien, Rumänien, Griechenland, Kreta, Zypern, Libanon, Syrien, Ägypten inklusive der Sinaihalbinsel bis zum heutigen Irak und Teilen Persiens, dem heutigen Iran. Viele Kriege wurden von den Türken geführt. Es wurden diverse Friedensverträge mit den besiegten Ländern unterschrieben, die dann wieder gebrochen wurden und das Türkische Reich einmal wieder vergrößerten oder auch verkleinerten.

Im Vertrag von Lausanne, Schweiz, wurde 1923 die Türkei zur Republik erklärt und Mustafa Kemal Atatürk (Vater der Türken) zum ersten Präsidenten gewählt. Zwei Punkte setzte er sich als Ziel:
1. Die Durchführung weitreichender Reformen (Verwestlichung) in politischer, geistig-kultureller und sozialer Hinsicht.
2. Die Einleitung wirtschaftlicher Reformen mit für die Türkei fundamentalen neuen Ansätzen.

Tiefgreifende Reformen führte er für die Bevölkerung durch:
Abschaffung des Kalifats (1924)
Einführung europäischer Kleidersitten
Verbot von Fes und Schleier (1925)
Einführung einer am Schweizer Zivil-, am Italienischen Straf-, am Deutschen Handelsrecht orientierten europäischen Gesetzgebung (1926)
Frauenstimmrecht (passiv) und Einehe (1926)
Einführung des lateinischen Alphabetes (1928)
Einführung metrischer Systeme (1931)
Einführung von Familiennamen und
des Sonntags anstelle des Freitags als wöchentlichen Feiertages (1934)
Einstellung des Religionsunterrichtes an den Schulen (1924–1934) und
schließlich die kontinuierliche Bereinigung der türkischen Sprache von ihren arabischen und persischen Bestandteilen in eine Einheitssprache, nach mathematischem Vorbild.

Das neu strukturierte Staatswesen hatte seinen ideologischen Bezugsrahmen in den sechs Grundprinzipien des „Kemalismus", die 1937 als sogenannte Grundpfeiler des türkischen Staatssystems in die Verfassung Eingang fanden.

Atatürk hat bereits sehr früh die Trennung von Staat, Religion und Armee vollzogen, doch hat die Armee nicht aufgehört, unter der Republik eine zentrale Rolle – nunmehr als Hüterin der Verfassung des von Atatürk begründeten Staatswesens – zu spielen.

Erol Özgens, ein Türke, er ist mit einer Deutschen verheiratet. Ihn hatte ich im Presseclub in Bremen kennengelernt, und er schien der richtige Mann zu sein, um uns in die Türkei zu begleiten. Er sollte uns als Übersetzer helfen und hat uns wirklich gute Dienste geleistet.

Erol meinte, nachdem wir in Istanbul gelandet waren: „Heute seid ihr die Gäste meiner Freunde." Das bescheidene Hotel Oaze war unsere Bleibe. Abends wurden wir mit einem Wagen abgeholt. Es ging zu einem Delikateß-Restaurant, wo wir „Bremer Türken" trafen. Der eine war Schwergewichtsringer und Elektonikfachmann, der andere Betonbauer. Beide waren wieder in die Türkei zurückgesiedelt, denn sie hatten genug Geld in Deutschland verdient, um eine solide Existenz in ihrer Heimat aufzubauen. Als Übersetzer brauchten wir Erol nicht, denn es wurde „Bremisch" gesprochen. Der Abend war sehr gelungen mit der bekannten türkischen Gastfreundschaft und allen Delikatessen und Späßen, die wir an diesem Abend gemeinsam hatten.

Ein markantes Erlebnis war der Versuch, ein Interview mit Süleyman Demirel zu bekommen. Er versuchte zum 6. Mal, Ministerpräsident zu werden, war aber ein tiefgehendes Schiff (mit allen Wassern gewaschen) und nicht unangefochten. Bis 1990 hatte er sogar ein Verbot der Militärs, politisch aktiv zu sein. Das kümmerte ihn nicht stark: Er unterlief das Verbot durch die Gründung der Partei des Richtigen Weges (DYP), deren Vorsitzender er wurde.

Demirel hielt eine Rede vor geladenen Mittelständlern in einem Hotel in Istanbul. Wie kommt man an ihn heran, war unsere Frage. Abgeschirmt von Bodyguards hatte er die Versammlung verlassen, und wir verfolgten ihn mit dem Taxi zu einem anderen Hotel, wo er übernachten wollte. Erol, unser türkischer Bremer, stellte die Verbindung zu dem Pressemann her, und was erfreulich war, dieser sprach perfekt deutsch. Demirel wollte einem deutschen Magazin überhaupt kein Interview geben. Es bedurfte heftiger Anstrengungen, bis uns bestätigt wurde, am kommenden Sonntag im Sommerhaus in Tuzlar bei Istanbul sollte dann ein Interview gegeben werden.

Ein Freund von Erol brachte uns mit dem Wagen dorthin. Es sah aus wie an einem Wallfahrtsort. Viele

Menschen, in erster Linie Frauen, die dort standen, um Demirel zu grüßen oder ihm die Hand schütteln und küssen zu können. In einem bescheiden und türkisch eingerichteten Raum fand dann das Gespräch mit Demirel, zwei Bodyguards und uns statt. Wir wollten herauszufinden, wie dieser zu wählende Staatsmann die Probleme der Türkei für die Zukunft besser meistern wolle.

Nur einige Passagen möchte ich zur Kenntnis geben, weil es dafür auch Parallelen in Deutschland gibt.

Frage der ÜR an Demirel: Die Steuermoral in der Türkei gilt als besonders schlecht, vor allem, wenn es um die großen Unternehmen geht. Wie will eine Demirel-Regierung den Steuereinzug verschärfen und die Steuermoral der türkischen Unternehmer erhöhen?

Antwort Demirel: Ich denke, Steuerpolitik hat auch viel mit Gerechtigkeit zu tun. Heutzutage erleben wir eine Steuerpolitik, in der überhaupt keine Gerechtigkeit enthalten ist. Das trifft besonders den abhängigen Arbeiter oder kleinen Angestellten. Bei denen reicht es gerade dazu, daß sie am Leben bleiben.

Frage der ÜR: Was passiert mit den Unternehmern mit ihrer schlechten Steuermoral? Da verliert der Staat doch jährlich Milliarden-Dollar-Beiträge?

Antwort Demirel: Überall auf der Welt gibt es undichte Stellen, wenn es gilt, Steuern nicht zu bezahlen. Alles, was wir tun können, ist, das Leck so klein wie möglich zu halten.

Herr Demirel wurde gewählt, regierte noch einmal für eine kurze Zeit und ist wieder im politischen Alltag verschwunden.

Ein informativer Gesprächspartner war der jüdisch-türkische Großbauunternehmer Isaac Alaton. Ein unvorstellbarer Bauboom suchte den Großraum Istanbul heim. Hunderttausende von Wohnungen stehen im Rohbau. Groß-Istanbul platzte aus allen Nähten. Die Wirtschaftsmetropole am Goldenen Horn, der Hafenbucht von Istanbul, ist ein Magnet für alle Hoffenden und nach Arbeit Suchenden. Im 7. Stock des Verwaltungsgebäudes hatte Alaton ein sehr komfortables Büro. Auffallend war jedoch, daß er ein Fernrohr auf einem Stativ im Zimmer plaziert hatte. Als wir ihn fragten, wofür er dieses gebrauchte, meinte er: „Schauen Sie selbst durch." Er konnte damit seine Bauvorhaben, die Tag für Tag in den Himmel wuchsen, in Augenschein nehmen. Jahre später, als das große Erdbeben die Türkei heimsuchte, waren es viele Häuserblocks, die wie Papierhäuser zusammenstürzten, es war zuwenig Moniereisen verwendet worden.

Die meisten von uns kennen die Türkische Sauna. Bewußt lernte ich sie als Lehrling in Lübeck kennen. Später in Hamburg, in Finnland und Schweden, dann in London, und nun wollte ich das Original in Istanbul kennenlernen. Erol führte uns zu einem Gebäude, welches von außen nicht sehr einladend aussah. Das änderte sich, als wir in das Gebäude eintraten. Wunderschöne Mosaik-Darstellungen zeigten uns an den Wänden, wie man Kraft und Gesundheit aus der Ruhe und des Bades schöpfen kann. Wir bezahlten ca. DM 10, bekamen eine Kabine zugewiesen, entkleideten uns und gingen in einen runden Raum. Unter einer sonnendurchfluteten Kuppel legten wir uns auf einen verfliesten runden Tisch, um uns entspannend auf die vor uns stehende Prozedur vorzubereiten. Verständlicherweise gab es in dieser Einrichtung keine thailändischen oder philippinischen Mädchen, sondern kräftige, bullige, ich würde schätzen, 50- bis 60jährige Türken. Bevor wir in den Saunabereich geführt wurden, lernten wir erst einmal, was türkische Sauberkeit heißt. Mit einem wohlduftenden Seifenschaum wurde der ganze Körper massiert und gereinigt. Mit kaltem Wasser abgespritzt, um dann in den Bereich gelassen zu werden, wo man den Streß des Tages ausschwitzen konnte. Das war aber noch nicht alles, denn anschließend wurde man abgetrocknet, legte sich auf ein Bett und bekam eine Massage von Kopf bis Fuß mit aromatisch duftendem Öl. Für mich war diese Begebenheit ein wohltuendes Erlebnis, und wir fühlten uns danach richtig topfit.

Die Türkei ist ein faszinierendes Land. Die Gastfreundschaft ist vorbildlich. Die Geschichte unermeßlich, man müßte sich einmal damit auseinandersetzen. Sie ist spannender als ein Krimi. Die Türkei ist immer eine Reise wert.

DDR 1989

Durch meine Beziehungen, die ich zum Presseamt in Ostberlin hatte, entschieden wir uns, einen Spezial-Bericht über die DDR zu machen. Hintergrundwissen über die Wirtschaft und gesellschaftliche Struktur waren mir bestens bekannt. 1989 zogen Hagen und ich unseren Bericht wie immer pragmatisch, faktisch und gut recherchiert durch.
Wir standen auf dem Alexanderplatz in Ostberlin, als Hagen plötzlich sagte: „Die Bäume hier müssen alle weg." Mein fragender Blick sagte aus: „Aber hier sind doch gar keine." Genau das war es. Alles schön dichtgepflastert. Alles grau in grau, genau wie die Menschen, denen man begegnete. In Leipzig hatten wir erlebt, wie junge Menschen verhaftet wurden, die immer häufiger Versuche von Demonstrationen wagten. Es war spürbar, daß sich irgend etwas in diesem Staate entwickeln würde. Hagen schlug eine Wette vor. Spätestens in zwei Jahren bricht dieses System zusammen. Ich wettete mit einer Flasche Sekt dagegen, denn mir war klar, das diktatorische, sozialistische System war zu gut und straff organisiert. Kein Zweifel, die Wette hatte ich verloren, denn schon acht Monate später gingen die Bürger der DDR auf die Straße, um den führenden Politikern klarzumachen: Wir sind das Volk. An den Rest können sich sicherlich hoffentlich noch viele erinnern.
Als wir aus der DDR zurück waren, sollte sich meine Zukunft erneut verändern.
Die Firma Burda in Offenburg und dort der Anzeigenleiter war auf unser Magazin aufmerksam geworden. Er besuchte mich in Hamburg und fragte, wie ich es schaffen würde, solch prächtige Imageanzeigen in diesem eigentlich bedeutungslosen Magazin zu verkaufen. Meine Erfahrungswerte habe ich ihm nicht verraten, aber er wollte mich unbedingt für seine Firma haben. Ein für mich nicht unbeträchtlicher Betrag wurde mir geboten, wenn ich die Firma wechseln würde. Natürlich befand ich mich in der Zwickmühle. Mit Hagen habe ich meine immer noch finanziell schwierige Situation besprochen. Er hatte vollstes Verständnis und war bereit, mich freizustellen. Man könnte mich auch als unfair bezeichnen, aber ich hatte die Verantwortung für ein großes Haus, eine Frau und vier Söhne, die sich noch alle in der Ausbildung befanden.
Die Übersee-Rundschau ist noch einmal erschienen und wurde dann eingestellt. Hagen hat sich wieder dem klassischen Journalismus zugewandt. Er und seine Familie haben keinen Schaden dadurch genommen.

Der Zusammenbruch des Kommunismus

Ein jeder kennt die Firma Burda als Mediengigant. Einen Fuß in den ehemaligen Ostblock zu setzen, schaffte Burda durch Modemagazine, die in der jeweiligen Landessprache erschienen. In diesen waren Schnittmuster zur Herstellung von Bekleidung eingeheftet. Die Menschen hatten kein Geld, um Kleidung zu kaufen, also nähten sie sich diese selbst.
Die Prawda war das politische Sprachrohr der Kommunistischen Partei in Rußland.
Die Iswestija ist die regierungsamtliche Zeitung der SU, Sowjetunion, nun der GUS, mit der größten Auflage der Welt von damals 11 Millionen Lesern. Bei diesem Verlag war die Firma Burda mit einem 50:50-Joint-venture eingestiegen. Das von Burda eingebrachte Kapital veranlaßte die russischen Direktoren erst einmal, sich westliche Nobelkarossen zu beschaffen. Aufgabe von Burda war es, Anzeigen zu akquirieren, um westliche Produkte und Dienstleistungen in dem „Riesen-Reich Rußland" zum Kauf anzubieten.
Inzwischen ist dies Geschichte. Die kommunistischen Vasallenländer separierten sich allmählich. Ungarn, Polen, Estland, Lettland, Litauen, Tschechoslowakei, viele Länder der Ex-SU und zweifelsfrei die DDR befreiten sich von der Vorherrschaft der kommunistischen Diktatur. Genosse Gorbatschow selbst redete von Glasnost und Perestroika und leitete die Auflösung des Kommunismus ein. Der geschichtliche Hintergrund liegt bei anderen Mächten, aber darauf werde ich später noch eingehen.
Mein neues Tätigkeitsgebiet, das mir durch den neuen Geschäftspartner zugewiesen wurde, war grob umrissen Norddeutschland und die gesamte Ex-DDR mit Ausnahme von Sachsen.
Die neuen Bundesländer, wie sie durch unsere jetzigen Politiker bezeichnet werden, sind nicht neu, sondern uralt. Sie gehörten immer zu Deutschland und haben Impulse für unser ganzes Land in den Bereich der Kultur, der Wissenschaft, der Forschung und Kunst gesetzt. Diese sogenannten neuen Bundesländer lernte ich nun wirklich im Detail kennen. Es begann mit dem Kauf eines VW-Vorführwagens, den ich genau nach 1,5 Jahren wieder verkaufen mußte, weil er durch die vorherrschenden Straßenverhältnisse im Osten im Prinzip nur noch schrottreif war.
Die Firma Burda mit ihrem westlichen, kommerziellen Denken verschickte an alle Betriebe der Ex-DDR Briefe und forderte diese auf, in der Ex-SU Werbung mit der Iswestija zu schalten.
Jeder weiß, die DDR wurde diktatorisch geführt. Das Außenhandelsministerium der DDR nahm Aufträge aus der Ex-SU und anderen kommunistischen Ländern entgegen und verteilte die Aufträge an die produzierenden Betriebe in der DDR. Nach bestem Wissen und mit entsprechenden Rohmaterialien wurde dann nach deutscher Art zuverlässig produziert und ausgeliefert. Die Rechnungen wurden vom Außenhandelsministerium geschrieben, und die Betriebe der DDR erhielten ihr in Rechnung gestelltes Geld aus dem Ministerium. Die meisten Betriebe wußten aber nicht, welches ihre Kunden und wo sie im Ausland waren. Ausnahmen waren die Betriebe, wo hochgradig technisches Wissen gefordert und Ingenieure als Berater notwendig waren.
Die Firmen, die auf die Rundschreiben von Burda reagierten, wurden nun von mir gezielt angesteuert und besucht. 34 Reisen habe ich in anderthalb Jahren in die „Uraltbundesländer" unternommen. Der kommerzielle Erfolg hat sich für Burda/Iswestija und für mich wirklich gelohnt.
Es war der 14.11.1990, an dem ich zum ersten Mal in die ehemalige DDR fuhr. Ich wollte nach Thüringen, aber auch Erfurt, meine Geburtsstadt. Was war das für ein erhebendes Gefühl, als ich über Friedland die ehemalige Grenze überquerte. Keine Grenzkontrolle, keine Maschinengewehre, keine

Fragen, keine Durchsuchung des Fahrzeuges und Gepäcks. Auf den Boden der Tatsachen wurde ich sehr schnell im wahrsten Sinne des Wortes zurückgeschüttelt, denn der katastrophale Straßenzustand machte einem sehr schnell klar: Man befand sich auf Territorium, auf dem 70 Jahre lang für die Infrastruktur so gut wie überhaupt nichts gemacht wurde.

Die Bundesregierung hatte eine Vermögensverwaltung für alle Betriebe der Ex-DDR in Berlin installiert, die „Treuhand". Leiterin der Institution war Frau Birgit Breuel. Sie kannte ich persönlich als Wirtschaftsministerin von Niedersachsen durch Interviews, die ich in der Vergangenheit für Lloyd's List, Transportmarkt und Übersee-Rundschau durchgeführt hatte. Sie stammte als Tochter aus der Bankdynastie Münchmeier, die schon mit Konrad Adenauer eng zusammenarbeitete. So wie ich meine, war sie eine erfolgreiche Ministerin, aber eine glückliche Hand hatte sie weder bei der Treuhand in Berlin noch bei der EXPO, der Weltausstellung in Hannover. Beides endete mit Milliardenverlusten und einem finanziellen Desaster für den Steuerzahler.

Einige verantwortliche Mitarbeiter im ehemaligen Außenhandelsministerium verkauften gegen bar (Bestechung) die Kundenadressen der SU an westliche Exportbetriebe.

Dies erschwerte nun den Absatz für die Ex-DDR-Betriebe zusätzlich, denn die westlichen Exporteure mit ihren Raubritter-, Piraten- und Bestechungserfahrungen machten direkte Angebote, und die Betriebe der Ex-DDR erlitten schweren wirtschaftlichen Schaden. Keiner hat diese Betrüger jemals zur Rechenschaft gezogen.

Mir steht es nicht zu, Kritik zu üben. Ich versuche, sachlich die Fakten zusammenzutragen, was sich bei der „Abwicklung der DDR" abspielte, denn so wurde diese Vernichtung von bescheidener Wirtschaftskraft und zu vielen Arbeitsplätzen genannt.

Meine einfache Aufgabe war es nur, Anzeigen für die Iswestija zu verkaufen. Die vielen Gespräche, die ich mit leitenden verantwortlichen Menschen führte, waren aber das Salz in der Suppe. Ich wurde ein Insider, der sowohl von der Ostseeküste bis in den tiefsten Thüringer Wald als auch von der polnischen Grenze bis an die Linie zum Westen alle Firmen besuchte.

Für die Bürger der Ex-DDR, die schon zwei Diktaturen durchleben mußten, brach wieder eine schwere Zeit herein. Der Wechsel der Planwirtschaft in die freie Marktwirtschaft. Vielen Ostdeutschen brach es das Genick. Sie wurden wirtschaftlich und menschlich überrannt und untergepflügt.

Gedanklich möchte ich einen kleinen Sprung machen. Pierre, ein guter Freund von mir, gehörte zur Dynastie der Familien im Libanon, die über 100 Jahre die Geschicke „der Schweiz des Mittleren Ostens" erfolgreich führten und lenkten. Einmal im Jahr veranstaltete er eine Weltenergie-Konferenz, zu der all die Menschen eingeladen wurden, die an der Energieschraube drehen können, wenn es um Öl, Kohle, Gas und Wasser geht. Weder Politiker noch internationale Presse wurden zu diesen Konferenzen eingeladen.

Eine markante Aussage von Pierre:

Wir haben uns gefreut, daß der Kommunismus sich verabschiedet hat, doch leider müssen wir mit der brutalen Gewalt des Kapitalismus lernen zu leben. Alle sozialen Errungenschaften der letzten 50 Jahre werden wieder langsam, aber konstant abgebaut werden.

Was für eine Aussage, die wenige Tage nach dem Mauerfall in Berlin im fernen Zypern gemacht wurde. Was erleben wir jetzt, 14 Jahre nach diesen Worten? Leider das, was keiner für möglich gehalten hat und heute viele noch immer nicht wahrhaben wollen.

Die Reichen werden immer reicher. Diesen Spruch hören wir jeden Tag. Es ist ja auch sehr einfach, das Kapital mit der Verzinsung ohne Arbeit einfach laufen zu lassen. Man wird, ob man will oder nicht, einfach reicher.

Die Armen werden immer ärmer. Nach dem Krieg gab es viele Menschen, die die Ärmel hochgekrempelt und mit Engagement, Kreativität und Willen für sich und die Familie Sicherheit und Wohlstand erreichen wollten. Viele haben es geschafft. Was passiert aber nun?

Die sozialen Errungenschaften werden reduziert oder gleich abgeschafft. Bestehende Arbeit wird nur verwaltet. Es entstehen so gut wie keine neuen Arbeitsplätze oder sie werden wegen der hohen Lohnnebenkosten ins Ausland verlagert. Noch besser, man gründet Firmen im Ausland und produziert dort billigst. Der arbeitende Deutsche heiratet, hat vielleicht zwei Kinder. Baut sich ein Haus, verliert den Arbeitsplatz und fällt in das soziale Netz, eher in das soziale Loch. Der Überlebenskampf beginnt. Daß die Armen immer ärmer werden, kann man überhaupt nicht mehr sagen, sondern sie werden durch die in der Vergangenheit liegenden politischen Versäumnisse und nicht gefällten Entscheidungen in die wirkliche Armut getrieben.

Zurück zur Realität in der Ex-DDR.

Was die meisten Bundesbürger nicht wußten und auch nicht wissen konnten, in der DDR wurde in vielen Sparten innovativ geforscht. Erstaunt war ich über Produkte, von denen ich jedenfalls noch nie etwas gesehen oder gehört hatte. Wie ein halbnasser Schwamm sog ich die Fülle von Informationen auf, die mir bereitwillig vom Geschäftsführer bis zum Betriebsleiter in den Firmen zur Kenntnis gegeben wurden. Für meine Tätigkeit hatte ich zwei große Vorteile: Ich bin ein gebürtiger Thüringer und arbeitete für eine russische Zeitung. Die westliche Barriere war dadurch mir gegenüber nicht vorhanden.

Mehr als drei oder vier Termine pro Tag waren nicht machbar. Die schmalen, total kaputten Straßen ließen es einfach nicht zu. Termine per Telefon abzustimmen war anfänglich so gut wie nicht möglich, da das Telefonnetz sich in einem katastrophalen Zustand befand. Diese beiden Fakten machten es mir sehr schwehr, effizient zu arbeiten.

Die wenigen Hotels, nach wie vor mit DDR-Standard, hatten die Preise so hochgezogen, und wir als Vertreter waren nicht bereit, DM 160 für eine Nacht zu bezahlen.

Die Methode, preiswerte Übernachtungsmöglichkeiten zu finden, war schon etwas abenteuerlich. Abends verließ ich wieder die Städte, um eine preiswerte Unterkunft außerhalb zu finden. Ich fuhr in die nächste bäuerliche Ansiedlung. Schaute mir die einzelnen Häuser an und welches auf mich einen einigermaßen gepflegten Eindruck machte, dort klingelte oder klopfte ich an die Tür: „Guten Tag, zur Zeit bin ich hier auf Reisen und bereit, DM 25 für eine Übernachtung zu bezahlen, ist das möglich?"

Die Rückfrage der Bäuerin an ihren Mann, ob es möglich sei, wurde nie abschlägig beschieden.

Beim Eintreten in das Haus fühlte ich mich häufig ca. um 60 bis 80 Jahre zurückversetzt. Die gute, alte Stube war das Zentrum der Familie. Oma und Opa saßen da, der Bauer und die Bäuerin sowie einige Kinder. Mir wurde eine Kammer mit einem Bett zugewiesen. Das Plumeau, ich glaube so hieß das, war die Bettdecke, die schwer und vollgestopft mit Federn auf mir während der Nachtruhe lastete. Abends noch essen zu gehen brauchte ich nicht, ich war immer eingeladen. Opa lag dann auf dem Sofa, und die Fernsehkiste lief. Er hatte ein klassisches Hörrohr, wie man es noch aus der Vergangenheit kannte. Das Hörrohr war jedoch nicht in Richtung Fernseher gerichtet, sondern zum Tisch, wo ich mit den anderen saß und viele Fragen beantwortete oder Erlebnisse aus der großen weiten Welt erzählte. Nach dem Abendessen wurden dann einige Flaschen Bier auf den Tisch gestellt, manchmal gab es sogar selbstgebrannten Schnaps und das, was ich am Morgen bezahlte, war schon lange durch die abendliche gemütliche Bewirtung aufgebraucht. Stets wurde ich aufgefordert, wenn ich beim nächsten Mal in dieser Region sei, solle ich wiederkommen, man würde sich schon darauf freuen.

Die Reisen in der Ex-DDR wurden teilweise auch ungewollt erschwert.

Sehr viele Städte und Gemeinden hatten sich sehr schnell nach der Wende entschieden, die alten

Straßennamen wieder herzustellen. Aus Rosa-Luxemburg-Straße wurde wieder die Blumenstraße, die Stalinstraße wieder in die Kaiser-Wilhelm-Straße zurückverwandelt usw.

Der anfängliche sanfte Optimismus und die Hoffnung bei meinen sehr vielen Gesprächspartnern, daß sich für die Zukunft alles bessern könne, war mein Empfinden. Man war davon überzeugt, daß alles gut wird, und brachte anfänglich Vertrauen den Politikern und Kaufleuten der Bundesrepublik entgegen. Leider schon nach sechs bis acht Monaten fühlte ich aufkeimende Vorbehalte, dann Reserviertheit und dann Skepsis der Verantwortlichen in den Betrieben, die sich für ihre Mitarbeiter, die man lange kannte, einsetzten, um Arbeitsplätze zu erhalten.

Die ganz bittere Enttäuschung wurde perfekt. Von Berlin ausgehend kamen nur kalte bürokratische Richtlinien. Die menschlichen Schicksale bei jeder Schließung eines Betriebes wegen Unrentabilität wurden einfach generell ignoriert. Der Kapitalismus hielt seinen Einzug. Meiner Meinung nach hätte es wegen der Arbeitsplätze und den damit verbundenen menschlichen Schicksalen, diese zu erhalten, einer so brutalen Vorgehensweise nicht bedurft. Sanft, aber bestimmt entwickelte sich über Monate ein Haß gegenüber den Westlern. Diesen bekam ich hautnah an der Verkaufsfront zu spüren. Die Aussage eines Geschäftsführers gipfelte darin:

Nach langer Zeit haben wir es geschafft, die Kommunisten wegzujagen, und dann kommen Westler, auf die wir hofften, und plündern uns aus.

Aber es gab noch andere Aussagen, die ich während der Reisen hörte:

Wir haben endlich die Freiheit erhalten, können endlich reisen, wohin wir wollen, jetzt verlieren wir den Arbeitsplatz, die Sicherheit und haben kein Geld mehr.

SED-Verhalten: Sie predigten Wasser und tranken Wein. (Diesen Spruch kann man auch über alle anderen Politiker weltweit sagen.)

Die Revolution, die unblutig begonnen und die SED weggefegt hat, ist durch die neue Situation noch nicht beendet. (Der Mann war weitsichtig. Man kann das Auge heute auch auf den Westen richten.)

Nur wer bei dem jetzigen wirtschaftlichen Sturz das Fliegen lernt, hat eine Chance zu überleben. Aber wer schafft das schon?

Was kommt heraus, wenn man einen Wessi mit einem Ossi kreuzt?

Antwort: Ein arroganter Arbeitsloser.

Meine Auffassung ist, so wie nun die Firmen der Ex-DDR von der Treuhand abgewickelt wurden, war garantiert nicht der richtige Weg. Ich schrieb einen Brief an Frau Breuel mit dem Vorschlag, die Zerschlagung der Betriebe zu verhindern und statt dessen die Betriebe, die leistungsfähig sind, weiter für die SU produzieren zu lassen. Das wäre machbar über ein Clearing-System. Das mit Bodenschätzen reichste Land liefert Gas und Öl an die Bundesregierung. Diese zahlt nicht mit Geld, sondern mit Produkten aus den DDR-Betrieben. Das Geld, was die BRD direkt an die Russen hätte bezahlen müssen, wäre zur sanften Sanierung in die Betriebe der DDR gegangen. Damit hätten Hunderttausende von Familien weiterhin in Lohn und Brot stehen können und wären keine Arbeitslosen- und Sozialfälle geworden. Ferner wäre das damals schon angeschlagene Sozialsystem nicht noch weiter belastet worden.

Auf meinen Brief an Frau Breuel bekam ich vom Assistenten des Assistenten und wieder von dessen Assistenten eine Antwort. In Politik und Wirtschaft gibt es kompetentere Fachleute, die die Zusammenführung Deutschlands schon richtig machen würden.

Demjenigen, der das geschrieben hat oder das Schreiben veranlaßte, müßte man heute den Spiegel vor die Nase halten, versehen mit einem ganz großen Fragezeichen.

Ich hatte wenigstens den Versuch gemacht, der katastrophal erkennbaren Situation, die ich nun

wirklich vor Ort hautnah erlebte, Einhalt zu gebieten. Menschen ohne Lobby und Macht, die aber helfend denken, werden, wie so häufig, ignoriert. Die menschlichen Schicksale interessierten nicht.
Auf der Hannover-Messe hatte die Treuhand einen großen Stand, und es lagen Listen von zu vielen Firmen aus, die zum Verkauf angeboten wurden. Ein älterer Herr, ca. 70 Jahre, tauchte an dem Stand auf und studierte die Liste der zu verkaufenden Firmen. Sieben Firmen kreuzte er an, und als ich ihn fragte, was er denn vorhabe, meinte er, die Firmen kaufe ich für meine Enkelkinder.
Die Treuhand war in allen Bereichen überfordert. Viele Manager, die im Westen in der Wirtschaft sich nicht haben etablieren können, wurden von der Treuhand als Verwalter in Ex-DDR-Betrieben kommissarisch eingesetzt. Die Treuhand versuchte, die Betriebe teuerst zu verkaufen, doch die Unternehmer aus dem Westen oder westlichen Ausland zogen es vor zu warten, damit die Betriebe pleite gingen. Erst dann kam der Moment, in dem Firmenbesitz und Grundstücke billigst gekauft wurden. Jeder Ex-DDR-Betrieb war mit einem gewaltigen Sozialpaket belastet, und welcher Unternehmer war schon bereit, die Sünden des Sozialismus mit zu übernehmen und zu finanzieren?
Meine Bemühungen für den Anzeigenverkauf gingen weiter, und ich wurde allmählich virtuos im Finden von Übernachtungsmöglichkeiten. Zu Hause hatte ich mir zwischenzeitlich immer eine Kiste einfachen Sekt ins Auto gepackt, und dieser half schnell, Übernachtungsmöglichkeiten zu finden. Bei Jugendherbergen war die Trefferquote sehr hoch, es war der Sekt, der verlockte. Einmal landete ich im Hafen von Magdeburg auf einem Binnenschiff. Dann wieder in der evangelischen Stadtmission. Erinnern kann ich mich nach wie vor an einen Spruch, der über meinem Bett hing:
Fürchte dich nicht, glaube nur. Diesen Spruch habe ich für mich umfunktioniert in: Fürchte dich nicht, handle.
Ein nettes Erlebnis hatte ich in Schwerin. Bei der Suche nach einer Unterkunft fragte ich einen Passanten, der mir den Tip gab: „Nu, versuchen Sie es mal in der Apachenburg." Was war das, Apachen, ein Indianerstamm? Man sagt zu diesen auch Rothäute. Es war ein Schulungszentrum für ehemalige Parteifunktionäre der SED.
Betrieb für Betrieb, Stadt für Stadt, wurde von mir bearbeitet. Keiner kann sich vorstellen, welch traumhaft schöne Landschaften ich zu sehen bekam, und diese Schönheit kompensierte das teilweise wirklich harte und strapaziöse Reisen.
Das Wiedererstarken von Rechtsradikalismus erlebte ich zweimal persönlich. Zu viele Jahre wurde jede andere Meinung in einem Topf mit dem Deckel zugehalten, in dem das Wasser kochte.
Es war Roßdorf, ein winziges Dorf, wo ich eine Reiterpension ausfindig gemacht hatte. Mit unterschiedlichen Menschen, jung und alt, saß ich am Tisch. Plötzlich ging die Tür auf und ein ca. 60-jähriger Mann mit fünf jungen Leuten kam herein. Er mußte den meisten bekannt gewesen sein. Er schaute sich in der Runde um und begrüßte jeden mit Handschlag. Einer Person an meinem Tisch, ca. 38 Jahre, Handelsvertreter aus dem Osten für Damenunterwäsche, sah er prüfend ins Gesicht und sagte: „Dir gebe ich nicht die Hand, du kannst nur zu den Schweinen gehört haben, die unser Deutschland tyrannisierten. Steh auf und verschwinde hier." Als er sich weigerte, standen die jungen Männer auf und sorgten dafür, daß er das Lokal verließ. Es gab viele Stasileute, die Dreck am Stecken hatten, untertauchen mußten und sich als Handelsvertreter unauffällig verdingten.
In Halle hatte ich eine Übernachtungsmöglichkeit bei Privatpersonen gefunden und kam mit dem Sohn ins Gespräch. Er wollte mir Unterkünfte einer russischen Kaserne zeigen, die noch bis vor kurzem bewohnt war.
Wir fuhren an einem Jugendheim vorbei und wurden Zeugen, als plötzlich sieben Jungs, mit weißen Strickmützen vermummt, nur die Augen waren durch die Schlitze zu sehen, andere harmlose Knaben, ca. 14–15 Jahre alt, mit kurzen, aber dicken Knüppeln niederschlugen.

Als ich anhielt und zu den Verrückten brüllte, ihr habt wohl nicht alle Tassen im Schrank, verschwanden sie genauso schnell in den schmalen Gassen der Häuserblocks, aus denen sie auch wie aus dem Nichts aufgetaucht waren. Bis Polizei und Krankenwagen auftauchten, vergingen ca. 30 Minuten.

Die Unterkünfte der Russen waren nur noch Ruinen. Fensterrahmen mit Glas gab es nicht mehr. Genausowenig wie Toiletten, Rohrleitungen und elektrische Kabel. Alles war mitgenommen worden.

Die wirtschaftliche Situation in den Betrieben verschlechterte sich zusehends. Die Treuhand fuhr mehr und mehr die Liquiditätskredite für die Betriebe zurück, und eine Firma nach der anderen machte pleite. Dazu kamen die westlichen verdeckten Kriminellen, die alle ihr Schnäppchen machen wollten. Leider waren zu viele erfolgreich, was den deutschen Steuerzahler zusätzlich nicht Millionen, sondern Milliarden kostete. Immer häufiger kamen Fakten an die Oberfläche, in denen erkennbar war, daß Treuhandmitarbeiter, die eigentlich treuhänderisch das Vermögen der Ex-DDR sinnvoll zum Wohle der Menschen vermarkten sollten, hochgradig kriminelle Geschäfte auf Grund von Schmier- und Bestechungsgeldern zuließen. Einige dieser, ich sage Schweinehunde, sind aufgeflogen, wurden bestraft und mußten das Geld zurückzahlen. Doch zu viele dieser Handlungen sind nicht aufgedeckt oder verfolgt worden.

Parallel zu der Entwicklung in der Ex-DDR stellte Gorbatschow mit Glasnost und Perestroika den Kommunismus in Frage. Die herbeigeführte Demokratisierung ließ das große Russische Reich zerfallen. Einige Staaten der Sowjetunion spalteten sich von der Zentralgewalt in Moskau ab, um wieder selbständige eigene Staaten zu werden. Es entwickelte sich ein Chaos. Die Betriebe in der Ex-DDR erkannten, daß ihr Hauptmarkt wegbrach. Gorbatschow wurde nach Hause geschickt, und der starke kommende Mann, der erstmalig in der Ex-SU demokratisch gewählt wurde, war nun Jelzin, der mächtige Bürgermeister aus Moskau.

Von November 1990 bis Februar 1992 habe ich Mitteldeutschland kommerziell erfolgreich bereist. Nun wurde der Anzeigenverkauf immer schleppender und weniger lohnend, so daß ich meine Aktivitäten in diesem Teil Deutschlands stark einschränkte.

Zum Abschluß. In die neuen Bundesländer wurde sehr viel Geld der Bundesregierung zum Aufbau der kaputten Infrastruktur investiert. Auch die Deutschen im Osten sollten das anerkennen. Es waren Autobahnen, Straßen, Klärwerke, Kanalisation und vieles mehr. Heute nach ca. 14 Jahren ist erkennbar, daß wieder wunderschöne Städte und Dörfer entstanden sind. Mitteldeutschland ist nicht nur eine Reise wert, es ist eigentlich ein Muß, um unsere schöne Heimat und deren Menschen kennen- und liebenzulernen.

Eine Antwort bin ich noch schuldig. Warum sich der Kommunismus auflöste, hatte ich am Anfang des Kapitels geschrieben, dabei muß ich etwas weiter ausholen.

Es war das Jahr 1960, als ein Schiffsmaklerfreund mir von einer Party in New York erzählte, wo er einen Mann aus der Weltregierung traf. Weltregierung, was ist das denn? Diese Frage beschäftigte mich, und über 30 Jahre habe ich erfolglos nach einer Antwort gesucht. 1992 bekam ich die Antwort. Mich erreichte ein Anruf aus Süddeutschland. „Können Sie mir behilflich sein, in Ihrer Zeitung Anzeigen zu schalten?" Das war mein Job. Ich forderte ihn auf, mir Druckunterlagen zu schicken. Alle Firmen wollten Produkte bewerben. Etwas war ich schon irritiert, als ich Werbeunterlagen mit folgendem Text erhielt: Wo komme ich her, wo gehe ich hin? Das Leben danach. Der innere Weg und viele andere Titel. Hier wurden esoterische Titel zum Kauf angeboten. Hunderttausende Bücher in kyrillischer Schrift sind gegen Rubel geliefert worden.

Mit diesem Mann habe ich häufiger gesprochen und erhielt eine Extrainformation, bei der ich wie elektrisiert auf die Überschrift schaute:
„Die Weltherrschaft der Illuminaten".
Die Zeilen, die ich nun las, waren für mich faszinierend, aber noch mehr schockierend.
Nun wurde mir verständlicher, warum soviel Elend, Grausamkeiten und Sinnlosigkeiten auf dieser Welt passieren. Es geht um eine kleine Gruppe von Menschen, die nur an die Macht des Geldes glauben und diese Macht radikal, in allen Bereichen der Welt, zur Unterdrückung, aber Mehrung von Macht und Kapital einsetzen. Sehr gutgehende Firmen und Konzerne werden freundlich oder feindlich übernommen. Politiker werden gefügig gemacht oder gekauft, bis sie gefügig sind.
Ein jeder von uns erinnert sich noch an die Aussage „Der Kalte Krieg" oder an die beiden Machtblöcke, Ost gegen West, die hochgerüstet sich gegenüberstanden. Ein Krieg mit Atomwaffen, Bio-Kampfstoffen und chemischen Waffen hätte unseren Erdball zerstört oder Leben auf diesem unmöglich gemacht. Die logische Konsequenz mußte sein, die Blöcke aufzubrechen. Um Kriege zu führen oder wieder zu verhindern, mußte ein Werkzeug her. Diesmal waren es nicht Hitler, Marx, Lenin und Engels, die von dieser intelligenten Gruppe finanziert wurden, sondern es war Gorbatschow, der den Kommunismus durch die Bücher Glasnost und Perestroika, die er angeblich schrieb, in Frage stellte.
Das Buch „Geheimgesellschaften und ihre Macht im 20. Jahrhundert" hatte ich gelesen und noch sehr viel mehr Informationen erhalten. Freunden und Interessierten hatte ich es empfohlen. Dann aber schlug unsere „Freiheitliche Demokratie" zu. In einer Nacht-und-Nebel-Aktion wurde der Verlag geschlossen, alle Bücher konfisziert und vermutlich verbrannt. Der Herausgeber konnte untertauchen und lebt heute im Ausland. Im Fernsehen, in den Nachrichten, in der Zeitung hat kein Mensch etwas davon mitbekommen. Wie heißt es so schön, wir leben heute in einer „Informationsgesellschaft", leider ohne ehrliche Presse – und mit gefilterter politischer Redefreiheit, wie mehr und mehr erkennbar wird.

Eismeergrenze im nördlichen Rußland

Noch immer war ich tätig für Iswestija/Burda.
Bernd Plümer, ein Bremer, arbeitete als Geschäftsführer für eine Hamburger Schiffahrtsfirma. Er war ein Pionier im Bereich der Spedition und Schiffahrt. Er war es, der mich ansprach und fragte: „Klaus, kommst du mit nach Archangelsk? Wir wollen neue geschäftliche Möglichkeiten erkunden. Du sollst für deutsche Interessenten berichten, aber auch gleichzeitig für die Iswestija diese Informationen zur Verfügung stellen. Nach Absprache mit dem Verlag bekam ich das Einverständnis."

Besuchsbericht Archangelsk vom 25.4. bis 1.5.1992

Archangelsk, wo liegt denn das überhaupt? Am leichtesten ist der nördlichste Hafen Rußlands, Murmansk, auf der Halbinsel Kola zu finden. Die südlichste Spitze endet im Weißen Meer, und genau gegenüber liegt Archangelsk.
ARCHANGELSK, eine Region so groß wie Frankreich, sehr reich an Bodenschätzen mit Öl und Diamanten. Nur 1,5 Millionen Menschen leben dort. 70 % des Landes sind Wälder, der Rest Seen, Moore und Steppen. Die Stadt wurde 1584 von Iwan dem Schrecklichen als erster und einziger russischer Seehafen zu dieser Zeit gegründet. Die Region mit Stadt war bis vor zwei Jahren militärisches Sperrgebiet für alle, die aus dem Westen kamen. Ausnahme waren die Seeleute, die in erster Linie Rund- und Schnittholz aus dem Hafen abholten.
Schneestürme und Kälte waren vorausgesagt worden, also wurden nur Wintersachen eingepackt. Abflug Bremen, 24.4.1992 nach Berlin, wo ich noch einen Musterkoffer mit Textilien von einer mir bekannten Ex-DDR-Firma ausgehändigt bekam. Diese sollte ich mit nach Moskau nehmen, wo der Inhaber der Firma zu unserer kleinen Delegation dazustoßen sollte. Folgender Morgen, Treffen der 16 Personen der Delegation in Berlin, Temperatur 18 Grad, Ankunft Moskau 14.00 Uhr, minus 8 Grad mit Schneetreiben, Ankunft Archangelsk 22.00 Uhr, ca. 0 Grad.
Der Flug mit der Lufthansa nach Moskau war problemlos und komfortabel. Wir entschieden alle, erst einmal richtig gut zu essen, weil wir nicht wußten, was in den nächsten Tagen auf uns zukommen würde.
Einen Insider dieses Landes fragte ich, wie er denn die Zukunft dieses großen Reiches sehe? Die Antwort war schon etwas bedrückend.
Seine Ausführungen waren: In der Vergangenheit machten wir sehr gute Geschäfte in Moskau, denn dort waren alle wirtschaftlichen Bereiche zentriert. Jetzt sind die Leute nicht mehr da, mit denen wir früher verhandelt hatten. Über ein kleines Gastgeschenk freute man sich, wenn man den Geschäftspartner besuchte. Heute wird von vornherein die Bestechungssumme oder Rückvergütung vor der Auftragserteilung ausgehandelt. Auf die Zukunft angesprochen, meinte er, es wird für die einfachen Menschen fürchterlich werden. Ein Kombinat nach dem anderen und viele kleinere Firmen schließen ihre Tore und sind pleite. Zum Beispiel, eine Näherin bekommt pro Monat umgerechnet DM 60. Alles ist aber so teuer geworden, daß es weder vorn noch hinten ausreicht. Nur eine Diktatur, egal, ob von rechts oder links, könne diesem Chaos Einhalt gebieten. Man bedenke, die Demokratie war gerade eingeführt worden. Noch sind die Menschen sehr duldsam, aber das wird sich ändern, spätestens dann, wenn das Faß der Unzufriedenheit und Not zum Überlaufen kommt.
Weiterflug nach Archangelsk.

Die Busfahrt vom internationalen Flughafen zum Inlandflughafen dauerte mehr als eine Stunde. Die Größenverhältnisse kann man sich einfach nicht vorstellen. Boardingkarten wurden ausgegeben mit entsprechenden Sitzplatznummern. Auf der Gangway kam uns eine Stewardeß entgegen, und es hieß, nur derjenige, der noch einen Sitzplatz findet, kann mitfliegen. Die Aeroflot-Maschine war gerammelt voll, glücklicherweise kamen von unserer Gruppe alle mit. Ca. 30 Menschen blieben auf dem Flugplatz zurück. An der Maschine blätterte überall die Farbe ab, Schmutz, wo immer man hinsah, anschnallen konnte ich mich nicht, da die Sitzgurte abgeschnitten waren. Vor mir saß ein Mann mit einem Hund, groß wie ein Berhardiner mit Maulkorb. Auf dem Kopf die langen Zotteln nach oben zusammengehalten durch ein Gummiband, ähnlich wie sie die jungen Mädchen früher nutzten, um ihren Pferdeschwanz zu bändigen. Das sah schon sehr witzig aus. Die Gerüche in der Maschine waren es weniger. Nach zwei Stunden landeten wir in Archangelsk. Ca. 40 MiGs, hochwertige militärische Fluggeräte, standen auf Parkplätzen neben der Rollbahn, nicht einmal mit einer Plane abgedeckt, und während des Winters gibt es dort bis 50 Grad minus.

Das Auschecken war problemlos, bis auf den Diebstahl einer hochwertigen Videokamera von einem unserer Teamkameraden. Mit einem Bus der Northern Shipping Line wurden wir abgeholt. Aus dem besten Hotel, welches Bernd gebucht hatte, waren wir verbannt worden.

Es wurde von Herrn Jelzin mit seiner Delegation in Anspruch genommen, die genau zu unserer Zeit die Region besuchten. Wir wurden in einem etwas schlichteren Hotel untergebracht. Die Zimmer waren schnell verteilt, und erfreulicherweise gab es auch noch etwas zu essen. Lachs bis zum Abwinken, Wodka und trockener Sekt halfen, diesen herunterzuspülen.

Sonntag, 26.4.1992: Es war eine Stadtrundfahrt geplant mit Besichtigung eines Modells von Archangelsk, wie es vor 150 Jahren ausgesehen hatte. Großzügig angelegt und wunderschön. Einige Gebäude aus der vergangenen Zeit stehen noch und werden langsam restauriert.

Ansonsten ist die Stadt kommunistisch zersiedelt mit häßlichen großen Fertigbau-Betonklötzen, so wie sie überall im Ostblock anzutreffen sind.

Die wirtschaftlichen Beziehungen zwischen Europa und Archangelsk waren eng und gehen zurück bis ins 16. Jahrhundert. Es gab ein deutsches Viertel mit deutschen Straßennamen. Bis zur Revolution gab es deutsche Niederlassungen. Hanseatische Kaufleute trugen zur kulturellen Entwicklung bei. Die von Deutschen im Zentrum gebaute lutherische Kirche wurde zu einer Konzerthalle umgebaut, aber die Konturen der Kirche sind erhalten geblieben.

Die Belgier haben vor dem 1. Weltkrieg ein Straßenbahnnetz erstellt, welches auch während der

Modell von Archangelsk um 1890

beiden Weltkriege und auch heute noch, mehr schlecht als recht, die Bahnen, langsam dümpelnd, durch die unebenen Straßen führt. Während der Stadtrundfahrt im Bus wurde sehr viel über die Historie berichtet, doch leider war es mir nicht möglich, irgendwelche Notizen zu machen. Der Straßenzustand war so katastrophal, daß ich teilweise bis zu 30 cm aus dem Sitz hochgeschleudert wurde. Die ganze Stadt ist auf eingerammte Baumstämme gebaut. Heute verwendet man bei Reparaturarbeiten Betonpfähle. In Archangelsk gibt es eine Universität für Holzwirtschaft sowie eine Wirtschaftsuniversität. Die wirtschaftlich wichtigsten Bereiche sind Holzeinschlag, Holz-Be- und -Verarbeitung, Fischfang, Rentierzucht, landwirtschaftliche Tierhaltung und die daraus resultierende Verarbeitung.

Vor geraumer Zeit hatte man ein Diamantenfeld entdeckt und ein Ölfeld mit einem Volumen, das die Saudis neidisch machen müßte. Dieses Feld wurde in drei Bereiche aufgeteilt,

1. Sektion für die Amerikaner, 2. Sektion für die Italiener und 3. Sektion für die Franzosen. Warum keine Deutschen?

Von der Northern Shipping Line waren wir zum Mittagessen in den Seemanns-Club eingeladen worden. Das Essen war lecker, reichlich und sehr feucht. Eine Flasche trockener Krimsekt kostete zu dieser Zeit umgerechnet DM 1,50, Wodka DM 2 pro Flasche. Nach dem Essen entschieden sich sechs Leute aus unserer Gruppe, zu Fuß ins Hotel zurückzugehen. Das Wetter war traumhaft schön, die Temperatur lag bei 10 Grad plus, und alle waren wir zu warm angezogen. Wir wanderten am Fluß Dvina auf einer Promenade entlang, die zweimal so breit war wie die in Travemünde. Das Gewässer war nach wie vor zugefroren. Eine Fahrrinne für die Schiffahrt war aufgebrochen. Auf Hockern und Kisten saßen Menschen, die ein Loch in das Eis gesägt hatten und angelten. Wir kennen ähnliche Darstellungen aus dem 18. Jahrhundert von Gemälden oder Weihnachtspostkarten. Kinder sprangen auf Eisschollen, ließen sich treiben und sprangen dann wieder auf das feste Eis. Familien mit ihren Kindern, denen man begegnete, hatten offene, freundliche Gesichter, es herrschte Frühlingsstimmung.

Montag, 27.4.1992: Empfang bei der Northern Shipping Line. In Zusammenarbeit mit den Spitzenleuten dieser Organisation war es Bernd Plümer gelungen, obige Reederei mit 117 Schiffen von 1500 bis 6000 Tonnen Tragfähigkeit aus dem Morflot-Verband in Moskau herauszulösen.

Die Schiffe waren gebaut worden in der SU, Finnland, Polen, und man staune, 13 Schiffe in Österreich. Nun verfügte dieser, wir würden heute sagen Konzern, zusätzlich über vier Eisbrecher, zwei Rettungsschiffe, diverse Bagger, zwei Schiffswerften, ein Krankenhaus, eine Berufsschule und andere soziale Einrichtungen. 9000 Menschen mit ihren Familien waren von diesem ehemaligen Kombinat wirtschaftlich abhängig. Bei der Begegnung mit dem Präsidenten der Northern Shipping Line, die sehr formal ablief, machte dieser folgende Aussage: „Es ist schön und richtig, daß Sie uns in dieser Region besuchen.

Einmal sprechen und sehen ist wertvoller als 100mal zu hören. Wir sind interessiert an Partnern auf der Basis Ehrlichkeit, gute Zusammenarbeit und Anständigkeit und besonders an der Fortführung der alten Traditionen aus der ehemaligen Vergangenheit, bevor der Kommunismus das ganze Land ruiniert hat."

Für mich war es schon verwunderlich, wenn man immer wieder diese Aussprüche hörte, die nicht nur dem kalten, profitmaximierenden Gedankengut folgte. Es waren andere Werte erkennbar. Es müssen sinnvolle Geschäfte gemacht werden, um damit auch dem Individuum ein besseres Leben zu geben. Das hat garantiert auch etwas mit Ethik und Verantwortung zu tun. Die Frage muß heute gestattet sein, wo finden wir das noch in unserer westlichen Welt, bei Managern aus der Wirtschaft und bei den Politikern?

An einem Tag waren wir im Archangelsk Business Club. Leider waren nur Personen aus der zweiten Reihe anwesend, da Herr Jelzin, wie schon erwähnt, in dieser Region weilte und die wirklichen Macher sich um ihn scharten. Kurz bevor wir gehen wollten, tauchte Herr Vladimir Lyapin auf, Präsident der Stalker Incorporated. Nachdem er meine Visitenkarte gesehen hatte, bat er um ein Gespräch am nächsten Tag. Seine Firma war nur drei Minuten zu Fuß von unserem Hotel entfernt. Herr Lyapin schien eine Führungsrolle in der Region Archangelsk zu haben. Bei diesem Gespräch waren Bernd Plümer, unser unumschränkter Leiter, aber auch Herr Zalan, First Deputy Head of Administration of Archangelsk, anwesend. Wann immer die Übersetzerin ins Stocken geriet, übernahm Herr Zalan die Übersetzung in perfektem Deutsch. Er gehörte dem jüdischen Glauben an, wie er stolz zur Kenntnis gab. Über sehr viele wirtschaftliche Probleme wurde ausführlich gesprochen und besonders, wie man diese lösen könne.

Es ging um Straßenbau, kleinere Traktoren, Vernichtung von Fleisch und Milch mangels vernünftiger Transportmöglichkeiten, Informationslogistik, Schulung von wißbegierigen jungen Menschen und vieles, vieles mehr. In der Region Archangelsk, habe man längst erkannt, so Lyapin, müsse man sich selbst organisieren. Aus Moskau kam nie Hilfe und wird auch keine in Zukunft erwartet.

Die Entfernung von Archangelsk bis Moskau beträgt ca. 1400 km. Die Fahrzeit mit dem Zug ca. 24 Stunden und kostete damals umgerechnet DM 1,50, mit dem Flugzeug DM 4,50. In Moskau, St. Petersburg und anderen Regionen Rußlands wurde das wirtschaftliche Geschehen von mafiosen Strukturen beherrscht. In Archangelsk keine Mafia ... noch nicht. So war damals meine Erkenntnis.

Während des kurzen Sommers werden gnadenlos zwischen den sozialistischen „Alptraumblocks" Kartoffeln und Gemüse angebaut. Sowohl für den Eigenbedarf als auch für den Verkauf auf dem Markt.

Moskau ist schmutzig und ungepflegt. St. Petersburg etwas sauberer. In Archangelsk gab es Bürgerinitiativen, die freiwillig für Sauberkeit sorgten.

Besuch beim Oberbürgermeister von Archangelsk, zu der Zeit Anatoly Bronnikov, ca. 45 Jahre alt. Er wurde von einer Deutschen erzogen, die streng, aber auch sehr gut zu ihm war.

Stalin hatte sie in ein KZ gesteckt, sie ist nach dem Kriege wieder zurückgekommen. Anatoly ist sehr deutschfreundlich und bietet jede Hilfe an, wenn sie gewünscht wird.

Das Leben treibt verrückte Blüten. Ein Mann aus dem Umfeld von Bernd, Computerspezialist und Holzfachmann, hatte keine Lust mehr, in Deutschland zu leben. Er sprach den Bürgermeister an, daß er in Archangelsk leben möchte und sein Expertenwissen zur Verfügung stellen wolle. Eine entsprechende Frau müsse her, mit der er zusammenleben könne. Seine Wunschvorstellung: intelligent, aus gutem Hause, blond, an die gewünschten Maße kann ich mich nicht mehr erinnern, deutsch- und englischsprachig und nicht älter als 26 Jahre alt. Ob man es glaubt oder nicht, zwei Tage später wurde der Mann ins Rathaus gebeten. Drei Frauen standen zur Disposition. Innerhalb von Minuten hatte er sich entschieden. Die beiden haben nach kurzer Zeit geheiratet, haben inzwischen Kinder und sind immer noch zusammen. Sachen gibt's ...

Die Menschen sind offen und ehrlich, man konnte die Brieftasche auf dem Tisch liegenlassen, es wurde nicht geklaut.

Hermann, ein Lebensmittel-Hersteller aus Süddeutschland, war ständig auf der Suche, um eßbare Naturprodukte zu finden, um sie als seine Produkte dem Lebensmittelmarkt anzudienen. In Archangelsk stieß er auf Preiselbeeren und Pfifferlinge. Mehrere Tonnen kaufte er sofort, aber erst, nachdem er sich per Geigerzähler versichert hatte, daß die Auswirkungen von Tschernobyl nicht vorhanden waren.

Es war Freitag nachmittag. Viel konnte man nicht mehr geschäftlich bewegen, und so wurde unsere

Delegation zu einer großen Sportanlage transportiert. Es gab Kaffee und lecker gebackenen Kuchen, dazu, wie kann es anders sein, Krimsekt und natürlich das Volksgetränk Wodka. Sauna war angesagt. Aber wer kannte schon die Saunaregeln in Rußland? Der Ehemann einer im Sportzentrum arbeitenden Russin kam rosig und gutgelaunt aus der Sauna und wollte sich zu unserer Runde setzen. Schnell wurde er von seiner Frau belehrt, daß er nun noch einmal in die Sauna müsse, ob er wolle oder nicht. Er mußte uns zeigen, wie russisch gesaunt würde. Die Sauna war von den Mitarbeitern des Zentrums selbst gebaut worden. Im Saunaraum stand eine aus Lehm geformte große Halbkugel. Unten war eine große Feuerstelle eingebaut, und aus dem Halbrund schauten Rohre in den Raum, ähnlich einer Stalinorgel, nur der Abstand zwischen den Rohren war größer. Wurde Wasser mit Duft in die Eingußstelle geschüttet, schoß der Dampf aus allen Rohren in den Raum. Birken- und Tannenzweige schwammen in einem Bottich. Hermann und ich lagen auf Holzpritschen, und der freundliche Russe peitsche uns sanft mit den Zweigen. Die Nadeln der Tannenzweige waren durch das Wasser weich und pikten überhaupt nicht. Für gute Durchblutung war jedenfalls gesorgt. Herrlich war die Abkühlung, kurzer Weg und wir standen in der freien Natur. Der Sprung in ein 4 mal 4 Meter gesägtes Loch im ca. 2 Meter dicken Eis war dann die Krönung. Unser russischer Saunaführer sah nach seiner zweiten Saunaprozedur verständlicherweise etwas hutzelig und schrumpelig aus.

Eine besondere Person war unser Delegationsleiter Bernd Plümer. Professionell hatte er uns in eine unbekannte Welt geführt und begleitet.

Immer wieder stellte ich mir die Frage, wie kann es sein, daß bei diesem Himmelhund alle Türen aufgingen, egal, wo er auch anklopfte. Erst viel später hat mir Bernd sein Geheimnis anvertraut. In Moskau hatte er ein bildschönes Mädchen, Svedlana, kennengelernt. Sie war KGB-Agentin und sollte überwachen, welche Arten von Geschäften er betreibt. Ihr gelang es, Bernd als KGB-Agenten anzuwerben. Nun war er Agent, der nicht mal russisch sprach. Aber das Geheimnis seines Erfolges war sein KGB-Paß und dort nicht das abgebildete Gesicht, sondern es war die Farbe im Hintergrund, die die Bedeutung der Wichtigkeit des Fotografierten darstellte. Svedlana war abkommandiert, ihn als Übersetzerin ständig zu begleiten, aber eben auch zu überwachen. Sie war eine sehr gepflegte, dezent geschminkte und gutgekleidete, nicht hübsche, sondern schöne Person. Später hat Bernd ihr eine Wohnung in St. Petersburg gekauft, wahrscheinlich als Dank für eine wunderschöne und erfüllte Zeit.

Der sanitäre Bereich, wenn es um Toiletten in den Firmen ging, war katastrophal. Wenn man auf die Toilette gehen mußte, watete man prinzipiell durch eine Lache von Urin. Die Toilettentüren nach Western-Art ließen eine Betrachtung des sich Erleichternden ohne weiteres zu. Der Haken, um die Jacke aufzuhängen, war abgeschraubt oder es gab keinen. Toilettenpapier, so wie wir es kennen, gab es auch nicht. Entweder quadratisch geschnittenes Glanzpapier oder, wie es mir passierte, ausgerechnet als Iswestija-Fan, grob gerissene Blätter der ehemaligen Parteizeitung Prawda, die sich vor kurzem verabschiedet hatte. Man konnte zwar die Toilette halbwegs gesäubert verlassen, aber die Druckerschwärze mußte am nächsten Morgen beim Duschen gesondert entfernt werden.

Da ich als Anzeigenverkäufer die Firmen im Westen kannte, die mit Rußland Geschäftsverbindungen suchten, habe ich meinen Archangelsk-Bericht kopiert, ihn interessierten Firmen angeboten und 35-mal für jeweils DM 1000 verkauft. Einige gute Geschäfte wurden daraufhin mit der Region Archangelsk getätigt. Also war die Reise an die Eismeergrenze im Norden Rußlands nicht nur für mich, sondern auch für andere eine lohnende und informative Aktion gewesen.

Der Anzeigenverkauf für die Iswestija wurde immer schleppender, und dann habe ich die Entscheidung getroffen, damit aufzuhören. Der Aufwand lohnte sich nicht mehr.

Nun grummelte es in mir, was willst du als nächstes machen?

Von der Schiffahrt zum Handel

Bei der Überlegung, was ich als nächstes tun wollte, fiel mir ein alter Bekannter ein. Bernd. Ihn kannte ich aus der Zeit bei Lloyd's, und wir hatten uns gut angefreundet. Er hatte sein Kapitänspatent gemacht, aber noch anschließend als Doktor der Betriebswirtschaft promoviert. Er selbst hatte zwei Schiffe, die er als Reeder mit anderen Partnern betrieb, und war spezialisiert auf das Crewing und Manning von anderen Reedereien. Es ging im Prinzip darum, billige Arbeitskräfte aus dem Ausland für deutsche Schiffe zu finden.
Er hatte eine kleine, aber gut funktionierende Firma und engagierte mich zu einem fairen Preis für Sonderaufgaben, die weder er noch einer seiner Angestellten erledigen konnte. Eine meiner neuen Aufgabenstellungen war:
Alle Firmen, die mit der Schiffahrt zu tun hatten, sollte ich aufsuchen, um die Dienstleistungspalette seiner Firma bekanntzumachen. Sie reichte von der Schiffsüberführung bis hin zu Reparaturen, selbst per Hubschrauber, auf hoher See, weltweit. 270 Reedereien, 80 Schiffsmakler, 25 international tätige Schiffsausrüster und ca. 30 Werften habe ich persönlich besucht. Für Bernd und mich wurde erkennbar, die Geschäfte in der Schiffahrt wurden immer mühseliger. Neue Möglichkeiten müssen her, um Arbeitsplätze zu erhalten oder neue zu schaffen. Vorteil einer kleinen Firma, man kann sich ganz schnell mit allen zusammensetzen, um ein „Brainstorming" (schneller, spontaner Gedankenaustausch) zu machen.
Die Firma hatte Niederlassungen in Ost- und Westeuropa. Wir entschieden uns, mehr kommerziellen Erfolg im Handel zu versuchen und aufzubauen. Bevor das passierte, mußte herausgefunden werden, welche Möglichkeiten sind dafür vorhanden. Mal wieder eine echte Aufgabe, die mich herausforderte.

Bulgarien – Versuch macht klug

Bis zum Jahre 852 lebten in Bulgarien unterschiedliche Clans mit unterschiedlichen Sprachen, und sie glaubten an verschiedene Götter. Im Jahre 864 wurden alle Bulgaren durch Zar Boris zum christlichen Glauben gezwungen. Durch Zar Simeon, der Sohn von Boris, wurde Bulgarien in das Goldene Zeitalter geführt. 1187 bis 1396 Zweites Bulgarisches Reich. Diese Zeit bildet den Höhepunkt des Mittelalters für Bulgarien. Unter Zar Ivan Assen II. (1218 bis 1241) ist Bulgarien fast wieder so groß und mächtig wie unter Simeon dem Großen. Seinem Tod folgen siebzig Jahre Anarchie unter nicht weniger als 14 Zaren. Unter den letzten drei Zaren erlebte die Kultur noch einmal einen Höhepunkt. Dann fielen die Türken ein und eroberten 1372 Plovdiv, 1382 Sofia, 1393 Varna und Veliko Tarnovo. 500 Jahre hielten die Türken Bulgarien besetzt und erniedrigten das Volk. Das Land verödete. Teile der Bevölkerung traten zum Islam über. Moscheen wurden gebaut. Vergebliche Aufstände gegen die Türken brachten nur neues Elend.
Es waren zwei Brüder, Peter und Assen, die Widerstand und Ausbildung von Freiwilligen zur Befreiung Bulgariens organisierten. Die Türken wurden durch harte und langwierige Kämpfe wieder aus Bulgarien vertrieben. 1914 bis 1918, im 1. Weltkrieg, kämpften die Bulgaren an der Seite Deutschlands. Von 1918 bis 1943 regierte noch Zar Boris III. 1946 wurde die Monarchie abgeschafft. Dann kamen die Russen und etablierten eine kommunistische Diktatur. Schiwkoff wurde Vorsitzender des Staatsrates mit den Vollmachten des Staatsoberhauptes.

Die bulgarischen Mönche Cyril und Methodius entwickelten das slawische Alphabet, wanderten danach nach Rußland aus, und seit dieser Zeit ist die kyrillische Schrift in Bulgarien und Rußland zu Hause.
Über die deutsche Botschaft in Bulgarien lernte ich den deutschsprachigen Dr. Wassilev kennen. Er gab mir Kontaktadressen von Firmen, die an Handelsbeziehungen zu deutschen Firmen interessiert waren.
Ein für mich wichtiger Kontakt war ein ca. 40 Jahre alter Mann, dessen Vater schon Händler gewesen war. Er wohnte in Shumen, ca. 80 km von Varna entfernt, mitten im Land. Von ihm erfuhr ich, daß es nicht von Vorteil sei, Geschäfte in Sofia, der Haupstadt, zu beginnen. Mafiakontrollierte Strukturen, Bestechung und Korruption lassen einen seriösen Handelsaufbau nicht zu. Deshalb meine Idee, Bulgarien von der Küste her aufzurollen.
Zielsetzung der Reise war es, Produkte zu finden, die für den deutschen Markt interessant sind. Doch stellten wir uns auch die Frage, welche deutschen Produkte können in Bulgarien verkauft werden.

Reisezeit Juni 1993

Start 6.50 Uhr Bremen–Frankfurt, Ankunft 12.45 Uhr Sofia.
Der Geschäftsmann Malu Malev aus Shumen, mit dem ich über die vergangenen sechs Monate kommuniziert hatte, holte mich ab. Ihn begleitete Plamena, seine englischsprachige Übersetzerin. Sie war 18 Jahre alt, hatte dunkelbraune Augen, lange schwarze Haare, war bildschön und sehr gepflegt. Sie hatte nur drei Jahre Englisch in der Schule gelernt und war perfekt mit einem Wortschatz, von dem unsere jungen Leute in Deutschland nur träumen können.
Inlandflüge sind für normale Bulgaren unerschwinglich, deshalb ist der Bus für den Personentransport das wichtigste Fortbewegungsmittel. Es ist Freitagnachmittag 15.30 Uhr. Am Busbahnhof stehen ca. 50 Busse, um von der Hauptstadt Sofia Menschen in alle Regionen Bulgariens zu

Ehemalige Patrizierhäuser

transportieren. Obwohl Malev Fahrkarten mit Platzreservierung vorlegen konnte, war der Bus ausgebucht, also war auch hier Bestechung zu Hause. Im hinteren Teil des Busses wurden noch zwei Notsitze ausgeklappt, und ein Platz waren die Stufen am Ein- und Ausstieg. Die Fahrt dauerte 6,5 Stunden mit dreimal einem Stopp von ca. 20 Minuten. Es war sehr heiß, ca. 28 Grad.
Sofia liegt am Fuße des Balkangebirges mit der höchsten Erhebung von 2900 Metern. Die Landschaft ist sehr hügelig und mit Mischwald bewachsen. Eichen, Tannen, Birken, Buchen, Linden, Akazien, Nuß etc. Der Reichtum an Holz ist unermeßlich. Zar Boris, ein Freund der Deutschen, hatte ein Gesetz erlassen, daß die Forstwirtschaft, wie in Deutschland praktiziert, für Bulgarien zu 100 % übernommen wurde.
Je weiter wir in Richtung Schwarzes Meer fuhren, nahmen die Hügel immer mehr ab, und weite Ebenen breiteten sich vor dem Betrachter aus. In Deutschland kennen wir die gelben Rapsfelder. In Bulgarien sah ich zum ersten Mal eine Farbenpracht von großen Sonnenblumenfeldern, riesigen Rosenfeldern mit den unterschiedlichsten Farbvarianten, aber auch Gewürzfelder, die ich bisher in dieser Form noch nie gesehen hatte. In Bulgarien sollen die besten natürlichen Duftstoffe für Parfüme, aber auch ätherische Öle gewonnen werden. Besonders auffallend waren die vielen Eselgespanne, die auf den Straßen fuhren und wirklich den Verkehr behinderten.
Gegen 22.00 Uhr kamen wir in Shumen an. Eine mittelgroße Stadt mit ca. 85 000 Einwohnern. Herr Malev brachte mich in einer seiner Wohnungen unter, die er nach dem Zusammenbruch des Kommunismus gekauft hatte. Mit einem Essen in einem typisch bulgarischen Restaurant und mit Delikatessen des Landes wurde der Abend abgeschlossen. Es war Wochenende, und Malev schlug vor, Sehenswürdigkeiten anzuschauen und danach ans Schwarze Meer zu fahren. Man konnte noch sehr gut erkennen, daß Bulgarien früher durch Zaren regiert wurde. Wunderschöne alte Patrizierhäuser waren in den Straßen zu sehen, einige gestrichen, leider zu viele nicht. Die Straßen und Plätze wiesen tiefe Löcher auf, die Pflasterungen standen teilweise hochkant und waren nicht nur für alte Leute eine ständige Stolperfalle mit der damit verbundenen Verletzungsgefahr.

Katastrophaler Straßenzustand

Bekannterweise besteht keine große Zuneigung der Bulgaren zu den Türken. Das veranlaßte den kommunistischen Diktator Schiwkoff, ein gewaltiges Denkmal aus Beton zu bauen. 160 Meter hoch, von innen begehbar, oben angekommen, konnte man weit in die Türkei sehen. Das Denkmal ist künstlerisch gestaltet mit Nachbildungen von gut gepanzerten Rittern mit Schwertern auf mächtigen Pferden. Ein gewaltiges, stark beindruckendes Mahnmal.

Varna, die zweitgrößte Stadt in Bulgarien, liegt am Schwarzen Meer und war früher der Sommersitz der Zaren.

Malev schlug vor, nach Kavarna zu fahren, gelegen an der nördlichen Schwarzmeerküste, mit einem sauberen, herrlichen Sandstrand. Wir wollten in diesem Ort übernachten. Malev war eben ein absoluter Insider. Es war eine Art Campingplatz mit kleinen Holzbaracken, angeordnet wie eine Wagenburg. Malev gab mir die Anweisung, ich solle mich im Auto ducken, wenn wir am Schlagbaum vorbeifahren. Die Übernachtung kostete für Einheimische umgerechnet DM 2 pro Person. Es war bescheiden, aber alles sehr sauber. Abends gingen wir in einem größeren Hotel essen, und ich erlebte zum ersten Mal bulgarische Folklore, die sehr ähnlich der türkischen ist. Die Lebenshaltungskosten waren praktisch aus deutscher Sicht fast null.

Die vom Kommunismus etablierten Massentourismus-Abfertigungszentren befinden sich im südlichen Teil des Schwarzen Meeres, am Gold- und Sonnenstrand. Trotz Sommer und schönem Wetter traf man so gut wie keine Touristen. Der Tourismus sollte wieder verstärkt werden, aber es war noch nicht geklärt, wer die ehemaligen volkseigenen Zentren übernehmen sollte. Für westliche Investoren wäre zu dieser Zeit eine sehr gute Chance gewesen, dort einzusteigen.

Bei den Spaziergängen, die wir an den Steilküsten machten, erzählte Malev noch eine Geschichte. Als die Osmanen (Türkenstamm) die Bulgaren 1393 überfielen, verflochten sich 40 Jungfrauen ihre Haare untereinander, faßten sich an den Händen, stürzten sich 70 Meter tief ins Schwarze Meer und entzogen sich durch den Freitod der danach fast 500 Jahre andauernden Sklaverei.

Da diese und auch die anderen Reisen der Marktanalyse und Findung von zuverlässigen Partnern galt, kann man sich vorstellen, daß ein großes Paket abzuarbeiten war.

Man möge sich erinnern, ich kann nur die Situation beschreiben, wie ich sie 1993 vorgefunden habe, als ich anfing zu reisen. Ein kurzer Extrakt als erster Eindruck. Überall, wie im gesamten Ostblock, fehlte es einfach an kaufmännisch qualifizierten Menschen. Immer war zu dieser Zeit die Eigentumsfrage bei Betrieben offen. Es fehlte ein klares Konzept, wie man die diktatorisch gelenkte Wirtschaft auf eine private und damit kommerziell effiziente Basis stellen konnte. Leider konnte ich nur zwei Strukturen feststellen:

1. Die alten kommunistischen Seilschaften, weil sie auch über Insider-Informationen verfügten, wurden sehr schnell zu den besten Kapitalisten, formierten sich zu mafiosen Strukturen und sicherten sich gutgehende Betriebe.
2. Die echten kapitalistischen Organisationen aus dem Ausland, auch deutsche Betriebe, waren nur, wie das heute nach amerikanischem System funktioniert, an „Quick return of Investment" (schnelle mit Profit erzielte Rückführung des investierten Geldes) interessiert.

Eine Aussage eines bürgerlichen Bulgaren: Jetzt, da der Kommunismus sich verabschiedet hat, müssen die Bulgaren sich an einen runden Tisch zusammensetzen mit den Altkommunisten und den Bürgerlichen, um über die Zukunft des Landes zu sprechen. Zu diesem Zwecke müsse extra ein Tisch mit einem Durchmesser von 9,5 Metern gebaut werden. Auf meine Frage warum, kam die Antwort, der Weltrekord im Spucken liegt bei 8,90 Metern. – Also auch hier gibt es Humor und zynische Witze.
– Die Kriminalitätsrate war extrem hoch, genau wie in allen ehemaligen Ostblockländern. Am laufenden Band wurden in Bulgarien professionell Autos geklaut, besonders Ladas standen hoch im

Kurs und wurden in die Ex-SU verschoben. Auf unseren Fahrten zeigte mir Malev immer wieder Ansammlungen von Menschen, die unter Plastikfolien, umgeben von Kartons, unter Bäumen lebten. Es waren Zigeuner, sie werden in Bulgarien „Katonaris" genannt.

Die Reisetätigkeit in Bulgarien war sehr intensiv. Im Jahre 1994 haben wir insgesamt weit mehr als 6000 km zurückgelegt. Langsam, aber sicher lernte ich dieses schöne Land kennen. Die traumhaften Landschaften, wilde, rauhe Gebirge mit katastrophalen, gefährlichen Straßen, die riesigen Felder im Flachland und natürlich immer wieder die unterschiedlichsten Regionen der Küsten, Strände und Wälder.

Die Wasserversorgung im Land war außerordentlich schlecht. Man hatte vergessen, Staudämme vor Jahrzehnten zu bauen, um eine gleichbleibende Versorgung der Bevölkerung mit Wasser zu garantieren. Man stand morgens unter der Dusche, hatte sich gerade eingeseift, wollte sich abduschen und na, das Wasser war abgestellt. Also abtrocknen, und den ganzen Tag roch man nach den Duftstoffen, die die Industrie als wohltuend und gesund in tollen Plastikflaschen dem Endverbraucher andient. Über die orientalischen Gerüche, wenn man die Toilette ohne Wasserspülung benutzt hatte, will ich mich nicht weiter im Detail auslassen.

Die Stromversorgung war in einer ähnlichen Situation. Man hört Radio, plötzlich wurde der Ton leiser, bis er ganz verschwunden war, und nach ca. fünf Minuten konnte man wieder Musik hören. Selbstgezogene Kerzen standen hoch im Kurs, denn es passierte, daß man über Stunden im Dunkeln hätte sitzen müssen. Zu dieser Zeit bestand das Leben aus Improvisieren und rechtzeitigem Organisieren.

Hatte Malev mich bisher immer in seinen bescheidenen Wohnungen untergebracht, so hatte er sich einmal etwas Besonderes einfallen lassen.

Wir alle wissen, daß Kaiser, Könige, Zaren, Grafen, Fürsten, danach Parteigrößen, immer in den schönsten Unterkünften wie Schlössern, Burgen residierten. Auch in dem unbedeutenden Shumen gab es eine solche Bleibe. 150 Meter über der Stadt lag auf einer Felsenerhebung ein Prunkgebäude. Der Verwalter dieses Hauses war ein Freund von Malev. Für DM 30 pro Nacht habe ich in keinem geringeren Zimmer übernachtet als in dem, wo der bulgarische Kommunistenhäuptling Schiwkoff sein müdes oder besoffenes Haupt niedergelegt hatte. Ein Raum von ca. 60 Quadratmetern mit einem Bett von 2 mal 2 Metern und einem weiteren Raum, wo in früheren Zeiten die Bodyguards schliefen. Alles war sehr sauber, ob Räume, Dusche oder Toilette. Heißes Wasser war jedenfalls in unbegrenzter Menge vorhanden. Wenn man aus dem Tal zu diesem Gebäude fahren will, gibt es Schilder: keine Durchfahrt, Lebensgefahr, Durchfahrt verboten. Malev lachte nur und kannte genau seinen Weg.

An einem Sonnabend kamen wir dort gegen 21.00 Uhr an. Ein rauschendes Fest wurde von privaten Leuten dort abgehalten, eine Hochzeit. Wir wurden wie Familienmitglieder herzlich begrüßt und als Gäste eingeladen, um mit Sekt, Kaviar und anderen Delikatessen, die das Land bietet, verwöhnt zu werden. Ein Spanferkel, sehr schön dekoriert, befand sich mitten auf dem Tisch. Wir waren müde, haben noch eine Kleinigkeit gegessen, noch etwas getrunken und verschwanden in unseren Gemächern, ich in dem Riesenbett, wo der kommunistische Diktator gelegen hatte, und mein Freund Maltscho als Bodyguard im anderen Raum.

Es war Sonntag. In unserer speziellen Hochburg gab es kein Frühstück, also tranken wir einen Kaffee in einer Spielhölle im Tal, die bereits morgens um 10.00 Uhr mit Menschen überfüllt war. Arbeit gab es sowieso nicht mehr. Die großen Kombinate, wo Tausende von Menschen Arbeit gehabt hatten, haben sich mehr oder weniger wie in allen Ostblockländern aufgelöst. Auch am Sonntag führten wir geschäftliche Gespräche mit Menschen, die etwas bewegen wollten. Es war aber alles sehr, sehr mühsam. Abends fuhren wir wieder zur Hochburg, Malev war müde und ging ins Bett. Acht Personen saßen noch in einer Runde, und was sahen meine Augen, der Kopf des Spanferkels vom Tag zuvor war wieder auf dem Tisch. Ohne Übersetzerin ist die Kommunikation schwierig, aber ich hatte Glück. Einer der anwesenden Bulgaren sprach gebrochen deutsch. Während wir zusammensaßen, wurde regelmäßig Stückchen für Stückchen vom Schweinekopf an Fleisch abgeschnitten. Der dicke Kopf wurde immer schmaler, bis letztlich nur noch der nackte Schädel zu sehen war.

Mein Nachbar ging in die Küche, holte ein großes schweres Messer, setzte dieses an der Schädeldecke an und schlug es wie einen Keil an der Fontanelle ein, drehte die Klinge um 90 Grad und brach dann den Schädel krachend mit den Händen auseinander. Vor uns lag das Gehirn des Schweines. Mein Nachbar zur Linken nahm einen Löffel, tauchte diesen in das Gehirn und reichte mir die Delikatesse zum Probieren. Es schmeckte sehr fettig und süßlich, aber der Gedanke an das eben Geschehene rief in mir einen Brechreiz hervor, der mich schnell vor die Tür brachte. Als ich wieder den Raum betrat, lachten alle Anwesenden, hatten aber inzwischen den Rest des Gehirns aufgegessen.

Herr Herold, ein Übersetzer, dem ich davon erzählte, sagte nur, ich hätte römische Verhältnisse kennengelernt.

Maltscho sagte mir am nächsten Tag, ich hätte mit einer Truppe von Gangstern zusammengesessen, die in Deutschland und Österreich Autos klauten und diese wiederum in Bulgarien verkauften.

Während meiner diversen Reisen in Bulgarien besuchten wir auch vier große Forstwirtschaften. Es ging immer in erster Linie um Holz: Eiche, Buche, Akazie, Linde. Diese Forstanlagen erinnerten mich von der Größe her an die Haziendas in Argentinien. 30 bis 100 Quadratkilometer. Alle Leiter der Forstanlagen sprachen deutsch. Immer wieder wurden wir angesprochen, ob wir nicht Jäger vermitteln könnten, die Lust hätten, hier Wild zu jagen. Dieses wurde in sehr großen Gehegen gehalten, und der Abschuß für einen Hirsch wurde berechnet nach dem Gewicht des Geweihes, der Trophäe. Die vorgelegten Muster von 12-, 14-, 16-Endern waren schon gewaltig.

Bei unseren Autoexkursionen kam es häufig vor, daß wir unsere Fahrt verlangsamen mußten, weil Wildschweine mit ihren Ferkeln, aber auch anderes Wild über die Straßen wechselten.

Eines ärgerte mich in Shumen ganz besonders. Über Jahre tat sich in Shumen nichts an dem von mir beschriebenen Zustand der Straßen. Plätze und öffentlichen Gärten wurden nicht gepflegt. Alles verkam mehr und mehr. Irgendwann setzte ich mich zu Hause vor meinen PC und schrieb ein kostenloses Konzept für den Bürgermeister: „Unsere Stadt soll schöner werden." Boriana, eine unserer Übersetzerinnen, bat ich, dieses ins Bulgarische zu übersetzen, den Bürgermeister aufzusuchen, dieses Konzept ihm zu präsentieren, mit besten Grüßen, ein deutscher Freund der Bulgaren. Die Arbeitslosenquote war in Bulgarien sehr hoch, Arbeitslosengeld wurde bezahlt, und die Menschen gammelten herum. Das Konzept aufzuschreiben würde zu weit führen, aber die Vorschläge waren so einfach und ohne nennenswerte Kosten zu produzieren. Nach sechs Monaten konnte ich feststellen, daß die Stadt schöner, sauberer und die Straßen, wenigstens im Zentrum, in Ordnung waren. Der Einladung des Bürgermeisters folgte ich nach der nächsten Reise gern. Ich freute mich über den ausgesprochenen Dank. Er ließ mich noch wissen, er wäre nie auf diese Idee gekommen.

Zum Abschluß meine Wahrnehmung über meine Reisetätigkeit in diesem schönen Land.

Die Bulgaren waren notgedrungenerweise sehr stark angelehnt an die Ex-SU. Die Menschen lebten ärmlich, bescheiden und hielten ihre Traditionen aufrecht. Zum Ende meiner Marketingreisen mußte ich feststellen: Aus jeder Kneipe, jedem Restaurant, Hotel hört man nur noch amerikanische oder englische Musik. Viele jüngere Menschen möchten sich an Amerika anlehnen. Das Coca-Cola- und Marlboro-Zeitalter inklusive Pornos und brutalster Videos war angebrochen. Der Dollar war zur zweiten Währung geworden. Die „Amerikanische Kultur" hielt ihren Einzug in einem Land und

zerstörte dieses, wo wirklich Kultur nachweisbar ist. Die Intelligenz, Künstler, Dichter und Schriftsteller wollen mit den Amerikanern weniger zu tun haben, sie würden sich lieber nach Europa hin orientieren. Die jüngeren Generationen lassen sich jedoch durch Oberflächlichkeiten blenden, worüber die Älteren und Alten traurig und enttäuscht sind.
Mein wirtschaftliches Fazit ist: Durch die zu festgefahrenen Strukturen muß ich leider feststellen, daß es hier in diesem Land nicht möglich war, kommerziellen Erfolg zu erzielen. Ähnliche Reiseerfahrungen machte ich auch in der Tschechoslowakei und in Polen.
Dennoch gehört folgende einträgliche Geschichte zu **Polen**.
Ein guter Bekannter begleitete mich auf dieser Reise. Er wußte, welche Waren handelbar waren, hat ein feines Gespür für Geschäfte und ist ein erfolgreicher Geschäftsmann. Seine Expertise war für uns sehr wertvoll. Bei

Russische Gießkannen

einem Händler stießen wir auf verzinkte Blecheimer und Gießkannen aus Rußland. Genau eine DM sollten sie jeweils kosten. Zwanzig Stück haben wir sofort gekauft und diese als Muster Großhandelseinkaufsorganisationen für DM 2,50 angeboten. Es ist unglaublich, 410 000 Stück haben wir innerhalb von sechs Monaten verkauft.

Spanien

Januar 1993. Die Niederlassung der IMS in Spanien, Algeciras, bestand schon mehrere Jahre und wurde von einem Ingenieur Peter K. geführt und verwaltet. Schwerpunkt des Geschäftes waren Schiffsreparaturen, der Handel mit Schiffsdieseln, Motoren und anderem technischen Gerät. Ziel der Reise war, mehr Dynamik und kommerziellen Erfolg für die Niederlassung in diesem Land zu erzielen. Zuvor möchte ich aber die wirtschaftliche Situation schildern, wie sie zu dieser Zeit in Spanien herrschte.
Bisher betrachteten nicht nur ich, sondern auch andere Geschäftsfreunde Spanien als Urlaubs- und Land mit wirtschaftlicher Zukunft. Franco mit seiner rechten Diktatur war abgelöst worden, und nun regierten die Sozialisten seit zehn Jahren das Land. Sie hatten, wie immer, es geschafft, das Land und die Wirtschaft kaputtzumachen.
Ein Freund von mir, Rolf S., als Schiffsmakler in der Firma meines Vaters, Ivers & Arlt, ausgebildet, war vor 30 Jahren nach Spanien ausgewandert. Er war ein absoluter Insider und konnte mir sehr viel über die wirtschaftlichen Zusammenhänge und Veränderungen dieses Landes geben.
Der Mittelstand, die Säule jeder Volkswirtschaft, wurde durch Gesetze und Steuern so dezimiert, daß er kaum noch vorhanden war. Nur durch Haken, Tricks und Ösen und mit den Lücken der Gesetze versuchten die Mittelständler, sich am Staat vorbeizumanipulieren, um überhaupt überleben zu können. Fazit: Wenn es keine unternehmerische Motivation gibt, erschlafft die Wirtschaft. Gesetze, Verordnungen und übertriebene Bürokratie mit zu hohen Steuern würgen jegliche Initiative ab. Das war in Spanien. Heute in Deutschland 2004, die Fehler der Politiker wiederholen sich immer wieder, man lernt weder aus der Geschichte noch aus der jüngsten Vergangenheit.

Die spanischen Sozialisten haben es zugelassen, daß ca. 60 % des ausländischen Großkapitals sich der Industrien Spaniens bedient haben.

Die diktatorischen Prinzipien Francos sind allgegenwärtig, von der Verwaltung bis hin zur Polizei. Auch eine aufgepflockte sozialistische Regierung hat nichts geändert. Korrupt waren und sind beide Systeme.

Die gesamte Situation sah in Spanien zu dieser Zeit überhaupt nicht optimistisch aus. Die von mir und Peter organisierten Generalvertretungen mit Produkten aus der ehemaligen DDR versuchten wir nun auch in Spanien an den Mann zu bringen. Ich hatte während meiner Reise durch die Ex-DDR eine sehr interessante Firma kennengelernt: DMS, Dieselmotoren-Werke Schönebeck. Südlich von Magdeburg wurden Motoren und Generatoren hergestellt, die in Temperaturzonen von minus 50 bis plus 50 Grad Verwendung fanden. Ausgerichtet auf das große russische Reich, wo diese Motoren sehr erfolgreich eingesetzt wurden, sie waren Allesfresser. Sie liefen nicht nur mit Diesel, sie funktionierten auch mit den unterschiedlichsten Ölen wie Sonnenblumenöl oder jeder anderen Ölsorte, die aus der Natur gepreßt werden kann. Ideal für Bulgarien (Sonnenblumen) oder auch Spanien (Oliven).

Bei einer Verhandlung durfte ich in Schönebeck mit dabeisein. Eine russische Delegation eines Goldbergwerkes kaufte 30 solcher Motoren. Devisen hatten die Russen nicht oder sie wurden von der Regierung nicht zur Verfügung gestellt. Kleine, einfach genähte Säckchen mit reinem Gold reichten der Geschäftsleitung, um das Geschäft abzuwickeln. Das Gold wurde auf eine Waage gelegt, der Wert des Goldes zum damaligen Umrechnungskurs berechnet, und das Geschäft war gelaufen.

Diese Generatoren, die mit Olivenöl betrieben werden konnten, denn davon gibt es in Spanien reichlich, sollten unser Verkaufsschlager werden. Die erste und zweite Pressung aus Oliven sind für den menschlichen Verzehr. Danach kommt die dritte Pressung, und das Öl, das dann noch gewonnen wurde, konnte man ohne Probleme in den DMS-Motoren verbrennen, um damit Strom zu erzeugen. Wie in Deutschland mit der Wind- oder Biogasenergie gab es in Spanien ein Gesetz: Wer Energie produziert, bekommt diese zu einem festen Betrag vom Staat abgenommen. Das war der Einstieg für uns, Verhandlungen mit den olivenölproduzierenden Genossenschaften zu beginnen.

Drei Motoren mit unterschiedlicher Leistung wurden von DMS Schönebeck bestellt, nach Spanien exportiert und auf einer regionalen Messe im Süden ausgestellt. Mir fallen spontan die Worte eines Russen in Archangelsk ein:

Einmal sprechen und sehen ist wertvoller als 100mal zu hören.

Dieses Konzept, welches wir durchführten, war richtig. Mehrere Generatoren wurden verkauft, und sie laufen heute noch, weil sie extrem robust und weitestgehend wartungsfrei sind. Ursprünglich wurden sie ja auch für Rußland und die dort extrem schwankenden Temperaturen entwickelt.

Hier noch einige Informationen über Spanien und Gibraltar.

Ein Katasteramt, wie wir es aus Deutschland kennen, gibt es nicht. Nur für Ausländer wird ein solches geführt. Spanier auf dem Lande kaufen und verkaufen ihre Häuser per Handschlag, um Steuern zu sparen. Bei Streitigkeiten entscheidet der Pastor. Nach fünf Jahren ist die zu zahlende Steuer verjährt. Im Bezirk Malaga wurden in der Vergangenheit allein 40 % der Bauten ohne Genehmigung errichtet. Wichtig war nur, daß man den Schwarzbau sofort mit weißer Farbe anstrich, damit war mehr oder weniger der Bau legalisiert.

Gibraltar

Gibraltar, ein mächtiger Fels an der Meerenge zwischen Europa und Afrika am Eingang zum Mittelmeer, ist ein aus den Wellen steil aufsteigender Koloß aus Jurakalk, 425 Meter hoch, 4,6 km lang und 1,25 km breit. Die schmalste Stelle zwischen Europa und Afrika beträgt 13 km. Wie strategisch wichtig dieser Felsen war und ist, zeigen die Kriege, die um diesen Felsen seit 710 nach Christi geführt wurden. Es waren die Spanier, Mauren, Franzosen, Engländer und einige mehr, die über Gibraltar Einfluß und Kontrolle zum Mittelmeer und fortführend zum Mittleren Osten haben wollten. Der Utrechter Frieden von 1713 bestätigt den Engländern den Besitz von Gibraltar. 1726 machte Spanien den fruchtlosen Versuch, Gibraltar den Engländern zu entreißen. Die von England angebotene Kaufsumme von 2 Millionen Pfund wurde von den Spaniern abgelehnt. Im Vertrag von Sevilla 1729 verzichtete Spanien auf alle Ansprüche auf Gibraltar. Der Kampf jedoch um Gibraltar geht immer wieder bis heute weiter, nicht mehr mit Waffen und Belagerung, sondern politisch.

Die Landschaft ist malerisch, die Menschen freundlich und hilfsbereit. Man kommt sich wie im Kino vor, fährt man von Algeciras nach Gibraltar. Plötzlich ein Schlagbaum an der einzigen Zugangsstraße. Nicht spanische Zöllner, sondern echte Engländer in ihren Uniformen überprüften, ob man Zollware anmelden mußte. Man glaubte, man ist in eine andere Welt versetzt. Bobbies, wie wir sie in Uniformen aus England kennen, kontrollierten den Straßenverkehr. Wer ein Freund der englischen Lebensweise ist, fühlt sich sofort in Gibraltar wohl. Da waren typisch englische Pubs (Kneipen) mit den Angeboten, die man aus England kennt. Ham and Salad and a hot Potatoe, irgendwelche Pies (Aufläufe) plus die ganzen Biere und Getränke. Landwirtschaft oder produzierende Industrie gab es in Gibraltar nicht, aber eine blühende Industrie, den Schmuggel. Die Insel ist zusätzlich ein Steuerparadies von Off-shore-Firmen, die dazu dienten, Gelder zu waschen und zu verstecken. Genau

Gibraltars Steilküste

wie andere europäische und außereuropäische Finanzplätze es tun. Natürlich waren alle internationalen, auch deutsche, Banken vertreten, meist in Verbindung mit Joint-ventures. Das Leben pulsierte in den kleinen Straßen. Es gab alles, genau wie in Paris, London, Moskau, New York oder Berlin. Man konnte alles für teures Geld kaufen, vom Feinsten bis hin zur gewöhnlichen Banane oder Feige.

Gibraltar, dieser herrliche über das Meer ragende Felsen ist eine strotzende, mit Abwehrwaffen bestückte Festung. Tunnelsysteme, in denen nur elektrische Fahrzeuge fahren.

Raketen und selbst Atomwaffen sind dort eingelagert. Die Engländer wissen schon, warum sie diesen Stützpunkt nie aufgeben werden, genausowenig wie auf Zypern.

Mitten durch Gibraltar ist ein Flugplatz angelegt, wo auch ganz normale Passagierflugzeuge starten und landen können. Wenn man in den Süden Spaniens will, fliegt man sehr viel billiger von Deutschland über London direkt nach Gibraltar, als wenn man die Route über Frankfurt und Malaga nimmt. Solche Information erhält man wirklich nur vor Ort. Kommt ein Flugzeug, wird die Hauptstraße durch Gibraltar mit Schranken gesperrt, der Flieger landet, und anschließend strömt der Verkehr wieder quer über die Landebahn. So etwas kann man nur glauben, wenn man es selbst erlebt hat.

Ein erwähnenswertes Ereignis zum Schluß.

Vor unserem Büro fuhr ein Minibus vor. Die Insassen, mit denen wir verabredet waren: ein älterer Mann mit Glatze, sehr gut gekleidet, intelligentes Gesicht, goldumrandete Brille, an der einen Hand einen überdimensionalen Goldring am Finger, die andere Hand zierte ein überdimensionaler Brillantring. Der Fahrer neben ihm, lange strähnige Haare bis über die Schultern, sehr salopp gekleidet. Dazu ein alter Mann, ca. 70 Jahre, erfahrener Fischer. Zum Gespräch wurde ein Kaffee angeboten. Es ging in die Richtung, man wolle größere, schnellere, zuverlässige, mit einem großen Radius versehene Motoren kaufen, da man Fischfang vor der Küste Marokkos betreiben wolle. Wortführer auf spanisch war immer der Fahrer. Der glatzköpfige Goldjunge schaute nur teilnahmslos

Motor zum Schmuggeln

um sich, verfolgte aber das Gespräch mit hoher Aufmerksamkeit. Über den Preis von zwei Motoren wurde nicht lange verhandelt, wichtig war, daß diese sofort geliefert werden müßten. Das Geld wurde bar auf den Tisch gelegt. Wir fuhren zum spanischen Zollager, dort wurden die Motoren auf einem Transportfahrzeug verstaut. Der Minibus fuhr bis zum spanischen Grenzübergang vor uns her, wo wir uns den Export nach Gibraltar von spanischen Zöllnern bestätigen ließen. Der Fahrer des Minibusses gab uns jetzt Anweisung, wie wir zu fahren hätten. Vor dem offiziellen Zolldurchgang nach Gibraltar links abbiegen und ca. 1,2 km fahren. Er würde gleich auf der anderen Seite des mit Stacheldraht versehenen Zaunes sein. Wir warteten ca. 20 Minuten, dann wurde der Zaun an einem Pfosten ausgehakt, und wir waren mit unserer Fracht auf dem Gebiet von Gibraltar. So einfach ist es zu schmuggeln, wenn man die richtigen Leute und deren Trampelpfade kennt.

Der Bruder des glatzköpfigen Goldjungen war Minister in Gibraltar und hatte dafür gesorgt, daß Glatzköpfchen die exklusiven Taxirechte für diesen Kleinstaat erhalten hatte. In Wirklichkeit war er aber der Boß, der in großem Stil den Schmuggel mit Zigaretten und Drogen zwischen Afrika und Spanien steuerte. Der Kauf der Motoren war notwendig geworden, weil zwei Nächte zuvor die Küstenwache zwei Schmugglerboote aufgebracht und beschlagnahmt hatte.

Meine Tätigkeit war hochinteressant. Es galt immer, Produkte und Dienstleistungen zwischen Ländern, Personen und unserer Firma herzustellen, um kommerziellen Erfolg zu erzielen.

Die Beendigung meiner Tätigkeit wurde durch Neid und Mobbing initiiert. Gesteuert durch die Menschen, die administrativ im Büro arbeiteten, Zahlen addierten oder subtrahierten und darauf hofften, daß zusätzliche Aufträge durch Schicksal, Gott oder wen auch immer der Firma zufließen würden. Diese wenigen Mitarbeiter bangten um ihr Monatsgehalt und hatten den mutigen Schritt des Inhabers, neue Märkte zu erschließen, weder verstanden noch mitgetragen oder unterstützt. Auf Grund des Druckes der Mitarbeiter wurde ich nur als Kostenfaktor gesehen und irgendwann einfach freigestellt.

Wieder einmal war die Frage offen: Was nun?

Selbst ist der Mann

Es ist das Jahr 1994. Die wirtschaftliche Situation nicht nur in Deutschland, sondern fast überall wurde immer komplizierter. Firmen, die erfolgreich geforscht hatten, gute individuelle Produkte herstellten und vermarkteten, wurden mehr und mehr von den großen Konzernen aufgekauft, wenn sie die Vertriebswege oder Märkte störten.
Die Marktsegmente oder Marktnischen wurden immer schmaler.
Also, was machen, war die Frage für mich und meine Familie.
Es war der Text, den ich schon vor 30 Jahren als Werbeslogan für eine heute nicht mehr existierende Firma kreiert hatte:

KNOW-HOW FOR SALE – Wissen zu verkaufen

Mit diesem Werbeausspruch und der detaillierten Aufstellung von den Dingen, die ich bereits im Leben praktisch gemacht hatte, kontaktierte ich viele meiner Verbindungen und erhielt erstaunlicherweise sehr individuelle Aufträge. Firmen, die keine Person abstellen konnten, oder Firmeninhaber, die für spezielle Aufgaben keine Zeit hatten, waren die Auftraggeber. Bezahlt wurde ich nach Aufwand und mit Erfolgsprämien, je nach Absprache.
Hier nur eine von vielen interessanten Geschichten.
Es war eine Firma, die von der Treuhand Kühllager übernommen hatte. Der neue Geschäftsführer und Inhaber hatte mich gebeten, Verbindungen zu Produzenten von Tiefkühlprodukten herzustellen, damit er seine Lager auslasten konnte. Zu Zeiten der DDR war er Leiter eines LPG-Musterbetriebes, der auf den Anbau von Gemüse spezialisiert war.
Ein besonders ausgeprägter Bereich war der Anbau von Spargel, der für die allgemeine DDR-Bevölkerung so gut wie überhaupt nicht zu bekommen war. Diese LPG war nicht ein Mekka für Anhänger des Islam, sondern für die SED-Parteiführung, deren Spitzenfunktionäre und alle, die daran wie ein Rattenschwanz hingen. Es ging darum, an dieses köstlich schmeckende Gemüse heranzukommen. Durch die individuellen Verbindungen entstanden auch Kontakte bis hin zu Entscheidungsebenen der Stasi.
Diesen Mann habe ich häufiger besucht, erfolgreich Kunden seinem Betrieb zugeführt, aber auch mit ihm so manches köstliche Bier bei einer Fülle von Gesprächen getrunken.
In der ehemaligen DDR gab es auch eine Abteilung Unterhaltung und Betreuung von politisch gleichgesinnten Ländern und Geschäftsleuten.
In Berlin-Ost gab es 80 staatlich bezahlte Prostituierte. Nette, intelligente und gutaussehende Mädchen. In Berliner Hotels habe ich sie immer wieder gesehen. Der Sozialismus hatte sich verabschiedet, und der Arbeitgeber (Staat) war nicht mehr vorhanden. Mein Kühllager-Gesprächspartner hat dann durch alte Seilschaften diese „Mädelchen" (original Aussage) übernommen, denn irgend jemand mußte sich ja um sie kümmern. Dieses gewaltige Geschäft ist an der Treuhand vorbeigelaufen, wie so viele. Aber auch hier sprechen wir von Menschenhandel, Perversion und Dekadenz, die immer wieder durch Habgier und sogenannter freier Marktwirtschaft geprägt ist. Moral, Ethik, Fairneß, wen interessiert das, und wer handelt noch danach? Diese Frage wird zukünftig noch sehr lange in unserer Gesellschaft offenbleiben.

Wasser sparen, aber richtig

Meine letzte intensive Tätigkeit von 1994 bis 2001

Ja, es ist schon etwas ungewöhnlich, wenn ich meine geschriebenen Seiten anschaue, mit wie vielen Produkten und Techniken ich während meines Lebens mich auseinandersetzte.

Es gibt viele sonderbare Dinge im Leben, und so passierte es auch, daß mich mein ehemaliger Kollege der russischen Zeitung Iswestija aus Süddeutschland anrief und sagte: „Klaus, ganz in deiner Nähe gibt es einen Klempner, der eine sehr sinnvolle Entwicklung gemacht hat."

Diesen findigen Klempnermeister, ich nenne ihn Fritz, lernte ich dadurch kennen.

Wer etwas bewußter an unserem Leben teilnimmt, erkennt die Tatsache, daß die Ressource Trinkwasser das wertvollste Element ist, welches wir als Menschen überhaupt auf der Erde haben. Kein Mensch, kein Tier, keine Pflanze kann ohne Wasser überleben. Es kann weder durch Chemie noch durch Physik vermehrt werden. Dieses Element wird wertvoller werden als Gold, Grundstücke und Aktien oder was der Mensch glaubt, noch anhäufen zu müssen, um glücklicher zu werden.

Wasser wird immer teurer, wie jeder mitbekommt, wenn er auf die Abrechnungen schaut.

Wie kann man Wasser sparen?

Fritz konstruierte einen Perlator (Wasserdurchlaufventil) für Waschbeckenhähne, bei dem man mit einem Inbusschlüssel die Durchflußmenge des Wassers einregulieren konnte, wodurch 70 % Wasser ohne Komfortverlust gespart werden. Ein weiteres Ventil konstruierte er für die Dusche, wo allein nur durch diese Technik 50 % Wasser automatisch gespart wurden. Dieser Mann hatte vom Verkauf keine Ahnung und war froh, daß ich die Verbindung zu ihm aufnahm. Diese zwei Produkte brauchte man nicht zu verkaufen, sie verkauften sich von selbst, da sie jede Sprache der Erde sprechen. Im Laufe meines Verkäuferlebens habe ich aus meinen Erfahrungen einen Kernsatz für mich herausgefunden, der da lautet:

Ich habe einen goldenen, unsichtbaren Schlüssel zwischen Daumen und Zeigefinger, um das Herz meines Gesprächspartners aufzuschließen.

Warum war der Verkauf so einfach? Man mußte lediglich einen kleinen Eimer haben, in den man in 10 Sekunden mit dem von der Industrie hergestellten Perlator Wasser laufen ließ, um festzustellen, daß der 2,5 Liter fassende Behälter voll war. Dann schraubte man das neu konstruierte Ventil in den Wasserhahn, und nach 10 Sekunden war der Behälter nur noch zu einem Drittel gefüllt. Das war alles. Jeder, der sehen, denken und rechnen konnte, bestellte sofort.

Der Verkauf hatte nichts mit Intelligenz zu tun, es war nur eine Fleißaufgabe und disziplinierte Organisation, um kommerziellen Erfolg zu erzielen.

Meine Frau war nicht sehr glücklich mit dem Verkauf meiner Marketingerfahrungen, auch war die Auftragserteilung zu unregelmäßig. Sie war es, die mich auf die Piste jagte: „Klaus, du bist ein guter Verkäufer, also sabbel nicht lange herum und komme in die Schuhe." Das tat ich dann auch. Ende 1994 fuhr ich dann im Dezember von Ottersberg nach Otterstedt, verkaufte einem Betrieb eine bestimmte Anzahl von Ventilen auch für den Haushalt und stellte fest, ich hatte in 45 Minuten DM 350 verdient. Das war genug Motivation, um wirklich strategisch und multiplizierend in den Verkauf einzusteigen.

Um sicher zu werden, fing ich mit kleinen Pensionen auf dem Lande an, dann kamen Hotels an die Reihe. Meine Überlegungen waren aber auch, wer benötigt Wasser bei welcher Ausübung des

Handwerkes. Friseure waren z.B. eine Zielgruppe. Ich fand einen Weg, gebündelter und effizienter zu verkaufen. Es waren die regionalen Innungsmeister oder DEHOGA-Vorsitzende und deren Mitglieder, denen ich diese Technik bei ihren Versammlungen nahebrachte. Der multiplizierende Erfolg war einfach da. Sehr schnell stellte ich fest, wo viele Waschbecken sind, dort kann man auch viel Geld verdienen.

Die Arbeit machte viel Spaß, auch weil ich 50 % Provision für den Verkauf bekam. Meine Familie war glücklich, der Produzent auch, es tat sich für mich auch endlich wieder etwas.

Es war die Stadt Bremerhaven, wo ich mich bewegte, und als Freund der Schiffahrt war ich auch am Columbuskai. Dort lag das russische Passagierschiff „Maxim Gorki".

Meine Idee war gewesen, wo viele Kabinen sind, da gibt es auch viele Waschbecken und Duschen. Meinen Wagen parkte ich auf dem Platz für Schiffsausrüster und ging an Bord, das war damals noch möglich. Bei der Rezeption angekommen, fragte ich nach der Toilette. Kein Problem. Die Armaturen wurden von mir überprüft, und siehe da, europäische Norm und unsere Ventile paßten. Die nächste Person, die ich ansteuerte, war der Kapitän des Schiffes. Ein gemütlicher alter Russe, der sehr schnell verstand, was es heißt, Wasser an Bord eines Schiffes zu sparen. Drei Tage später hatte ich in der Post den Auftrag über 600 Waschbecken und 600 Duschventile. Nicht eine Schweißperle hatte ich bei der Vorführung auf der Stirn gehabt, wußte aber, das ist der richtige Weg.

Bei der Reederei Bolten in Hamburg lernte ich einen erfahrenen Ingenieur kennen. Herr Griesmeier machte mich auf ein generelles Problem in der Passagierschiffahrt aufmerksam. Die bekannte Reederei P & O hatte zwei Schiffe von Bolten gechartert, und es tauchte das Problem auf, daß die Erste-Klasse-Kabinen, die immer auf den oberen Decks sich befinden, nicht immer mit ausreichend Wasser versorgt werden könnten. Dazu konnte ich vom technischen Wissen her zuwenig sagen und entschloß mich, unter Protest des Herstellers, es würde ja etwas kosten, nach Southampton zu fliegen. Dort traf ich den verantwortlichen Ingenieur Carlile, der mir die Problematik noch einmal im Detail erklärte. Nämlich daß die Wassersäule, die den Wasserdruck in den oberen Decks aufrechterhalten sollte, immer wieder zusammmenfällt, wenn in den unteren Kabinen mehrfach gleichzeitig geduscht wird.

Wir bauten die Ventile in den unteren Decks ein und stellten fest, daß 70 % Wasser gespart wurden. Was uns aber viel mehr überraschte, war, daß die Wassersäule für die oberen Decks konstant blieb. Durch den Rückstau unserer Ventile hatte der Versuch 100%ig geklappt. Fazit war: Zufriedene Passagiere der ersten Klasse, eine zufriedene Reederei und aus diesem Ergebnis Empfehlungen an andere Abteilungen der Passagierschiffahrt in diesem Konzern.

60 % der gesamten Flotte von P & O im Passagierfahrtgeschäft habe ich ausgerüstet, inklusive des größten Passagierschiffes zu der Zeit in der Welt, der „Grand Princess".

Nebenbei wurden auch die deutschen Schiffe MS „Berlin", „Europa", „Bremen", „Arkona" und ganz viele andere auf unserem Kontinent Europa von mir bestückt. Das Hauptgeschäft lag aber in Amerika, dort in Florida, Miami und Fort Lauderdale, wo die großen Passagierreedereien ihren Sitz hatten. Es ging ja in erster Linie immer um die Reisen in die Karibik. Es waren Passagiere, die altenheimverdächtig aussahen, aber entsprechend vermögend und deswegen eine ungeahnte Zielgruppe für die Betreiber darstellten.

Um einen Termin beim Vorstand der größten Reederei mit 54 Passagierschiffen zu bekommen, brauchte ich sage und schreibe neun Monate, bis ich einen Termin erhielt, um in den USA die Technik präsentieren zu können. Ähnlich lange dauerte es bei anderen Reedereien. Dieses Engagement brachte den entsprechenden Erfolg.

Es ist eine bittere Lebenserfahrung, die ich immer wieder machen mußte. Anfänglich sind Firmeninhaber hocherfreut, wenn man deren Produkte professionell in den Markt bringt. Sobald sich richtiger kommerzieller Erfolg einstellt, wird die Provision gekürzt. So war es auch mal wieder bei mir. Jedes Jahr wurden 5 % reduziert unter den fadenscheinigsten Argumenten. Durch erfolgreichere Verkäufe glich ich jedoch mein Einkommen aus. Der Klempnermeister Fritz kaufte jedoch die tollsten Autos, Grundstücke, Aktien, Firmenbeteiligungen und festverzinsliche Papiere. Er wurde reicher und reicher. Enttäuschend für mich war es, wieder zu erleben, wie Raffgier Menschen negativ prägt oder deren wahren Charakter erkennbar macht.

In mir keimte der Gedanke auf, ich muß mich von diesem Mann lösen. Ich hasse Unseriosität, und diese wurde dann auch noch dadurch bestätigt, daß nicht nur Verkäufe durch mich, sondern auch von Kollegen nicht abgerechnet wurden. Die direkt plazierten Aufträge wurden nicht verprovisioniert. Es wurde versucht, sie zu unterschlagen, obwohl Kunden- und Gebietsschutz mündlich zugesagt waren.

„Passat"-Kalender

Es war eine verrückte Idee, die mir in den Kopf kam. Neunzehnjährig hatte ich ja auf dem Segelschiff „Passat" in einem Orkan, in dem wir beinahe untergegangen wären, Aufnahmen geschossen. Ich überlegte mir, etwas aus den Motiven zu machen. Würde ich langfristig finanziellen Erfolg haben, hätte ich Klempner Fritz wie eine heiße Kartoffel fallen gelassen.

Es war ein Sonnabendmorgen, an dem meine Frau Sabine mich auf die Piste jagte, um Brötchen zu holen. Der sympathischen, freundlichen blonden Verkäuferin erzählte ich, daß ich vorhabe, einen Kalender aus der Vergangenheit zu machen. Plötzlich stand ein ca. 30jähriger neben mir und sagte: „Eben habe ich gehört, was Sie sagten. Ich bin spezialisiert auf das Digitalisieren von alten Fotos." Ihn, Matthias, forderte ich auf, seinen Kaffee auszutrinken, um mit mir nach Hause zu kommen. Aus den Motiven, die ich ihm mitgab, zauberte er ein Kalenderkonzept, welches meine Frau und ich sofort akzeptierten. Es war brillant.

Ich ließ den Kalender drucken. Die Lieferzeit war sechs Wochen, und zur Bezahlung handelte ich drei Monate aus. Matthias druckte auf seinem PC die entsprechenden Monatsmotive aus, und mit diesen Mustern ging ich bereits in den Vorverkauf. Innerhalb der Lieferzeit verkaufte ich über 2200 Kalender und konnte dann die Rechnung vorzeitig bezahlen. Der Verkauf funktionierte prima, ich merkte aber, daß ich den Markt zu intensiv bearbeitet hatte, so daß die anfänglich schnellen Verkaufserfolge sich verlangsamten.

Der Knüppel liegt beim Hund, sagt der Volksmund. Also verkaufte ich weiterhin die Technik des ungeliebten Fritz. Er war glücklich, ich weniger. Fritz hatte einen neuen Mann gefunden, der konkurrierend zu mir in das Schiffahrtsgeschäft eingeschleust werden sollte.

Es war eine Reise, die ich für 2000 in die USA geplant hatte, um in Miami und Fort Lauderdale weitere Kontakte herzustellen. Fritz hatte sich bereit erklärt, alle Kosten für die Reise zu übernehmen. Die zwei schlossen sich mir einfach an und schwammen als Blindfische in meinem Kielwasser.

Wenn wir glauben, in Deutschland herrscht eine unnötige, überdimensionale Bürokratie, dann erlebten wir diese jetzt in Amerika. Die Amerikaner sind sehr restriktiv in allen Bereichen. Es muß wohl auch so sein, denn wie soll ein Land regiert und verwaltet werden, welches von 250 Millionen Menschen bewohnt wird und ein Schmelztiegel mit allen Nationen, aber auch Religionen ist.

Bei der Einwanderungskontrolle in Miami erlebten wir etwas Neues. Fritz und ich kamen sehr schnell durch die Paßkontrolle. Bei unserem dritten Mann leuchtete bei Auflage des Passes das Kontrollsichtgerät mit einer roten Lampe auf. Ein Beamter führte ihn ab. Wir gingen bereits zum Gepäckempfang, sammelten dieses ein und warteten darauf, daß unser Mitreisender nachkommt. Es dauerte eine Stunde, zwei Stunden. Alle Möglichkeiten, die Verbindung zu dem verlorenen Knaben vom Gepäckraum zum Einwanderungsbüro herzustellen, scheiterten. Mal eben die Treppe hoch, um zu fragen, was los ist, keine Chance. Wer diese Linie überschreitet, so war überall zu lesen, wird sofort verhaftet. Ein Zurückkommen zur Abflughalle war unmöglich.

Was tun? Eine reifere Zollbeamtin, mit der ich das Gespräch suchte, wählte eine Telefonnummer, nachdem ich ihr unser Herz ausschüttete, daß wir wissen wollten, was denn mit unserem Kollegen sei. Endlich hatte ich die Verbindung zum obersten Einwanderungsoffizier, der mir kurz und bündig am Telefon sagte: „You shut up and wait" (halte deine Schnauze und warte). Der Knabe, auf den wir warteten, man achte auf die Zeit, hatte vor 15 Jahren ein Zollvergehen in Hongkong begangen. Für mich war erkennbar, daß eine Vernetzung von Informationen weltweit bereits vorhanden ist und das nach einer Zeit in einem Land, welches mit Amerika überhaupt nichts zu tun hatte. Endlich, nach drei Stunden, tauchte der verlorene Sohn wieder auf, und wir konnten unsere Operation Florida beginnen. Wir mieteten uns ein Auto und fuhren in die Stadt.

Alle Hotels waren ausgebucht. Eine Schiffahrtskonferenz fand statt. Dies war der Grund, warum ich überhaupt nach Miami wollte. Wir entschieden uns, nach Fort Lauderdale zu fahren. Dort buchten wir uns für US-$ 75 eine Bleibe im Muschel-Hotel, von dem wir unsere Exkursionen starteten.

Es war Sonntag, 5.3.2000, die Sonne brannte uns auf den Pelz. An einer Pier mieteten wir uns eine noble Yacht und ließen uns in den Hafen fahren, wo eine Fülle von Passagierschiffen lag. Allein in Amerika gab es zu dieser Zeit 24 Reedereien, die in dem Passagierschiffahrtsgeschäft zu Hause waren. Meine Zielgruppe. Unser Bootsführer fuhr in die Lagunen von Fort Lauderdale. Eine traumhaft schöne Landschaft, Palmen, kristallklares, sauberes Wasser, mit allen möglichen Arten von Fischen. Eine Villa reihte sich an die andere. Fast an jedem Grundstück lag eine Segel- oder Motoryacht. Über Reichtum redet man nicht, er ist einfach vorhanden. Die Villa von Al Capone wurde gerade für 2,5 Millionen Dollar zum Verkauf angeboten.

Dieser Ausflug war für uns wirklich beeindruckend. Es herrschte schönstes Wetter, eine gepflegte, farbenprächtige Pflanzenwelt und Sauberkeit begegneten einem überall. Viele Menschen träumen von einem Paradies, hier war ein eventuelles Spiegelbild erkennbar.

Es war die Idee vom Klempner Fritz, zu den Everglades zu fahren. Ein Sumpfgebiet unermeßlichen Ausmaßes, welches als Naturschutzgebiet erklärt worden war. Tausende Alligatoren, etwas kleiner als Krokodile, haben dort ihren Freiraum. Wir sehen sie immer wieder sich am Ufer eines Kanals sonnen, an dem wir über 100 km entlangfahren. Auch sahen wir Fischreiher, Kormorane, Kraniche und eine Fülle von Vögeln mit schwarzem oder weißem Gefieder. Das Gebiet ist mit einem stabilen Zaun stark abgesichert.

Wir waren nur noch ca. 150 km vom Golf von Mexiko entfernt. Marco Island war nun das Ziel. Eine Insel verbunden mit einer Brücke zum Festland ließ uns wieder eine traumhafte Natur genießen. Es war bereits abends. An einem schneeweißen Strand, der nur durch zerriebene Muscheln entstanden sein konnte, sahen wir die Sonne wie einen glühenden roten Ball im Meer untergehen. Riesige Hotelblocks und Wohnanlagen dezimierten für mich die traumhafte Natur.

Aufgeladen mit Energie sollte nun der Arbeitstag am Montag beginnen. Wir leben inzwischen in einem Zeitalter der Information und Kommunikation. Stimmt aber nicht! Die mitgebrachte Liste von Firmen mit Telefonnummern, die abgearbeitet werden sollten, ergaben für mich folgende erkennbare Fakten. Anruf bei der Firma X. Es läuft eine automatische Minna, die folgendes sagt: Wenn Sie den Verkauf haben wollen, wählen Sie die Nummer 20, wollen sie die Reklamationsabteilung, wählen Sie folgende Nummer, wollen sie sich an unserer Firma beteiligen, nächste Nummer usw. Nachdem man diese Prozedur hat über sich ergehen lassen, kommt die metallische Stimme und sagt, wenn Sie mit der Zentrale verbunden werden wollen, wählen Sie die Null. Man hat dann wirklich die NULL gewählt. Tatsächlich ist dann ein lebendes Wesen am Hörer und sagt mit freundlicher Stimme, ich verbinde Sie mit Herrn Salomon. Dann piept es einmal, und es kommt erneut eine metallische Stimme, die da sagt: „I am away from the desk or outside the office, please leave your message and telephone number, I phone you back." (Ich bin gerade nicht an meinem Schreibtisch oder außerhalb des Büros, bitte hinterlassen Sie Ihre Tel.-Nr. Ich rufe zurück.) Die Chance, zurückgerufen zu werden, ist gleich null. Also ist heftiges Agieren, nach deutscher Methode, überhaupt nicht machbar. Man ist paralysiert, eigentlich arbeitsunfähig, man kann nicht terminieren, um geschäftlich etwas zu bewegen. Der einzige Weg ist, dann ins Auto zu steigen und sich in den drei- oder vierspurigen Wahnsinn zu begeben, der auf den Straßen herrscht. Kommt man dann zu der gewünschten Firma, ist die Frage an der Rezeption, haben Sie einen Termin? Ja wie denn? Es war fürchterlich. Das Geheimnis ist, die private Handynummer des zu erreichenden Menschen zu wissen.

Der vorhandene Markt ist unbegrenzt. Egal, wo man an die Küste von Florida fährt, es steht ein Hotel neben dem anderen. Alle Hotels sind immer zu 95 % ausgebucht, wovon ein deutscher Hotelier nur träumen kann. Das eine hat 800 Zimmer, das nächste 1200, das nächste 500, dann wieder 900, und so geht es kilometerlang. Wie kann man diesen unbegrenzten Markt knacken, war meine Überlegung. Wie schon beschrieben, per Telefon zu terminieren fast hoffnungslos. Es gab nur die Chance, von Haus zu Haus zu fahren, sich vorzustellen, nach dem Chefingenieur zu fragen, den Namen notieren und hoffen, daß er Zeit hat, sich dem Verkaufsgespräch zu stellen. Leider mußte ich feststellen, daß einem eiskalt gesagt wurde „not interested" (nicht interessiert). Das Hotel nebenan gab zur Kenntnis „very interested" (sehr interessiert). Es hing mit der Qualifikation der Manager zusammen, der eine kostenbewußt, der andere weniger. Meine letzte Chance war die Schifffahrtsconvention. Vom Klempner Fritz ließ ich mich vor dem Messegelände absetzen. Für mich organisierten ehemalige Kollegen von Lloyd's, die auch in Miami weilten, einen kostenlosen Eingang und Messekatalog.

Irgendwann meldete sich bei mir der Hunger an und ich brauchte einige Dollars, um etwas essen zu können. Es gab auf dem Messegelände keine Wechselstube. Das Gelände mußte ich wieder verlassen. Überall sah man, wie auch in Deutschland, Filialen von Banken. Geht man dort hinein und will Geld tauschen, geht das nicht, wenn man kein Konto bei der Bank hat. Das ist die Angst vor der Geldwäsche. Schlitzohren und Kriminelle lachen sich tot über solche Gesetze, sie finden immer einen Weg, diese zu unterlaufen. Ich landete bei einer Bank, die mir von der Messegesellschaft genannt worden war.

Das Mädchen hinter dem Tresen mit Barbiepuppengesicht, nett anzusehen, kannte unsere Währung nicht einmal. Sie mußte in einem Katalog nachsehen, wie deutsches Geld überhaupt aussah. Wenn ich nach Afrika fahre, habe ich Verständnis, wenn Unwissenheit vorhanden ist. In Amerika kann ich das nicht nachvollziehen.

Auf der Messe konnte ich auch hier so gut wie keine Kontakte herstellen. Es ist einfacher auf den Werften in Deutschland, die Kontakte zu knüpfen, als im hochgelobten Land Amerika.

Was die beiden anderen Knaben in der Zwischenzeit gemacht hatten, war für mich unverständlich. Die Cash-and-carry-Märkte waren die Magneten. Sie kauften Spielsachen und Bekleidung für ihre Frauen, Kinder und Enkelkinder, ganz toll.

Resümee: Bis jetzt war für mich die Reise ein totaler Flop. Aber ich hatte eine Idee. Es kostete mich nicht viel Überwindung, Klempner Fritz und seinen Kollegen davon zu überzeugen, wieder nach Hause zu fahren, da sie der englischen Sprache nicht mächtig waren. Nachdem sie abgeflogen waren, hatte ich endlich wieder die Möglichkeit, mich als Einzelkämpfer in den Dschungel des Verkaufs hineinzubegeben.

Nach zwei Tagen, die ich nun alleine in Miami war, hatte ich es endlich geschafft, Mr. Marchetti, ein Italiener, der Carnival Cruises zu treffen. Das war der Termin, zu dem ich neun Monate gebraucht hatte, um diesen zu bekommen. Das Verkehrschaos war so gewaltig, aber die halbe Stunde Verspätung wurde akzeptiert.

Mein „Passat"-Kalender, als Geschenk überreicht, wurde mit Bewunderung und Interesse betrachtet, und es entstand eine freundschaftliche, positive Atmosphäre. Unsere Wasserspar-Technik wurde von mir eingehend erläutert, bis Mr. Marchetti mir einen Ing. Mr. Milan Kunac, Kroate, zur Seite stellte und mitteilte, ich müsse jetzt an Bord, um all das zu beweisen, was ich am Telefon aus Deutschland und eben geschildert hatte. Glauben würde er es jedenfalls nicht.

– **Na prima, das war die richtige Voraussetzung** –

Milan war zehn Jahre nur auf Passagierschiffen als 1. Ing. gefahren. Erst vor sechs Wochen hatte er die Landstelle in Miami angenommen. Seine Bewerbungsunterlagen schmorten über sechs Monate in der Verwaltung, bis er aufgefordert wurde, sich vorzustellen. Milan, ein erfahrener und sympathischer Mann, sagte: „Ich ertrage das alles nur, weil meine Frau und Kinder in Miami wohnen wollen. Kroatien ist dagegen 1000mal schöner. Ich habe ein Haus direkt am Meer, das Wasser ist glasklar mit reichem exotischen Fischbestand. Kroatien ist zum Kulturerbe ernannt worden und hat eine Geschichte, die weit vor Christi liegt. Diese Tätigkeit hier mache ich noch ein paar Jahre, bis ich genug Dollars habe, um dann meinen Lebensabend in meiner wunderschönen Heimat ausklingen zu lassen."

An der Pier lag majestätisch die „Ecstasy" mit 1200 Kabinen für Passagiere und 800 Kabinen für die Besatzung. Den Chief Ing., ein Herr Wagner, Italiener und Freund von Mr. Marchetti, fragte ich, wie er denn zu dem Namen Wagner gekommen sei. Daraufhin erzählte er eine unglaubliche Geschichte. Er gehörte zur Familie der Mussolinis. Als diese jedoch bei Kriegsende gejagt und verfolgt wurde, gab man ihn als Kind zu einer deutschen Familie Wagner, die sich auch auf der Flucht befand. Irgendwann kehrte er nach Italien zurück. Den Nachnamen Wagner habe er aber aus Sicherheitsgründen behalten.

Die Funktionsfähigkeit unserer Ventile ließ Sprachlosigkeit von Milan und Wagner eindeutig erkennen. Sie fingen sofort an hochzurechnen, wieviel Tonnen Trinkwasser nur durch diese Technik per Tag eingespart werden können. Die erfolgreiche Schlacht war geschlagen.

Auf Grund der Aussage von Milan orderte Marchetti die Ausrüstung von 15 Passagierschiffen. 60 000 Ventile! So macht man gerne Geschäfte. Vergleichbaren Erfolg konnte ich bei anderen Reedereien verzeichnen.

Nach diesem wahnsinnigen Erfolg habe ich mir persönlich „freigegeben". Einen Tag wollte ich die Sonne von Miami, das Wasser im Atlantik oder im Swimmingpool genießen. In der Bar gelegentlich ein Bier, natürlich Beck's, schlürfen und das in den letzten Tagen Erlebte zu Papier bringen. Der Heimflug war für den nächsten Tag geplant.

Mittwoch, 28.6.2000, klingelte pünktlich die Weckfunktion meines Handys und fast gleichzeitig als Kontrolle die Rezeption, um mich um 4.00 Uhr morgens aus dem Bett zu holen. Für zehn Minuten sprang ich noch einmal in den Atlantik, um mich für den Tag lebendig zu machen. Warmes salziges

Wasser, ein sauberer Strand und kein Mensch weit und breit. Verblassende Sterne und einen wunderschön sich andeutenden Sonnenaufgang habe ich sehr bewußt wahrgenommen.

Mein Gepäck hatte ich abends gepackt, und so fuhr ich dann in meinem roten Plymouth zum Flughafen. Wenn man die Hektik und das Chaos des Verkehrs während des Tages kennt und dann morgens um 4.30 Uhr alleine die kilometerlange Collins Avenue immer schön langsam entlangfährt, ist das ein erhabenes Gefühl. Keine Autos, kein Streß. Gelegentlich überholt mich ein Taxi, aber ansonsten gehörte mir die dreispurige Straße, auf der ich in der Mitte fuhr, ganz alleine. Die Rückgabe des Mietwagens war problemlos und schnell.

Nach der Rückkehr aus den USA lagen die schriftlichen Aufträge für diverse Schiffe schon vor, ebenso von mehreren Hotels. Klempner Fritz hatte richtig Probleme, die Mengen zu produzieren. Während er produzierte, hatte ich endlich wieder Zeit, mich um meine Kalender zu kümmern. New York stand auf dem Plan.

New York – New York

Für viele Menschen ist New York das Größte. Für mich aber nicht.
Ankunft ca. 10.00 Uhr. Ein Shuttleservice brachte mich dann nach fast zwei Stunden für US-$ 13 zum Hotel, genau gegenüber vom Madison Square Garden. Ausladen des Gepäcks, um es auf die Straße zu stellen, US-$ 1, um es auf einen Trolly zu heben, US-$ 1, um es im Hotel vom Trolly zu nehmen, US-$ 1. Nur Abzocke. Dann steht man in einer Reihe wie zu DDR-Zeiten in einer Schlange von Menschen. Ca. 30 Minuten dauerte es, bis man sich mit dem Koffer in einer durch rote dicke Leinen vorgegebenen, festgelegten Spur zur Rezeption bewegen konnte.
Der Beleg, daß man schon im voraus bezahlt hatte, wurde vorgelegt, und man bekam seinen Plastikchip als Schlüssel für das Hotelzimmer. Zwölf Fahrstühle waren vorhanden und quälten sich mit Gepäck von Flur zu Flur. Bei mir war es der 21. Stock.
Für 16.00 Uhr hatte ich noch einen Termin mit der Hafenverwaltung von New York. Der Ort war kein geringerer als das World Trade Center, welches so traurigen Ruhm erworben hat. Später mehr dazu. Es war ein Mitarbeiter aus der Behörde vom Senator für Wirtschaft und Häfen in Bremen, Uwe Will. Er verschaffte mir die Verbindung zu Barbara Olton, Managerin für internationale Beziehungen. Er hatte ihr einen „Passat"-Kalender geschenkt, und sie war davon hellauf begeistert. Es sollte besprochen werden, über welche Kanäle der Kalender in den USA vermarktet werden könnte.

Der total gläserne und kontrollierte Mensch

World Trade Center, mal eben in den 34. Stock fahren, um moin, moin zu sagen, das war nichts. Man erinnere sich an Jahre zuvor, als Bin Laden und seine Leute versucht hatten, vom Keller aus das WTC zu sprengen. Extreme Absicherung eines jeden Fahrstuhls mit zwei schwerbewaffneten und uniformierten Polizisten davor. Edelstahlschranken, die man nur mit einem Plastikchip als Besucherausweis öffnen konnte. Natürlich mußte man sich zuvor an einem hohen Desk (Tisch) melden. Wieder Warteschlangen, um dann mit einer jungen Frau zu sprechen, die auf einen herunterschaut. Alle 1,5 Meter dreidimensionale Kameras, in die man ständig automatisch schauen mußte. Es wird der Reisepaß oder Personalausweis verlangt. Alle entscheidenden Daten werden in einen Strichcode verwandelt, und zum Schluß muß man noch einmal direkt in eine Kamera lächeln. Nach einer Minute hat man dann sein Foto auf der Plastikkarte, die gleichzeitig als Schlüssel für die Schranken gilt. Ohne Termin hat man keine Chance, überhaupt in das Gebäude gelassen zu werden. In den Aufzügen befanden sich auch wieder Überwachungskameras.
Nur als Information. Seit geraumer Zeit ist es in Amerika auch ein Muß. Jedes Auto hat einen großen Strichcode an der Windschutzscheibe anzubringen, damit selbst vom Hubschrauber aus mit einer Spezialkamera die Daten des Fahrzeughalters zu lesen sind und auch festgestellt werden kann, ob die Steuern bezahlt worden sind. Weil leider Amerika immer unser Vorbild in Deutschland ist, erinnere ich an die blödsinnige Mengenlehre und andere tolle Errungenschaften, die von dort kommen. Viele Überraschungen aus dem Land der unbegrenzten Möglichkeiten werden noch zu uns herüberschwappen. Nicht ausgeschlossen die totale Überwachung, die mehr und mehr erkennbar wird.
Zurück zu Barbara im 34. Stock. Freundlicher Empfang. Warum meine Kalender nicht Verwendung als Werbemittel finden werden, ist die Tatsache, daß es sich um ein deutsches Schiff handelt. Außerdem ist die deutsche Schrift größer als die englische. Es ging also hier nicht um klassische historische

Motive der reinen Segelschiffahrtszeit, sondern nur um nationale Überzeugung. Nachdem mir noch einige Werbegeschenke von NY mit der Aufschrift WTC überreicht worden waren, verabschiedete ich mich höflich. The Sailship, ein Restaurant neben dem WTC, suchte ich noch auf und verkaufte zehn Kalender für US-$ 25 an die Geschäftsleitung.

Kommentar zum World Trade Center

Es gibt eine Aussage von Napoleon Bonaparte:
„Die Geschichte ist die Lüge, auf die sich alle geeinigt haben."
Ausgerechnet am 11. September hat meine Frau Geburtstag. Allein deswegen kann ich diesen Termin nie mehr vergessen.
Ich weiß nicht, was man uns Menschen glauben machen möchte, aber das, was uns die Presse oder die, die dahinterstehen, erzählen, ist in vielen Bereichen mit großen Fragezeichen behaftet.
Es ist erfreulich, daß es Menschen gibt, die die Aussagen von Politikern und deren Machtstrukturen kritisch prüfen und hinterfragen. Was ich jetzt zur Kenntnis gebe, ist nicht nur auf mein Wissen zurückzuführen, sondern auch auf das, welches Spezialisten zusammengetragen haben. In diesem Falle beziehe ich mich auf das Buch mit dem Titel „Schatten der Macht" mit dem Untertitel: Bedrohen geheime Langzeitpläne unsere Zukunft? von Viktor Farkas, ISBN 3-930219-68-9. Dieses Buch sollte jeder lesen, der kritisch, wach und wahrheitsliebend durch das Leben geht und der sich auch, wie ich, des öfteren wundert, warum soviel Elend auf der Erde ist.
Auffällige Punkte sind:
Wer steht schon morgens um 9.00 Uhr am Fenster und filmt, wie Flugzeuge in die Türme des WTC fliegen? Und schon eine Stunde später flimmern diese Bilder über das Fernsehen weltweit.
Aus eigenen Erfahrungen weiß ich, normalerweise fliegen unzählige kleinere Flugzeuge und Helikopter im Luftraum über New York. An diesem Morgen aber war der Luftraum gesperrt. Warum?
30 000 Menschen sollen im WTC Tag für Tag gearbeitet haben. Wie kommt es, daß sehr viele Firmeninhaber ihren Angestellten ohne erkennbaren Grund für einen Tag, dem 11. September 2001, freigegeben haben?
Viele von uns kennen Filme aus dem Fernsehen, wo Sprengungen von Wolkenkratzern gezeigt werden, die mit unglaublicher Präzision, ohne die Nebengebäude zu beschädigen, in sich zusammenfallen. Informativ sind unabhängige Aussagen einiger Überlebender, die noch rechtzeitig vor dem Zusammenfallen der Türme ins Freie kamen. Ob es Feuerwehr-, Geschäftsleute oder Angestellte waren, sie alle sprachen von mehreren Explosionen in den Gebäuden, nachdem die Flugzeuge in die Türme geflogen waren. Wenn tatsächlich Sprengungen und nicht die Flugzeugeinschläge den totalen WTC-Einsturz verursachten, müßte dies bei Überprüfungen der Trümmer erkennbar sein. Genau diese Untersuchungen fanden nicht statt. Die Trümmer wurden schnellstens beseitigt, bevor eine Untersuchungskommission zu Werke gehen konnte. Fachleute sprachen von „Vernichtung der Beweismittel". Eine Kommission des Repräsentantenhauses sagte aus: Die Untersuchungen würden behindert, weil einige wichtige Stahlträger verschwunden seien, an denen man durch Experten hätte feststellen können, ob Sprengungen stattgefunden haben. Für die schnelle Beseitigung der Stahlträger war nur eine einzige Firma zuständig. Allein ca. 50 000 Tonnen geborstener Stahlträger wurden schnellstens nach Shanghai als Altmetall zum Einschmelzen verkauft. Man bedenke auch, Amerika hat Schmelzöfen in ihrer Stahlindustrie, und die Transportwege wären sehr viel kürzer und damit preiswerter gewesen. Hatten diese Leute etwas zu verbergen?
Vor dem Desaster hat es einige Aussagen von Bauexperten gegeben, daß die Stabilität für das WTC

Das Schwesterschiff der „Passat", die „Peking" – im Hintergrund das Empire State Building

nicht mehr für lange Zeit gesichert sei. Man erinnere sich an den Anschlag Jahre zuvor, als Islamisten versucht hatten, das WTC zu sprengen.

Was wird hier eigentlich gespielt? Meines Erachtens wurde der Einsturz initiiert, um ein neues Feindbild für die USA zu schaffen. Geht es hier nicht nur wieder um weltweite Ressourcen?

Sogenannte Schurkenstaaten (Irak, Iran, Nord-Korea und andere) wurden als Achse des Bösen bezeichnet, massiv politisch und militärisch unter Druck gesetzt, um die eigenen Interessen (Öl und Gas) für sich zu sichern. Mit fadenscheinigen Argumenten (Massenvernichtungswaffen im Irak, die bis heute nicht gefunden wurden) und ohne UNO-Mandat intervenierten die USA und England ohne Recht im Irak. Angeblich wollten sie die Diktatur von Saddam Hussein beenden, um die Demokratie und „Freiheit" im Irak einzuführen. Bis heute haben sie es nicht geschafft, dieses Land zu befrieden. Im Gegenteil, es herrscht dort nur noch Anarchie. Was sie aber geschafft haben, ist, daß die Ölkonzerne nun an den Quellen des sprudelnden Goldes sitzen.

Mir ist klar, daß viele Leser diesen Gedanken nicht folgen werden oder können, aber die Beweise aus der bisherigen Geschichte, und die geht weiter zurück, sind einfach zu erdrückend.

Zum Abschluß dieses Kommentars sollte sich jeder fragen, wer denn nun hier die Schurken sind.

Zurück zu meiner Geschichte.

Abends im Hotel zappte ich noch einige Male durch die Fernsehprogramme, um dann bald darauf den Fernseher abzuschalten. Nicht zu ertragen sind die Blödelfilme, Brutalfilme und was ich schon, man überlege, vor mehr als 40 Jahren in England haßte, die Filme, wo die Deutschen als extreme Nazis und Militaristen hingestellt werden und zu guter Letzt auch immer die dummen Verlierer sind. Nach meiner Meinung wäre das z.B. eine Aufgabe für unsere Außenminister gewesen, mit dieser psychologischen Hetze gegen Deutschland Schluß zu machen. Der ehrlichen Verständigung von Völkern wird so überhaupt nicht gedient.

Am Hudson River gegenüber vom Schiffahrtsmuseum lag das Segel- und Schwesterschiff der „Passat", die „Peking", die als Reparationsleistung von den Deutschen nach dem Kriege an die USA abgegeben werden mußte. Heimathafen Hamburg prangt in weißen Lettern am Heck. Das Schiff ist in keinem guten Zustand. Für US-$ 3 konnte man es besichtigen. Es gab eine ständige Bilderausstellung aus der vergangenen Seefahrt. Die Kabinen der Offiziere waren alle hinter Glas. Genauso wie auch deutsche Marineuniformen mit sehr viel mir bekanntem Werkzeug zu sehen waren.

Auffällig war für mich, daß überall in der Stadt in natürlicher Größe Kühe aus Kunststoff aufgestellt waren. Die surfende Kuh, die Kuh als Piratenschiff, die Kuh als Freiheitsstatue usw. Ich fragte mich, was das zu bedeuten habe. Die Antwort: Banken, Versicherungen und große Firmen, die das können, sponsern Künstler, die die Kühe geschönt haben. Unten am Fuß ist dann ein Schild angebracht, welche Organisation der Sponsor war. Es soll einfach dazu beitragen, den Touristen eine Attraktion zu bieten. – Na ja! – Nach 1$^1/_2$ Jahren tauchten dann solche Kühe als Werbegag vor Behörden in Städten, Dörfern, Gemeinden, Hotels oder Landgaststätten auch in Deutschland auf.

Die Schnellfreßbuden sind überall. Von den Menschen, die mir begegnen, haben ca. 50 % immer eine Tüte mit etwas zu essen oder zu trinken in der Hand. Aber ich habe auch viele Schilder an Geschäften gesehen: No food, no ice, no drinks in hands. Es muß also noch andere Menschen geben, die das mächtig stört. Bestellt man im Restaurant oder Bistro eine Cola, wird

Die gestalteten „USA-Kühe" – die surfende Kuh

der Becher mit 70 % Eiswürfeln aufgefüllt, dann wird Cola über einen Plastikschlauch mit Spritzpistole in das Glas gefüllt, und die ganz hellbraune Flüssigkeit ist dann mit US-$ 2,50 zu bezahlen. Nachdem ich das beobachtet hatte, bestellte ich ein Schälchen mit zwei Eiswürfeln und ein Glas Coca-Cola. Unter Protest wurde ich bedient mit den Worten, auf diesem Wege können wir kein Geld verdienen. Die Geldschneiderei und das extrem ausgeprägte Profitdenken ist für mich nur eins, widerwärtig. Den „I"-Punkt setzte dann noch ein viel zu dicker Mann für mich, als ich sah, wie er ein Zuckertütchen, für Kaffee gedacht, aufriß und dieses in sein Colaglas schüttete.

Sehr irritierend anzusehen waren liegende oder hockende Menschen, die an Häuserwänden nicht nur bettelten, sondern auch richtig krank aussahen oder verkrüppelt waren. Eine unglaubliche Armut in einem der reichsten Länder der Welt.

Es gibt aber auch das Gegenteil.

Geld scheint in New York anscheinend für eine höhere Gesellschaft keine Rolle zu spielen.

In der Bar meines Hotels bestellt ein Mann für US-$ 5 ein Bier und gab als Trinkgeld US-$ 5. Es ist üblich, mindestens 15 % Trinkgeld zu geben. Ich tat das nicht. Als der Barkeeper fragte, aus welchem Land ich käme und ich ihm Deutschland nannte, meinte er: „I like the Germans" (Ich mag die Deutschen). Zu ihm sagte ich aber auch, daß der US-$ sehr stark gegenüber der DM sei. Danach bekam ich das Bier umsonst. Also so etwas gibt es auch.

Geschäftlich konnte ich in NY nichts Vernünftiges mehr machen und plante, nach Hause zu fliegen. Keine Chance, alle Flüge ausgebucht. Als ich zu meinem Hotel zurückkam, lag eine Nachricht für mich in meinem Fach. Milan aus Miami bat um Rückruf. Durch meine Frau erfuhr er, daß ich mich in New York aufhielt. Er wollte, daß ich nach Miami komme.

Karibik-Kreuzfahrt – ein Traum?

Auf Einladung der Reederei sollte ich mit in die Karibik fahren, um in dieser Zeit mitzuhelfen, die Ventile zu installieren. Den Klempner Fritz nahm ich vorsichtshalber mit. Er mußte aus Deutschland wieder anreisen. Er war scharf darauf, eine Welt zu erleben, die sehr viele Menschen nicht kennen. Bezahlen brauchten wir nichts. Obwohl ich Milan gebeten hatte, uns als Passagiere einzubuchen, wurden wir in dem Trakt der Mannschaft mit einer winzigen Kabine für zwei Mann abgespeist. Das Schiff mit 1200 Kabinen war vollkommen ausgebucht. Man muß sich vorstellen, daß zu den 2400 Passagieren noch 980 Menschen als Besatzung dazukamen. Klempner Fritz und ich führten ein Doppelleben. Einerseits mischten wir uns getarnt mit Blazer und Schlips unter die Passagiere, andererseits wurden wir aber in Räuberzivil in der Offiziersmesse beköstigt und bestens versorgt. Da nicht jeder von uns so häufig eine Kreuzfahrt mitmacht, will ich etwas ausführlicher über die Reise berichten.

Die „Ecstasy" hat eine Kapazität von 70 367 Registertonnen. Als Schiff ist sie schon ein beträchtlicher Klotz. Länge: 260 Meter, Breite: 35 Meter, Höhe: vom höchsten Deck bis Wasseroberfläche ca. 60 Meter. Die Masthöhe der „Passat" läßt grüßen. Die Größe des Schiffes mit seinen acht Restaurants, zehn Bars und drei Schwimmbecken, Raum für Musicals, Theater und reichlich Spielräume mag schon verdeutlichen, daß es keine besinnliche und ruhige Fahrt werden wird.

Vom Kapitän waren wir zum Auslaufen aus Miami nachmittags auf die Brücke eingeladen worden. Es ist gewaltig zu erleben, wie so ein großes Schiff mit einer total veränderten Technik manövrierbar

Kreuzfahrtschiff „Ecstasy" – Traumschiff der Passagierschiffahrt

Kreuzfahrtschiff „Century"

Kreuzfahrtschiff „Grand Princess"

Kreuzfahrtschiff „Galaxy"

ist. Wie hat sich die Radartechnik in den letzten 40 Jahren entwickelt. Mit GPS hat man fast punktgenau immer die richtige Position des Schiffes auf dem Bildschirm. Was waren das noch für Geräte, die wir kennengelernt hatten. Damals schossen wir noch mit dem Sextanten die Sonne, um grob den Standort zu ermitteln.

Als wir aus dem Hafenkanal auf die offene See kamen, machte uns der Kapitän auf ca. 15 bis 20 Tümmler aufmerksam, die in einer Entfernung von ca. 50 Metern vor dem Bug immer wieder ein bis zwei Meter aus den Wellen aufschnellten, um sich dann wieder elegant in das tiefblaue Meer gleiten zu lassen.

Da wir ja nur „Crew" waren, konnten wir auch an keiner Bar mit Plastikkarte, wie die Passagiere sie hatten, etwas zu trinken bestellen. Bargeld wurde nicht akzeptiert. Das hatte aber auch einen Vorteil. An den offiziellen Bars kostete das Bier US-$ 5, ein Whisky US-$ 7, ein Fruchtsaftgetränk mit Fruchtstückchen und tropischem Alkohol US-$ 9.

Bei der Besatzung war die Preisgestaltung so festgelegt: Keines der Getränke kostete mehr als US-$ 1,50, die aber in bar bezahlt werden mußten. Man muß wissen, diese großen Schiffe sind so konzipiert, daß die Mannschaft sowenig wie möglich Kontakt zu den Passagieren bekam. Also zwei Ebenen. Die Crew hatte ihre eigene Bar, Tanzsaal, Billardräume, Kino und vieles mehr.

Nach kurzer Seereise machten wir schon morgens um 7.00 Uhr in Nassau fest. Die Passagiere wurden, schön touristisch durchgeplant, mit unzähligen Bussen abgeholt und auf die Insel zu Touristenattraktionen gekarrt.

Wir halfen und erklärten einem italienischen Klempner mit zwei ungelernten Handlangern, unsere Ventile bei den Duschen und Waschbecken einzubauen. Nach dem Mittagessen entschieden Klempner Fritz und ich, nun auch an Land zu gehen, um etwas von der Insel kennenzulernen.

Nassau gehörte zur Kolonialzeit den Engländern. Der Baustil ist unverkennbar, genauso wie der typische Linksverkehr.

Wir stiegen auf ein Wassertaxi, ein ca. 40 Jahre altes Holzboot mit laut knatterndem Motor. Das Boot war mit mindestens 50 Menschen total überbesetzt, denn nur 20 Rettungswesten konnte ich zählen. Für US-$ 3 pro Person fuhren wir quer durch den Hafen zu einem gewaltigen Baukomplex. Das Atlantis Paradise Island war für eine Milliarde US-$ arabischen Kapitals errichtet worden. Die Architekten haben diesen Bau mit gewaltigen Aquarien umgeben, in die man durch 15 cm dickes Glas sehen konnte. 50 000 Seetiere von den exotischsten Fischen mit ihrer von der Natur vergebenen Farbenpracht bis hin zu Schildkröten und Haien. Die Dekoration in den riesigen Aquarien war so nachempfunden, als wenn der vor 11 000 Jahren versunkene Erdteil Atlantis dort sei. Der ganze Komplex ist einfach nur eins, gigantisch. Die unteren Hallen sind immer um die 30 bis 40 Meter hoch. Geschwungene Säulen, Lampen, Tische, Stühle, aber so gemacht, daß man immer mit Formen aus der See konfrontiert ist. Egal, ob es Muscheln oder Fische oder Algen waren. Sehr viel Blattgold wurde verwendet, und man konnte nachempfinden, wie die Paläste früherer Kulturen ausgesehen haben mögen. Man ist sehr beeindruckt durch den gewaltigen Prunk und die Dimensionen, die einem hier vor Augen geführt werden. Das Hotel in diesem Komplex ist immer ausgebucht. Die billigste Übernachtung kostet US-$ 500. Das, was wir zu sehen bekamen, war aber noch lange nicht alles. Von einem Seitentrakt dieses Gebäudes hörten wir immer ein gewaltiges Klingeln, kurze Fanfarenstöße, Musik und Geratter. Natürlich waren wir neugierig, und uns verschlug es doch mächtig den Atem, als wir in einen ca. 3000 m² großen, verwinkelten Saal eintraten. Es war nicht der Himmel oder das Paradies. Es war die Hölle, eine vom Feinsten eingerichtete Spielhölle. Eine unbegreifliche Menge von „Einarmigen Banditen" stand fein säuberlich zu Hunderten aufgereiht. Man konnte mit einem Einsatz von 25 Cents, 50 Cents, US-$ 1, US-$ 5, US-$ 10, US-$ 20, US-$ 50

Das Luxushotel mit Spielhölle

und US-$ 100 spielen. Die Automaten waren sogar so konzipiert, daß man nicht nur die Münzen oder Dollarscheine einfügen konnte, nein, man konnte auch noch seine Kreditkarte in einen dafür vorgesehenen Schlitz stecken, und die verspielten Geldeinsätze wurden sofort vom Konto direkt abgebucht. Ein Taxi brachte uns dann zum Schiff zurück. Ein besonderer Abend, der Gala-Abend, mit dem Kapitän, Cocktailempfang und dem Kapitänsessen, stand auf dem Programm. Wer daran teilnehmen wollte, mußte sich einen Smoking leihen und für den Abend US-$ 35 plus Getränke extra bezahlen. Die Blue Saphire Lounge war bis auf den letzten Platz ausgebucht.

Ein besonderes Geschäft machte die Reederei zusätzlich. Fast alle, die am Kapitänsdinner teilnahmen, ließen sich vorher oder nachher in ihrer geliehenen „Verkleidung" zur Erinnerung an diese Seereise fotografieren. In der großen unteren Empfangshalle standen an vier Positionen Fotografen. Sie waren alle Angestellte der Reederei. Der Hintergrund war mit großen Tüchern abgehangen, auf denen unterschiedliche Motive dargestellt waren. Eines symbolisierte den Treppenaufgang der „Titanic". Ein weiteres Motiv war dann der Vordergrund mit Sand und nachempfundenen Palmen und sich dahinter brechenden Wellen, die auf den Strand zuliefen. Kurios sieht es dann schon aus, wenn eine Afrikanerin mit einer Perücke aus langem blonden Haar davorsteht und sich ablichten läßt. Die Bilder waren nach kurzer Zeit bereits in einem speziellen Raum zu besichtigen, und pro Foto wurden dann ohne Probleme US-$ 20 bezahlt. Die Reederei verdient pro Woche nur US-$ 60 000 an den Fotos, wie uns ein deutscher Steward erzählte.

Zwei Manöver haben wir miterlebt.

Rettungsbootsmanöver. Nachdem ich dieses angesehen hatte, kann ich nur sagen, in einem Ernstfall möchte ich die Panik und Katastrophe nicht erleben, die sofort entsteht, wenn z.B. Feuer auf so einem großen Schiff ausbrechen würde. Nachdem die Rettungsboote endlich nach einer viel zu langen Zeit zu Wasser gelassen und von den Leinen abgekuppelt waren, stießen die Rettungsboote, gesteuert von unerfahrenen Seeleuten, zusammen und beschädigten sich gegenseitig.

Mann-über-Bord-Manöver. Harry, so hieß eine menschengroße Puppe, die außenbords geworfen wurde. Sehr professionell und schnell war Harry aus der offenen See gefischt und nach 20 Minuten im Hospital. Natürlich konnte ich es mir nicht verkneifen, das blasse und teilnahmslose Gesicht von Harry auf ein Foto zu bannen.

Auf der Rückreise, wir saßen in der Mannschaftsbar, fing das Schiff plötzlich an zu vibrieren, zu rütteln und zu schütteln. Otto, ein rundlicher, gemütlicher bayrischer Koch, meinte nur, da stimmt etwas nicht, rief die Brücke an und fragte. Eine kleine weiße Motoryacht war direkt vor das Schiff gefahren und hatte rote Raketen abgeschossen. Beinahe wäre die Yacht überfahren worden. Es waren sieben Flüchtlinge aus San Salvador, die um politisches Asyl baten. Das Boot wurde am Schiff vertäut, die erschöpften Personen an Bord geholt. An einem Tampen der Yacht wurde ein Notsignal angebracht, die

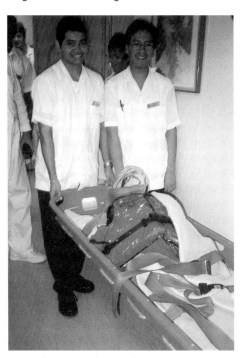

Harry, der Mann über Bord

Leinen des Bootes wieder losgeworfen, und die Yacht trieb aufs offene Meer. Auf die Frage warum, hieß es lapidar, die Küstenwache muß auch ihren Job machen.

In unserer winzigen Kabine gab es nur einen Spind, einen winzigen Tisch, ein kleines Regal und einen Stuhl. Der Klempner Fritz, mehr als zwei Zentner leicht, hat auch immer einen zu großen Koffer bei Reisen mit dabei, abgesehen von der zu großen Aktentasche. Bei mir sah das mit dem Gepäck etwas besser aus. Es ist die Reiseerfahrung. Man kann sich vorstellen, die Quadratzentimeter, die uns im Raum verblieben, um uns zu bewegen, waren mächtig reduziert. Es gibt an Bord bei Seeleuten ein ungeschriebenes Gesetz, daß der Ältere immer das Privileg hat festzulegen, in welcher Koje er schlafen wolle. Dieses Privileg meldete ich erst gar nicht an, denn ich mußte an die Schwerstarbeit denken, die ich an drei Tagen hätte leisten müssen, um Fritz mitzuhelfen, in die obere Koje zu kommen. Abgesehen von dem Risiko, daß die Koje über mir zusammenbräche und ich darunter entweder ersticke oder erdrückt würde.

Montag waren wir schon wieder in Miami. Im Sheraton Harbour Hotel holte ich noch einen schriftlichen Auftrag über 2800 Ventile ab. Den Rest des Tages haben wir die heiße Sonne von Miami und die Fluten des Atlantiks unseren Seelen und Körpern gegönnt. Während Klempner Fritz nach Hause flog, nahm ich noch einen Termin in Fort Lauderdale wahr.

Am Abend saß ich noch in unserer kleinen Hotelbar und traf auf einen skandinavischen Ingenieur, der auch im Hotel wohnte. Er arbeitete für eine Firma, die Separatoren installierte und überprüfte. Dieser gab mir eine unglaubliche Hintergrundinformation. Bei all dem, was ich bisher in meinem Leben gesehen und erlebt habe, glaubte ich ihm. Von ihm erfuhr ich, daß bei zu vielen Passagierreedereien, entschieden auf höchster Ebene, gewaltige Umweltschweinereien gemacht werden. Die Gesetze sind klar definiert, es dürfen kein schwarzes Wasser (Toilettenabfall), Bilgenwasser (ölhaltig) und andere Öle ins Meer gepumpt werden, diese müssen über Landentsorgung vorgenommen werden.

Allein durch die Umgehung dieser Gesetze sparen die großen Reedereien Millionen Dollar pro Jahr ein. Es werden spezielle Rohrleitungen, nicht von der Neubauwerft, sondern später, an Bord individuell so eingebaut, daß über verschiedene Schieber, vorbei an den Separatoren, die verschmutzten Materialien über Rohre ins Meer abgeleitet werden. Dies ist ein hochgradiger Skandal, einige Serviceingenieure, die nach Vorwarnung anprangern wollten, sind durch merkwürdige Unfälle ums Leben gekommen. Inzwischen traut sich keiner mehr, das brisante Thema anzufassen. Der Skandinavier sagte mir noch, Mitarbeiter von Klassifikationsgesellschaften sind oder werden bestochen. Diese sollten jedoch nicht nur für die Sicherheit der Schiffe, sondern auch Hüter und Schützer für die Umwelt sein. Der offiziell per Gesetz vorgegebene Einbau von Separatoren wird umgangen. Meinem Gesprächspartner, der seinen Boß auf extreme Mißstände hinwies, wurde ganz klar gesagt:

Er solle die Schnauze halten, sich erst einmal einen Anzug und Schuhe kaufen, ein Firmenwagen würde zur Verfügung gestellt werden und auch ein persönliches Handy. Für zwei Jahre soll er einen Vertrag unterschreiben und in Florida arbeiten. Die Wohnung von US-$ 2000 und das Segelboot, welches er erbat, würde alles auf Firmenkosten übernommen.

Dieser naturliebende Skandinavier sollte sich am darauffolgendem Tag entscheiden. Er traf noch am gleichen Abend seine Entscheidung. Morgen werde ich kündigen und wieder nach Hause in meine Heimat fahren, diese Schweinereien mache ich nicht mit.

Für mich ist es grausam zu erkennen, wie große Firmen mit ihrem Kapital = Macht glauben, sich alles erlauben zu können, und wenn das so weitergeht, muß man sich nachdenklich fragen, was passiert nicht nur mit unseren Enkelkindern, sondern auch mit deren Nachkommen?

Es gibt leider fünf negative Werte, die sich immer schneller überall auf der ganzen Erde ausbreiten, und das sind nach meiner Meinung und Lebenserfahrung:

EGOISMUS, MACHTSTREBEN, HABGIER, KORRUPTION UND LEIDER GLEICHGÜLTIGKEIT DURCH MANGELNDE WAHRNEHMUNG.

Eine lustige Geschichte zum Abschluß dieses Aufenthaltes. Höflichkeitsbesuch auf der „Grand Princess". Das Schiff hatte ich schon ausgerüstet. Ian Brown, ein Engländer, bestätigte, daß man bestens zufrieden sei. Kurz vor 12.00 Uhr fragte ich, ob ich noch etwas zu essen bekommen könnte. Kein Problem. Ian brachte mich mit dem Fahrstuhl zum 14. Deck und dort zu einem Büfett, welches noch nicht eröffnet war. Wir hatten Visitenkarten ausgetauscht und verabschiedeten uns. Einen vorbeikommenden Steward fragte ich, wo denn das Restaurant der ersten Klasse sei, im Deck 6.
Das Restaurant war nur vom Edelsten. Mahagonigetäfelte Wände, Tischdecken und Servietten aus feinstem Leinen, versilbertes Besteck, fünf unterschiedliche Gläser umrandeten den Teller. Die Visitenkarte von Ian, die ich vorlegte mit besten Grüßen, war meine Eintrittskarte zu diesem Nobelraum. Schon lange habe ich nicht mehr so delikat gegessen. Bei der von mir gefahrenen Sondereinlage hatte ich nicht mal ein schlechtes Gewissen, denn die Reederei spart nur auf der „Grand Princess" ca. DM 100 000 an Wasser und Energiekosten monatlich. Die drei Stewards, die mich bedient hatten und nur US-$ 10 als Trinkgeld bekamen, schauten wie ein bremsender Bus auf Glatteis.
Mittlerweile eilte der Ruf mir voraus, daß unsere Technik in der Passergierschiffahrt und auch im Hotelgewerbe in vielen Regionen der Erde mehr als gefragt ist, da die Wasserknappheit immer mehr durch den Tourismus erkennbar wurde. Aus diesem Grund richtete ich mich unter anderem darauf aus, mich an Regionen zu orientieren, wo die Wasserknappheit besonders akut war.

Der Helfer in der Not

Zypern

Diese Insel wurde häufiger von mir und meiner Frau über Jahre besucht. Der erste Kontakt entstand durch die Firma APS, Arab Press Services, Nikosia. Damals war ich noch Manager bei Lloyd's. Es waren zwei Brüder, Libanesen, sie gehörten zu einer sehr wohlhabenden Familie, die in Beirut großen Einfluß über viele Dekaden im Libanon ausübte. Das war die Zeit, in der der Libanon auch den Beinamen hatte „die Schweiz des Mittleren Ostens". Zu der Zeit waren eine blühende, stabile Wirtschaft, aber auch stabile Politik vorhanden. In diesem Land war die Mehrzahl der Bevölkerung katholischen Glaubens. Es war Syrien, welches in den Libanon einfiel. Wieder einmal war ein Glaubenskrieg entfacht, wo Islamisten gegen Christen kämpften. Es artete zu einem Bürgerkrieg aus, der das Land brutal verwüstete. Das war der Grund, warum die beiden Brüder ihre Besitzungen zurückließen und mit ihren Familien nach Zypern umsiedelten, abwartend, wie die Kriegswirren sich entwickeln würden. Die Ausführungen, die jetzt kommen, sind kaum zu glauben, aber Tatsache. Der Vater der Brüder war bei einer kriegerischen Auseinandersetzung in Not geraten und gab Gott ein Versprechen: Wenn ich hier gesund herauskomme, opfere ich meinen erstgeborenen Sohn der katholischen Kirche. Mein Freund wurde gleich im Vatikan angesiedelt und lernte, alle Rituale der Kirche perfekt zu beherrschen. Als junger Mensch war er jedoch todunglücklich und wußte, daß es nicht seine Welt war. Er tauchte in Rom unter und floh nach München. Dort lernte er deutsch, studierte politische Wissenschaften und verdiente sein Geld mit privaten Taufen und Beerdigungsreden. Später ging er nach England, Frankreich und in die USA. Er ist ein hochintelligenter Mensch mit der Fähigkeit, weit in die Vergangenheit – aber auch in die Zukunft – zu schauen. Zurück im Libanon, bekam er den Auftrag von einem Minister, aus einem Nachbarland, einen Geheimdienst weltweit aufzubauen. Er war fast fertig, als der Auftraggeber bei einem Attentat ums Leben kam. Er entschied, sein Vater war inzwischen verstorben, diesen Dienst selbst durch das Vermögen der Familie zu finanzieren und zu nutzen. Die Informationen, die bei ihm aufliefen, waren zu 95 % Wirtschaftsinformationen. Diese formatierte er in einem speziellen wöchentlichen Informationsdienst und verkaufte ihn nicht nur an die 50 größten Konzerne der Welt, sondern er wurde auch Berater von vielen Regierungen. Meine Aufgabe war es, die angebotenen Informationen in Deutschland an Interessierte zu verkaufen. Das war der Grund der Kontaktaufnahme zu ihm.
Einmal im Jahr wurde von meinem Freund zu der bereits erwähnten Weltenergiekonferenz eingeladen. Nur Spezialisten, die etwas mit Öl, Gas, Kohle, Strom und Wasser zu tun hatten, waren bei diesen dreitägigen Veranstaltungen mit dabei. Weder Politiker noch irgendwelche Presse waren zugelassen. Die Insider waren unter sich. Eine sehr auserlesene Gesellschaft, und ich als Mr. Nobody lernte bei diesen Diskussionen sehr viel, was mit der veröffentlichten Meinung in den Medien nichts zu tun hat.
Bei den Konferenzen waren die Reden einiger Delegierter für mich nicht immer von großem Interesse, so daß ich einen Wagen von meinem Freund bekam und die Hotels in Nikosia, wo große Wasserknappheit herrscht, mit unserem System beglückte.
Einen Tag vor meinem Abflug nach Hause wurden andere Menschen und ich von einem Erdbeben überrascht. Das war mein erstes Erdbeben, das ich erlebte. Als ich in einem ruhigen Moment darüber nachdachte, stellte ich einmal mehr fest, wie hilflos und unbedeutend der Mensch angesichts von

Naturgewalten ist. Ich stand am Lift meines Hotels. Neben mir stand ein italienischer Delegierter mit seiner Frau. Sie wollten in den ersten und ich in den dritten Stock. Auf halber Strecke zum ersten Stock fing plötzlich unser Fahrstuhl an, gegen die Seitenwände des Schachtes zu schlagen. Wir landeten noch im ersten Stock. Die Frau sagte: „Das ist ein Erdbeben, ich kenne das aus Sizilien, nur schnell raus hier." Der Ehemann suchte das Treppenhaus und stürmte davon. Seine Frau, eine ältere Dame, hakte ich unter, denn die Verschalungen der Flurdecke, Gott sei Dank aus Plastik, fielen reihenweise herunter. Das Gehen war ein wahrer Balanceakt. Man kann es sich nicht vorstellen, die Treppen, die wir versuchten herunterzueilen, schienen aus Götterspeise oder Pudding gemacht zu sein. Es bewegte sich alles, Putz und Kalk fielen von den Wänden, überall entstanden Risse. Dann waren wir endlich im Freien, standen auf der Wiese am Pool und beschauten unser Hotel. Senkrechte und diagonale Risse zierten nun die Außenwand. Wie sicher war das Hotel noch? Denn eine Nacht wollte ich darin ja noch verbringen. In Parphos und Larnaca haben viele Hotelgäste im Freien übernachtet. Ich schlief in meinem Bett und wurde mehrfach während der Nacht noch sanft geschaukelt, und selbst morgens konnte man die Anzugsjacken im offenen Schrank und die Vorhänge sich immer wieder sanft bewegen sehen.

Spanien

Von dem Vorsitzenden der Umweltabteilung im Vorstand von P & O aus England hatte ich zuvor einen Tip bekommen, mich um den zur Gruppe gehörenden La Manga Golf Club in Murcia zu kümmern. Ein nobelster Verein, drei Golfplätze à 18 Löcher, traumhafte Natur, wunderschöne Anpflanzungen, Palmen, kunstvoll angelegte Teiche, eine gewaltige Blumenpracht, egal, wohin man schaute. Das große 5-Sterne-Hotel und zusätzlich 80 Chalets mit vergoldeten Armaturen warteten

Der La Manga Golf Club

Der „hungrige" Schuh

darauf, mit unserer Technik bestückt zu werden. Bei der Terminierung hatte ich darauf bestanden, daß ich kostenlos in dem Hotel für drei Tage bleiben müßte, denn früher gab es keinen Rückflug nach Bremen. In einer Stunde war der Verkauf für die gesamte Anlage perfekt. Nun verlebte ich als kleiner, unbedeutender Handelsvertreter die restliche Zeit auf einem Niveau für Millionäre. Wasser war ohne Ende vorhanden in einer Region, wo es Wasser so gut wie überhaupt nicht gab. Ja, es kommt besser. Das Wasser wurde mit Tanklastzügen herbeigeführt, um das Hotel der Millionäre mit diesem wertvollen Gut zu versorgen, genauso wie die Greens und restlichen Bepflanzungen.

Die humorige Geschichte in diesem Fall war, daß ich an einem Samstagabend noch spazierenging, und plötzlich löste sich meine Sohle vom Rest des Schuhs. So entstand die Geschichte des „hungrigen" Schuhs. Kein Geschäft war mehr geöffnet. Ich hatte nur ein paar Schuhe dabei, was sollte ich tun. Ein Streichholzheftchen legte ich zwischen die Sohle und den Rest der Fußbekleidung, schoß ein Foto und ging anschließend zur Rezeption, um nach einem stabilen Klebeband zu fragen. Ich erhielt dieses bekannte braune Material, wickelte es um Schuh und Sohle, machte anschließend wieder ein Foto, um festzustellen, daß es nicht wirklich witzig aussieht, wenn man nur von High-Society umgeben ist. Also Anruf bei der Rezeption, ob man mir einen schwarzen Filzschreiber geben könne zwecks Einfärbung von braun auf schwarz. Ein paar Minuten später klopfte es an meiner Tür. Ein bildschönes Mädchen stand davor, und ich dachte noch so: „Was für ein Service." „Nein", sagte sie, „ich will nur Ihre Schuhe haben." 30 Minuten später klopfte es wieder, und meine Schuhe waren total in Ordnung gebracht und glänzten, wie sie schon seit sechs Monaten nicht mehr geglänzt hatten.

Die gemachten Fotos habe ich mit einem Dankesbrief an den Direktor des La Manga Golf Clubs geschickt und eine Kopie mit Fotos an den Vorstand von P & O in London. Diese Geschichte wurde im Konzernmagazin abgedruckt, und das Ergebnis war, daß ich fünf weitere Aufträge für Passagierschiffe von Ingenieuren bekam, die ich überhaupt noch nicht kannte.

Israel

Irgendwann bekam ich einen Anruf aus Tel Aviv in Israel. „Sind Sie der Typ, der Wassersparventile verkauft? Ich habe mit meinem Kollegen vom Hilton in Zypern gesprochen, der mit Ihren Ventilen sehr zufrieden ist und beträchtlich Wasser spart. Das müssen wir auch, denn wir haben zu viele Touristen und nicht genug Wasser." Prinzipiell schickte ich keine Muster, sondern führte die Technik immer selber vor. Meiner Frau versprach ich eine Woche Sonne in Israel, und ab ging es nach Tel Aviv ins Hilton Hotel und dort zu dem Hausingenieur Jossi Kasulin. Er war ein ganz sympathischer, intelligenter Mensch. Der Verkauf war wie immer ein Selbstgänger. Mit Jossi haben wir später privat zusammengesessen und viel diskutiert über das sich immer weiter weltweit ausbreitende Judentum. Auch die Schandtaten über Hitler wurden nicht ausgespart. Viel konnte ich natürlich nicht sagen, denn als dieser an die Macht kam und sein Unwesen trieb, war ich noch gar nicht geboren. Ganz klar reklamierte ich jedoch, daß die Juden uns Deutschen nach 50 Jahren immer noch ein schlechtes Gewissen einreden, um weiterhin Gelder für Israel zu bekommen. Das verstünden wir, unsere Kinder und Freunde schon lange nicht mehr.

Zwei Tage hatten wir Sonne, genossen den herrlichen Strand und die vielen freundlichen Menschen, denen wir begegneten. Eines Morgens war ich etwas irritiert, als wir zum Strand gingen und der Strandwärter mit einem Detektor die Liegeflächen des Sandes abtastete. Bei mir kam sofort der Gedanke: Hat die PLO vielleicht Minen deponiert? Nein, der nette alte Jude suchte nach Ringen, Goldarmbändern, generell Schmuck und Münzen, die die Touristen während eines Wochenendes verloren hatten.

Freitags waren wir angereist, nun war es Montag, und es zog eine schwarze Wolkenwand über dem Mittelmeer auf. Extremer Regen, Sturm bis Orkan peitschte die Region. In Israel schneite es. Wir wollten Jerusalem besuchen, jedoch die Straßen waren gesperrt. Verständlicherweise gab es keine Schneepflüge, also mußten wir mit dem Bus umkehren.

Das Hilton Hotel hatten wir verlassen. Es war einfach zu teuer, deswegen hatten wir uns in einem kleineren, preiswerteren Hotel eingemietet. Der Sturm war so extrem, daß man sich kaum auf den Beinen halten konnte, wenn man vor die Tür ging. Es war lausig kalt, und in unserem Hotel lief das Wasser durch das Dach direkt in den Stromkasten, so daß wir weder Licht, Wärme noch Informationen über Rundfunk oder Fernsehen erhalten konnten. Trotzdem kämpfte ich mich von Hotel zu Hotel, von denen es an der Küste genügend gab, um zu verkaufen. Am Abflugtag schien wieder die Sonne. Der Himmel war blau, es war warm und wir eigentlich richtig sauer.

Während ich diese Zeilen schrieb, fiel mir wieder eine Begebenheit ein, die mich schon Jahre zuvor einmal nach Israel geführt hatte.

Jan hieß er. Kennengelernt hatte ich ihn durch einen anderen Schiffahrtsfreund. Er hatte nicht nur das Kapitänspatent für Schiffe, sondern auch die Ausbildung, die Noratlas zu fliegen. Wir freundeten uns an, und eines Tages fragte er mich, ob ich Lust hätte, mit nach Israel zu kommen. Auf die Frage, was das kosten würde, sagte er, überhaupt nichts.

Die Entscheidung fiel damit natürlich nicht sehr schwer, und ich verabschiedete mich von meiner Frau, die das Ganze nicht lustig fand. War es auch nicht, wenn man die Hintergründe vorher gewußt hätte.

Jan war ein sehr gut ausgebildeter MAD-Mann (Militärischer Abschirmdienst). Wien, unser erstes Ziel, war zu dieser Zeit die Drehscheibe der Spionage zwischen West und Ost. Von zwei Personen wurden wir abgeholt. Es fand eine Besprechung statt, an der ich nicht teilnahm. Der Rest des Abends war feucht und fröhlich. Am darauffolgenden Tag flogen wir mit der Swiss Air erster Klasse nach Tel Aviv. Auch dort wurden wir von zwei Personen abgeholt und an einem Luxushotel abgesetzt. Es war nicht ein Zimmer, sondern eine Suite, in der wir untergebracht waren. Jan mußte zwischenzeitlich immer wieder telefonieren oder wurde angerufen. Jeden Tag ging Jan um 5.00 Uhr morgens zum Swimmingpool, und ich begleitete ihn. Er wurde von einem 70jährigen Masseur durchgeknetet, ich danach auch, und es war herrlich. Tagsüber verschwand Jan mit zwei Begleitern, während ich mich am Pool damit begnügte, traumhaft schöne Israelinnen zu betrachten. Auf dem Rückflug von Israel nach Bremen schaute Jan auf die Uhr und meinte, jetzt werden gerade sechs Israelis erschossen. Diese hatten Container mit Waffen aus der Bundesrepublik für Israel direkt an die PLO durchgehandelt. Erst im Flugzeug erfuhr ich, daß der 70jährige Masseur der Verbindungsmann von Jan war und von diesem Informationen und Anweisungen bekommen hatte. Sieben Monate später wurde Jan an der Haustür erhängt aufgefunden. Nicht jeden Tag erlebt man so etwas Grausames, Gott sei Dank.

Die vielen Aufträge wickelte ich noch erfolgreich bis zum Ende des Jahres 2001 ab.
Die unkorrekten Abrechnungen und unbegründeten Kürzungen von Klempner Fritz veranlaßten mich, meine Tätigkeit von heute auf morgen ab 2002 einzustellen. Den stabilen Ast, auf dem er gesessen hatte, hat er nicht mit einer Hand-, sondern Motorsäge selbst abgesägt.
Meiner Lebensphilosophie blieb ich jedoch treu, für menschlich aussehende rosarote Tiere mit einem Kringelschwanz arbeite ich nicht.

Das Arbeitsleben klingt langsam aus

Es ist das Jahr 2002, und ich bin inzwischen 65 Jahre alt. Meine aktive berufliche Tätigkeit legte ich nieder. Hektik und Erlebnisse hatte ich wirklich zur Genüge in meinem Leben gehabt. Von Freunden habe ich nur den Ausspruch registriert: „Klaus, was du in deinem Leben alles erlebt hast, dafür leben andere Menschen mehrere Leben." Dabei ist dieses Buch nur ein Bruchteil dessen, was ich wirklich erlebte.

Obwohl ich nicht mehr groß auf Reisen ging, bekam ich immer wieder neue Informationen und technische Errungenschaften zugesandt, weil ich nach wie vor mit Menschen aus aller Welt im Kontakt stehe.

1990 begann ich zum Jahreswechsel Briefe an Freunde und sympathische Gesprächspartner zu schreiben. Darin ließ ich immer das vergangene Jahr Revue passieren und würzte diese Briefe mit analytischen Betrachtungen zu Themen wie Politik, Wirtschaft, Gesundheit, Währung, neuen Technologien und vielem mehr. Heute rückblickend muß ich leider sagen, sind viele meiner Prognosen, Jahre später manchmal schlimmer als von mir beschrieben, eingetreten.

In diesen Briefen waren zum Beispiel Themen wie:

Wo die Wissenschaft noch nicht erfolgreich ist, hilft die Natur.

In Sofia, Bulgarien, lernte ich durch Zufall einen Wasserspezialisten auf einer Messe kennen.

Er war ein weitgereister Mann, und von ihm hörte ich eine hochinteressante Tatsache. Um Basel war eine Trinkwasserringleitung gebaut worden. An diese waren mehrere Pumpstationen angeschlossen, um Trinkwasser aus der Erde zu pumpen. Die Schweizer sind ein vorsichtiges Volk. Sie machten zur Auflage, daß die Firma, die das Projekt baute, nachweisen mußte, ob im Grundwasser Spuren von Chemikalien aus der Industrie oder andere Verschmutzungen auftreten.

Zu dieser Zeit eine kaum zu lösende Problemstellung. Technisch oder chemisch war es von Menschenhand nicht machbar, aber die Natur konnte es. Im Nil, Ägypten, gibt es den Nilhecht. Der Nil ist ein Süßwasserfluß und mündet im salzigen Mittelmeer. Schwimmen die Nilhechte flußabwärts und kommen in die Nähe der Mündung, fangen sie an, Strahlen abzugeben, wodurch sie merken: Achtung, Salzwasser! Nix gut für uns, zurück das Ganze. Mein Gesprächspartner wußte von dieser ungewöhnlichen Eigenschaft. Es wurden Nilhechte mit Nilwasser nach Basel transportiert. In die Pumpstationen wurden durchsichtige Kästen in der Größe der Hechte angebracht. Wurde nun eine Pumpstation eingeschaltet, mußte ein Nilhecht in den Kasten, und das gepumpte Wasser strömte an diesem Fisch vorbei. War nun irgendeine Verschmutzung im Wasser, die normalerweise nicht nachgewiesen werden konnte, gab dieser gefangene Fisch seine Strahlen ab. Diese waren technisch meßbar, und die Pumpe konnte sofort abgeschaltet werden. Bis zu drei Tagen blieb der Fisch in diesem Kasten, danach wurde er wieder herausgenommen und durfte zu seinen Kameraden zurück, die sich im erstellten Bassin mit Nilwasser tummelten, welches regelmäßig aus Ägypten erneuert wurde. Der Spitzname des Nilhechtes lautete bei den Insidern: „Knastonemo Perversi".

Unser Nachbar Erwin

Nachbarn müssen sich nicht ständig in den Haaren liegen. Im Gegenteil. Nachbarn können sich auch hervorragend verstehen. Seit zwei Jahren habe ich in zwei Kinderzimmern, nachdem zwei Knaben ausgezogen waren, ein Büro eingerichtet. Wenn ich telefoniere oder terminiere, schaue ich Tag für Tag aus dem Fenster, genau in den Garten von Erwin. Die Jahreszeiten erlebe ich sehr bewußt, angepaßt an den Rhythmus, wie Erwin während des Jahres seinen Garten hegt und pflegt. Es ist nicht nur schön zu erleben, wie im Frühjahr der Garten umgegraben, die Saat eingebracht und im Herbst geerntet wird, sondern auch Blumen gepflanzt werden, die jeden Nachbarn und Passanten vom Frühling bis zum Herbst erfreuen. Erwin ist ein ganz ruhiger, ausgeglichener, freundlicher und hilfsbereiter Nachbar. Was mir gut an ihm gefiel: Sind mal ein paar Steine auf dem Gehweg durch Unwetter unterspült und dieser ist nicht mehr gut begehbar, wird nicht die Gemeinde angerufen, sondern Erwin nimmt die Steine auf, pflastert sie neu, fegt Gehweg und Straße und begibt sich wieder in seinen Garten. In unserer mehr und mehr verflachenden, egoistischen Gesellschaft müßte es mehr „Erwins" geben, die nicht nur fordern und erwarten, sondern durch positives Handeln auch mit gutem Beispiel für die Gemeinschaft vorangehen.

„Bürger, paß up"

Die Polizei wird landes-, leider auch bundesweit reduziert, Ausnahme ist Bayern. Planstellen werden gestrichen, Personalbeförderungen vermindert vorgenommen. Der verlängerte Arm des Gesetzes wird immer mehr amputiert. Gleichzeitig steigt die Kriminalität in einer erschreckenden Weise, und die wenigen Beamten sollen flächendeckend der Bevölkerung zum Schutze zur Verfügung stehen. Die Polizeistation in Ottersberg wird um 18.00 Uhr geschlossen. Die Polizeistation in Achim ist dann für Ottersberg zuständig. Entfernung ca. 20 Kilometer. Wie sieht es bei Einbruch, Schlägerei, Raubmord mit Soforthilfe aus? Kaum möglich. Das kann doch nicht mehr wahr sein, wenn es um den Schutz der Bürger geht!
Bei einer Tankstelle zum Beispiel, die auch Autos verkauft, komme ich morgens zum Tanken und frage, verkauft ihr jetzt auch schon Autos ohne Räder? Die Frage lautete: Wo, wie, was? Man hatte noch nicht einmal bemerkt, daß zwei Autos keine Räder mehr hatten. Wir als Bürger müssen wieder wachsamer werden, um der Polizei mit Fakten und Daten zuzuarbeiten. Zweifelhafte Figuren anschauen, registrieren oder wahrnehmen, z.B. beim Nachbarn, bei der Post, Tankstelle oder Geschäften. Es ist sinnvoll, unseren Egoismus etwas zurückzuschrauben und nicht immer zu sagen: Es war ja nicht mein Haus, meine Wohnung, mein Auto, sondern die Umkehrung muß der Fall sein. Für die Gemeinschaft einzutreten macht uns alle stärker gegen die explodierende Kriminalität.

Mit dem folgenden Text mußte ich mich mit einigen Anfeindungen aus Ottersberg auseinandersetzen. Argumente, die häufiger in der Kneipe und im Dorf zu hören waren:
Die Rußlanddeutschen haben früher einen deutschen Schäferhund gehabt, kommen nach Deutschland, erhalten von der Kommune billiges Bauland zugewiesen, dann wird ihnen noch zu sehr günstigen Konditionen Baugeld zur Verfügung gestellt. Wir hingegen müssen alles zu harten Konditionen selbst erarbeiten. Zu viele Rußlanddeutsche bringen zuviel Kriminalität mit, besonders die Jugendlichen. Die Rußlanddeutschen sind nicht bereit, sich zu integrieren, sie leben genauso wie die Türken und Kurden in ihren eigenen Klans, ihrer Kultur und Traditionen.

Meine Erfahrungen waren jedoch:

Lernen von Deutschen aus Rußland

Rußlanddeutsche oder Deutsche aus Rußland, das ist hier die Frage? Bei einer Veranstaltung, die wir von der CDU im Bahnhofsviertel in Ottersberg durchführten, waren ca. 30 Kinder mit dabei. Wir machten einfache Dinge wie Sackhüpfen, Eierlaufen und Ballspiele. Vielen Jugendlichen brachte ich die vier wichtigsten Seemannsknoten bei, die man ein ganzes Leben praktisch und sinnvoll gebrauchen kann. Mit einer Begeisterung waren die Kinder und Jugendlichen von fünf bis 15 Jahren aktiv dabei. Was mich aber faszinierte, war die Disziplin, mit der die Kinder die Veranstaltung mitmachten. Die Kinder der Deutschen aus Rußland, zu der Zeit schon fünf Jahre wohnend in Ottersberg, sind deutschsprachig, sehr offen, sehr diszipliniert, höflich, nett und sauber gekleidet, informations- und kontakthungrig.

Einen Tag später bin ich noch einmal in die Siedlung gefahren und habe mit einem Vater Viktor gesprochen, weil mich das Thema generell interessierte.

„In Rußland waren wir für russische Verhältnisse wohlhabend, aber nur geduldet. Als sich die Möglichkeit ergab, zurück in die Heimat zu kommen, haben wir davon Gebrauch gemacht. In Deutschland wurden wir jedoch nicht sehr freundlich empfangen. Uns wurde zu guten Bedingungen ein Grundstück zur Verfügung gestellt. Wir haben unser Haus selbst darauf gebaut. Wir haben Arbeit, sind fleißig und mißbrauchen nicht Arbeitslosen- und Sozialhilfe, so wie viele Deutsche, aber auch andere Volksgruppen aus Europa und Afrika." Auf meine Frage, wieso er seine Kinder so gut im Griff hat, kam die Antwort: „Mein Urgroßvater hat meinem Großvater und der meinem Vater Disziplin, Ordnung und Ehrlichkeit beigebracht, und ich gebe zusammen mit meiner Frau unsere Erfahrungen an unsere Kinder weiter." Das Haus, in dem ich weilte, inklusive Garten, war top gepflegt. Der Kaffee mit Kuchen schmeckte hervorragend. Also die Frage für mich war, können wir von den Deutschen aus Rußland alte Traditionen wieder lernen?

Mein heutiger Kommentar dazu: Es ist höchste Zeit, sich diesem Thema zuzuwenden. Nachdem leider auf den Schulhöfen und Straßen einem Jugendliche begegnen, die „Null Bock" ausstrahlen, viele ungepflegt und schlampig gekleidet, zu dick und nur fordernd sind, ohne auch bisher irgend etwas geleistet zu haben. Von dem schulischen Wissen der Pisa-Generationen ganz zu schweigen.

Gesundheit

War und ist immer ein Thema gewesen, welches ich in meinen Berichten anfaßte.

Im Februar 2002 ließ ich mich bewußt in die Hautklinik in Bremen einweisen. Diese verfügt über einen sehr guten Ruf. Ich wollte herauszufinden, warum ich mit zunehmendem Alter dauernd rote juckende Flecken am ganzen Körper bekam. Es waren Gummibärchen, die ich leidenschaftlich gern gegessen habe. Nach 15 Minuten fing mein ganzer Körper an zu jucken und wurde rot.

Das war der Ausgang meiner Erfahrungen. „Sie sind allergisch gegen diese und andere Produkte", war die Aussage der Hautärztin. „Wir müssen herausfinden, wo Sie Ihre Probleme haben. Um den Körper frei von allen Chemikalien zu bekommen, müssen Sie jetzt erst einmal in der Hautklinik im Krankenhaus eine Reinigungsperiode ihres Körpers durchführen." Diese bestand darin, daß ich eine Woche nur Reis mit Kartoffeln und Kartoffeln mit Reis, morgens, mittags und abends, zu mir nehmen durfte. Nur wer eine solche Prozedur hinter sich hat, kann nachvollziehen, wie köstlich eine einfache Brühe, Kartoffel-, Bohnen- oder Erbsensuppe schmecken kann. Erst am 7. Tag wurde ich testfähig. Es wurde eine Spritze am Arm ausgeführt, und es entstand eine Blase unter der Haut. „Herr Arlt, nun können wir mit den Tests beginnen, wogegen Sie allergisch sind." Mein Bett wurde in einen 5-Mann-Zimmer-Beobachtungsraum geschoben mit Menschen in einer gleichen Situation wie ich. Pille nach Pille mit unterschiedlichen Chemikalien wurde uns in einem festgelegten Rhythmus verabreicht. Es dauerte nicht lange, und schon fing mein Körper wie bei anderen auch an zu blühen. Das ganze Ergebnis lief darauf hinaus, daß ich als alter Knabe allergisch geworden war gegen alle Duftstoffe, Geschmacksstoffe, Konservierungsmittel, Farbstoffe, Geruchsstoffe, die heute in der industriell hergestellten Nahrung vorhanden sind.

Die Erkenntnis machte mir klar, was das in Zukunft für mich bedeutete. Aber dann kam der Gedanke an unsere Enkelkinder. Die jungen Eltern geben in gutem Glauben Babynahrung und Nahrungsmittel ihren Kindern und wissen nicht, daß das Immunsystem sanft, aber konstant geschwächt wird. Irgendwo müssen doch die galoppierenden Allergien herkommen. Ich suchte das Gespräch mit Herrn Professor Dr. med. Bahmer. Er ist Spezialist, Leiter und Direktor der Hautklinik. Ich wollte von ihm hören, was er und seine Kollegen in Deutschland unternehmen, um diesem Irrsinn, bewußt gesetzlich erlaubt, Einhalt zu gebieten. Die Antwort lautete schriftlich: Die Chancen auf eine verbesserte Deklaration von Zusätzen in der Nahrung sind innerhalb der EG ständig gesunken, da andere Länder noch weniger bereit sind, Maßnahmen zu ergreifen, um chemische Zusätze in Lebensmitteln und Getränken zu verbieten. Die weitere Aussage von Herrn Professor war:

Leider rangieren wirtschaftliche Interessen weit vor der Volksgesundheit.

An einem heißen Tag im August lief ich nur mit Sandalen herum und stieß mit dem rechten großen Zeh gegen eine Metallspitze. Es war nur ein kleiner Blutfleck zu sehen, dem ich keine weitere Bedeutung beimaß. Im September wurde der Zeh merklich dicker. Mein Fußnagel sah merkwürdig aus. Meine Pediküre befragt, sagte: „Damit müssen Sie sofort zur Unfallstation ins Krankenhaus." Dort nahm der behandelnde Arzt mit einer Pinzette problemlos den Nagel vom Zeh. Dieser jedoch blieb weiterhin dick. Und nach 14 Tagen wurde das Prachtstück geröntgt. Der Knochen war entzündet. Es wird auch Knochenfraß genannt. „Ja, Herr Arlt, da müssen wir ein Stück abschneiden." Diese Information erhielt ich am Dienstag. Mittwoch lag ich schon in der Praxis, und der obere Bereich des Zehs wurde unter örtlicher Betäubung ein Stück kürzer gemacht. Nach weiteren 14 Tagen wurde zur Kontrolle noch einmal geröngt, und das Ergebnis war für mich niederschmetternd, der Knochenfraß war heftig weitergegangen.

„Herr Arlt, wir müssen Sie ins Krankenhaus einweisen, der Zeh muß ganz amputiert werden." Also Termin St.-Jürgen-Straße, Bremen. Es war kein Bett frei. Eine Ärztin überprüfte meinen Blutdruck, und dieser war bei 215 zu 160. Ich hatte unheimlich große Angst vor der Operation. „Der Zeh ist momentan unwichtig, wir müssen Ihren Blutdruck erst wieder stabilisieren, bevor Sie einen Herzinfarkt oder Gehirnschlag bekommen." Ich landete nicht in der Chirurgie, sondern in der Abteilung Innere Medizin. Es dauerte 14 Tage, bis mein Blutdruck wieder normal war. Dann ging es um den Operationstermin. „Vor einer Woche ist nichts zu machen. Kommen Sie am 5.12.2002, und am Nikolaustag werden Sie operiert."

Das Krankenhaus St.-Jürgen-Straße befindet sich mitten in Bremen und genießt einen sehr guten Ruf. Die technischen Geräte für Chirurgie befinden sich auf dem modernsten Stand. Das Krankenhaus ist sauber, gepflegt, die Armaturen alle neu, und auch die vorweihnachtlichen Dekorationen im Empfang und auf allen Fluren erfreuten das Herz und die Seele, wenn man das Auge dafür hat und sich nicht zu sehr mit seinen gesundheitlichen Problemen befaßt. Rauchen kann man an den

Eingängen des Gebäudes, wo große runde Aschenbecher stehen, und im 7. Stock im „Raucherzimmer". Die richtigere Bezeichnung wäre jedoch für diesen Raum „Drogenhöhle". Ich glaube, ein Psychologe muß bei der Einrichtung mitgesprochen haben. Ein rechteckiger Tisch, sechs wackelige und damit erneuerungsbedürftige Stühle, kein Bild an der Wand. Der ehemals weiß gestrichene Raum nun in einem ekelerregenden, versifften gelblichen Farbton, egal, ob Decke, Wände, Fensterscheiben oder Rahmen. Eine ideale Atmosphäre, die garantiert, daß man sich in diesem Raume wirklich nicht wohl fühlen kann. Süchtige, Raucher, Alkoholiker, Freunde des Hasch, der Happy pills inkl. Ecstasy oder Heroin, diesen ist es egal, wie und wo die äußere Hülle ist, Hauptsache, sie befriedigen ihre Sucht. Das Gelände des Krankenhauses darf aus versicherungstechnischen Gründen nicht verlassen werden. Die Menschen, denen ich dort begegnete, waren von 16 bis 85 Jahren alt.

Drei bis zehn Personen hielten sich abwechselnd in diesem Raum auf. Es wurde viel über den gesundheitlichen „Istzustand" gesprochen, aber auch sehr viele Witze erzählt, worüber bei all den gesundheitlichen Problemen herzhaft gelacht wurde. Lachen konnte ich nicht mehr, als morgens ein Mann, Patient, mit Plastiktüte im Raum steht, um zu fragen, was soll ich mitbringen. Der eine: eine Flasche Wodka, der andere: eine Flasche Whisky, ein weiterer: ein 6-Pack Bier, möglichst billig. Meine Gedanken waren: Bin ich jetzt in einem Krankenhaus oder wo?

Dies geschah morgens gegen 11.00 Uhr. Rauchte man eine Zigarette gegen 16.00 Uhr, war die Welt in diesem Drogenraum noch halbwegs in Ordnung, es wurde lustig kommuniziert. Aber es gab auch die ersten zynischen Bemerkungen. Man kann es nicht glauben, aber sozial Schwache hatten sich das Krankenhaus gewählt, um warm und trocken die Periode des Frostes, zu meiner Beobachtungszeit minus 10–12 Grad, zu überstehen. Kein Mensch glaubt, was ich hier schreibe, aber es ist Tatsache. Raucht man nach dem Abendessen noch eine Zigarette im Drogenraum, wird man sich bewußt, wie sich die Situation verändert. Die blödsinnigen Sprüche werden nur noch lallend vorgebracht und Aggressivität wird spürbar. Um 23.00 Uhr kam ich noch auf die Idee, im Raucherzimmer einen Lungentorpedo abzuschießen, und begegnete dann meinen „Neuen Freunden", die sich in einem katastrophalen Zustand befanden. Eine junge Frau, ca. 28 Jahre, wollte ihren Freund, tätowiert von Kopf bis Fuß, besuchen. Dieser schlug ihr rechts und links eine Ohrfeige, und in seinem Gelalle bekam ich nur mit, daß er zu ihr sagte: „Die meiste Zeit meines Lebens habe ich im Knast verbracht, und wo ich nun im Krankenhaus bin, betätigst du dich als Nutte." Ein frisch operierter Zweimetermann, Maurermeister, stand auf und sagte: „In meiner Gegenwart wird keine Frau geschlagen", und versetzte dem tätowierten Knastologen einen harten Schlag auf den Kopf. Mir wurde die Sache zu problematisch, und ich verließ den Raum. Am nächsten Tag sah ich den „Knasti", abgesehen von seinen anderen Verletzungen, mit einer stützenden Halskrause.

Ein jüngerer, ca. 28jähriger Mann mit ungepflegten, strähnigen Haaren tauchte mit Bodyguard im Raume auf. „Wenn meine Kunden schon nicht zu mir kommen, dann muß ich sie eben im Krankenhaus besuchen."

„Hat jemand etwas dagegen, wenn ich hier Bier trinke?" Meine Antwort war, daß dieses sicherlich nicht der richtige Ort bei zu vielen Alkoholgeschädigten sei. Er stand auf und sagte in den Raum: „Ich bin noch für 15 Minuten am Ausgang zu erreichen." Daraufhin standen drei Junkies auf, um sich dem Manne anzuschließen. Die Krankenstation informierte ich über meine Beobachtungen und hörte resignierend die Worte, daß die Polizei und die Justiz Bescheid wissen, aber das Personal müsse sehen, wie es sich mit diesem Gesindel auseinanderzusetzen hat.

Wie weit ist Deutschland gefallen, um in einem normalen Krankenhaus solche Zustände sehen und erleben zu müssen?

Keinen Menschen interessiert es wirklich, keiner fühlt sich richtig verantwortlich, und die Presse, die solche Mißstände öffentlich und heftig anprangern müßte, tut auch nichts.

Gute Nacht, Deutschland.

Geld, Geldentwertung, Euro – und was kommt dann?

Die Chronologie ist erschreckend, und heute erleben wir hautnah, was eigentlich aus unserem Geld geworden ist.

Die Geschichte des Geldwertes geht etwas weiter zurück, und ich möchte versuchen, diese in einfachen Worten einigen ins Gedächtnis zurückzurufen. Auch möchte ich den jüngeren Generationen historische Entwicklungen aufzeigen, denn diese werden heute, aus verständlichen Gründen, nicht mehr gelehrt oder vermittelt. Der Leser möchte bitte akzeptieren, daß ich auf Dokumentationen zurückgreife, die intelligente und historisch Wissende faktisch niedergeschrieben haben, da man sonst die Zusammenhänge der Entwicklung von Währung und Macht nicht verstehen kann. Bedanken möchte ich mich beim Vorstand der Commerzbank in Frankfurt, der mir zusätzliche Informationen aus dem Archiv zur Verfügung stellte.

Ursprünglich waren die Währungen wenigstens im früheren Europa und Amerika immer durch Goldreserven von verantwortlichen Herrschern oder Politikern im Staat abgesichert.

Wenn Menschen oder Staaten Krieg führen wollen, verfügen sie nur selten bis überhaupt nicht über genügend Goldreserven, um eine Währung stabil zu halten. Es mußte eine Entscheidung herbeigeführt werden, um die Regeln des weltweit gültigen Goldstandards aufzulösen. In einem Vertrag entscheidender politischer Persönlichkeiten, aus der Vergangenheit, wurde unter vielen Punkten, wie ich meine, der wichtigste, die Aufhebung der Goldeinlösepflicht der Notenbanken, beschlossen.

Unser heutiges Geld hat schon lange keinen konkreten Vermögensinhalt mehr und ist deshalb beliebig vermehrbar. Andersherum: Um es beliebig vermehrbar zu machen, mußte Gold als Deckungsgrundlage abgeschafft werden. Nur mit diesem Schritt war es den jeweiligen Staaten möglich, durch das Anwerfen der nationalen Notenpresse Geld (ohne Deckung) aus dem Nichts zu erzeugen und so den 1. Weltkrieg und folgende zu finanzieren. Das trieb die Staatsverschuldung in ungeahnte Höhen. Ohne die Abschaffung des Goldstandards hätten die einzelnen Länder im Krieg 1914–1918 schon nach wenigen Kriegstagen ihre Verpflichtungen nicht erfüllen können, weil das Geld verbraucht gewesen wäre. Sie hätten sich für bankrott erklären müssen und der Krieg wäre vorbei gewesen.

Die jetzige Situation wollte ich gern ausleuchten, diese Zeilen schreibe ich im Mai 2004.

Meinen Jahreswechselbrief aus dem Jahre 1997, wo ich mich äußerte zum Thema Währung, möchte ich zitieren.

1929 begann der Zusammenbruch der Geldwirtschaft. Es war der Börsenkrach in den USA, der bekannte Schwarze Freitag und die damit verheerende totale Geldentwertung, die zu einer extremen Inflation führte und viele Menschen in den Tod und das Elend trieb.

1948 wurde die Reichsmark nach dem verlorenen Krieg im Verhältnis 10:1 abgewertet, ein Guthaben im Werte von 100 000 Reichsmark war nur noch 10 000 Reichsmark wert. Gleichzeitig wurde die starke Deutsche Mark eingeführt, die durch vernünftige Finanz- und Wirtschaftspolitik aus Deutschland ein Wirtschaftswunderland machte. Man darf aber auch nicht vergessen, das Land mußte nach dem verheerenden Krieg wieder aufgebaut werden, und Märkte waren besonders erst einmal im Inland unbegrenzt vorhanden.

Viele werden sich mit Tränen in den Augen an den Juliusturm erinnern. Dieser symbolische Turm war der Garant für eine stabile und gesicherte Deutsche Mark.

Zum Hintergrund. Juliusturm heißt der Turm der ehemaligen Zitadelle in Berlin-Spandau. In ihm wurde seit 1871 der Reichskriegsschatz (120 Mio. Mark in Goldmünzen) aufbewahrt.
In der Frühzeit der Bundesrepublik Deutschland wurden die von Bundesfinanzminister Fritz Schäffer (1888–1967) zwischen 1952 und 1956 bei der Bundesbank angesammelten Kassenüberschüsse als Juliusturm bezeichnet. Fritz Schäffer muß ein sehr erfahrener, weiser und weitsichtiger Mann gewesen sein. Seine Aussage:
Produzieren muß sich lohnen, nicht das Verwalten. Durch seine Politik wurden in den schlechten und schwierigen Zeiten nach dem Kriege nicht nur Städte und Infrastrukturen wieder aufgebaut, sondern auch Millionen ausgemergelter Flüchtlinge und kaum noch arbeitsfähige Kriegsgefangene versorgt und wieder in Lohn und Brot gebracht. Er hatte aus den infolge der Aufbauleistungen reichlich sprudelnden Steuereinnahmen noch einen Juliusturm von 8 Milliarden DM (nach heutigem Geldwert 120 Milliarden) angespart, um die Konjunktur nicht zu überhitzen. Ihn schoben Erhard und Adenauer, um der schnelleren Mark willen, ins Justizministerium ab, weil unproduktive Politiker, Steigbügelhalter und Verwaltungsleute sich endlich aus dem gefüllten Trog nach selbsteingeschätzter Gebühr bedienen wollten. Als Schäffers Geld verpraßt war, setzte Erhard die Wechselreiterei ungebremst, unter dem Beifall nicht weitsichtig denkender Politiker, in Gang. Das Aufbauwunder wurde weniger. Ab diesem Zeitpunkt begann bereits die deutsche finanzielle, moralische Verkommenheit, die sich über die letzten 50 Jahre potenzierte. Die Gewerkschaften trugen und tragen seit Jahren durch mangelnde Weitsicht, fehlende Flexibilität, ausgeprägten Egoismus und Machterhalt zur Unproduktivität und zum Niedergang in Deutschland bei.
Noch mal zurück zu Fritz Schäffer. Daß Regierungen den Markt korrigieren können, zeigen Planungen vor und Maßnahmen nach der Machtergreifung um 1933. Finanzminister Schäffer bewies dann nach 1949, daß dies auch demokratisch möglich ist.
Die Staatsverschuldung steigt seither zusammen mit der Arbeitslosigkeit und mangelnder politischer Weitsicht immer schneller. Wir einfachen Bürger sehen, erleben und fühlen es täglich unter Schmerzen, einige auch mit Wut im Bauch. Es gibt keine erkennbare Führungselite, keine gut ausgebildete Mannschaft, die das Staatsschiff „Deutschland" sicher und mit ruhiger Hand führt, an den scharfen Klippen und Riffen vorbeilenkt, damit es in den sicheren Hafen gelangt. Es ist eine Frage der Zeit, wann das Schiff auf ein Riff laufen wird. Oder sind wir schon gestrandet?
Auch die ach so stabile DM wurde weicher und der Wert weniger. Also mußte wieder eine neue Währung her. Diesmal unter der Prämisse einer europäischen Währung. Der Euro wurde kreiert. Wir merken jetzt schon nach kürzester Zeit, die mit Fernsehen, namhaften Schauspielern, Nachrichtensprechern, Politikern und Banken gemachte Werbung hat uns gezwungen, diese Währung zu akzeptieren. Wer wollte sie denn wirklich?
Das erkennbare Ergebnis ist für den einfachen Menschen vernichtend. In vielen Bereichen haben wir eine Geldentwertung von 50 %. Es ist verwerflich, das deutsche Volk wurde nicht gefragt. Einige europäische Länder haben eine Volksabstimmung herbeigeführt, und das Ergebnis ist bekannt. Europa, ja, die eigene Währung aufgeben, nein. Einige Menschen, die hinter den Vorhang der Geldbosse schauen, wissen schon lange, der Euro als europäische Währung ist durch gewaltige Geldmengen auf dem Weltmarkt manipulierbar. Durch die Nichteinhaltung der vereinbarten Sicherheits- und Stabilitätskriterien der wichtigsten Länder in Europa, Deutschland und Frankreich, ist der Euro eine Farce geworden, von anderen Ländern ganz zu schweigen. Es war ja schon vorher erkennbar, man wollte an die Töpfe des Geldes aus der EU. Weniger einzahlen, aber mehr kassieren. Wo jedoch soll das Geld in der Zukunft ohne Leistung und Stabilität herkommen?

Die Schulden der Bundesregierung belaufen sich inzwischen auf 1,4 Billionen Euro, inzwischen garantiert mehr. Wer kann schon mit solch einer Zahl etwas anfangen? Würde der Staat auch nur 100 Milliarden Euro jährlich bei einer Verzinsung von 6 % zurückzahlen, was überhaupt nicht bei einem Bundeshaushalt von 450 Milliarden geht, brauchte die Bundesregierung alleine 30 Jahre. Sollte realistischeres Gedankengut dahinterstecken, brauchten wir mehr als 100 Jahre, um die jetzigen Schulden getilgt zu haben. Dabei ist nicht der Zins und Zinseszins berücksichtigt, der weiterhin sich aufaddiert. Diese Entwicklung läuft ganz klar wieder einmal auf einen Währungsschnitt hinaus, der Besitzende in den Abgrund zieht und die Armen ins totale Elend stürzen wird.
Was kommt danach? Politisch und wirtschaftlich ist nichts zu erkennen. Ein wirkliches Chaos kommt auf uns zu, unsere Kinder, Enkel und deren Nachkommen.
Aber man soll ja die Hoffnung nie aufgeben.

Was das Leben leichter macht

Bei sachlicher Betrachtung der vergangenen Jahre und Überlegungen fällt es mir reichlich schwer, Empfehlungen für die Zukunft auszusprechen, besser gesagt nichts Richtiges ein, um positive Impulse für die jüngere Generation zu geben.
Der Volksmund sagt, um ein erfolgreiches Leben zu erfüllen, solle man ein Haus bauen, einen Baum pflanzen und wenigstens zwei Kinder zeugen.

Eine Bauernweisheit sagt, um sicher auf den Beinen zu stehen:
Eine Ernte soll auf dem Felde, eine Ernte in der Scheune, eine Ernte auf der Bank sein.

Früher gab es den goldenen Schlüssel der Vermögensplanung eines Lebens.
Ein Teil sollte angelegt werden in Immobilien.
Ein Teil in festverzinslichen Papieren oder stabilen Fonds.
Ein Teil in Gold und/oder Diamanten.
Ein Teil Liquidität zum Leben.

Es gibt das bewährte Sprichwort:
Ordnung ist das halbe Leben, und ich möchte hinzufügen, Organisation ist die zweite Hälfte.

Verflixt, wo habe ich bloß meinen Haustür-, Autoschlüssel oder meine Brille hingelegt?
Fast jeder kennt diese Aussage. Ich nach vielen Erfahrungen nicht mehr.
Haustür rechte, Auto linke Hosentasche. Brille oder Brillen immer an einem festgelegten Punkt. Manche Menschen verlieren einen Monat, bei individuellen Fällen vielleicht ein Jahr des ganzen Lebens bei der Suche nach den genannten Utensilien. Das ist wirklich vergeudete Zeit.

Z E I T
Neben der Gesundheit ist ZEIT unser wertvollstes Gut, welches wir besitzen. Es ist das meistbenutzte Hauptwort der deutschen Sprache. ZEIT ist mehr wert als Geld. Unser ZEIT-Schatz muß sorgfältig angelegt werden. Wir können unser Leben als die ZEIT beschreiben, die uns auf Erden geschenkt wird. Unsere wichtigste Aufgabe im Leben sollte sein, soviel wie möglich aus dieser ZEIT für uns selbst bewußt zu gewinnen.

ZEIT ist ein unwiederbringliches Kapital:

* ZEIT ist ein absolut knappes Gut.
* ZEIT ist nicht käuflich.
* ZEIT kann nicht gespart oder gelagert werden.
* ZEIT kann nicht vermehrt werden.
* ZEIT verrinnt kontinuierlich und unwiderruflich.

Nachwort

Zu Weihnachten 2004/05 bekam ich von meinen Söhnen zwei Bücher geschenkt. Ich habe mich darüber gefreut, daß zwei bekannte Persönlichkeiten in Deutschland Problemkreise aufzeigen, die unseren Staat schwächen, aber gleichzeitig Lösungen angeboten werden.
Peter Hahne, Fernsehjournalist und Moderator, mit dem Titel:
Schluß mit lustig. Das Ende der Spaßgesellschaft. ISBN 3-501-05180-0
Peter Hahne befaßt sich erfreulicherweise mit dem Thema der Ethik. Bereits 1975 habe ich diese als Leitfaden für meine Erinnerungen in Vorwort und Einleitung niedergeschrieben. Er bringt die Situation in Deutschland mit bewundernswerter Präzision auf den Punkt. Jeder sollte das Buch lesen, um Denkanstöße für sich selbst zu bekommen. Freunde von mir, denen ich diese Lektüre empfahl, haben sie gekauft, gelesen und als Pflichtlektüre ihren Kindern weitergereicht. Alle können fast ausschließlich jedes Kapitel, wie auch ich, unterschreiben.
Hans-Olaf Henkel, ehemaliger Präsident des BDI (Bund der Deutschen Industrie). Titel: Die Kraft des Neubeginns. Deutschland ist machbar. ISBN 3-426-27349-7
H.-O. Henkel hat es verstanden, mit seinem Buch in spannender und verständlicher Form Politik und Wirtschaft, aber auch der Gesellschaft einen Spiegel vorzuhalten. Aus seiner Sicht, gepaart mit seinem Wissen und Erfahrungen, werden die Augen geöffnet, und der Verstand des Lesers wird erweitert. Ungeschminkt und ungeschönt werden Fakten und Zusammenhänge aufgezeigt. Nicht nur politisch Interessierte werden dieses Buch wie einen Krimi lesen und dabei lernen. Dieses Buch sollte auch Pflichtlektüre für jeden denkenden Deutschen sein.
Folgende Punkte möchte ich aus meiner Sicht zum Abschluß nennen:

1. **Politikverdrossenheit, wodurch ist sie entstanden?**
2. **Was blockiert die wirtschaftliche Entwicklung?**
3. **Leben wir überhaupt noch in einer Demokratie?**

Zu 1. Nach 1945, am Anfang unserer Demokratie, gingen in erster Linie nur Menschen in die Politik, die über ein solides allgemeines Wissen verfügten. Sie verstanden die geschichtlichen Zusammenhänge und waren wirtschaftlich mehr oder weniger unabhängig. Durch das vom Grundgesetz vorgegebene Ziel hieß und heißt es für die Volksvertreter, per Eid besiegelt, Schaden von Deutschland abzuwenden und dem Wohle des Volkes zu dienen. **Ist dem so?**
Mir fällt auf, daß alte, überholte, geschichtlich bewiesen, nicht funktionierende Ideologien wieder aus dem Keller geholt (z.B. Verstaatlichung), mit Worten und Hilfe von Werbeagenturen geschönt und als erstrebenswertes Ziel für ein besseres und sicheres Leben den Menschen versprochen werden. Schon als Kinder lernten wir von unseren Großeltern und Eltern, was man verspricht, muß man auch halten. Das Nichteinhalten von Versprechungen, bewußt und wissend Unwahrheiten auszusprechen und dann über Medien zu verbreiten gehört heute zum unschönen politischen Alltag. Zu viele Bürger lassen sich blenden und handeln nicht bei Wahlen konsequent nach dem alten deutschen Sprichwort: Wer einmal lügt, dem glaubt man nicht, auch wenn er mal die Wahrheit spricht.
Unwahrheit, Machtstreben, Raffgier nach Geld, die auch damit zusammenhängende Korruption und die Mehrfach-Einkünfte von Politikern, Funktionären sowie überzogene Gehälter der sogenannten

Topmanager von Kapitalgesellschaften, Industrie und Wirtschaft hinterlassen in der Bevölkerung spür- und erkennbar Wut und zunehmend damit auch **Politikverdrossenheit**.

Zu 2. Wirtschaftsprofessoren, Wirtschaftswissenschaftler, Wirtschaftsexperten, Wirtschaftsinstitute und viele Politiker mit oder ohne Sachverstand geben je nach politischer Färbung ihre Meinung zur Kenntnis, wie wieder Bewegung in die Wirtschaft kommen könnte. Dafür gibt es aber klare Erkenntnisse, Erfahrungen und Fakten, die nur logisch umgesetzt werden müssen. In Deutschland prallen zur Zeit zwei politische Blöcke aufeinander. Der eine Block strebt, noch verdeckt und nicht für jedermann erkennbar, eine staatlich gesteuerte und reglementierte Wirtschaft an. Der andere Block, so auch die Meinung von H.-O. Henkel, möchte eine ideenreiche Eigenverantwortung für den Bürger, den Mittelstand und generell für die Wirtschaft sehen. Die seit Jahren überfälligen und blockierten Richtlinien und Gesetze machen den Weg nicht frei für einen Neubeginn der wirtschaftlichen Entwicklung in Deutschland. Da wir alle zur Zeit nicht wissen, wohin die Reise geht, halten die Bürger ihr Geld zusammen. Wenn kein Geld ausgegeben wird, gibt es keinen Verbrauch, keinen Konsum und daher keine Investitionen. Der ungewünschte und ungewollte Euro hat spürbar für fast jeden eine schleichende Geldentwertung und Unsicherheit gebracht. Daher die blockierte wirtschaftliche Entwicklung.

Zu 3. Der intelligente und mündige Bürger, so wird und wurde uns immer wieder gesagt, wird erkennbar immer unmündiger gemacht. Wodurch? Es sind die, mein letzter Wissensstand, 44 000 Gesetze, mit denen der Freiheitsraum der Menschen immer mehr eingeengt und reglementiert wird. Hinzu kommt die um sich greifende Überwachung, die immer mehr erweitert wird. Offiziell heißt es, die Überwachung muß sein, um kriminelle Elemente rechtzeitig zu identifizieren. Zweifelsfrei, der Mensch wird gläsern. Zugute halten muß man aber, wenn man nichts Unrechtes tut, brauchte man auch die Überwachung nicht zu fürchten. Die Frage hierzu aber muß erlaubt sein, gab es nicht die Nazidiktatur, die Menschen aushorchte, gab es nicht die kommunistisch-sozialistische Diktatur, die mit besser werdenden Techniken das Aushorchen und Überwachen perfekter machten?
Wer kontrolliert zukünftig den „Gläsernen Menschen"? Darauf haben wir als Bürger schon lange keinen Einfluß mehr. Die ehrliche Meinung des Bürgers ist nicht gefragt, nicht erwünscht und sie wird unterdrückt. Warum wird dem mündigen und denkenden deutschen Bürger nicht die Volksabstimmung zu wichtigen Themen erlaubt? Die Schweiz als klassische und erfolgreiche Demokratie, aber auch andere Staaten in Europa geben dem Souverän, dem Volk, die Chance, zu nationalen Themen, parteipolitisch übergreifend, sich zu äußern und zu entscheiden. Viele Themen brennen uns Bürgern auf den Nägeln, und wir dürfen uns nicht dazu äußern. Z.B. die Themen: Euro, Bundespräsident, Einwanderung, Begrenzung und Dauer von ehrlichen Arbeitswilligen, nur um einige Punkte zu nennen. Abgesehen von den alle vier Jahre stattfindenden Bundestagswahlen und Regionalwahlen ist mit einem Kreuzchen für die Bürger die Demokratie zu Ende.
Unter Demokratie verstehe ich auch, wenn durch Volksentscheid eine Regierung abgewählt werden kann, wenn die zu dienenden Volksvertreter sich nicht an das Grundgesetz halten.
Wer ist der Hüter des Grundgesetzes? Das Bundesverfassungsgericht. Dieses dürfte nur mit neutralen Richtern besetzt sein, nicht nach dem Proporz von Parteien.
Ein dem 21. Jahrhundert angepaßtes reformiertes Grundgesetz würde die eingebrannten Strukturen auflösen und wieder frische Luft in die inzwischen muffige Demokratie zum Wohle des Bürgers bringen.
Viele andere und ich schließen sich der Idee von Herrn Hans-Olaf Henkel an.

Ein Konvent muß her mit neutralen Fachleuten und Ziel in Richtung Überarbeitung des Grundgesetzes und der zu vielen unnötigen Gesetze, damit das Schiff „Bundesrepublik Deutschland" wieder flottgemacht werden kann.

„Unkraut vergeht nicht" ist mein Buchtitel und hat eine erkennbare Bedeutung. Es kommt immer wieder durch.

Für Deutschland müssen wir Bürger aufpassen, daß es nicht mit zuviel Unkraut überwuchert wird.